LE TEMPS IMMOBILE

Né à Paris en 1914, Claude Mauriac est le fils aîné de François Mauriac. Docteur en droit, ancien secrétaire du général de Gaulle (1944-1949). Après avoir écrit de remarquables essais sur Proust, Gide, Jouhandeau, Cocteau, etc., il fut considéré, depuis son roman Le Dîner en ville *(Prix Médicis 1959) et son traité de* L'Alittérature contemporaine, *comme l'un des chefs de file de la nouvelle école, avec Nathalie Sarraute et Alain Robbe-Grillet. Il est membre du jury du Prix Médicis.*

Quand on s'appelle Claude Mauriac, qu'on est le fils de François, qu'on a connu de près Gide, Malraux, Cocteau... et tout ce qui compte depuis un demi-siècle dans la vie des Lettres en France; quand on tient son journal depuis l'adolescence et qu'on y a noté chacune des rencontres avec ces grands hommes, il suffirait, semble-t-il, de publier telle quelle la suite de ces pages pour offrir au lecteur un livre passionnant.

Pourtant, *Le Temps immobile* est beaucoup plus qu'un irremplaçable témoignage. L'aspect documentaire est relégué au second plan par l'ambition, pour la première fois conçue et réalisée, de fabriquer avec les pièces d'un journal intime ce que Joyce réussit à faire avec les morceaux traditionnels du récit, ce qu'Eisenstein et les cinéastes réalisent avec les plans photographiés : un montage. Le montage ! Parole magique qui sert à indiquer ici une méthode destinée à trouver dans la masse des faits vécus et enregistrés, des rapprochements imprévus, des coïncidences inopinées et merveilleuses, qui les arrachent à leur précarité et composent avec les bouts envolés du temps une œuvre d'art capable de les sauver de l'oubli.

C'est ainsi que Claude Mauriac tantôt groupe à la suite les souvenirs relatifs à un des personnages qu'il a connus, même si ces souvenirs s'échelonnent sur plusieurs années; tantôt rassemble, sous le même jour du même mois, des pages écrites à des années d'intervalle, si lointaines quelquefois l'une de l'autre que trente ans, quarante ans les séparent. Le résultat est extraordinaire... Le temps immobile, le temps retrouvé. Une grande œuvre, qui fera date dans l'histoire des techniques littéraires et, plus profondément, poursuit le même but qui hante tous les artistes : assurer la victoire de l'esprit sur la mort.

CLAUDE MAURIAC

Le Temps immobile

*

BERNARD GRASSET

© Éditions Grasset & Fasquelle, 1974.
Tous droits de traduction, de reproduction et d'adaptation
réservés pour tous pays, y compris l'U.R.S.S.

I

LA CROIX DU SUD

Venise, dimanche 13 septembre 1936.

Venise, devant moi, au réveil, me déçoit. Mais c'est ici l'automne, et l'automne de chez nous. La lumière, sur les palais du Grand Canal, m'émeut parce qu'elle me rappelle le Malagar de septembre. Je quitte l'*Hellas* sans tristesse. Je n'ai pas un regard pour le long steamer blanc. Ai-je vraiment tellement changé, moi qui étais toujours si sensible aux séparations, à la disparition de ce qui ne sera jamais plus ? Une gondole nous mène à l'hôtel *Monaco* où nous logeons. L'*Hellas* est mouillé en face.

J'erre à travers Venise et suis déçu : le temps est gris, triste, la somptuosité inutile de la ville me paraît grandiloquente après la simplicité des ruines grecques. Cette journée du 25 août, à Venise, hier encore si éloignée, perdue dans le passé, voici qu'elle m'est proche à nouveau. Le raccord se fait entre la Venise de ce mardi de la fin août et celle d'aujourd'hui. Entre elles, cette longue croisière s'amenuise. Je retrouve Anne au *Florian*. Isaure nous rejoint. Nous nous promenons, allons prendre un cocktail, revenons au *Florian* où toute la croisière est là qui se fait des adieux touchants. [...] Trattoria charmante mais trop romantique. Devant nous, des gondoles glissent. Un petit pont. Un mur rose où pendent des feuillages. Dans la salle, un chanteur s'accompagne à l'accordéon et nous déchire le cœur à force de douceur. Tout cela trop sentimental et cependant merveilleux. Pourquoi se refuser à la joie ?

Venise, lundi 14 septembre 1936.

A l'Accademia, ce matin, avec papa, maman, Claire et Luce, des Carpaccio divins, de prodigieux Titien, d'inoubliables Tintoret. Giovanni Bellini. Vais-je connaître à nouveau la joie de l'été dernier, lorsque tant de chefs-d'œuvre vénitiens étaient réunis au Petit Palais ?

Nos parents et les Jean-Louis Vaudoyer déjeunent chez la princesse de Polignac. Un bateau vient nous chercher et nous visitons son palais, ainsi qu'un autre, voisin. Pas un palais, pas une église (et Saint-Marc elle-même), qui me touche vraiment. Je m'abandonne au charme de Venise tout en demeurant insensible aux richesses inutiles et fragiles dont il est fait. Promenade, dans le bateau de la princesse de Polignac, jusqu'au musée de la Verrerie qui se trouve assez loin. Roland et Jenny de Margerie sont avec nous. Cette dernière me fait un grand plaisir en me parlant de mon article sur Jouhandeau et de ma note, *Multiplication de la présence*, qui a, me dit-elle, paru à la n.r.f.

Enfin, je vois clair, après un si long arrêt dans mon travail (mon manuscrit est resté à Paris) : j'ai visé trop haut. Je ne suis pas capable encore de faire un ouvrage de l'importance de celui que j'ai tenté. Je vais extraire les pages essentielles de mon essai sur le *Sens commun* et en faire un petit article. *Réflexions sur le Temps*, par exemple.

Venise, mardi 15 septembre 1936.

Le matin, avec toute la famille et les Jean-Louis Vaudoyer, nous visitons une église aux somptueux tombeaux, où se trouve un retable de Bellini. Puis, tout près, les Tintoret de San Rocco. Une telle surabondance de génie stupéfie. Le romantisme n'a rien inventé. On s'étonne que Delacroix ne soit pas venu ici. On le soupçonne même de s'y être rendu en cachette. Papa et maman, ayant retrouvé à Venise les exigences mondaines de Paris (ils en sont furieux), ne déjeunent pas. Après-midi de flânerie dans une Venise pavoisée en l'honneur du prince Humberto. J'écris à Jean Davray, visite Saint-Marc avec Jean-Louis, rencontre W., cet étrange peintre, qui me parle beaucoup de Claude Guy dont la beauté et l'intelligence semblent l'avoir frappé. Après m'avoir offert un thé au *Florian*, il m'emmène dans son palais. La vue sur Venise y est adorable. Vingt campaniles se dressent dans la lumière du soir et sonnent tous à la fois. Des gosses crient. L'eau de l'étroit canal que domine le balcon est sombre. Je regagne la place Saint-Marc où il est tard déjà et rencontre Georges Cattaui qui me mène chez lui pour me prêter la n.r.f. En route, nous rencontrons papa, les Vaudoyer, les Margerie. Nous les rejoignons au *Florian*. Dîner avec Mimi Pecci, qui fut si drôle, ce soir, dans un restaurant où la nourriture est frugale mais la vue merveilleuse : une simple église ; un mur sombre sur le ciel noir, les arbres d'une petite place.

Je suis heureux. Je le suis plus encore après, sur la place Saint-Marc, où il y a de la musique. Mon costume de lin blanc me va bien, je le sens avec la fatuité d'un héros de Stendhal. Que de regards rencontrés aujourd'hui ! Je sortais du *Florian* où je venais de quitter papa et Jean-Louis, lorsque j'eus une grande joie, inattendue. Je me sens appelé. C'est W. Il me désigne un grand jeune homme. Pour me présenter sans doute. Il est beau. Pourquoi sourit-il ? O miracle, c'est Claude Guy qu'il m'a fallu si longtemps pour reconnaître. Je demeurai le reste de la soirée avec lui. Ma joie est grande.

Malagar, vendredi 8 septembre 1972.

Le soir de notre arrivée à Venise, le dimanche 20 août, cette impression d'émerveillement, de tristesse et de peur.

Je dis à Marie-Claude :

— Je m'aperçois que, sans que je le sache clairement, mais mon corps croyait le savoir, j'avais la certitude *de ne jamais revoir Venise.*

— Et moi, j'ai l'impression d'être morte, d'être à Venise, mais morte.

Cette réponse exprimait d'une autre manière notre stupeur et notre angoisse communes.

Ce soir-là, Venise était abandonnée, vide, frappée d'un maléfice.

Les autres jours ce fut la foule retrouvée, — et une fin d'après-midi où j'étais seul sur la place Saint-Marc, le désespoir.

J'écrivis alors sur un feuillet quelques notes que j'ai perdues, mais que je puis à peu près textuellement reconstituer...

... Entre le *Harry's bar* et l'hôtel *Monaco* — où nous étions avec notre père en 1936. Père-repère : il avait cinquante et un ans —, j'en ai cinquante-huit. Venise, ville du bonheur à vingt ans, du désespoir lorsque la jeunesse est passée...

François Mauriac, chaque jour, me hanta — je le revoyais, si jeune ici et me paraissant si vieux — à cette même terrasse du *Florian,* avec ces mêmes musiques sentimentales — alors merveilleuses, aujourd'hui insoutenables. Venise aimée par trop de morts pour être encore tout à fait vivante...

Absence, contre toute attente, de moins en moins tolérable. Mais il se passa ceci d'extraordinaire : que si je pensai à lui le 1er septembre — ce dont je ne me souviens pas — j'oubliai cet anniversaire, le deuxième. Commémoration il est vrai sans signification pour qui la célèbre plusieurs fois par jour dans la même révolte...

Venise, vendredi 31 août 1973.

A la terrasse du *Florian*, je fais le calcul et je dis :

— Lorsque j'étais ici, avec mon père, en 1936, et qu'il me paraissait si vieux, il avait cinquante et un ans...

Non pas tellement vieux : hors du temps de la jeunesse. D'un autre âge, incommensurable.

Marie-Claude répond à ce que j'ai tu :

— Mais grâce à toi, il va revivre...

Grâce au premier volume du *Temps immobile*, enfin achevé juste avant notre départ pour Venise et où il n'apparaît encore, le plus souvent, qu'en amorce...

Venise, moins funèbre que l'année dernière, lorsque j'y étais revenu pour la première fois depuis neuf ans, après y avoir été sans interruption, pour la Mostra, une quinzaine d'années à la suite. Peut-être suis-je rassuré, sinon consolé, parce que j'ai, à la fin des fins, composé *le Temps immobile*. Parce que je me suis fait à moi-même la surprise d'en mener le premier livre à son terme.

Le Temps immobile, dont je ne cesse, dans *le Temps immobile* même, de parler : seule œuvre littéraire où les échafaudages font partie de la construction.

11

Venise, samedi 1er septembre 1973.

Terrasse du *Florian*. Enchantement habituel. Je demande : « Quel jour sommes-nous ? » Bernard Charlon répond :
— ... Le 1er septembre.
Et Marie-Claude, à qui je rappelle cet anniversaire :
— C'est peut-être pour cela que, devant les Carpaccio de San Giorgio degli Schiavoni, j'ai pensé de façon si intense et si déchirante à François Mauriac, à Marcel Proust, à la foule innombrable des morts qui avaient regardé et aimé ces tableaux...
L'année dernière, c'est Venise elle-même, et de façon aiguë la place Saint-Marc, qui m'avait donné cette impression d'avoir été trop regardée, trop aimée par trop de morts pour que je puisse m'y sentir vivant.
Nous avons été en pèlerinage à San Marco. Tâtant du pied, cherchant les dalles inégales, pour y retrouver Marcel Proust. Mais le tapis tout entier de mosaïques ondule et s'affaisse.

Venise, dimanche 2 septembre 1973.

Le théâtre de la Fenice, en face duquel nous habitons, à l'hôtel du même nom, porte les nos 1972-1973. Notre hôtel, les nos 1936-1937. Devant nos fenêtres, autres années de ma vie, 1925-1926. Et, de maisons en maisons, toutes les dates du passé et de l'avenir : 1736 en face de 1828, sur le chemin de San Marco ; 1663, là où nous prenons nos repas, à *La Colomba*. Ailleurs, 2163, 2761, et des millésimes plus lointains encore. L'année de notre naissance et celle de notre mort, à tous, sur les maisons de Venise, depuis et pour des millénaires...

... et là, une fois de plus, je tombe, avec ces symétries aberrantes et ce délire logique, dans d'absurdes constructions à la Roussel, à la fois nécessaires et démentes.

Venise, mercredi 5 septembre 1973.

Ces montagnes de terre, ces prairies bouleversées, plus d'arbres, de nouveaux sentiers, c'est la jardin de Vémars où je me repère malgré tout. Je pense qu'il semble plus vaste ainsi et même plus beau.

Les perce-neige familières en un endroit du jardin où il n'y en eut jamais. Ces perce-neige que, curieusement, nous n'avons jamais réussi à avoir à Goupillières, y pensant toujours trop tard — et celles que nous avons plantées, une année, ne se sont pas acclimatées. A Vémars toujours, Jules, le jardinier, me permet d'emporter des plaques de gazon. Je pense qu'ayant poussé en ces lieux polaires, cette herbe ne risquera pas de geler à Goupillières. Mais ce sont quelques-unes de ces perce-neige que j'ai envie de prendre. Sans l'oser.

Sous le grand tulipier, le bureau de mon père, avec ses papiers et le manuscrit d'un *Bloc-Notes* commencé...

Gustave Flaubert à Louise Colet :

Croisset, mardi soir, minuit. 4-5 août 1846.

Il y a douze heures nous étions encore ensemble. Hier à cette heure-ci je te tenais dans mes bras... t'en souviens-tu ?... Comme c'est déjà loin ! La nuit maintenant est chaude et douce ; j'entends le grand tulipier qui est sous ma fenêtre frémir au vent et, quand je lève la tête, je vois la lune se mirer dans la rivière.

Tes petites pantoufles sont là pendant que je t'écris, je les ai sous les yeux, je les regarde...

Venise, mercredi 5 septembre 1973.

... Importance de ce tulipier, tant aimé de ma grand-mère, qui l'avait vu planter. Si bien que j'ai tenu à en avoir un, même si petit, à Goupillières...

François Mauriac venait de quitter ce bureau, sous le tulipier, mais je savais obscurément qu'il n'y reviendrait plus jamais.

L'une des origines de ce rêve, peut-être : cette promenade nocturne que nous avons faite avec Félicien Marceau, aux Halles, il y a un peu plus d'une semaine. Nous regardions ce trou immense, ces falaises. Et rêvions. Sables des profondeurs de l'Ile-de-France, retrouvés dans ce jardin détruit, transformé, lui aussi, en désert.

Souvent, ces jours-ci, j'ai vu Félicien comme s'il était là, je me suis vu avec lui. Nous n'aurions presque rien dit, à notre habitude, nous n'aurions pas parlé, nous nous serions compris.

Venise, jeudi 6 septembe 1973.

Pèlerinage rituel, au musée Correr, devant les *Courtisanes* de Carpaccio. J'étonne Marie-Claude en identifiant de loin un Cosimo Tura. Elle corrige : Cosme. Cette Crucifixion m'est vaguement familière...

Venise, mercredi 16 septembre 1936.

Avec Claude Guy, au musée Correr où nous passons de bien doux moments dans la petite salle des Carpaccio, Bellini et Cosimo Tura. Je revois avec plaisir une Crucifixion saisissante de ce dernier qui m'avait touché, au Petit Palais, l'année dernière, et, aussi les *Courtisanes* de Carpaccio.

Venise, jeudi 6 septembre 1973, 18 heures.

Tout s'organise et prend place dans ce livre du *Temps immobile* (et dans les suivants, considérés comme un seul et même livre). Je suis paisible. Heureux comme je ne me rappelle pas l'avoir jamais été. J'ai même l'impression d'avoir plus de temps devant moi, à moi, que lorsque j'étais jeune, ici ou ailleurs.

Temps enfin possédé, goûté. Peut-être parce que, n'ayant pas tout à fait perdu mon temps, le temps, grâce à ce livre, je puis vivre sans arrière-pensées, regrets, remords, sans déperdition d'énergie, ni vain affolement.

Tout cela, à ma mesure. Au pire : un grand bonheur pour un petit livre. Avec le seul rappel de ces dates sur chacune des maisons qui m'entourent. 1914, numéro des cuisines du restaurant *Al Teatro* où nous avons parfois déjeuné et qui porte le n° 1918. 1973, je l'ai déjà noté, numéro du proche théâtre de la Fenice, d'où me parviennent les trompettes de *Morte a Venezia*, de Benjamin Britten, qu'on y répète. Et pas loin, forcément, tout près, sur une autre maison le millésime de ma mort.

Stendhal :

Venise, 24 juin 1817.

Ce soir, au café de Florian, sur la place Saint-Marc, vers les une heure, il y avait quarante ou cinquante femmes de la haute société...

Venise, 26 juin 1817, à une heure du matin, au pavillon du jardin fait par le vice-roi.

Je n'ai pas le cœur à écrire. Je regarde cette mer tranquille, et au loin cette langue de terre qu'on appelle le Lido qui sépare la grande mer de la lagune, et contre laquelle la mer se brise avec un mugissement sourd ; une ligne brillante dessine le sommet de chaque vague, une belle lune jette sa paisible lumière sur ce spectacle tranquille : l'air est si pur que j'aperçois la mâture des vaisseaux qui sont à Malamocco dans la grande mer, et cette vue si romantique se trouve dans la ville la plus civilisée. Que j'abhorre Buonaparte de l'avoir sacrifiée à l'Autriche ! En douze minutes, ma gondole me fait longer toute la Riva degli Schiavoni *et me jette sur la* Piazzetta, *au pied du lion de Saint-Marc.*

Venise, vendredi 7 septembre 1973.

Ce séjour, le plus heureux, le plus beau de tous ceux que j'ai passés (je ne dis pas à Venise, car à l'exception de celui de 1936, c'était toujours au Lido que j'habitais), ce merveilleux séjour à Venise avec Marie-Claude s'achève. La première fois que nous y étions venus ensemble, aucun de nos enfants n'était né — auxquels nous ne cessons de penser désormais. Soleils inoubliés d'autrefois, avec ou sans Marie-Claude, près de Gala Barbisan, amie si chère, rencontrée pour la première fois au Lido, il y a plus de vingt-cinq ans déjà.

Nous n'avons pas vu Sainte-Ursule. La salle de l'Accademia était fermée où j'aurais pu sentir la présence, veillée par ce même ange, de cet autre endormi, François.

A la fin de la matinée, nous allons revoir les Carpaccio de San Giorgio degli Schiavoni.

Et puis, après tant de fois, le *Florian*, une dernière fois...

Venise, vendredi 18 septembre 1936.

... Nous allons ensuite à San Giorgio degli Schiavoni où se trouvent les Carpaccio dont la grandeur et la poésie nous retiennent longtemps. [...] Après-midi à l'Accademia où je retrouve Claude Guy et les parents. [...] Avec Georges Cattaui, thé au *Harry's bar*. [...] Puis place Saint-Marc. Nous finissons par échouer à une table du *Florian* où se trouve papa. [...] Dîner dans une trattoria. Puis le *Florian*...

Venise, samedi 19 septembre 1936.

Place Saint-Marc, une dernière fois... Et je quitte sans regrets Venise, avec toute la famille et les Vaudoyer...

Venise, vendredi 7 septembre 1973.

Ce regard sur la place Saint-Marc, dont on craint toujours qu'il ne soit le dernier...

Paris, 24, quai de Béthune, vendredi 23 avril 1954.

Mon séjour au Brésil m'apporta une seule révélation et qui ne tenait pas au Brésil. C'était un soir, près de Rio, alors que nous roulions, le jeudi 4 mars, dans la voiture découverte d'Augusto Frederico Schmidt.

Augusto Frederico Schmidt, ami de la France, dont il connaît mieux que moi la plus récente littérature, propriétaire d'un quotidien où il écrit chaque jour un éditorial, homme d'affaires important, et poète : « poète de la mort », comme il se présentait lui-même, poète chrétien.

Était-ce au départ de Rio ou, au contraire, alors que nous y revenions, sous la voûte murmurante de hauts arbres, et alors que je cherchais et trouvais la Croix du Sud dans les éclaircies des branchages ? Peu importe. Ceci compte seulement qu'il me fut dit et que je compris à ce moment-là un secret — que j'ai depuis reperdu et dont je recherche en vain la trace. Il est important que j'en note ne fût-ce que le souvenir désormais indéchiffrable. Je voulus, le soir même, ou à défaut le lendemain noter, au moins brièvement, ce qu'avait été cette révélation. Il semble me rappeler que je le fis sur un bout de papier que je ne retrouve plus. Mon agenda porte cette seule indication :

Dîner Schmidt dans la montagne. Le ciel étoilé et la Croix du Sud au retour...

En notant ici tout ce dont je me souviens, peut-être approcherai-je un peu la vérité oubliée de cette soirée.

Proust et Mauriac étaient les deux grandes admirations françaises de M. Schmidt. Marie-Claude et moi représentions un peu à ses yeux de la « présence réelle » de ses dieux. Tout le prestige de Marcel Proust et celui tout entier de François Mauriac, sans parler de celui de la France, nous enveloppaient à ses yeux d'une lumière dont les rayons nous étaient à nous-mêmes sensibles. N'étant point directement concernés, nous n'avions point à en éprouver la moindre gêne. La femme de notre hôte conduisait lentement la belle voiture, tellement silencieuse que les murmures de la nuit brésilienne n'en étaient pas troublés. Beaucoup plus jeune que son mari, jolie de cette exotique beauté là-bas si répandue, avec ces yeux admirables nés du mélange heureux de plusieurs races.

J'existais moi-même quelque peu pour cet homme. N'ignorant rien de la vie intellectuelle française, il me connaissait, et mes livres. Il me parla d'une façon qui me toucha. Faisant montre d'emblée à mon égard d'une confiance que nul sans doute n'a en moi, chez nous — et que je ressens moins que tout autre. Me laissant deviner qu'il avait saisi en moi un secret à moi-même obscur, il fit un pari sur mon avenir, jouant gagnant cette cause perdue. A l'en croire (et je finissais par le croire) les temps étaient proches où je m'exprimerais enfin :

— Croyez-moi, vous composerez bientôt un beau livre et que vous êtes le seul à pouvoir écrire...

Mes plus secrets rapports avec mon père lui étaient connus. Il avait lu et compris entre les lignes l'article que j'avais donné aux *Nouvelles littéraires* au moment du prix Nobel. C'était dans cette direction, selon lui, que je devais m'engager plus avant pour trouver ma voie. Cela m'étonna (me déçut peut-être), mais je l'enregistrai avec le reste.

Nous en vînmes à mon âge. Quarante ans était d'après lui le moment de la vie où tout s'éclairait enfin. Il ajouta une précision dont je me souviens mal. Je crois qu'il s'agissait de la signification de cette découverte de la quarantième année, qui était à peu près celle-ci : On apprendrait alors de science certaine que le sens de la vie n'était pas le bonheur, mais bien le contraire du bonheur. Là encore je fus déçu. La vraie surprise eût résidé pour moi dans une révélation contraire. Ma jeunesse ne crut jamais au bonheur — à ce bonheur dont j'ai pour la première fois, à quarante ans, comme le précis avant-goût...

Où fut alors la révélation ? Dans cette confiance qu'il essaya et réussit un moment à me donner en moi-même ? Quelles en étaient alors les justifications et comme les preuves à moi-même tangibles ? Il ne reste plus rien du mystère de cette soirée, si ce n'est le souvenir de ce mystère lui-même. Le décevant carnaval de Rio, les surprises, à Pernambouc où nous passâmes quelques jours, d'un exotisme enfin semblable à mes rêves, n'existent pas dans mon souvenir auprès de cette nuit oubliée et pourtant présente où, sous les étoiles d'un ciel inconnu, dans la nuit bruissante et chaude aux odeurs étranges, j'eus le sentiment que quelque chose d'important m'était enfin arrivé avec quoi il me faudrait désormais compter.

Paris, jeudi 13 mai 1954.

J'avais déjà vu Augusto Frederico Schmidt depuis son arrivée à Paris. Rencontre sans histoire. Ce soir, je lui ménageai avec mon père (qu'il avait un peu connu, déjà, autrefois) une entrevue qui fut brillante. Le dîner eut lieu chez Suzy, mais nous nous retrouvâmes d'abord dans notre rez-de-chaussée. Mon père était arrivé, triste et las. Fatigue non physique mais morale. La France, la pauvre France et ce qu'en font ces politiciens imbéciles... Sans qu'ils y soient pour rien : ce pays malade, en perte de vitesse... Il accueillit avec satisfaction le champagne que je lui offris. Il avait tant besoin de se remonter.

— Lorsqu'on voit, comme moi, tant de gens dans une journée, qu'on entend de si lamentables choses...

J'avais du mal à me mettre dans le ton. Non certes par indifférence. La soirée était belle, fraîche après ce jour étouffant. Des péniches passaient au ras du parapet dans la lumière bleutée. J'étais avec ma mère, ma femme, mon père — et mon fils, si adorable. Je pensais en regardant Marie-Claude, puis maman, puis mon père — et Gérard trottant de l'un à l'autre : « C'est cela le bonheur... » Et ce que de telles joies avaient de menacé et d'éphémère ajoutait un rien de pathétique à cette douce émotion.

Arrivèrent les Schmidt. Elle, effacée. Lui occupant tout de suite beaucoup de place, non seulement du fait de son corps massif, mais en raison d'une présence en quelque sorte métaphysique, accaparante, plutôt agréable. Et tout de suite, il chanta la gloire du pays et sa remontée.

— Vous ne parlez pas de la France !

A un cri étouffé de mon père, il répondit par l'affirmative, « ne s'exprimant pas en poète mais en industriel », citant des faits. De nouveau, le monde entier se tournait, paraît-il, vers la France dans le domaine technique où elle recommençait à être souvent au premier rang. Et de citer de toutes récentes inventions françaises : l'utilisation révolutionnaire du ricin pour la fabrication du nylon (il m'en avait parlé à Rio), la découverte, non encore connue, d'un procédé de télévision en couleur que les Américains eux-mêmes n'avaient encore pu mettre au point.

Mon père feignit d'avoir l'air réconforté. Il le fut peut-être. J'étouffai un mouvement d'orgueil. A table, chez Suzy, M. Schmidt assura que Diên Biên Phu faisait à l'étranger beaucoup pour la France ; que ces pauvres morts lui étaient tenus à grand honneur ; qu'ils n'avaient pas péri en vain, « car la France, c'est aussi la gloire. Et la France avait besoin de morts ». Mon père ne dissimula point que nous nous serions volontiers passés de cette gloire, de ces morts, de ces souffrances, causées par l'incurie gouvernementale et militaire dans une mauvaise guerre qui n'engagea jamais l'âme de la nation.

— Bien sûr, bien sûr, je sais tout ce que l'on peut dire, répondit M. Schmidt d'une voix tenace. Mais de loin, avec le recul, tout change. Il faudrait que vous lisiez les journaux, chez nous au Brésil, en Argentine, partout. *L'Héroïsme français*... *La gloire française*... Ce sont les gros titres. Cela fait du bien à la France et à ses amis...

Des amis de la France, de sa qualité et de sa culture, il en est peu sans doute. Nous fûmes éblouis par ses connaissances littéraires. Il n'est pas de tout petit écrivain français qu'il ne connaisse, dont il n'ait lu les livres, et qui ne bénéficie à ses yeux du prestige de la France. Il fut bien reçu : par ma belle-mère, charmante, qui lui ouvrit ses trésors proustiens ; par mon père dont je dirais qu'il fut exceptionnellement brillant, s'il n'était presque toujours ainsi, dans le monde, et d'une manière toujours plus éblouissante. Ses mots drôles, ses formules heureuses se succédaient. Nombreuses références, explicites, au *Bloc-Notes* qu'il venait d'écrire et dont nous avions la primeur.

— Comme je ne voulais à aucun prix de Daniel Halévy à l'Académie (il a écrit dans *Aspects de la France*, il a trahi, car après avoir été du camp de Péguy il passa dans celui de Maurras), comme d'autre part je n'aime pas voter blanc, j'ai sans cesse, jeudi, écrit sur mon bulletin le nom d'Heuzey [dont je ne savais rien]. [...] « Ce tour-ci, me disait, à l'oreille, Georges Duhamel, j'ai bien envie de voter pour Maurice Bedel... — Mais non, lui répondais-je, on ne sait jamais, il pourrait passer, alors qu'Heuzey n'a aucune chance. Votez pour Heuzey. » Ce qu'il faisait...

Il nous dépeignit Fernand Gregh, directeur de l'Académie, « serrant sur son cœur cette urne dont son nom avait mis cinquante ans à sortir », et prenant pour des X les barres des bulletins blancs. Mais ce fut lorsqu'il parla du gouvernement Laniel qu'il devint lyrique :

— Entre deux catastrophes, ils trouvent toujours un petit ennui auquel personne n'avait pensé. C'est ainsi qu'ils viennent d'interdire, par crainte de manifestations, la représentation des ballets soviétiques qu'ils avaient pourtant invités. Eh bien, il y aurait eu des manifestations... Il ne fallait pas envoyer la Comédie-Française à Moscou, il ne fallait pas inviter les ballets soviétiques à Paris. Mais puisque c'était fait, la plus élémentaire sagesse était de se solidariser avec ses décisions et d'aller jusqu'au bout. La bêtise vertigineuse de ces hommes a quelque chose de douloureux. Ils se donnent beaucoup de mal en ce moment, pour organiser une guerre au Maroc. C'est très difficile, vous savez, d'y réussir. Mais ils vont finir par y arriver. Ils ont déjà mis sur pied une armée dite supplétive. Il manque encore l'autre armée, celle de l'adversaire. Mais elle ne tardera plus...

Et cela continua toute la soirée, non pas ainsi, car je n'ai pas essayé de rendre l'inimitable drôlerie du verbe paternel, mais sur ce mode. Jusqu'au moment où, en fin de soirée, François Mauriac et Augusto Frederico Schmidt s'entretinrent à mi-voix, assis sous le portrait de Proust par Jacques-Émile Blanche. Mêlé à une autre conversation, je n'écoutai pas. Lorsque je plongeai par hasard au milieu de leur entretien, j'en compris l'importance. C'était, entre eux, le ton de la confidence. Ils parlaient gravement du plus grave sujet. Mon père disait (et Schmidt répondait) :

— Moi qui avais si peur de la vieillesse, il m'arrive ceci de surprenant que je n'en souffre pas. Du moins, pas encore.

— C'est que vous ne la connaissez pas.
— Oh ! si, je la connais ! Mais moi qui craignais tant, toute ma vie, de vieillir...
— Le plus dur, c'est la quarantaine. J'ai connu alors une angoisse intolérable. Tout va beaucoup mieux maintenant que j'approche des cinquante ans.
— Oui, on découvre la paix. La vieillesse est venue à moi avec ce qu'elle avait de serein, de paisible...

Ce fut tout. C'en était assez.

Mon père et Augusto Frederico Schmidt parlèrent aussi, longuement, de Victor Hugo — avec quelle admiration — et en accumulant les citations. Mon père dit que, sous l'Occupation, seuls les vers de Hugo tenaient devant l'événement et qu'il s'en récitait souvent pour se donner du courage. C'est ainsi que Jean Blanzat et lui ne passaient jamais place de la Concorde sans murmurer, afin d'effacer la honte de la présence ennemie :

> *O libre France enfin surgie !*
> *O robe blanche après l'orgie...*

Mon père dit aussi que l'immensité même du génie de Hugo et de sa production le dessert. Chacun connaît le moindre vers de Baudelaire parce qu'il est le poète d'un seul livre. Tandis que des milliers d'admirables vers de Victor Hugo sont perdus dans l'océan de son œuvre.

Paris, jeudi 10 juin 1954.

Rencontré, hier soir, alors que nous sortions de voir un film, Augusto Frederico Schmidt. Et bien que je dusse le revoir le lendemain (pour lui faire rencontrer Jules Roy), il nous emmena dîner. Homme étonnant, vraiment. La puissance de sa personnalité le sauve à mesure de tous les ridicules. Il me raconte, en se traînant — tandis que nos deux petites femmes trottent devant nous — qu'il revient de Venise où une déplorable aventure lui est arrivée. Après quinze ans de paix, la poésie s'y est ressaisie de lui — alors qu'il était là-bas pour affaires et devait présider d'importants conseils d'administration. Sur le bloc placé devant lui, au lieu de prendre des notes il écrivit son premier poème — ou était-ce le second ? Il y en eut quinze au moins, ses premiers depuis longtemps. A Venise, mais oui, ce n'est pas de sa faute si c'est banal. C'est à Venise que cela s'est passé et ce fut un événement important de sa vie...

Paris, lundi 1er octobre 1973.

... Comme il se trouve, ce n'est pas davantage de ma faute, que c'est à Venise que commence, par la fin (alors que je venais de le finir), ce livre. Mon père, à Venise, en 1972 et 1973, si totalement *absent*, alors qu'il y était si naturellement *présent*, dans ce Journal de 1936, que c'est à peine si je jugeais utile de le nommer...

Paris, jeudi 10 juin 1954.

... Cependant, il roule plutôt qu'il ne marche et, à la faveur d'un feu vert intrépidement franchi, il a devancé sa femme et la mienne, je l'ai rattrapé en quelques enjambées et nous les attendons, transis (la saison est affreuse) devant le restaurant de son choix, *Le Calavados*. Cette jeune femme plutôt grande qui arrive, à côté d'une personne minuscule, mais oui, c'est la petite Marie-Claude, toute fière de jouer pour une fois les géantes.

Lenteur de cet homme qui n'en finit pas de se

décider à commander le repas et ne s'y résout ensuite qu'en prenant longuement son temps, celui du maître d'hôtel et le nôtre. Je compare mon inutile vélocité à cette sage nonchalance. J'ai beau être toujours pressé, je ne fais rien, tandis que lui il peut me parler avec un calme orgueil des trente industries qu'il a créées au Brésil, en partant de zéro :

— Je n'étais que le poète de la lune, le poète de la mort...

— Schmidt, le poète — que j'ai connu et aimé en tant que poète avant de le connaître et de l'aimer. Et c'est pourquoi je l'appelle Schmidt, même dans l'intimité...

Ainsi parle sa petite femme au regard aigu — et qui le fait souffrir. Il nous le dit, et nous n'en doutons pas.

— Oui, je suis un grand homme d'affaires, cela j'ai le droit de le dire.

Mais aussi un grand amoureux.

— A Venise, je suis tombé amoureux de ma femme, n'est-ce pas idiot ?

Marie-Claude dit que c'était déjà fait et depuis longtemps, que cela lui était apparu dès le premier regard, à Rio. Il en est tout content, le répète à sa femme qui avait fait semblant de ne pas entendre, n'obtient son attention, légèrement ironique (par pudeur sans doute, ou par coquetterie) qu'à grand-peine.

Cette femme que j'avais trouvée belle au Brésil, que Paris avait désenchantée lors de nos premières rencontres, avait retrouvé ce soir son mystère. Peut-être parce que ce gros homme l'aimait douloureusement devant moi. Et parce qu'elle regardait les jeunes gens et qu'elle disait de l'acteur Henri Vidal qui était là, sans prendre garde au mal qu'elle faisait à son mari :

— Un si beau garçon...

A son mari qui fut peut-être un beau garçon mais ne l'est plus. N'est plus qu'un petit monsieur rond dont tremble le gros ventre, sur ses jambes courtes agitées d'un mouvement spasmodique. Marie-Claude n'a jamais été aussi jolie. Schmidt me dit :

— Voyez-vous au moins votre jeune femme ? Savez-vous combien elle est exceptionnellement jolie, quelle grâce elle a ?

Je réponds que si je ne l'avais pas su, je ne me serais point marié, à mon âge.

Avec sa gentillesse habituelle, il parle maintenant longuement de moi, trop longuement, avec une sorte de patient acharnement. Je bénéficie du prestige d'avoir connu André Gide, d'avoir écrit ce livre qui compte pour lui mais qui n'a plus grand prix pour moi. Mon humilité n'est pas feinte, ce néant où je suis, et c'est parce qu'il m'y voit par mes yeux qu'il essaie de m'en tirer grâce à son regard différent. Ce qui me faisait du bien à Rio reste maintenant sans pouvoir sur moi. Peut-être parce que je crains qu'il ne soit pareillement laudatif pour tous ceux qu'il aime. Il parle de mon « importance » et je ris tristement. Revient sans cesse sur le roman que j'écrirai, employant à peu près les mêmes mots qu'à Rio, lors de cette promenade nocturne sous les arbres de la forêt murmurante, sous les étoiles elles-mêmes mélodieuses :

— Vous savez que, dans mon pays, je suis une sorte de prophète ? Que je ne me suis jamais trompé en annonçant à quelques hommes leur œuvre future ? Je suis sûr, je le jure devant vous sur mon honneur, que vous écrirez un roman qui comptera beaucoup pour les autres hommes et où vous exprimerez cela que vous êtes seul au monde à pouvoir dire. Je vois d'avance ce fruit de toute une vie, votre fruit, quelque chose comme un unique enfant...

Il prétend aussi que j'ai beau cacher mon jeu, mes souffrances passées sont là sur mon visage de bonheur (« Car maintenant vous êtes heureux »). Il cite ce mot de je ne sais plus qui sur les douleurs qui disparaissent mais dont le souvenir reste indestructible. Et moi, je suis sceptique, demandant : « Ai-je jamais vraiment souffert ? » Et en doutant.
[...]

Rencontre Schmidt-Roy, au bar de l'hôtel du *Prince-de-Galles*, puis chez *Francis*. Jules Roy, d'abord sur ses gardes et plutôt désagréable, comme si ce gros bonhomme et son air de ploutocrate caricaturé à Moscou lui était antipathique et qu'il ne voulait pas se compromettre avec lui. J'ai la sagesse de les laisser seuls un moment, comptant sur l'habileté de Schmidt lorsqu'il veut charmer quelqu'un. Ce fut bien juger : à mon retour l'atmosphère était détendue et le dîner se passa bien.

A noter l'étonnement de ce Brésilien en entendant Jules Roy et moi faire, avec enthousiasme et vénération, l'éloge du général de Gaulle. C'était la première fois qu'il rencontrait des Français qui avouaient leur reconnaissance et leur admiration pour de Gaulle, au point même qu'il crut un moment (nous avoua-t-il) que nous nous moquions de lui et voulions le faire marcher. Significatif d'une certaine détérioration de l'intelligence et de la sensibilité françaises.

Paris, mardi 9 mai 1972.

Je n'avais alors écrit aucun de mes romans que personne, jamais, ne me fera considérer comme une « œuvre ». Pour me donner du courage, et dans l'espoir de continuer *le Temps immobile*, je me dis que l'« œuvre future », « fruit de toute une vie », appelée par lui roman, que m'annonçait Augusto Frederico Schmidt, était le livre que voici, roman de ma peu romanesque vie, seul de mes livres qui m'importe, mon livre...

Quant à ce qu'il décelait sur mon visage, là aussi il était voyant. Non de mon avenir mais d'un passé, à cette époque déjà lointain.

Vérifié une fois de plus (à propos d'Augusto Frederico Schmidt et de la place que je suis conduit à lui donner au seuil même de ce livre), que ce ne sont pas toujours ni même très souvent les êtres les plus aimés et les plus proches qui ont joué un rôle dans mon existence mais des passants, parfois même des inconnus.

Quant à mon père, pour qui j'écrivais en grande partie mon Journal (dans l'espoir, si je lui survivais, de le retrouver vivant quand il serait mort), je n'ose encore l'approcher qu'indirectement. Lorsqu'il intervient dans ces pages, je ne les ai pas, le plus souvent, retenues à cause de lui, mais parce que j'y orchestrai l'un des thèmes autour duquel est construit ce premier volume. Le second tome du *Temps immobile* lui sera sans doute en grande partie consacré.

Paris, jeudi 17 octobre 1957.

Utilisant partiellement ce que j'avais écrit des *Mauvais Sujets*, je me suis mis, le mardi 8 octobre à ce *Dîner en ville* auquel je pense depuis si longtemps — et dont quelques notes, que j'aurais cru plus récentes si elles n'avaient été datées, me prouvent qu'il y a un an j'en traçai une première ébauche. Travaillé assez régulièrement depuis lors, chaque matin, trop intensément, trop vite, à mon habitude. Quant à la forme, j'ai eu, le 7 octobre, une idée originale que j'applique depuis lors, parfois dans la joie et dans l'optimisme, parfois avec quelque inquiétude, doutant alors de sa nouveauté et me disant que si personne, dans aucun roman, ne l'a, à ma connaissance, employée, c'est sans doute en raison des difficultés présentées par le procédé.

Quant au fond, je savais bien que je n'ai jamais eu sur le roman à faire (et si possible à faire par moi) que les mêmes idées, simples, impératives. Je n'en ai pas moins été surpris en redécouvrant des notes de 1942 qui correspondent mot pour mot à ce que j'ai partiellement tenté de faire dans *Toutes les femmes sont fatales* et qui demeure, pour mon second roman, d'actualité. Par exemple : « Le roman ne doit pas avoir de sujet. Tous les sujets se valent. Tout est dans tout. » Ou encore : « Psychologie où rien n'est figé, ni même sûr. Où personne n'est sûr de rien, ni de lui-même. Où tout compénètre tout. » Sensation de vertige : la permanence de notre personnalité, avec ses points fixes, toujours les mêmes, nie le temps, qui lui-même nous nie : nous croyons vivre alors que nous survivons. Aucun progrès. Nous ressassons les mêmes pensées en attendant la chute, nous vieillissons en nous maintenant — et nous tombons.

Le Mas, Camp-Long, mercredi 27 août 1958.

Pendant vingt ans et plus, j'ai été hanté par le livre à faire, l'œuvre à réaliser, dont je n'avais pas douté, les premiers temps de ma jeunesse, que je l'achèverais un jour mais dont il m'avait fallu finir par admettre que, selon toute probabilité, je ne la commencerais jamais. Nostalgie qui a disparu, parce que ce livre, bon ou mauvais, je l'ai écrit, à la fin des fins, du mieux que je le pouvais. Ayant quelques références à y chercher pour mon *Dîner en ville*, j'ai acheté à Saint-Raphaël *Toutes les femmes sont fatales*, où je n'avais pas posé les yeux depuis longtemps : d'abord gêné par ce texte étranger qu'il me fallait reconnaître pour mien et que j'avais tendance à trouver pire que mauvais, j'ai bientôt jugé d'un regard neuf ces pages à la fois présentes et oubliées. Non seulement ce livre existait mais j'étais en train de lui donner une suite qui ne serait pas nulle. C'est alors que m'est revenu le souvenir de cette obsession de ma jeunesse : un livre, un livre, n'écrirais-je donc jamais ce livre ? Mon livre a été écrit.

Le Mas, Camp-Long, mardi 30 juin 1959.

Après un dîner chez Roger Leenhardt, la veille de notre départ, la façon chaleureuse dont le pourtant si réservé Jean-Pierre Vivet me parle du *Dîner en ville*, et les commentaires subtils qu'il fait de mon roman me mettent en confiance. Si bien que non seulement je réponds sans éluder aux questions qui me sont posées (alors qu'en général je suis gêné au point d'éprouver une sorte de honte : celle d'avouer que j'ai, oui, il faut bien en convenir, eu l'outrecuidance d'écrire un roman), mais encore que je me laisse aller à des confidences qui me surprennent moi-même.

Pour rassurer Jean-Pierre sur son propre avenir littéraire, je lui donne l'exemple d'une expérience faite pour l'encourager :

— Ce que tu me dis est si intelligent — mais de plus si riche, si nouveau qu'il m'apparaît que tu parles moins de moi (et des auteurs cités en référence) que de ce que tu rêves, toi, d'écrire, que toi seul peux dire et que tu n'as trouvé ni chez Joyce, ni chez Faulkner — ni chez Proust — ni, bien sûr, chez moi. Tu es plus jeune que moi de cinq ans, je crois. Les jours sont proches, quelles que soient tes occupations et préoccupations actuelles, où tu te feras à toi-même la surprise d'écrire...

Ses minuscules lunettes rondes sont comme toujours posées très bas, presque au milieu de son nez. Et ses yeux sont tout ronds aussi. Et je réponds à son interrogation muette :

— Je ne comprends pas encore par quel miracle je me suis mis moi-même, un beau matin, à écrire mon premier roman, à Valmante. Ni comment il se fit que, dès le premier jour, je sus que, contrairement à ce qui s'était toujours passé jusque-là, j'achèverais ce texte non critique, plus proche du roman que de l'essai, et que j'en serais content. Chaque année, mon père m'annonçait la bonne nouvelle : « Les temps sont venus. Tu vas écrire *ton* livre. » J'y avais d'abord cru, puis, le temps passant, je n'osais plus espérer ou presque plus. C'est à peine si je faisais semblant, pour ne pas connaître un désespoir dont je savais que je le supporterais mal. Et puis j'ai écrit ce livre, et un autre. Et j'éprouve pour la première fois depuis lors la détente d'une bonne conscience qui m'avait été jusque-là refusée. Je ne goûtais pas une joie, autrefois, sans me dire que c'était d'une façon indue et trompeuse puisque je n'avais pas accompli l'« œuvre » pour laquelle j'étais fait. « Œuvre » qui est ce qu'elle est, mais qui désormais existe, que je pourrai améliorer, compléter, mais non quant à l'essentiel où j'ai déjà donné le meilleur, le plus important. Cela ne préjuge pas de la valeur de mes deux romans au regard des tiers. De moi à moi ils me satisfont, à ceci près que j'ai sans cesse envie de les corriger, surtout par additions. Au point même que si je n'écrivais plus un seul roman dans l'avenir, je ne connaîtrais pourtant plus jamais sans doute la sorte de découragement, presque de désespoir, qui si longtemps me torturèrent.

Que m'avait dit sur *le Dîner en ville* Jean-Pierre Vivet ? C'est difficile à résumer. Et d'autant plus qu'il s'agissait moins de ce que j'avais voulu faire que de ce que j'avais fait *de surcroît*, qui se trouvait exister puisqu'il le voyait, mais d'autres lecteurs voyaient d'autres choses que je n'avais point davantage prévues, moi qui croyais n'avoir rien laissé au hasard dans ce texte on ne peut plus concerté, monté avec une minutie horlogère. C'est la récompense, nouvelle pour moi, des livres de création que cette autonomie soudaine de l'œuvre. Je voulais tout y mettre de ce que j'éprouvais le besoin d'exprimer ; je m'attristais de n'y pouvoir réussir : à ce que mes filets avaient ramené des profondeurs se bornait, croyais-je, ma pêche, et ce n'était déjà pas si mal. Mais voilà que le fait d'avoir ordonné ces multiples éléments, de les avoir fait entrer dans une œuvre composée, leur donnait, outre les sens multiples que j'avais délibérément voulus, d'autres encore que je n'avais pu prévoir, pourtant mérités, offerts de surcroît, comme si le fait de créer des personnages vivants dans un milieu vivant faisait apparaître d'autres aspects de cette vie dont on ne peut capter certaines manifestations sans rendre aussi sensible un environnement laissé en pointillé, que chacun voit à sa façon, qui n'est jamais tout à fait la même et dont l'auteur est le premier étonné lorsqu'il en entend parler. L'œuvre la plus gouvernée échappe ainsi à celui qui la créa. Il en avait été le maître. Il ne l'est plus. Elle vit sans lui et elle a autant d'apparences que de lecteurs.

Lisant hier soir de passionnants entretiens (d'origines radiophoniques) de Georges Charbonnier avec divers grands peintres *(Le Monologue*

... Interrompu par Marie-Claude, m'annonçant

avec tous les ménagements souhaités, que maman a eu hier en allant à Vémars un accident d'auto qui aurait pu être grave. Assez atteinte au visage. Plus d'inquiétude à avoir mais tant de peur rétrospective. Et elle, si jolie... Je décide de partir ce soir pour Paris. Je l'ai eue au téléphone, ainsi que Luce...

Onze heures trente. Une heure a passé depuis que j'ai appris cet accident, d'abord avec un calme qui m'étonna — mais l'angoisse me serra peu à peu le ventre. Jeudi dernier, j'avais été voir grand-mère à Vémars. Je l'avais trouvée mieux qu'on ne m'avait dit. Mais selon maman, pessimiste, le soir même, alors que j'avais été les embrasser papa et elle (et leur dire au revoir), il était à craindre que je ne la revoie. Au moins l'aurais-je encore une fois embrassée... Alerté sur ce point, je ne songeais pas aux hasards possibles et que par exemple... Car c'est un fait, il s'en est fallu de très peu que maman ne soit tuée hier, et que... Mais à quoi bon commenter. Nous oublions, nous ne pouvons admettre que nous sommes à ce point menacés, vulnérables. Et la mort de ceux que nous aimons, bien que nous ne cessions, croyons-nous, d'y penser, nous surprend, nous scandalise comme si...

(Je me vois avec étonnement du dehors écrire, corriger cette page, absent de cet être si présent : moi-même. Traitant avec calme et méthode d'un sujet dont il y a une heure je ne soupçonnais pas que... Mais je ne puis écrire. Les mots me fuient. Et je me suis fui moi-même, atterré par cet inconnu qui écrit et qui est moi...)

Paris, lundi 1er octobre 1973.

Mon livre, ce n'était pas ce roman, ces romans auxquels je n'attache plus d'importance, mais *le*

Temps immobile, que voici et auquel, obscurément, je n'ai cessé avec ce Journal de travailler.

Paris, mardi 19 juin 1973.

Cas exemplaire de « work in progress » que *le Temps immobile*. Joyce, justement, eut une influence décisive sur moi dès avril 1938, au lendemain même de ma libération, après dix-huit mois de service militaire. Le roman que je commençai alors, comme ceux que j'écrivis et publiai enfin, tant d'années après, naquirent de lui.

Vémars, vendredi 8 avril 1938.

Joie infuse, au sein du sommeil, à cause de cette liberté recouvrée. Après l'euphorie du réveil, désespoir devant le poste de T.S.F. Plus que jamais la guerre menace. Je ne me suis jamais autant senti soldat qu'aujourd'hui où pour la première fois depuis longtemps je ne le suis pas : mon fascicule de mobilisation est là ; je ne serai plus jamais l'homme libre que j'étais avant mon service militaire, je suis enrégimenté, parqué déjà pour la mort. Guerrier en sursis, c'est-à-dire esclave à qui sont donnés quelques jours d'illusion. [...]

Avec Henri Troyat, au bar du *Rond-Point*. Nous devions dîner seuls, mais nous rencontrons Bernard Barbey, Marc Chadourne, Bertrand de La Salle. Nous allons tous les huit (car il y a leurs femmes) dans un petit restaurant de la rue de la Croix-Nivert. Troyat a l'air assoupi et triste. Ce dîner est d'autant plus imprévu qu'il avait refusé d'y participer pour me voir seul.

Bertrand de La Salle, d'une ironie amère, mécanique, lorsqu'il parle de la politique. Sa femme, à son habitude, d'une vivacité joyeuse. Son regard s'assombrit à l'évocation de la guerre possible. Quelle détresse, soudain :

— Bertrand m'a dit : « Va me chercher au grenier mes effets militaires. Je dois partir le premier jour de la mobilisation, *immédiatement et sans délai*... » Mais je n'ai pas voulu descendre cet uniforme. Il rendrait plus proche, plus croyable l'éventualité de la guerre. C'est trop horrible...

Et Bernard Barbey :

— Je sais bien qu'il n'y a jamais eu tant de raisons de craindre la guerre. Mais je ne peux pas y croire. Mon imagination est dépassée.

Alors, moi :

— Il n'y a pas, hélas ! à imaginer. La guerre ? Mais elle est là, en Chine, en Espagne. Nous ne pouvons pas douter de sa réalité, de sa présence. Nous ne pouvons pas nous rabattre sur ce fol espoir : « C'est trop horrible pour être possible. » La guerre n'est déjà plus du domaine du possible.

Voilà de quoi nous parlions par ce beau soir de printemps, au cœur de ce Paris où la vie est si douce. Les réverbères donnaient aux jeunes feuillages une teinte d'anis. Le ciel était pur. Et moi-même qui évoquais la Chine, l'Espagne, je pensais obscurément. « Oui, mais pas la France... » Impuissance à imaginer notre anéantissement. En vérité, je ne prends conscience de la situation que par bouffées. C'est alors, en moi, un bref déchaînement de colère, de peur, de révolte. Quel abandon, en de tels instants ! [...]

L'autre soir, je me suis dit : « Pourquoi attacher tant de prix à son personnage ? Pourquoi ma mort aurait-elle plus d'importance que celle d'un Espagnol ? Je ne veux pas dire : dans l'absolu, car de cela je fus toujours assuré, mais à mes propres yeux ? Pourquoi ma mort est-elle la seule dont je ne puisse supporter l'idée ? Je ne puis alléguer la valeur particulière et unique de ma vie. Cette vie, je la néglige autant qu'un autre, et moins que beaucoup d'autres, j'en profite. Que d'heures où je ne suis qu'un organisme gorgé de sang, une bête sans pensée. Je m'intéresse à mes petits plaisirs, à mes petites tristesses. S'il y a ce rachat de la lumière, je ne puis prétendre que l'honneur m'en revienne. Il est certes merveilleux d'éprouver la douceur d'un soir de printemps. Mais chaque cœur, chaque corps connaît cette joie. Cette joie est inhérente à la vie, non à ma vie. Alors ? Spirituellement, je me détache de plus en plus de moi. Mais la chair veille.

Marc Chadourne, en face de moi, profite avec gourmandise des moindres plats. Il me conseille de lire *Ulysse,* de Joyce. Nous discutons de la technique du bon journal intime. Il dit :

— Une semaine sans Bourse, sans journal, sans menace... Que ne donnerais-je pas pour une telle semaine...

Une semaine ! Je le trouve soudain peu exigeant. Puis il ajoute, sur un ton d'ironie :

— Voilà mon idéal. Et vous le trouvez pantouflard. Disons, pour être plus fidèle à la réalité contemporaine, qu'il ne s'agit pas tout à fait d'une politique de la pantoufle mais d'une politique de l'espadrille. De cette politique, je n'ai pas honte...

Chadourne, Barbey et ces jeunes femmes si belles : comme ils sont peu faits pour l'angoisse de cette époque. Ils n'ont pas ce visage d'Aragon, l'autre soir... Mais qui peut échapper, aujourd'hui, à cette hantise ?

Lors des quelques instants où je le vis seul, confidences d'Henri Troyat :

— Je ne sais pas ce que j'ai, Claude, mais il se passe en moi d'étranges choses. Je ne profite plus d'aucune joie. Tout ce qui me comblait, autrefois, me semble sans saveur. Je me dis : « Ce n'est que cela ! » Et, dans ma chair, une certitude : « Tout est ailleurs. » Ailleurs, mais où ?

Aucun être ne paraît moins mystique, moins torturé que Troyat. Que ce soit une apparence trompeuse, je l'ai pressenti, naguère, à une ou deux reprises, déjà.

— ... En étudiant, pour mon bouquin, la vie de Dostoïevski je suis saisi jusqu'à l'angoisse : de tant de souffrances et de joies, il ne reste rien. Est-ce donc en vain que nous les avons connues ?

Vémars, samedi 9 avril 1938.

A tous les postes allemands, ce soir, la voix d'Hitler : une foule immense l'écoute, dans un silence religieux, qui éclate en vivats à un signe mystérieux. Demain, le plébiscite pour la Grande Allemagne. Lorsque Hitler se fut tu, une clameur emplit cette ville inconnue où s'ébranlèrent toutes les cloches, alors que faisaient rage des hymnes guerriers. Tumulte d'un peuple en démence. La frayeur et l'angoisse étreignent le cœur des Français à l'écoute. Leur sort est entre les mains de cette nation fanatisée.

Nous passâmes à d'autres postes. Mais la voix de l'Allemagne, toujours rencontrée, murmurait encore en surimpression, mêlée aux musiques plus douces que nous lui préférions.

Vémars, Jeudi saint, 14 avril 1938.

Cette vie régulière est enrichissante. Je réussis à beaucoup travailler mon doctorat de droit sans trop négliger ma vie intérieure. Si j'ai lu et annoté cinquante pages de droit administratif, aujourd'hui, j'ai aussi consacré deux heures à cette nouvelle commencée à l'infirmerie de mon régiment et que j'avais abandonnée depuis.

J'ai continué à feuilleter l'*Ulysse* de James Joyce. Tentative ratée mais passionnante. Je transpose, grâce aux leçons de ma propre vie, et c'est la découverte de possibilités prodigieuses. Les erreurs de Joyce m'apparaissent et je les sens évitables. Plus que ses erreurs, ses omissions. Car il méprise, me semble-t-il, toute une partie de la vie intérieure, la plus belle peut-être, la moins animale. Je ne veux pas dire qu'il faille instaurer une hiérarchie dans nos sensations. Il faut voir ce qui est. Or, il y a plus que ce que Joyce y voit. Ce qu'il y décèle est pourtant capital. Échouer de cette façon, dans une tentative aussi surhumaine, est une remarquable réussite.

Vémars, Vendredi saint, 15 avril 1938.

Les enfants du village, remplaçant les cloches absentes, annoncent l'heure avec des crécelles. Vieille tradition, émouvante. Absurde survivance (car l'horloge de l'église sonne à son habitude), mais si douce. Ils contournent la maison dans un grand bruit strident : « V'là quat'heures qui sonnent ! » Claire et Luce ont des bicyclettes neuves, nickelées comme des accessoires de music-hall. Je prends l'une d'elles, de temps à autre, pour faire de l'exercice, puis je retourne à mon travail.

A ce sujet qui me hante depuis si longtemps, Joyce me permet enfin de trouver une solution. J'avais pensé que la meilleure façon de montrer les divers aspects, si contradictoires, d'un même homme, c'était de consacrer, par exemple, le premier chapitre au Journal de X, le second à une lettre de Y, le troisième à une conversation entre T et Z. De cet ensemble de témoignages se fût peu à peu dégagé le visage de mon héros. Solution d'attente. Solution imparfaite. Je pressens, ce soir, quelque chose de meilleur. J'imagine l'enterrement de mon Jérôme Silvet... Et une dizaine de chapitres rapportant ce que furent, derrière le cercueil, pendant le même laps de temps, les pensées de V, W, X, Y, Z sur lui. Je ne me dissimule pas la difficulté d'une telle œuvre. Mais je ne me sens pas incapable de la traiter. Il me faudrait une existence comme celle que je mène ici, mais sans l'obligation d'un travail imposé (droit). Je puis attendre. Un jour ou l'autre...

Dire que le hasard seul m'a fait rencontrer Marc Chadourne, l'autre soir, que le hasard seul nous plaça l'un en face de l'autre, à table. Sans cela, *Ulysse* serait resté ce gros livre de la bibliothèque paternelle, le plus gros, et que je ne songeais pas à ouvrir.

« Cela vous plaira, j'en suis persuadé », me dit Chadourne de sa voix douce. Non, cela ne m'a pas plu. Cela me plaît de moins en moins. Mais cela me montre une voie dont je ne soupçonnais pas l'existence. Une voie merveilleuse. Comme Joyce a peu profité, a mal profité, de cet extraordinaire instrument dont il percevait si bien pourtant la valeur !

Je ne puis m'empêcher de commencer dès ce soir *le Cœur battant*, mon roman. J'écris de dix heures à minuit. Timide essai. Première prise de contact, passionnante.

Paris, mardi 19 juin 1973.

Comme il est difficile de reconnaître, d'assumer, de publier de telles pages... Je ne prétends pas que j'aurai le courage de me solidariser ici avec tous mes échecs — surtout avec les échecs de la pensée, les plus graves...

Quelvezin (Carnac), lundi 16 juillet 1973.

C'est pourtant dans la mesure où j'assumerai ce risque (ce que j'ai tant bien que mal réussi jusqu'à présent) que je donnerai à cet essai son relief. Valeur dont je risque d'être le seul juge : ces combats n'ont d'autre arbitre que moi-même ; les solutions que je trouve aux problèmes qui se posent à moi ne peuvent être que par moi appréciées. Il résulte de l'exigence de rigueur à laquelle il me faut obéir, que les pages de Journal que je suis amené à élire pour les insérer ici sont rarement celles que je choisirais si mon propos était de captiver ou de distraire mes lecteurs éventuels et de leur montrer quel témoin je puis être. L'éventuel intérêt, le possible pittoresque de ces pages seront donnés de surcroît, par hasard, lorsqu'il y aura eu rencontre fortuite entre ce dont j'avais besoin, à telle place précise, et la qualité du seul matériau dont je disposais alors.

Dérisoires sont mes commentaires sur les prétendues insuffisances de Joyce et sur son « échec ». Il n'est pas sûr, en revanche, que ce ne soit pas mon moi d'aujourd'hui qui ne se trouve en recul sur celui de 1938, lorsque je juge risible d'avoir osé penser alors que l'auteur d'*Ulysse* avait négligé (méprisé) une part de la vie intérieure : sens d'une autre dimension, mystique, que je possède aussi peu que Joyce, aujourd'hui, et dont j'avais à cette époque non pas l'expérience mais la nostalgie et comme une vague connaissance.

Argentière, mercredi 1er septembre 1937.

J'ai l'idée d'un roman. Techniquement cela peut être intéressant. Philosophiquement aussi. Il s'agirait d'une réunion de témoignages sur un même garçon. La complexité de la vie serait moins trahie grâce à ces éclairages contradictoires et pourtant, dans un certains sens, convergents. Je reprendrais à Huxley ce système de chapitres datés. Mais avec moins de gratuité, il me semble. Ainsi sous la date du 30 juillet 1932, par exemple, prendraient place : un extrait du Journal de X, personnage principal ; une lettre, relative aux mêmes événements, d'un de ses amis ; une lettre, non envoyée, d'une femme intéressée à ces incidents et adressée à X ; un extrait du Journal d'Ÿ ; sur le ton habituel du roman, une conversation entre M et V ; le récit d'une démarche de W ; une lettre de O où les circonstances, qui font l'objet de tant de discussions, sont présentées, parmi mille autres, et considérées comme insignifiantes, etc.

Le caractère de X apparaîtrait chaque fois différent. On verrait ce jeune homme courageux, lâche, honnête, malhonnête... Selon les circonstances et les jours... Selon aussi le jugement d'autrui.

Paris, mardi 2 octobre 1973.

Ainsi, avant James Joyce et *Ulysse*, il y avait eu pour moi Aldous Huxley et *la Paix des profondeurs*.

Cette date du 30 juillet 1932 écrite le 1er septembre 1937 par hasard...

Font-Romeu, samedi 30 juillet 1932.

Promenade avec papa. Je fais quelques photos. Le soir, nouveau dîner de gala, agrémenté de champagne. Danse au casino. Papa me voit danser avec Mlle de Gontaut-Biron. Quelle joie quand je pense au bachot. [...] *L'Echo de Paris* publie un épatant article de papa sur *le Bonheur et le Plaisir*. Ce sont les Edouard Bourdet qui y sont dépeints...

En octobre, dans mon pays landais, le chasseur de palombes prépare le « sol » — l'étroit espace où il accumule tout ce qui peut séduire l'oiseau voyageur, souvent à bout de forces : des herbes fraîches, du grain en abondance et surtout l'eau que, du haut du ciel, les palombes altérées voient luire. Ainsi des hommes naïfs, pour capter le bonheur, groupent-ils, au bord de la mer, ce qui, dans leur idée, appelle sa présence : cyprès, nappes de fleurs, balustres, miroirs d'eau. Les maîtres de ces beaux jardins, tapis dans leur villa comme le chasseur landais dans sa cabane, attendent le passage de l'Oiseau bleu.

Mais les palombes s'abattent avec fracas dans les chênes, puis, une à une, se posent sur le sol; le bonheur, lui, a-t-il jamais subi l'attrait de ces jardins trop beaux ? Ceux qui les ont dessinés et construits ont atteint l'inexistant ; ils ont créé une absence. Ici, l'absence du bonheur devient tangible ; c'est à cette terrasse qu'il devrait s'accouder, sur ce banc qu'il ne s'est jamais assis ; le bassin ne reflète que le ciel vide...

Langon, vendredi 17 octobre 1873.

Une journée à la chasse aux palombes.
M. et Mme Adrien Boyancé, Laure Ferbos, maman et moi, nous sommes transportés à Uzeste en calèche. Après avoir visité l'église, nous sommes tous partis pour Pieuchon, à pied. Nous avons trouvé Cadichot à son poste regardant l'azur du ciel. Quand il a vu que nous arrivions, il s'est empressé de mettre sur les bancs de la fougère sèche, Mme Adrien voyait cette chasse pour la première fois, aussi la lui avons-nous expliquée

dans tous ses détails ; nous lui avons montré comment on fait voler les appeaux sur les arbres, et comment on les fait manger sur le sol, comment on leur lie les ailes, et comment on leur ferme les yeux avec une épingle (ce qu'elle a trouvé très cruel), etc. Nous avons aussi visité la belle chasse de M. Sauteyron avec ses tunnels de charmilles. Comme nous retournions à pied, M. Adrien s'est permis de chanter une chanson très peu convenable, et qui n'avait pas l'air d'être du goût de sa dame. En arrivant à Uzeste, on s'est mis à danser.

Langon, vendredi 21 août 1874.

Ce matin, j'ai traversé Sauternes à cheval. Les vignes sont chargées de très beaux raisins. C'est admirable. On va faire beaucoup de vin cette année, et très bon probablement. La récolte de blé a été abondante et l'on a toutes sortes de fruits à profusion. Si rien ne vient inquiéter l'ordre politique et social, c'est une année de prospérité qui se prépare pour la France. Et cependant, on se bat, on se fusille, on s'égorge, on brûle, on démolit en Espagne. Les hommes sont-ils donc des animaux et supérieurs aux autres ? Il leur serait facile de cultiver paisiblement la terre, de récolter les fruits et de s'en nourrir. Et d'envoyer ce qu'ils ont de trop chez les nations voisines pour recevoir d'elles, en échange, ce qui leur manque. Et de travailler, et d'étudier, et de vivre aussi heureux que possible. Mais non ! les voilà qui se lèvent les uns contre les autres, se lancent des projectiles qui tuent, vont donner la mort ou la recevoir... C'est très intelligent, cela ! L'homme a un jour à vivre entre la nuit qui précède la naissance et la nuit qui suit sa mort deux nuits bien noires où l'on n'a pas de rêves. Il a donc un jour pour se pénétrer des chauds rayons du soleil, pour respirer, pour voir, pour aimer... Il faut qu'il tue ! Pourtant la mort est une nuit qui n'a plus de matin. Un homme mort est une charogne qui pue. Il est quelquefois, chez les survivants qui l'ont connue, un souvenir, un souvenir qui s'efface comme l'impression que laisse sur la rétine un objet lumineux disparu... et plus rien. Or cette nuit ne paraît pas horrible à l'homme ; il trouve trop long ce jour qu'il lui est permis de vivre ; il l'abrège... La mitraille moissonne ces hommes en Espagne et pourtant l'air est bien pur, le soir, quand les rayons de la lune passent entre les branches, et pourtant les fruits mûrs ont des parfums bien savoureux, pourtant bien des jeunes filles sont prêtes à aimer.

Janvier 1938.

François Mauriac :

... Le difficile, c'est de n'être pas interrompu dès les premiers mots par « et les quinze mille prêtres de Barcelone ?... » et de ne pas déchaîner aussitôt la morne bataille à coups de cadavres. Comme si chaque parti avait un compte ouvert sur la mort, un crédit illimité ! comme si les quatre-vingt-cinq enfants assassinés, un dimanche à midi, représentaient des arrérages, comme s'ils étaient légalement dus à ce Minotaure doué d'une ubiquité effroyable et qui se gorge de sang à la fois en Espagne et en Chine ! [...]

Ce qu'il faudrait lui faire entendre, à cette foule, c'est que le Minotaure n'a pas pour l'Espagnol, pour le Chinois ni pour l'Abyssin un goût exclusif [...]

Hâtons-nous, car le printemps approche. Il se presse, cette année ; il devance son heure. Les arbustes des jardins d'Auteuil sont déjà verdissants. Je n'aime pas cette impatience de la nature, cette intervention sour-

noise, cette complicité de Cybèle et du dieu des morts... Je me méfie de cette brise trop douce, de ce vent tiède qui sent la terre, l'argile ; de ce souffle qui a une odeur de destin.

Paris, lundi 10 septembre 1973.

Nathalie me rapporte de Malagar, où maman le lui a confié pour moi, le Journal, retrouvé cette année et dactylographié par ma cousine Colette, du père de mon père, Jean-Paul Mauriac. Ce père qu'il ne connut pas, dont il savait si peu de chose et parlait avec une telle tendresse. Aux livres de sa bibliothèque, il avait reconnu et salué en lui un être de cette espèce si rare dans son milieu : un intellectuel.

Avec quelle émotion, quelle joie, François Mauriac aurait lu ce journal de Jean-Paul Mauriac. Mais il n'en connut jamais l'existence. Son frère Raymond qui en avait hérité l'avait-il oublié ? Il y eut de toute façon un temps où ce Journal de leur père lui fut remis...

Mes cousines l'ont découvert, recopié, et maman, à Malagar, en eut enfin un exemplaire. A jamais trop tard, à jamais. Cent ans ont passé, mais il n'est pas trop tard...

Paris, jeudi 13 septembre 1973.

... cent ans, jour pour jour. Car le Journal de Jean-Paul Mauriac, alors âgé de vingt-trois ans, commence le samedi 13 septembre 1873.

Langon, samedi 13 septembre 1873.

J'ai lu ce soir dans la *Revue des Deux Mondes* une biographie de Gavarni. Il paraît que Gavarni tenait très régulièrement son Journal, et qu'il ne manquait jamais de noter chaque soir ce qu'il avait fait ou pensé dans la journée. Cela m'a donné l'idée de tenir aussi mon Journal. Je crois que c'est une excellente pratique, et dorénavant j'écrirai ici quelques lignes chaque soir.

Paris, jeudi 13 septembre 1973.

Que ce Journal de Jean-Paul Mauriac ait été remis à Claude Mauriac exactement cent ans après avoir été écrit est un de ces hasards objectifs — et le plus surprenant — qui donnent au *Temps immobile*, à mesure que je le compose (et qu'il se compose seul) de telles résonances.

Langon, dimanche 14 septembre 1873.

Temps affreux toute la matinée. Ce soir, vers trois heures, le ciel s'étant un peu éclairci, je suis monté à cheval. J'ai suivi la route de Barsac. A une centaine de mètres de ce bourg, j'ai croisé deux dames qui se promenaient à pied. La plus petite paraissait jeune et était laide ; la plus grande qui pouvait avoir vingt-cinq ou vingt-six ans était beaucoup mieux. J'ai poursuivi ma route jusqu'à Barsac, au pas, et là, j'ai rebroussé chemin, mais au lieu de revenir directement à Langon, j'ai pris le premier chemin à gauche pour voir des bois sur le port de Barsac. Mes deux dames avaient pris le même tournant, j'ai mis mon cheval au trot pour les dépasser. Elles ont peut-être pensé que je tenais à leur montrer comment je savais me tenir au trot, car il n'y avait aucune autre raison apparente pour que je vinsse dans ce chemin. Après avoir vu les bois sur le port j'ai dû les croiser une troisième fois pour m'en revenir. Cette fois j'avais mis mon cheval au petit galop. Décidément, elles ont dû penser que je tenais à leur montrer comment je savais me tenir à toutes les allures, et j'ai remarqué que la *jolie grande* riait comme je passais près d'elle.

Paris, vendredi 14 septembre 1973.

Journal tapé sur une machine à écrire dont la frappe ressemble à la mienne. « Temps affreux toute la matinée... » Un moment, je crois qu'il s'agit d'aujourd'hui. Non, il n'a pas fait si mauvais, il faisait même très beau... Et puis je vois la date : 1873.

J'éprouve de plus en plus de tristesse — et même de colère — en pensant que mon père a été frustré de ces pages, adressées à lui, tout particulièrement — et à ses frères — qui n'étaient pas encore nés et qui sont déjà morts mais à lui surtout, puisqu'il fut cet écrivain dont son père eût été si fier...

Ce Journal m'est arrivé au moment où il pouvait le plus m'émouvoir. Je ne puis m'empêcher d'y voir comme un signe. Venu de qui ?

— Mais de ton père...

Marie-Claude ne plaisante pas. Moi, à peine davantage. Non que j'y croie vraiment, ni elle non plus. Mais pour reprendre une expression bergsonienne, tout se passe comme si...

Tout se passe comme si François Mauriac m'avait fait parvenir ce dont il avait été privé, au moment où je pouvais en faire le meilleur usage, c'est-à-dire faire ce qu'il aurait sans doute accompli lui-même, et beaucoup mieux que moi, tout en étant bien plus que moi, qualifié : faire connaître de Jean-Paul Mauriac un peu plus que l'on en savait. Et l'on en savait presque rien.

Langon, lundi 15 septembre 1873.

Marie est venue allumer ma bougie à cinq heures. C'est dur de se lever avant le jour quand on entend le bruit de la pluie sur les vitres, et que le vent siffle. Mais j'avais besoin d'être à Bordeaux de bon matin à cause du débarquement du *Zio Gurgio*, second navire que nous recevons en consignation.

Paris, samedi 15 septembre 1973.

Il y avait à Malagar, et j'ai emprunté comme si je pressentais que j'allais en avoir besoin, un cahier marron où Paul Mauriac (c'est le nom qui figure à la première page, avec la date, 1873) a répertorié les livres de sa bibliothèque, d'Émile Augier à Jules Verne. On y trouve les Balzac de l'édition Charpentier, qui sont encore à Malagar, *les Fleurs du Mal, Volupté...*

Ce cahier-là, mon père au moins en eut connaissance. Et de cette bibliothèque où il reconnaissait déjà certains de ses auteurs bien-aimés.

Je m'arrête, me sentant gêné, comme si je me substituais au seul être digne de commenter cette modeste bibliothèque. Comme si, malgré mon respect, ma piété, je ne pouvais demeurer relativement que très en deçà de ce qui émut mon père et l'eût plus encore bouleversé, s'il avait pu, comme moi (mais on le priva de cette joie) passer de la mention : « *Revue des Deux Mondes* », *du 1ᵉʳ janvier 1872 à ce jour,* ou : de *Musset (Alfred de),* « *Œuvres complètes* », *Paris, Charpentier, 1867, 9 volumes,* à ce que Paul Mauriac écrit de cette *Revue des Deux Mondes* (qui existe toujours à Malagar) ou de Musset, au début de son Journal...

Langon, mercredi 17 septembre 1873.

Après midi, je suis monté dans ma chambre pour lire. J'ai ouvert un volume de Musset et déclamais *Rolla* à haute voix (je déclame assez bien quand je suis tout seul). J'en étais à : « Vois-tu vieil Arouet ? » quand tout à coup la porte s'ouvre ; on n'avait pas frappé ; c'était Anna qui me portait une dépêche. [...]
Mais l'oncle Lapeyre et M. Duprat fils étant arrivés sur ces entrefaites, elles ont été bien embarrassées pour faire souper tout ce monde. Cependant moyennant quelques morceaux de confit chacun s'est déclaré satisfait, et à huit heures du soir, par une nuit très noire, Louis et moi trottions côte à côte sur la route entre Uzeste et Langon. Nous sommes arrivés à 9 heures et nous avons trouvé la famille Larroque qui nous attendait au salon. Comme j'écris ces lignes notre cher Louis roule, et la vapeur l'emporte à travers la France vers les monts d'Auvergne.

François Mauriac. Première page de *Commencements d'une vie* :

Je ne me suis jamais accoutumé à ce malheur de n'avoir pas connu mon père. J'avais vingt mois lorsqu'il est mort : quelques semaines de grâce accordées par la Providence, et je me fusse souvenu de lui ; car sa mère qui lui survécut à peine une année, je la revois.

Je la revois dans le vestibule de la triste maison langonaise où j'ai situé le drame de Genitrix, *vaste demeure mal fermée que les trains de la ligne Bordeaux-Sète faisaient tressaillir, la nuit. La vieille dame, atteinte d'une maladie de cœur, demeurait assise dans un fauteuil près du guéridon où il y avait la sonnette et la boîte de pastilles. J'en volais une, et elle me menaçait, en riant, de sa canne.*

Mais mon père, qui la précéda de quelques mois dans la tombe, je ne le revois pas. Il était allé dans les propriétés de la lande, entre Saint-Symphorien et Jouanhaut, l'héritage récent de son oncle Lapeyre. Ce soir-là, il revint avec un grand mal à la tête. Bien plus tard, si le jour de la composition de calcul je décidais de ne pas aller au collège, je savais qu'il suffirait de passer la main sur mon front avec un air dolent, pour que ma mère s'inquiétât et me retînt au logis.

Je ne me rappelle pas mon père, mais je me souviens du temps où ses traces étaient encore fraîches ; et quand ma mère ouvrait l'armoire de sa chambre, je regardais, sur la plus haute étagère, un chapeau melon noir, « le chapeau de pauvre papa ».

Nous n'habitions plus la maison de la rue du Pas-Saint-Georges où j'étais né et où il était mort : la jeune veuve avec ses cinq enfants avait cherché un refuge chez sa mère, rue Duffour-Dubergier. Nous y occupions le troisième étage...

Malagar, samedi 21 avril 1973.

Hier après-midi, la maison de *Genitrix* était fermée, que nous avions projeté de visiter, maman, Marie-Claude et moi. Nous en avions fait le tour, moins frappés par son abandon que par ce qu'il y avait en elle de fatidique. Camélia blanc, arbre véritable, couvert de fleurs et de boutons, en bas du perron nord (nous en cueillîmes quelques branches). Au Sud, un gigantesque mimosa aux fleurs fanées...

Mais aujourd'hui, alors que nous revenions de chez Gaston Duthuron, nous vîmes, en passant, les volets ouverts, la lumière allumée. Nous entrâmes. Le maître de maison, M. Favereau, mari de la pharmacienne, devenue maire de Verdelais, nous accueillit. Nous nous nommâmes. On allait bientôt tourner ici même *Genitrix* pour la télévision. On nous avait dit, à Paris, que rien n'avait changé depuis l'époque ressuscitée par François Mauriac, qui dans ces lieux fidèlement décrits avait transposé, orchestré, une histoire dont certains éléments avaient pu réellement être observés dans une autre famille, celle de sa femme. Maman m'avait dit de l'estrade que les cinéastes allaient reconstruire qu'elle avait existé, ailleurs, à Soulac, où la mère de mon grand-père Lafon pouvait ainsi de son fauteuil surveiller les retours de son fils. Et que la photo dont il est parlé dans le roman existe, où l'on voit le fils qui s'est rapproché de sa mère, au dernier moment, et donc éloigné de sa femme...

Je n'ai pas relu *Genitrix*, qu'a repris maman ce soir même, y retrouvant ce que nous avons vu, dans un vide impressionnant, la maison étant démeublée. Je prends *Genitrix*, dans l'exemplaire des *Cahiers verts* dédicacé à bonne-maman : « A ma chère maman, son François qui a été un fils mieux aimé que le héros de ce récit... » et le feuillette...

Tout est là, de ce qui demeure et que nous avons vu, parcouru, sous la conduite de l'actuel propriétaire, de ce qui s'appelle encore à Langon « le château Mauriac »...

Nous traversons, nous aussi, « le désert glacé du vestibule qui séparait le pavillon où Mathilde vivait de celui où la mère et le fils habitaient deux chambres contiguës ». Rien n'a changé, m'avait dit Francis Lacombrade, il n'y aura qu'à faire venir le décorateur, et, à grands frais, une locomotive d'époque.

Aucun train ne passe durant notre visite, mais M. Favereau nous dit que, la nuit, lorsque l'on n'est pas habitué...

L'express de vingt-deux heures passa et toute la vieille maison tressaillit : les planchers frémirent, une porte dut s'ouvrir...

Marie de Lados dormait dans une soupente, que voici, telle qu'elle est décrite à la fin du roman — à ceci près d'inimaginable qu'il n'y a pas une seule ouverture dans le grenier, ni dans la soupente minuscule, qui se trouve à droite, entre le pavillon est et le pavillon ouest :

Sur ce palier ouvrait le grenier où il entra...

... que nous traversons...

... et qui s'étendait d'un pavillon à l'autre, au-dessus du vestibule. Une lucarne y recueillait comme de l'eau la clarté toute pure de la nuit, et l'épandait sur un coffre de tulipes peintes. Fernand, trébuchant contre des choses mortes, ouvrit la porte de la soupente où avait dormi Marie de Lados avant qu'elle dût veiller sa maîtresse. Elle n'avait jamais cessé d'y faire, chaque matin, sa toilette ni d'y conserver tout ce qui lui appartenait au monde, dans une malle de bois noir. Ici le froid terrible sentait la savonnette et les habits de ceux qui travaillent pour les autres. Plus étroite que celle du grenier, la lucarne concentrait la limpidité nocturne...

Lucarnes qui n'existent pas. Ou plus ? « On n'imagine pas comment étaient traités alors les domestiques qui trouvaient cela naturel », nous dit M. Favereau — tandis que j'éprouve de la honte pour ce que nous fûmes, pour ce que fut (et que demeure encore à maints égards) la bourgeoisie française...

Il faudra relire *Genitrix* et relever, ligne à ligne, d'une pièce à l'autre, d'un escalier à l'autre, ce qui demeure — pour combien de temps — d'inchangé dans la sinistre maison, où parmi tant et tant de vastes chambres, il ne s'en trouva pas une pour Marie de Lados, ou celle qui, ici même, en occupa la place...

Nous apercevons, au sud, dans le jardin, la balustrade du terre-plein où mon père me disait que ses frères et lui se précipitaient pour voir passer l'express... M. Favereau nous explique qu'avec les techniciens qui doivent tourner le film, livre en main, ils ont, une journée entière, repéré et vérifié les lieux, que les indications données par l'auteur leur permirent de retrouver, si bien qu'ils peuvent dire sans se tromper : là était la chambre de l'Ennemie, au seuil de laquelle nous nous trouvons (« Elle dort. — Elle fait semblant. Viens. » Début qui émerveillait mon enfance, qui m'émerveille encore) et où nous pénétrons...

Paris, dimanche 30 septembre 1973.

Langon, 29 septembre 1873... 1er octobre 1873... Je pourrais enchaîner. Mais il faut interrompre ce corps à corps avec le néant, rompre le vertige, reprendre là où j'en étais avant cette bifurcation, une parmi tant d'autres possibles, la moins attendue, la plus émouvante de toutes.

Break...

Vémars, mardi 19 avril 1938.

« Vous assurez ne pas savoir ce que vous allez faire, me dit Marc Chadourne, l'autre soir. Eh bien, moi, je le sais. J'aimerais l'écrire sur un bout de papier que vous me jureriez ne pas lire avant un an... » J'avais deviné qu'il voulait parler d'un roman. Et, ce soir-là, j'avais souri en moi-même : « Comme il se trompe ! »

Paris, samedi 20 décembre 1952.

Sur l'exemplaire de *Méditation sur un amour défunt* que je lui ai apporté, Emmanuel Berl écrit :

A Claude Mauriac, avec ma reconnaissance pour la sympathie qu'il a bien voulu me montrer et pour qu'il fasse surgir de lui-même tout ce qui s'y trouve...

Paris, mercredi 20 juin 1973.

En ce mois d'avril 1938, je venais donc de commencer un roman joycien, *le Cœur battant* — non pas mon premier roman puisque *Où mène l'amour* m'avait été confisqué, au lycée, lorsque j'étais en sixième ou cinquième, et envoyé avec indignation à mon père, qui ne s'était pas indigné. Mon troisième roman, publié celui-là, et le premier publié, *Toutes les femmes sont fatales*, devait paraître en 1957. Ce n'était donc pas un an qu'il fallait attendre, mais dix-neuf. Et même plus de trente-cinq, si je considère *le Temps immobile*, dernier de mes travaux, comme le seul qui ne soit pas tout à fait indigne de ce qu'Augusto Frederico Schmidt et (peut-être) Marc Chadourne et Emmanuel Berl attendaient de moi. Juger comme nulle et non avenue toute « œuvre » publiée ou même seulement achevée me paraît essentiel. Je devrais m'y obliger si cette attitude n'était spontanément la mienne. *Work in progress* n'ayant quelque intérêt que dans son jaillissement. Mouvement de l'œuvre, sa seule réalité. « Œuvre. »... Guillemets qui emprisonnent le mouvement et l'arrêtent. Crocs refermés sur l'animal arrêté dans son élan — et tué.

Marc Chadourne me donnait rendez-vous dans un an. Voyons donc où j'en étais, en avril 1939. (Où nous mettait Hitler, puisqu'il était dit que nous étions passifs devant lui, fascinés, réduits à une impuissance dont nous eussions dû avoir honte et que nous chérissions...). Quatre-vingts pages de journal pour ce seul mois d'avril 1939. Le choix serait difficile. Mais justement, l'un de mes propos est, dans cet essai, d'éliminer le choix. C'est objectivement, par des rapprochements en quelque sorte mécaniques, que doivent se faire mes prélèvements. Puisque c'est un 8 avril (1938) que j'ai rencontré Marc Chadourne et qu'après l'ouverture vénitienne, ce chapitre commence, par hasard, sur un 23 avril (1954)...

(*Paris, mercredi 20 juin 1973*, oui, mais aussi *Quelvezin, lundi 16 juillet 1973*, et *Paris, mardi 2 octobre 1973*, jours où j'ai recopié et complété cette page, sans juger indispensable de préciser la date de mes additions et corrections. Temps non plus immobile mais anéanti : celui d'une œuvre en cours de composition. Je veux parler d'une œuvre littéraire, au sens habituel du terme. Non de celle-ci, où mon projet poursuivi sans défaillance depuis des années étant ce qu'il est, je me suis permis cette unique fois ce qu'il me faut bien considérer comme une tricherie.)

Vémars, Vendredi saint, 7 avril 1939.

Vendredi saint, mais dans une époque qui, de jour en jour, se rapproche un peu plus de la barbarie. J'évoque la phrase d'Odon de Horvath : « Nous allons vers des temps d'une insensibilité polaire, ce sera l'ère des poissons. »

Cette journée est marquée d'un signe ignominieux : les Italiens, sans aucun autre prétexte apparent que celui d'un désir spectaculaire d'hégémonie (car il doit bien y avoir à leur action des raisons stratégiques et politiques), ont adressé au gouvernement de l'Albanie un ultimatum le sommant de remettre entre les mains de Rome son indépendance. A la suite du refus albanais, les Italiens ont bombardé la plupart des villes, puis ils ont tenté de débarquer. D'abord repoussés par des troupes improvisées, ils ont fini par prendre pied en plusieurs points du territoire.

Le gouvernement a radiodiffusé des appels où il a fait savoir que, pour vaincre, les envahisseurs — au nombre de plus de cent mille pour quelques milliers de gendarmes et de civils albanais — devraient passer sur le corps non seulement des hommes mais des femmes.

Une telle abjection dépasse à ce point nos facultés d'indignation que nous sommes au-delà du mépris, du dégoût, de l'horreur.

C'est une belle journée de printemps et c'est le Vendredi saint. Rien de sacré ne compte pour ces hommes, ils ne savent pas ce que c'est que la paix d'un jour d'avril. Nous passons notre temps à l'écoute : les nouvelles sont contradictoires mais toutes plus abominables les unes que les autres. Une fois de plus les « démocraties » sont dépassées par les événements et ne peuvent rien répondre. L'admiration jaillit en nous et nous transporte à la pensée de ce petit peuple héroïque : enfin ! il y a des hommes qui disent non — et qui luttent pour la justice sans espoir, sans autre espoir que la mort et l'honneur.

Les fascistes sont-ils acculés au désespoir pour agir ainsi — ou s'agit-il d'un plan froidement machiné et destiné à compléter l'œuvre hitlérienne ?

Claire, terrassée par une crise de foie, ne paraît pas. Je travaille un peu à mon droit, un peu le *Cocteau*, mais le cœur n'y est pas.

Vémars, samedi 8 avril 1939.

La lutte continue en Albanie où la population se défend farouchement. Le monde est à nouveau consterné. Quant au plan britannique de sécurité il semble compromis : comment la Yougoslavie, désormais encerclée, pourrait-elle y adhérer ? Sans doute ne peut-elle maintenant que se plier aux exigences de l'Axe Berlin-Rome.

Hier, le printemps triomphait en sourdine : le ciel était argenté, le soleil caché. C'est aujourd'hui un épanouissement de lumière. On évoque le printemps albanais si doux, si doré, avec de jeunes fleurs vives — et une grande joie d'exister au cœur de tous les êtres. Mais il y eut des hommes qui n'ont pas craint d'envoyer là-bas des avions de bombardement, des mitrailleuses et des tanks.

Jean Davray me téléphone. Il est atterré lui aussi. Sa chère voix m'émeut. Je l'aime beaucoup plus que je ne l'imagine.

Promenade en forêt de Senlis : le sous-bois est jaune de jonquilles. Je n'avais jamais vu un tel déploiement d'ayaux. Des milliers de petites étoiles dorées brillent sur les feuilles mortes. Rien de moins impressionniste que la vision que j'en ai : chaque fleur scintille individuellement, je vois chaque fleur l'une après l'autre. Grande douceur des parfums et du ciel. Quelques papillons jaunes semblent des jonquilles envolées. Des mésanges à tête noire. Bruno dit qu'on ne vit vraiment qu'à la campagne mais que c'est bien dommage de n'être pas amoureux. Le drame albanais, toujours présent, obsédant derrière les plus belles minutes.

Les voitures qui regagnent Paris semblent parées pour une fête des fleurs. Sur le guidon des cyclistes, les gros bouquets d'ayaux ont l'air de phares allumés en plein jour.

Les horizons, la plaine sont d'une telle beauté avec leurs tons apaisés, lumineux, vivants, que la joie se mêle à notre tristesse.

Revenu à Vémars, je repars, à bicyclette cette fois, avec Claire. Une promenade dans la plaine radieuse nous met la joie au cœur.

Un gros soleil de jonquilles illumine ma chambre.

Vémars, dimanche de Pâques, 9 avril 1939.

Aucun fait nouveau mais une grande angoisse sur le monde. Les nouvelles que la T.S.F. apporte sont si pessimistes que je me sens incapable de tout travail. Un désespoir étouffé, sans couleur, obsédant, m'ôte la conscience : je me dis que la guerre peut éclater dans les jours qui viennent — et je n'y crois pas. Je me dis que la mort est là — et je n'y crois pas. Je ne crois à rien, si ce n'est en ma lassitude, en mon dégoût, en mon abrutissement. Absent de moi-même, je me regarde avoir peur, sans comprendre.

N'en pouvant plus de tourner en rond, j'enfourche le vélo de Claire. C'est encore une radieuse journée. J'achète *Marianne* à la gare de Survilliers et le lis, au croisement de la grand-route, assis sur ma bicyclette. (...)

Ce monde familier qu'il faudrait perdre ! Je regarde, sur la route ensoleillée, le défilé des autos et des tandems qui regagnent Paris. Les cyclistes ont des colliers d'ayaux ; ils sont couronnés, ceinturés de fleurs. Tous ces jeunes couples ont l'air heureux, insouciants, ignorants de ce qui se trame contre eux. Cette paix me gagne — et celle des grands champs calmes où la lumière s'étale. C'est détendu, presque heureux, que je reviens à Vémars où je me remets tout de suite à mon *Cocteau*.

Bruno a été voir Paul Baudouin, dans la propriété où il passe ses vacances, non loin d'ici : il n'en rapporte aucune nouvelle, si ce n'est l'appréciation du grand financier sur les chances de guerre : deux et demie sur trois. Il ajoute que « l'Europe connaîtra avant l'été une tension plus grave encore que celle de septembre — mais que la guerre sera peut-être évitée ». Il se refuse, quant à lui, « à la croire possible, malgré tout ».

Une indifférence, une paix nouvelles en moi, et qui se déploient lors d'une promenade dans le jardin nocturne, immédiatement avant dîner. Bruno est là, qui me parle encore une fois de la tristesse de n'être pas amoureux, et moi j'écoute la nuit, je la respire, je regarde les astres et, sur le ciel pâle, les ramures encore dénudées et comme dessinées à la plume. Puis je dis à mon cousin :

— Bruno, il faut à tout prix cesser de nous laisser obséder par l'idée de la guerre. En ne parlant que d'elle, en ne pensant qu'à elle, nous nous privons de merveilleux instants de bonheur, merveilleux même — et plus encore — s'ils doivent être les derniers. De toute façon, la mort est suspendue sur les hommes et ils n'y pensent pas. Rangeons la guerre au nombre des maladies mortelles qui nous guettent. Faisons comme si l'avenir était à nous. Cela nous est d'autant plus facile que le présent nous appartient, ce présent de Vémars, chargé d'un tel poids de passé qu'il a quelque chose d'éternel...

A ce moment, la cloche du dîner sonne ; un parfum de bonne cuisine remplace dans le jardin les odeurs de la nuit. La porte du petit salon s'ouvre sur le corridor éclairé. Nous évoquons grand-mère que nous allons retrouver, comme autrefois...

(... Comme autrefois, elle croquait la brioche

bénite, ce matin, à la messe, avec ce petit bruit appétissant...)

— Tu vois, Bruno, nous possédons tout, nous n'avons pas le droit d'exiger davantage...

Je lis toute la soirée *D'un ordre considéré comme une anarchie*, et *Carte blanche*. Jean Cocteau y évoque ses amis, sa vie d'après-guerre, toute cette existence prestigieuse. Je m'étonne d'y rencontrer la trace d'êtres dont je ne soupçonnais pas qu'ils l'avaient connue : le pâle Marcel Raval, par exemple. Caryathis est nommée. Morand apparaît avec un visage différent de celui que je lui connais. J'évoque les confidences de Cocteau, l'autre soir...

Tout le monde est allé se coucher. La T.S.F. joue en sourdine et soudain la plainte d'un accordéon me renverse le cœur : c'est le bref mais miraculeux épanouissement de cette soirée où je me suis retrouvé moi-même. Je reconnais le secret oublié de mon adolescence, ce romantisme nullement littéraire, mais charnel dont le monde recevait sa raison d'être. Cri de joie en moi : mais oui, JE VIS ! JE VIS encore et je suis capable de brûler et je ne suis pas éteint encore ; je suis digne, digne de vivre. Délivrance. Rien ne peut plus m'atteindre.

Bref tour de jardin dans la nuit glacée où toute une vie cachée anime l'herbe. On a peur d'écraser une de ces bêtes libérées.

Paris, 38, avenue Théophile-Gautier,
dimanche 23 avril 1939.

Mon père, qui a mis cet après-midi un point final à la nouvelle version de sa pièce *[les Mal-Aimés]*, nous en lit le 2ᵉ et le 3ᵉ (dernier) acte. C'est beau mais dur, impitoyable, par moments intolérable. Douloureux pour moi aussi, parce que le personnage du jeune homme me met en face de certaines responsabilités. Il y a des phrases que mon père m'a empruntées et il répète les réponses qu'il me fit. Quelque chose comme un ironique et terrible : « Lorsqu'on a la chance de ne pas savoir ce qu'est le mal, on aurait, en effet, tort de se gêner... » Mon cœur se glace. Je me sens coupable. Certaines phrases m'ont physiquement blessé. J'en ai souffert comme de coups.

Gratuité, dans ce théâtre, de tant de douleurs. Mais non, ce n'est pas là un jeu, puisque je suis touché. Il ne s'agit pas d'une construction artificielle, compliquée à plaisir. Tout cela nous concerne. Mais le public supportera-t-il une pièce si cruelle ?

Mon père lisait, mimant chaque réplique. Parfois, ses yeux filaient de côté, ou sa bouche faisait une grimace, ou il souriait. Et ce n'étaient pas là des jeux de physionomie voulus : il était vraiment dans la peau de ses personnages.

Lorsque ce fut fini, nous lui dîmes qu'il y avait un moment, au deuxième acte, où la limite du tolérable était franchie. Il en avait eu lui-même l'impression en lisant. L'endroit précis où se faisait le passage du possible à l'impossible était difficilement retrouvable. Peut-être ne s'agissait-il que de nuances ? Mon père reprit, à haute voix, la lecture, au milieu du second acte. Il retravailla, devant nous, certaines scènes, décelant les faiblesses, nous proposant certains arrangements ou acceptant les nôtres.

Je le regardais : son visage était transfiguré. Il participait à ce drame. Cette seconde lecture, faite sur un autre ton, nous fit paraître plus admissible le personnage de M. de Virelade. Joué ainsi, avec douceur, les plus terribles répliques passaient.

Mon père ne s'en montra pas moins inquiet :
— C'est une dure partie à jouer... Il faut avoir le

courage de tenter le coup... Et puis, quoi ! Voilà ce que j'ai fait... Je suis comme l'autruche qui regarde son œuf et s'en étonne...

Il est ennuyé de n'avoir pas encore trouvé de titre, ce qui est, selon lui, mauvais signe :

— J'ai lu le *Livre de Job*, dans l'espoir d'y découvrir une formule qui puisse servir de titre... Que la Bible, que je lis peu souvent, me déçoit ! Nulle trace de véritable spiritualité. Nul désir du ciel. Ce sont des hommes, bien en chair, qui n'attendent de Dieu que longue vie et prospérité.

Je lui dis : « Vous devriez lire Rimbaud. C'est une mine pour les titres. »

— Tu as raison. Je n'y pensais pas. Dès ce soir, je vais m'y mettre...

Comme j'aime ce côté spontané et charmant de mon père !

Malagar, jeudi 30 mars 1972.

Les Mal-Aimés. J'ai d'abord été ému. Assis dans le fauteuil de mon père, l'imaginant là, à cette place, devant cet écran où apparaissaient, avec des visages nouveaux, des personnages qu'il avait créés (et créés peut-être ici, à Malagar). D'un passé englouti surgissent textuellement dans ma mémoire, avant que les acteurs ne les prononcent, des phrases dont, aurais-je pu croire, aucune trace ne demeurait en moi. [...]

Et soudain, mon père est là, qui me juge et qui me condamne. Il m'était sévère, en ce temps-là. Une phrase de moi, entendue et rendue par lui, avec mépris et sarcasme : « Je ne sais pas ce qu'est le mal. » Une autre allusion cruelle, qui me concerne, sur les belles âmes qui parlent du peuple avec complaisance tout en ne se refusant rien et en ne refusant rien. Je suis blessé. Une blessure se rouvre, oubliée, mais qui me fait ainsi mal, je m'en souviens soudain à chaque nouvelle audition des *Mal-Aimés*.

(A quelle date très lointaine remontait la précédente ?)

De cette pièce haute, l'une des trois fenêtres donne sur un paysage italien : cyprès, vignes — et ce que je ne croyais plus possible à Malagar, un cheval, qui, à la voix d'un homme que je ne reconnais pas, tire une charrue. Antiquité, éternité, pérennité...

Paris, jeudi 21 mai 1959.

Deux plongées dans le temps dues à l'actualité. Troyat est élu à l'Académie française et nous nous retrouvons autour de lui, comme au jour lointain de son prix Goncourt, les mêmes qu'alors — ce qui tient du miracle, lorsque l'on songe aux événements qui se sont produits depuis — pareillement heureux et discrets, assistant de loin notre ami fêté que les journalistes accaparent. Les mêmes, oui : Michelle Maurois, Jean Bassan, Jean Davray et moi — et jusqu'à Bertrand de La Salle qui, s'il n'était pas des nôtres, figurait sur la photographie publiée en 1938 par *Match* — et auprès de qui il se trouve que nous sommes de nouveau photographiés. Vingt et un ans et quelles années ! Avons-nous tellement changé ? Physiquement, oui — mais rien ne compte moins que le physique.

Jean Davray nous rappelle que le jour où Henri Troyat a fait connaissance de mon père, dans ma petite chambre de l'avenue Théophile-Gautier, en 1936, celui-ci lui dit :

— Je vous recevrai un jour à l'Académie française et je commencerai ainsi mon discours de réception : « Monsieur, lorsque je vous ai vu pour la première fois, c'était avant cette guerre terrible... »

Vingt-trois voix sur vingt-cinq votants. Et ils sont tous là venus le féliciter, mon père, l'un des premiers, et André Maurois, et Marcel Pagnol, et Jules Romains. Et je me tiens un peu à l'écart avec les deux Jean de ma jeunesse, regardant le fils d'Henri que je n'avais pas vu depuis qu'il était un tout petit bébé et qui est maintenant un beau garçon de seize ans.

Le soir, autre bond dans le passé, mais de quatorze années. Seulement. Déjà. On reprend salle Luxembourg *les Mal-Aimés*. Renée Faure et Aimé Clariond ont retrouvé leurs rôles, à peine vieillis dans un texte qui ne l'est point. Texte que je redécouvre à mesure, par phrases entières, enfouies en moi, intactes, et que je me récite avant qu'elles soient prononcées. Et j'entr'aperçois, au fond ombreux d'une avant-scène, le profil de mon père. Tout continue. Rien n'est fini encore. Le temps, sournoisement, nous mange vivants, mais nous ne nous en apercevons pas.

Paris, mercredi 7 décembre 1938.

Au réveil, mot d'André Gide en réponse à ma carte-lettre d'avant-hier : nous dînerons ensemble vendredi.

Les parents déjeunent chez Paul Claudel. Nous sommes à table, Claire, Luce et moi. La sonnerie du téléphone retentit... Cinq minutes au moins après, Catherine — qui a été répondre — dit tranquillement : « M. Poupet vient de téléphoner que M. Henri Troyat a le prix Goncourt... » Ma gorge se contracte, mon cœur bat, tant je suis stupéfait. Une joie immense m'envahit, mêlée d'une grande effervescence nerveuse. Je me précipite à l'appareil pour prévenir Jean Davray que la nouvelle incroyable éblouit. Il n'avait jamais été question de notre ami pour ce prix, du moins cette année : François de Roux partait grand favori pour son roman *Brune*.

A deux heures et quart, Davray, Bassan, Bruno et moi nous retrouvons place de l'Étoile. Dans le taxi qui nous emmène chez Plon, notre bonheur s'extériorise en propos incohérents. Seul Jean Davray ne perd pas la tête : il met en chiffres, déjà, la gloire inattendue de notre vieux Troyat :

— Cela va faire à son *Araigne* un tirage de plus de cent mille exemplaires, plus une vente accrue de ses anciens livres, les traductions, adaptations, articles demandés... C'est la fortune...

Et d'envier Jean Bassan d'avoir pensé à commander un japon de *l'Araigne* !

Le hall de Plon grouille de journalistes. Déjà les micros sont là et les sunlights et la caméra de Pathé-Journal. Seul manque Henri Troyat.

— C'est en vain qu'on le cherche dans tout Paris, nous dit Georges Poupet. Il n'a pas déjeuné chez lui. A la Préfecture, il n'est pas arrivé. Chez Drouant, les Goncourt ne l'ont pas vu...

Les journalistes s'énervent. On les sent stupéfaits du résultat. Ils comptaient tous sur le triomphe de leur camarade François de Roux. « Parlez-nous de lui... » Nous, les amis illuminés de fierté et de bonheur. Décidément « le petit groupe » est en bonne voie ! Pierre Lagarde, important, pontifie et pérore. On ne voit que son délicieux accoutrement, avec la tache jaune de son écharpe — sur la terne grisaille de ses confrères.

— Il ne doit pas savoir... — Alors il serait le seul à Paris à ignorer qui a le prix Goncourt... — Charmante humilité !... — C'est qu'il ne se doutait de rien... — Il doit être chez sa fiancée... — Impossible de savoir où elle habite... — Il y a bien un Muller, docteur à Vincennes... — Mais non elle habite Saint-Mandé...

Chaque arrivant est acclamé par la foule d'un ironique : « Le voilà ! » Les yeux fixés sur la voûte d'entrée, nous imaginons la silhouette familière de notre ami, ses larges épaules, sa démarche nonchalante. Rien de vient. On dirait le début d'un film américain. Davray, Bruno, Bassan, moi sommes aux anges...

« Il sera là dans cinq minutes, annonce soudain Georges Poupet. Il vient d'arriver à son bureau de la Préfecture, ne se doutant de rien, ne sachant rien et on nous l'expédie ! » Rumeur de soulagement. « Quelle modestie ! N'avoir même pas eu l'idée d'acheter *Paris-Soir* pour voir qui avait le prix Goncourt... »

Le voilà, en effet, pâle, au bord des larmes. Il est assailli, étouffé, entraîné. On l'accule dans un coin. Et le voici, essayant un pauvre sourire sous les lumières de magnésium déchaîné. Déjà pourtant il est remis. Son visage épanoui rayonne. Un bonheur épais l'envahit. Quel regard il lance à son petit groupe perdu dans la foule. C'est avec assurance maintenant qu'il pose pour les photographes, puis qu'il dit, devant le micro de je ne sais plus quelle station — elles viendront toutes l'interviewer — son étonnement et sa joie. Les journalistes le poursuivent dans la petite pièce où il se réfugie. Pierre Lagarde prend le commandement de ses confrères ; il n'y en a que pour lui ; on dirait que c'est lui qui a élu Troyat. Les questions s'entrecroisent : « Quelle est votre conception du roman ? — Quelle est ma conception du roman ? », répète Troyat d'un ton morne : il n'en peut plus, il sait seulement qu'il est heureux. Que pouvait-il en effet lui arriver de plus beau ? Ce prix vient à point pour lui donner gloire et fortune, pour le consacrer définitivement surtout... Nous pouvons l'avoir à nous quelques instants — ainsi que Michelle de Kap-herr, retour de son voyage de noces et accourue avec Colette Bing pour être témoin de l'apothéose de notre ami. Il nous redit sa stupeur et sa joie :

— Je venais de déjeuner avec un ami... Je ne pensais qu'à mon retard et à l'excuse que j'allais donner au bureau. Et ce fut la nouvelle à laquelle je ne pus croire d'abord...

Nous avons laissé Henri Troyat à sa gloire. Nous sommes dans une petite pâtisserie proche du Sénat, Michelle, Bassan, Davray et moi, commentant cette extraordinaire journée. Après l'exaltation des heures dernières, ce silence nouveau, cette solitude me pèsent. Désagréable impression de retomber dans la médiocrité habituelle. Serait-ce déjà fini de cette ivresse ? J'ai tant participé au bonheur de Troyat que je suis triste soudain de ne pouvoir demeurer près de lui. Mais il faut le laisser aux journalistes, puis à sa famille...

Dans tous les journaux du soir, la photo de Troyat et son nom en capitales énormes, proche de celui de Ribbentrop !

Paris, lundi 24 avril 1939.

Lecture du *Mur* de Jean-Paul Sartre. Sympathique réunion, à *la Flèche*, en l'absence de Bergery. Bessières me charge d'un travail sur les étrangers. Jean Maze me demande mon avis sur un fragment de roman proposé par Daniel-Rops. Il règne pendant tout le conseil de rédaction (où Claude Garnier, distrait comme un mauvais élève, dessine près de moi) une atmosphère de bonne camaraderie dont je suis tout heureux.

Paris, mardi 25 avril 1939.

Cadeau pour mes vingt-cinq ans : Pierre Brisson dit à mon père que « je lui ai envoyé une ravissante nouvelle et que *le Figaro* la publiera de samedi en huit »... [...]

Georges Mucha vient dîner. A table, mon père raconte son déjeuner du matin. Cela se passait chez Larue et c'était le directeur du *Figaro*, M. Cotnaréanu, qui invitait. Il y avait sept ou huit convives — mais ils étaient de marque. Le fretin était constitué par Wladimir d'Ormesson, Lucien Romier, Pierre Brisson, Paul Morand et François Mauriac. Ce qui n'était déjà pas si mal. Mais le dessus du panier éclipsait ces pauvres célébrités — sauf Romier pourtant, à qui les plus hautes sommités demandaient conseil : Paul Reynaud, par exemple. Outre le ministre des Finances il y avait ces anciens dirigeants de deux pays amis : Van Zeeland et Titulesco.

Chacun s'accordait, paraît-il, à dire que la course aux armements ne pourrait se prolonger beaucoup plus de dix-huit mois sans entraîner la faillite de l'Europe — ou la guerre. Le seul espoir serait donc d'arrêter coûte que coûte cette marche à l'abîme.

Sur les chances immédiates de paix, Reynaud lui-même ne sait rien :

— Tout est entre les mains d'Hitler, il n'y a que lui qui puisse être renseigné. Nous, nous attendons son fameux discours du 28. Et sans doute attendrons-nous, par la suite encore, son bon vouloir...

Paul Reynaud assure que le gouvernement est tout-puissant, et, après ce déluge de décrets-lois, on n'a pas de peine à le croire. A Romier qui lui disait : « Telle mesure m'eût semblé importante... » il répondit, franchement navré :

— Que ne me l'avez-vous dit il y a trois jours !

J'ai signé X décrets ; personne n'eût rien dit si j'en avais ajouté un sur ce sujet...

Cependant, Titulesco affirmait que la Roumanie actuelle essayait de reprendre sa politique et Van Zeeland (que mon père trouva très grand seigneur entre ces deux nabots chinois qu'étaient Reynaud et Titulesco), disait sur la Belgique des paroles rassurantes. Mais ces raisons d'espoir, ces certitudes, qu'il donnait quant à son unité ne sonnaient pas très juste.

« J'écoutais tellement, dit mon père, que je ne me suis pas aperçu des plats qu'on me servait... » (et en effet, tel que je le connais, et son amour des bons restraurants, il devait être rudement intéressé !) « Quel dommage que vous ne teniez pas de Journal », lui dis-je. Il me répond :

— Wladimir d'Ormesson m'a dit aujourd'hui que, depuis plusieurs années, il écrit chaque soir les conversations les plus intéressantes qu'il a entendues dans la journée. Tout ne sera donc pas perdu de ce déjeuner...

Il ajoute :

— Ces messieurs disaient encore que le pays le plus menacé par le Reich était maintenant le Danemark, qu'il pourrait, paraît-il, être complètement investi en moins de deux heures, ce qui donnerait à l'Allemagne une position stratégique et commerciale extraordinaire. Une autre inquiétude est la Pologne dont l'armée, actuellement, ne pourrait résister aux Allemands plus de quelques jours. Un dernier point d'angoisse est l'attitude de Staline : il ne serait pas étonnant en effet qu'il soit secrètement d'accord avec Hitler (il y aurait eu des négociations précises). Ils disaient aussi que l'Allemagne serait vaincue... à Milan. C'est pour cela qu'ils redoutaient la neutralité de l'Italie qui les priverait de champs de batailles. Van Zeeland, que l'ironie n'atteint pas, disait avec sérieux, à chaque paradoxe de l'intelligent Romier :

— A Milan ! Là vous m'asseyez... Pas de neutralité ? Vraiment, vous m'asseyez...

Avec Georges Mucha au théâtre du Gymnase. En répétition générale, le théâtre des Quatre-Saisons reprend l'adorable *Bal des voleurs* et crée, sous le titre *l'Enterrement*, quelques scènes de *la Vie parisienne* d'Henri Monnier. Spectacle ravissant à force de grâce et de bonne humeur.

A l'entracte, Boll me présente au ménage Salacrou qui souhaite, paraît-il, me connaître. Armand Salacrou et sa femme me couvrent, en effet, de fleurs au sujet de mon livre : ils connaissent Jouhandeau, l'homme comme l'œuvre, et je ne les ai pas déçus. Avec son air un peu ébloui de Pierrot rieur, Armand Salacrou m'est sympathique et je regrette de ne pas mieux connaître son théâtre. Aperçu Roger Lannes, André de Richaud (dégrisé), Jean Prévost et l'étrange petit Frantz Thomassin, ah ! Cocteau...

Paris, mercredi 26 avril 1939.

En effet, mon père n'avait pas fait attention à ce qu'on lui servait, tandis que discourait Paul Reynaud. Il reçut aujourd'hui cette lettre de Pierre Brisson :

Cher François, merci d'être venu hier. Mille regrets de l'infâme déjeuner qui vous a été servi. C'est hélas ! irréparable. Mais, à titre de soulagement, je tiens à vous communiquer copie de la lettre que j'ai adressée hier au coupable ! De tout cœur votre Pierre B.

Suit ce duplicata dactylographié :

Monsieur, je tiens à vous faire savoir que le dernier gargotier de Paris n'aurait pas osé servir un déjeuner comme celui de ce matin. Il va de soi que je renonce à tout jamais à mettre les pieds chez Larue.

J'ajoute que je ferai tout ce qui sera en mon pouvoir pour détourner mes amis — étrangers surtout — d'une maison qui se moque à ce point de sa vieille réputation.

Veuillez croire, Monsieur, à mes sentiments distingués.

PIERRE BRISSON

La lettre est adressée à « Monsieur Duplat, directeur du restaurant Larue ».

« ... Quelle injustice ! commente mon père : Titulesco est arrivé vers quatorze heures trente... A cette heure-là, il y a des excuses à la mauvaise cuisine... »

Paris, 24, quai de Béthune, mardi 25 avril 1972.

Entreprise impossible : saisir l'insaisissable. Dates ramenées à des chiffres. Si j'inventais une date qui convienne à ce montage, date qui me manquerait et que je donnerais mensongèrement à un fragment de Journal écrit un autre jour, un autre mois, une autre année, ce passage truqué ne se distinguerait pas des autres. Et moi-même, oubliant au bout de quelques années, de quelques mois, de quelques jours, que j'en ai choisi arbitrairement la date, je ne saurais plus qu'il diffère essentiellement des autres. Ainsi ma tentative se révèle-t-elle absurde. J'essaie de montrer que le temps n'existe pas et comme il n'existe pas, en effet, cette composition elle-même n'a aucune existence que fallacieuse, ou purement anecdotique. Aussi bien, tôt ou tard, et le plus tôt sera le mieux, devrai-je en revenir purement et simplement, pour ce que je choisirai de publier, à l'ordre chronologique.

Paris, 38, avenue Théophile-Gautier,
mardi 23 mai 1933.

Il y a déjà longtemps que j'ai quitté l'enfance et la traversée fut longue et pénible que je viens de faire. Il y a là plus qu'une banale métaphore. Je sens vraiment, maintenant, l'approche de nouveaux rivages. Le moment ne saurait plus tarder où j'aborderai enfin la terre tant désirée. Depuis quelques jours, je la vois nettement : elle a surgi à l'horizon dans une brume ensoleillée. J'en devine les contours. L'odeur enivrante m'en parvient. Je n'ai qu'à fermer les yeux, qu'à attendre, je suis presque arrivé... Mais oui, c'est son murmure que j'entends. Ce chant douloureux dont je berce mon attente est celui-là même que je souhaitais : avec les douceurs de l'accordéon, s'annoncent les plaisirs désirés de l'amour.

Paris, 24, quai de Béthune, samedi 23 mai 1953.

Plongée dans mon Agenda de 1933. Relu la page du 23 mai, il y a vingt ans. Feuilleté le volume avec accablement. La drogue de l'adolescence m'enivrait. Je me croyais du génie et notais pauvrement de pauvres choses. Mais ma tristesse d'aujourd'hui, ce vertige, ne viennent pas de cette déception. (Il y a longtemps que je sais à quoi m'en tenir sur le jeune homme que je fus.) Je considère seulement ces années écoulées, dont j'attendais tant de richesses : un peu de cendre où brillent faiblement de rares éclats. Du temps qui a passé, je n'ai qu'une impression abstraite, une pure connaissance extérieure :

73

rien n'a changé, quant à l'essentiel, en moi et hors de moi. L'expérience, ou prétendue telle, n'est qu'un épiphénomène, un reflet : l'ombre du train qui passe — et qui m'aura bientôt à tout jamais emporté, sans que j'aie, bien sûr, jamais rien compris à rien.

Quelvezin, mardi 17 juillet 1973.

Un arrêt tous les vingt ans. Il n'est pas étonnant que le mercredi 23 mai 1973, j'aie laissé passer la gare, la date. Je n'ai pas ici mon Journal pour vérifier si j'y ai écrit ce jour-là. Montant aujourd'hui ces pages, je laisse subsister quelques lignes seulement du long agenda du 23 mai 1933. Le reste était du même ton.

Paris, vendredi 21 avril 1972.

Il me faut interrompre le montage actuel du *Temps immobile* pour insérer, entre le 23 mai 1953 et le 16 juin 1970 cette note qui modifie l'équilibre de ce chapitre. D'où une nouvelle difficulté, estimera le lecteur éventuel, pour suivre, en son apparent désordre, la composition de ce fragment d'une œuvre dont la rigueur même exige ces fréquentes *corrections*, au sens donné dans la navigation à ce mot.

Aussi bien naviguai-je dans les eaux du Temps.
Samedi 23 mai 1953, vendredi 21 avril 1972... De nouveau, un saut de vingt ans, ou presque, après celui qui, du mardi 23 mai 1933 m'avait mené au samedi 23 mai 1953.

Chiffres que l'on lit machinalement et qui, pour moi-même dont ils jalonnent la vie, ne signifieraient rien, si je n'y prêtais attention, si je ne m'efforçais d'en faire autre chose que des millésimes.

1933 était si éloigné de moi, en 1953 déjà, qu'il m'est impossible, quoi que m'affirment les nombres et mon expérience, de le juger plus lointain aujourd'hui. Vingt ans dans un sens ou dans un autre n'ont pas la même valeur. Ni même, en temps *réel*, la même durée. 1933, ce n'est déjà plus ma préhistoire mais c'est encore mon histoire à ses origines. Histoire depuis longtemps en cours, continuée et à suivre, en 1953.

Les événements personnels ou extérieurs de 1953 ont été consignés dans mon Journal et dans le journal, dans mon histoire et dans l'Histoire. Je puis me reporter à ces annales. Si fragile est ma mémoire que, laissée à ses seules ressources, je ne sais plus rien de cette année 1953, sinon qu'un fils nous était né l'an précédent. Qualitativement d'une autre sorte que l'abîme qui me séparait, qui me sépare de 1933 (le même ni plus ni moins profond en 1953 et en 1972), un trou s'est creusé en 1972 et cette année 1953, dont je ne garde aucun souvenir précis si je m'interroge sans l'aide d'aucun document. Le temps a perdu pour moi ses repères depuis la Libération, c'est-à-dire depuis que j'ai eu trente ans. Comme si, après trente ans, le temps ne comptait plus, ou comptait autrement, d'une façon indifférenciée. Depuis 1944, seules jalonnent ma vie de rares dates inoubliables : politiques (1946, 1958, 1968), ou personnelles (1951, 1970). Temps stagnant en surface alors qu'en profondeur son courant m'entraîne. L'image contraire étant aussi juste, aussi fausse : temps me laissant intact en profondeur, alors qu'en surface, il me change.

(Jacques Laval, il y a quelques jours, me disait : « Depuis l'âge de dix-sept ans, je suis le même. Ayant, comme quiconque, subi des tentations, vécu des passions, mais à la surface de moi-même. En profondeur, c'est le même lac paisible, étale, calme et profond de ma foi inchangée. »)

Ainsi se modifie la qualité du temps, sa texture, ce qui explique que 1972-1933 me semble couvrir une durée guère plus longue que 1953-1972, et que 1953-1972 me paraisse d'une longueur à la fois interminable et insignifiante. Je ne sais plus, en ce moment où j'écris, quand m'est venue la première idée du *Temps immobile,* mais je sais que quelques notes datées furent inscrites par moi en marge de journaux plus anciens, avant même que cette idée me soit venue. Cette mise en contact d'un jour de mai 1933 et d'un jour de mai 1953 me révèle que je dispose d'anciens rapprochements de ce genre. Pierres des ans qui, frottées, font jaillir une flamme, la flamme pure du Temps.

Je ne puis espérer arracher *le Temps immobile* à la stagnation non pas du temps (qui est mon sujet) mais de mes commentaires sur le temps, qu'en me forçant à réfléchir, en faisant des efforts particuliers et renouvelés, contraires à ma nature, à ma paresse et que mes insuffisances rendent peut-être (sans doute) impossibles. Mais il faut essayer. Et continuer là où, en général, je m'arrête.

Paris, mardi 16 juin 1970.

A peine moins mécontent de ce texte de 1953 que de celui de 1933. Des métaphores, toujours aussi banales : *un peu de cendre où brillent faiblement de rares éclats, l'ombre du train qui passe,* ce n'est guère meilleur que ces *nouveaux rivages...* En vérifiant dans le texte de 1933 ces images usées, je m'aperçois que je jugeai déjà ces métaphores banales. Je n'ose rien écrire de plus ici dans la crainte de révéler à mon regard de l'avenir (si j'ai un avenir) un écrivain aussi médiocre, un homme d'aussi peu de valeur.

Paris, lundi 16 juin 1930.

M. Sicot, professeur de gym, à qui j'ai fait des excuses pour l'incident de l'autre jour, les agrée. M. Gaudron est encore absent... De deux à quatre, un pion nous parle de Jean-Jacques. Je finis mes *Souvenirs*. En rentrant du couvent, Claire va chez le dentiste. J'étudie Victor Hugo dans ma littérature. Je vais chez le coiffeur. Luce se fiche de moi. Je m'amuse à la poursuivre. Maman va à l'exposition Delacroix et en parle à table...

Paris, mardi 16 juin 1970.

Lu au dos de cet agenda 1930 : JOURNAL. *Ce qui reste de mes seize ans*. Rien. Il n'en reste rien. Cette page du 16 juin 1930 est intéressante en ce qu'elle marque la date de l'achèvement de mes *Souvenirs*.

Paris, samedi 16 février 1952.

Dans mon récent déménagement, bien des papiers ensevelis ont réapparu. Notamment le manuscrit des *Souvenirs* que j'écrivis (en 1929) après la mort de Bertrand. J'en ai relu ce soir une partie à haute voix pour Marie-Claude. Non sans une émotion d'autant plus profonde qu'auprès de souvenirs toujours et à jamais vivants en moi, il y en avait d'oubliés. Certains détails irremplaçables et maintenant retrouvés : le cache-nez *vert* de Bertrand, la robe de chambre *violette* de grand-mère... A la fin du cahier commence un autre récit, trop vite interrompu, hélas ! sur les réminiscences de la première enfance. Là encore, mêlés à d'indestructibles souvenirs (le phare que nous allions voir avec les « parents » depuis « la petite allée »), il s'en trouve dont j'ai perdu la mémoire et qui sait ? que j'ai peut-être rêvés (passages de troupes à Vémars, raids d'avion, bruits lointains du canon). Il faudra que j'interroge mes parents. Si j'avais le courage, je taperais à la machine ce manuscrit. Il en existe je crois une version, autrefois dactylographiée par maman : mais elle est corrigée, alors que, dans un cas comme celui-là, on est à soi-même son propre grand auteur, toutes les variantes, la moindre correction, les passages raturés sont (pour moi) aussi précieux que le reste — et d'autant plus que leur suppression ayant empêché les relais de la mémoire de jouer, les faits qu'ils évoquent ont pour la plupart disparu de mon esprit, qui les retrouve avec émerveillement et respect. Sainte enfance, refuge que je m'interdisais, depuis des dizaines d'années, on ne sait par quelle prudence, ou quelle inconscience... Comme je me suis senti vieux, ce soir, mais comme aussi je me suis découvert riche... Tout ceci qui disparaîtra avec moi, qui n'a de valeur que pour moi, dont chaque homme conserve en son cœur l'équivalent... Bertrand n'est plus là pour s'enchanter avec moi de ces souvenirs — qu'aussi bien je n'aurais pas recueillis si sa mort ne m'y avait invité. Luce et Bruno — et grand-mère — y seraient sensibles. J'aurais aimé, ce soir, la présence de l'un d'eux.

Cette plongée dans mon passé libéra en moi une source cachée. Je regardai Marie-Claude, qui est ma poésie présente, qui sera un jour, dont le visage de vingt ans et notre amour d'un an seront un jour, des souvenirs aussi troublants — et, pour elle, en des poèmes automatiques, écrits au courant de la plume, sans une rature (probablement exécrables), je tentai d'exprimer ce trop-plein d'amour.

Paris, 20 novembre 1952.

Dans cette longue suite de jours sans Journal, il y eut un mois de septembre passé avec les François de Puységur et les deux enfants (car il y a aussi, maintenant, un petit Ladislas de Puységur) dans une villa louée à Saint-Jean-Cap-Ferrat. Fin septembre, je laissai Marie-Claude et Gérard quinze jours à Valmante, allai une semaine à Paris régler quelques affaires, fis un voyage au Mans, le premier depuis longtemps pour remettre en train *Liberté de l'esprit* (interrompue, comme chaque année, durant les vacances), puis passai à Malagar, seul avec mes parents, quelques jours — du 6 au 14 octobre.

Mon père nous lut ce qu'il avait écrit de son nouveau roman, suite de *la Pharisienne* (la moitié environ d'un livre qui s'annonce épais). Je fis, surtout avec maman, de belles promenades dans nos Landes. Des grues passaient avec leurs appels d'un autre monde ; nous levions des palombes, sifflions pour éviter les chasses toujours désertes car nous ne nous risquions qu'en semaine dans les sous-bois. Je déracinais de petits pins pour les replanter à Malagar. Mon père s'occupait beaucoup du roman qu'il me conseillait, une fois de plus, de commencer. Il me faisait une fois de plus confiance d'une manière touchante, véhémente, allant jusqu'à écrire les deux premières pages de ce roman afin de me mettre en train...

... *Le secret de la vieillesse, mon cher enfant, c'est qu'elle n'existe pas...*

Très (trop) Benjamin Constant. (« C'est ta voie... ») Ce texte brillant (dont je viens de citer la première ligne) ne m'inspira guère. Je n'ai pas encore perdu tout espoir d'arriver un jour à faire un vrai livre. Mais lorsque je vois à la relecture d'anciens Journaux qu'il y a dix ans j'étais pareillement obsédé par l'œuvre à faire et pareillement impuissant à la commencer, je me sens inquiet...

Paris, samedi 20 décembre 1952.

Vu hier, pour la première fois de ma vie, Emmanuel Berl, dans son appartement du Palais-Royal. Je lui avais écrit pour lui demander un article pour *Liberté de l'esprit,* et il m'avait prié de venir rue de Montpensier. Restes de jeunesse sur son visage dont les cheveux blancs accusent la relative fraîcheur. Vieux jeune homme qui, comme un jeune homme, se confie à moi parce que j'ai semblé lui marquer de l'intérêt :

— Bientôt soixante ans, dit-il. E je n'ai fait aucun progrès, dans aucun domaine, travaillant aussi difficilement, ne sachant pas mieux vivre. La vieillesse n'existe pas...

Les mêmes mots, exactement, que ceux de mon père l'autre jour. Je les lui cite. Alors il bondit, comme de joie, s'arrache au divan où il était affalé, ouvre un cahier de notes, me lit quelques pages sur ce thème de la vieillesse que le miroir révèle mais que l'on ne connaît pas de l'intérieur. Les aveux devenant trop intimes, il s'interrompt entre deux mots avec un geste d'ironie.

Comme si je le connaissais depuis longtemps — et comme si mon âge me donnait le droit de lui parler ainsi, en n'ayant pourtant pas l'impression d'être indiscret, je lui rappelle ce complexe d'infériorité que son œuvre révèle. Il l'a, trop souvent, réduit à l'impuissance. S'il ne s'était pas posé tant de questions, s'il avait visé à hauteur d'homme (à hauteur de l'homme Berl) au lieu de prétendre à la perfection, son œuvre eût sans doute été plus importante. Il m'écoute, avidement. Me demande si j'ai, en ce qui me concerne, plus de confiance en moi. Il s'agit bien de moi ! Je dis que, après m'être quotidiennement posé, pendant plus de quinze ans — et même plusieurs fois par jour — la question de l'œuvre que j'avais à faire, hantise à laquelle aucune réalisation ou commencement de réalisation ne vint jamais apporter un début de réponse, je suis sur le point de renoncer et de trouver, pour la première fois, une sorte de paix. Le Journal sera mon seul témoignage. Pas tout à fait sans valeur, peut-être.

Paris, lundi 22 juin 1970.

Tel est mon refus de la vieillesse qui approche que j'évite non seulement d'en parler ici, mais d'y penser et d'en accepter l'évidence. Il le faut pourtant. Hier soir, je lisais avec angoisse et, immédiatement, essayais d'effacer de mon esprit (où elles subsistent) ces lignes de Julien Green, dans son *Journal* du 3 février 1931 : « Cousin John, avec ses soixante ans, sa barbe en pointe. [...] Il est très bon, je n'en doute pas, mais il m'agace et sa vieillesse m'éloigne horriblement de lui. » Bientôt soixante ans, me disait, le 19 décembre 1952, Emmanuel Berl qui me semblait si vieux. Bientôt soixante ans, puis-je écrire aujourd'hui (cinquante-six ans...). Je me souviens de ma stupeur, de mon horreur lorsque André Lang nous apprit un jour, comme la chose la plus naturelle du monde, qu'il avait soixante ans. C'était vers le début des années 50, au cours d'une réunion du bureau de l'Association de la Critique cinématographique. Je le regardais sans en croire mes yeux. Il avait soixante ans, et il était calme, souriant, ambitieux, engagé encore dans la vie, dans une vie où, comment ne s'en apercevait-il pas, *il n'avait plus aucun avenir!* Les perspectives changent à mesure que s'accumulent les années. Il n'empêche que je dois regarder en face cette réalité : mon âge, puisque si bien je m'accommode de l'âge des autres. La vieillesse n'est pas là encore, mais elle est proche et je ne suis pas préparé à l'accueillir. (Cette lassitude en moi, ces jours-ci, qui vient des profondeurs de l'être. Je lui cherchais des explications rassurantes. On a ainsi des hauts et des bas. Mais lorsque l'on tombe toujours plus bas, lorsque c'est la chute libre du temps ?)

Malagar, lundi de Pâques, 23 avril 1973.

J'aurai, après-demain, cinquante-neuf ans. J'entrerai dans cette soixantième année, longtemps inimaginable. Je me souviens de la stupeur, de la pitié avec laquelle je regardais un confrère, André Lang, alors président de notre Association de la Critique cinématographique, lorsqu'il nous dit, nous le pensions beaucoup moins vieux, qu'il avait soixante ans. C'était il y a plus de vingt ans, non loin de la Bourse, en une minute de commisération pour moi à jamais inoubliable. Comme cette autre, lorsque mon père murmura (je l'ai mis dans un livre) : « Ah ! si seulement j'avais soixante ans... »

Je m'oblige, je ne sais pourquoi, ni au nom de quoi ou de qui, à parler ainsi, ici, de moi. En ce lieu désenchanté, dévasté : mon Journal. Longtemps, je l'ai écrit pour les temps auxquels j'ai maintenant abordé. Pour sauver ce qui pouvait l'être des minutes heureuses — de mon père plus que de moi, bien souvent. Or François Mauriac est mort. Une inhibition m'interdit d'aller le retrouver ici, et même de m'attarder à le regarder sur ces photographies que maman, dans sa quête désespérée du temps perdu, fait retirer par centaines. Non seulement je ne me sens ni le goût ni le courage d'aller le chercher dans ces pages amoncelées, mais encore il m'est de moins en moins facile de les utiliser dans la mesure où il m'est devenu impossible de les relire : si bien que, ce grand projet, le dernier qui me donnait vaguement confiance en moi (je faisais semblant, je feignais de croire à l'importance de ce texte, à mon importance, comme au temps lointain où il m'arrivait pareillement d'être dupe de la « réussite » de mon entreprise romanesque), l'œuvre que je disais de ma vie, *le Temps immobile*, est abandonnée depuis plusieurs mois — comme un champ peut-être à jamais en friche.

Il a dû y avoir une année, un mois qui marqua le partage des eaux, du temps : ce moment où l'espoir est devenu impossible, parce que le temps a soudain manqué, où il n'y eut plus ce tampon rassurant d'années devant moi, où je pouvais me dire : dans dix ans, dans vingt ans même, je ne serai plus jeune mais je ne serai pas encore vieux. Alors que, maintenant, c'est l'effroi pur.

Paris, lundi 14 décembre 1953.

Rêvé longuement cette nuit de notre ancien appartement du 89 rue de la Pompe. Il était libre, les Troyat devaient le prendre et je suppliais qu'on me le réservât, étonné qu'il n'apparût pas comme le plus beau et le plus commode possible à ma femme. J'en reconnaissais avec émotion les moindres recoins. Mon corps, retrouvant ses habitudes après plus de vingt ans, tournait de lui-même aux bons endroits. Cette fidélité me semblait digne d'intérêt et je la notais, toujours en rêve, pour ce Journal, où la voici.

De ce Journal, mon père me parlait en un autre de mes rêves. Ce qu'il m'en disait était ceci même que je me répète souvent : qu'il faudrait élaguer, corriger, brûler, recopier afin de ne pas laisser à mon fils une image désobligeante de moi-même. Mais où trouver le temps, et comment le courage ?

De brèves plongées dans les vieux cahiers de ce Journal me donnent de temps à autre le même vertige. Je suis toujours frappé à neuf par une puérilité prolongée au-delà du normal ; par ma naïveté aussi ; et par quelque chose de dérisoirement banal et court dans mes jugements. Sans parler d'une médiocrité plus grave que celle de mon style ou de mes pensées : celle de ma vie. Avec les beaux éclats indestructibles de ce que je suis encore pour le meilleur mais pour l'inessentiel étouffe.

Goupillières, samedi 2 novembre 1968.

Couper, oui, élaguer le plus possible, puisque c'est une œuvre que je compose. Mais ne rien corriger au nom de qui ou de quoi que ce soit. Désobligeante, cette image de moi l'est trop souvent ; mais elle est mienne : je n'y puis rien changer sans imposture.

Les hasards de la composition du *Temps immobile* me font lire des pages de 1953. Elles me sont si proches qu'il me faut faire un effort pour ne pas les croire immédiatement contemporaines. Non que je ne les sache de 1953. Mais le calcul n'a jamais été mon fort — et il y a cette intuition immédiate plus convaincante qu'aucun raisonnement. Vérifiais-je pourtant, que je n'en crois pas mes yeux. Mais je recommence ma soustraction : il y a quinze ans de cela. Quinze ans qui sont comme s'ils n'avaient pas été. Le voilà bien le temps immobile. Et voici que j'apprends qu'en 1953, déjà...

Vémars, jeudi 23 juillet 1953.

Vingt-cinq ans aujourd'hui que Bertrand est mort. Avec quelle tendresse révoltée je pense à lui... Je n'ai jamais accepté l'injustice de cette mort. Vingt-cinq ans !

L'écoulement du temps ne me donnerait pas ce vertige si je pouvais en jalonner la fuite de façon régulière. Mais je sais maintenant par expérience que les psychologues ont raison qui affirment que des jours mathématiquement égaux n'ont pas la même longueur pour qui les vit. Ne parlons pas de mon enfance — cet autre monde. Mais (en gros) la période 1930-1939 me semble rassurante, comme celle de 1940-1944 (qui, de loin, me paraît aussi étendue que la première), tandis que les neuf ans (neuf ans !) qui se sont écoulés depuis la Libération (la période que l'on peut dire *contemporaine* de mon histoire individuelle), se présentent sous mon regard de façon amorphe, imprécise, fuyante. Tout se passe comme si le temps s'était arrêté en ce qui me concerne à la Libération, comme si je vivais depuis sans vraiment vivre. Le fait que mon Journal ait été interrompu à cette époque pour la partie intime de ma vie n'est sans doute pas étranger à cette impression, d'autant plus déroutante que ce temps pour moi inexistant est celui qui m'a le plus marqué. Je n'ai vraiment commencé à vieillir que depuis... Mais depuis quand ? Pas depuis la Libération, non. J'ai pénétré alors dans une troisième jeunesse... Peu importe. Ce que je voulais exprimer, c'est ceci : qu'il faut que je fasse un effort, que je m'oblige à dénombrer des repères pour prendre une idée, du reste peu satisfaisante, de l'écoulement du temps ces dernières années. Ma vie est depuis neuf ans (ou plutôt, elle a été de la Libération à mon mariage, point de départ d'une autre époque) comme un vaste pays sans relief, si bien qu'il m'est rétrospectivement difficile de me souvenir des étapes comme du détail des paysages.

Seuls jalons assurés, mes amours, ou ce que j'appelais ainsi : aventures plus ou moins heureuses et brillantes, mais où la vanité et la sensualité étaient beaucoup plus intéressées que le cœur et l'âme. Ce que je prenais pour de la souffrance était le dépaysement de la solitude et des habitudes détruites. Il m'a fallu rencontrer Marie-Claude, l'épouser, l'aimer, en avoir un fils, pour découvrir l'amour ; pour pressentir que la douleur ce serait ah ! oui, tout autre chose...

J'ai l'impression d'avoir laissé échapper ce que je voulais noter ici. C'est l'inconvénient de ce Journal, tapé sans brouillon, directement. Je mesure ce qu'il me faut bien appeler de nouveau mon inintelligence. Cette riche, cette foisonnante matière première, je n'aurais pas su l'exploiter. J'ai de moins en moins confiance en moi et n'espère presque plus pouvoir jamais écrire ce livre qui m'a hanté chaque jour de ma vie, plusieurs fois par jour.

Goupillières, samedi 2 novembre 1968.

Je n'ose penser à l'âge que j'aurai dans quinze ans, si je vis encore. Ces quinze ans qui ont passé en me marquant si peu, je veux dire spirituellement, que j'aurais pu écrire, aux chiffres près, il y a une minute les lignes précédentes...

Paris, samedi 22 avril 1972.

... qu'en ayant tout oublié, j'ai presque textuellement récrites hier, cette expérience étant à jamais inscrite en moi où je la retrouve inchangée, perdant chaque fois tout souvenir d'avoir un jour (et un autre, et un autre encore) exprimé par écrit ce qui n'a pas besoin d'être enregistré ailleurs qu'en moi-même.

Stupéfait, donc, continuant ma lecture, de découvrir que j'avais presque mot pour mot exprimé le 23 juillet 1953 ce que j'ai redit hier ici, en marge d'un autre Journal de 1953, sur le non-jalonnement du temps pour moi, son inconsistance, sa fluidité sans repère depuis 1944.

Seule différence : je pouvais dire alors qu'il y avait neuf ans depuis la Libération (neuf ans !) alors qu'il me faut aujourd'hui en compter vingt-huit ! Et si je mets de nouveau un point d'exclamation après neuf ans, ce n'est plus pour signifier, comme alors : combien lointaine déjà est la Libération, mais, tout au contraire : combien proche elle était encore !

Paris, mercredi 10 juin 1953.

Jusqu'à ces derniers temps, je n'avais qu'une connaissance intellectuelle de mon âge. Cénesthésiquement, je ne sentais aucune différence entre la vingtième, la trentième ou la proche quarantième année. Aussi alerte et à l'aise — ou avec les mêmes malaises, la même fatigue qu'à seize ans. Or voici que des douleurs, que des langueurs inconnues, une fatigue d'une autre sorte, se manifestent, au réveil notamment, qui me semblent être celles d'un premier vieillissement — sans parler d'une incontestable transformation physique.

De telles impressions sont ridicules dès qu'elles

sont enregistrées. Combien j'ai eu raison de renoncer le plus souvent au Journal intime ! Et pourtant dans notre solitude et notre dénuement essentiels, de tels aveux, faits à personne, soulagent. Ce n'est pas qu'on se sente moins seul. Mais crier dans le noir, crier de peur, rassure.

Lorsqu'il m'arrive (avec quel sentiment d'angoisse) de jeter un regard sur mes agendas d'il y a vingt ans, je suis étonné à neuf par ma puérilité d'alors. Je n'étais pas plus en avance, je veux dire : j'étais aussi en retard, quant à mes facultés intellectuelles que pour l'orthographe. Et pourtant (comment en perdrais-je le souvenir!) j'avais (ainsi que tous les adolescents) l'impression du génie. Ce foisonnement en moi, ce bouillonnement, produisaient ces pauvres scories : cris inarticulés, plaintes veules, brefs glapissements d'une joie animale... Renier son adolescence (être bien obligé, hélas ! de la renier) est normal (n'est pas inquiétant) ; mais quelle angoisse de juger avec sévérité ce que l'on a écrit il y a quelques années à peine. Par exemple, ce premier livre sur le cinéma, heureusement non publié, tiré en 1948-1949 de mes premières chroniques du *Figaro littéraire*, se pourrait-il que celui que je suis en train de mettre au point m'apparaisse aussi pauvre, aussi nul, aussi mal pensé et mal écrit dans quatre ans ? Si je me renie ainsi jusqu'à la mort, quelle époque de ma vie me paraîtra-t-elle rétrospectivement la plus réussie (la moins ratée) ? J'ai l'impression (mais elle est peut-être fallacieuse) d'avoir sans cesse progressé depuis mes balbutiements de la seizième année. Quelle tristesse, quel désespoir ce serait de devoir un jour convenir d'un déclin, à partir d'une date — que j'ai peut-être, sans le savoir encore, depuis longtemps dépassée.

Ah ! ma jeunesse triomphante des quelques années qui suivirent la Libération (et d'autant plus merveilleuse que l'Occupation avait été comme une première et angoissante vieillesse). Ce renouveau. Cette joie de vivre, de conquérir. Je me souviens mal si j'en prenais alors ou non conscience (en dépit de quelques minutes inoubliables d'orgueil, devant la terrasse du *Café de Flore* et au *Montana*). Bien avant mon mariage, tout cela était fini — mais je n'en convenais pas, si obscurément je le savais. L'horrible séjour de Locarno, ce désespoir presque insoutenable aggravé par un climat accablant, ne venaient pas tant, comme je le pensais, d'un abandon, que de cet abandon autrement plus grave ; c'était ma jeunesse qui venait de me plaquer. [...]

Une jeunesse dont j'ai encore pour l'essentiel, l'apparence physique (on continue à me donner dix ans de moins). Et c'est le plus angoissant peut-être, ce hiatus de moi à moi, cette façade encore avenante qui dissimule déjà le désert, un pays intérieur calciné, ravagé, sans feuillages, ni eau, ni oiseaux, ni ciel.

Paris, dimanche 9 juin 1963.

Je prends au hasard un cahier de mon Journal, le parcours, tout cela est si lointain, Gérard ne parlait pas, je regarde la date : 1953. Dix ans ! Je me reporte au jour le plus voisin de ce 9 juin 1963 : 10 juin 1953. Et c'est pour y trouver une angoisse, des plaintes, les tristes certitudes qui demeurent les miennes aujourd'hui, où je suis peut-être moins inquiet, où je me sens peut-être moins vieux, bien que j'aie dix ans de plus. Tout ce que je note alors de ma puérilité passée, proche, de cette impression de progresser encore qui est la mienne, demeure vrai. Mais quelle dérision ! Je pense parfois avec dédain à ce livre si pauvre, si raté qu'est *l'Amour du cinéma*. Or je le préparais alors et je disais, en faisant allusion à un premier recueil d'articles cinématographiques, par bonheur non publié : « Se pourrait-il vraiment que celui que je suis en train de mettre au point m'apparaisse aussi pauvre, aussi nul, aussi mal pensé et mal écrit dans quatre ans ? » Dans quatre ans, je ne sais pas ; mais dans dix ans, oui, hélas !...

Alors pour voir, je m'éloigne de dix ans encore et m'entends penser tel que j'étais il y a vingt ans, les 8 et 9 juin 1943...

Paris, mardi 8 juin 1943.

Perdu dans le temps, perdu dans le temps, je me révolte dérisoirement, moi dont la vie éphémère n'importe pas à l'éphémère vie des plantes, des animaux, des hommes, des planètes, des astres. Mais qui s'occuperait de moi si je n'y veillais ? La sagesse serait d'acquiescer au néant. Je ne m'en sens pas la force et me livre au culte désespéré de moi-même, si vain.

Dernier concert de la Pléiade, galerie Charpentier, hier. Arthur Honegger, Paul Eluard, tout le « beau monde » habituel. D'un programme inégal je retiens l'étonnant *Socrate* d'Erik Satie, où je reconnais avec émotion des pages du *Banquet*, de *Phèdre*, et surtout le récit de la mort de Socrate du *Phédon*, d'une belle noblesse :

Puis il but le breuvage avec une tranquillité et une douceur admirables. Jusque-là, nous avions eu presque tous la force de retenir nos larmes, mais en le voyant boire et après qu'il eut bu nous n'en fûmes plus les maîtres ; malgré moi, malgré tous mes efforts, mes larmes coulèrent avec tant d'abondance que je me couvris de mon manteau pour pleurer sur moi-même, car ce n'était pas sur Socrate que je pleurais, mais sur mon malheur, en songeant à l'ami que j'allais perdre...

La belle voix de Suzanne Balguerie, la discrétion de la musique de Satie, s'effaçaient devant le texte mais lui ajoutaient le pouvoir de leur magie incantatoire. Mon père disait que ce qui le troublait dans ce drame symphonique, c'était Platon, non Satie ; et dans Platon, Socrate ; et dans Socrate, sa mort ; et dans cette mort, celle du Christ. Tout y était déjà, et la Cène elle-même, et la douleur des disciples, et la sérénité du supplicié divin. J'ajoutai que j'avais été frappé par le son *historique* que rendait ce récit. Cette dette à Esculape, que Socrate rappelle avant de mourir, c'est là un détail qui n'a pu être inventé par Platon. Les choses ont bien dû se passer ainsi. Et je songeai que Socrate avait existé, qu'il s'était senti exister, non pas en tant que surhomme, mais avec ses faiblesses d'homme, son ignorance, sa lâcheté, sa misère d'homme. Divin, pourtant. Sachant qu'on reconnaîtrait en lui un messager des dieux. Mais croyant vraiment être initié au surnaturel ? Ou faisant semblant d'être dupe ?

Réception après le concert. Le miracle du champagne, après des années d'oubli. Jean-Louis Barrault, la petite Allégret, Maurice Gendron, la détente des conversations entrecoupées et brillantes. Paul Valéry que j'allai saluer mêla à la conversation ce nom de Claude Mauriac qui, plusieurs fois répété par lui, m'étonna. Le matin même, j'avais relu avec émerveillement l'*Ébauche d'un serpent*. Je m'en souvins en cette minute où le poète était à mon côté, une coupe de champagne à la main. Mais je ne savais plus qu'il était aussi l'auteur de M. Teste dans la familiarité de qui j'avais vécu. Pour faire à ce grand homme l'hommage d'un plaisir dont je le savais privé, je risquai d'être dévalisé par

91

les jeunes femmes qui l'entouraient et je lui présentai cette rareté : mon étui à cigarettes. Il en prit une avec empressement, l'alluma...

Paris, dimanche 9 juin 1963.

... Je coupe beaucoup. Je coupe tout. 8, 9, 10 juin 1943, jours dont il se trouve que je me rappelle encore avec précision. Mais je ne me souvenais pas d'avoir alors noté ceci que je pourrais écrire aujourd'hui : « Perdu dans le temps, perdu dans le temps... » Et la suite : banal, littéraire, grandiloquent. L'angoisse, pourtant, n'était pas feinte, qui demeure la même.

« Tout cela va trop vite, je suis désespéré de vieillir. Ce garçon de dix-neuf ans, avant-hier, chez André Dubois. Dix ans de moins que moi. » (10 juin 1943.) Mais toi, qui es moi, tu as vingt ans de moins que moi.

Encore un bond de dix ans en arrière (le dernier, parce qu'en 1923...). *1er juin 1933.* « Élection de papa à l'Académie française. » Trente ans déjà ! *9 juin :* « J'achète des autographes de la Révolution. » J'en achète encore (pour moi, mais aussi pour Gérard). Et (naturellement) : « Je réalise si bien l'affreux drame que ce doit être de vieillir » *(3 juin 1933).* Seul progrès : je n'écrirais plus « je réalise ». Et la nostalgie de toujours : écrire, écrire, avec la folle espérance, le bouillonnement de l'adolescence (à dix-neuf ans, mais j'étais encore un adolescent).

Vémars, lundi 5 juin 1933.

Le soir, merveilleux clair de lune sur le village, que j'admire d'une fenêtre avec Bruno. Gamme profonde de blancs. Une grenouille et sa note claire. Quelques chiens. Et puis une musique lointaine qui vient d'un cabaret. Elle s'harmonise si bien à la clarté adorable de la lune qu'on en est bouleversé. Tout cela n'a pas l'air réel tant c'est beau. Oui, trop beau pour un seul cœur. On ne peut pas tout comprendre.

Vémars, mardi 6 juin 1933.

Plusieurs fois dans la journée, je suis ému par ce monde de merveilleuses sensations que je sens grouiller en moi, douloureusement. Il y a des moments où il me semble que je suis embrasé de génie, tant ce que je devine dans mon cœur est beau. Mais quand je veux traduire ce que j'éprouve, il n'y a plus en moi qu'un affreux néant. J'aimerais pouvoir libérer ces chefs-d'œuvre qui sont en puissance dans mon âme : chaque jour m'apporte de nouvelles expériences, je le sens et j'ai peur de ne pas savoir tirer parti de ce trésor... Tout ce que j'écris là est idiot ! Je ne suis même pas capable de dire ce que j'éprouve : et c'est pourtant si beau, si beau...

Paris, dimanche 9 juin 1963.

Tiens ! J'ai été déraisonnable, moi aussi, moi comme les autres ? Tous les adolescents se sont cru du génie, sauf moi, pensais-je. Mais j'ai eu cette chance, par bouffées.

Paris, vendredi 8 avril 1938.

... Cette sécheresse dont Henri Troyat s'inquiète, j'en ai moi aussi l'expérience. Il y eut une époque où l'amour, où l'amitié m'arrachaient vraiment à moi-même, où je fus possédé, grandi par cette participation vivante à ma vie d'autres vies. Mais voici des années que je n'ai pas eu une minute d'égarement. Ma lucidité ne connaît plus d'absence. Je veille, continûment, avec un dur visage, un cœur sec. Tout en moi est sur la défensive. Tout en moi feint de se rire des fous qui se laissent duper par l'amour. Résultat : un homme desséché qui ne croit même plus en sa jeunesse.

Paris, 18 février 1943.

Henri Troyat, chez qui j'ai dîné hier soir, m'a lu les plus récents chapitres de son roman russe. Je lui fis quelques remarques dont il reconnut le bien-fondé et qui nécessiteront des remaniements. A propos de cette œuvre, nous parlons de l'aspect formel de la création littéraire. Henri oppose au désir de faire du neuf à tout prix, qui caractérise les jeunes auteurs (il connut cet orgueil, et ce n'est pas la manière d'écrire seule qu'il entendait changer : les sujets eux-mêmes devaient ne ressembler à rien de connu), la sagesse des écrivains plus âgés. Ils découvrent qu'il suffit de la langue la plus simple et des sujets les plus quotidiens pour atteindre l'irremplaçable vérité dont on est seul dépositaire, et la formuler. Il cite, en exemple, le Tolstoï de *Guerre et Paix* et je lui donne raison. Là où je le suis moins, c'est lorsqu'il assure que tout a déjà été dit et qu'il reste à le redire.

Marcel Proust ne pensa pas que tout avait été dit. Il multiplia les découvertes. (Je viens de recommencer la lecture de *A la recherche du temps perdu* et en suis encore à l'admirable *Swann*.) Or s'il a été possible, entre 1900 et 1922, de renouveler la psychologie, je ne vois pas comment un tel approfondissement serait désormais interdit. Il y faut du génie, naturellement. C'est pourquoi nos efforts sont voués à l'échec. Mais c'est déjà une récompense de ne pas me satisfaire de ce que je n'ai pas arraché moi-même à l'informulé.

J'ai l'impression que la psychologie n'en est qu'à ses balbutiements, ou plutôt que si elle a atteint une perfection définitive, c'est dans certaines directions précises, dans certaines de ses possibilités, quelques-unes parmi beaucoup d'autres. Je saisis chaque jour sur le vif l'insuffisance des règles et des formules connues à rendre compte de phénomènes mentaux dont je ne puis saisir les lois, ni même la configuration, mais qui se manifestent à moi avec assez de clarté encore, dans leur confusion, pour que je ne doute pas de leur absolue nouveauté. Ce sont les liaisons psychologiques reconnues, c'est la construction édifiée à partir des éléments que l'on a différenciés qui ne me satisfont pas. Je cherche depuis des années, il est vrai de façon peu suivie, désordonnée, paresseuse, à désarticuler le système pour le reconstruire, sans doute avec arbitraire encore, mais il ne pourra jamais s'agir dans ce domaine que d'approximations et d'hypothèses. Leur suffisante justification est d'éclairer d'une certaine manière l'obscure vie de l'esprit.

Les principes de Troyat sont justes, sous cette réserve, mais je crois dangereux de les reconnaître explicitement. L'honneur d'un écrivain est d'essayer toujours de se renouveler et de renouveler l'art d'écrire, fût-ce par les moyens les plus simples. La réussite est d'autant plus parfaite que les éléments qui y ont participé ont été le plus banal : ainsi *Guerre et Paix* ou l'extraordinaire *Of mice and men*, de Steinbeck, qui est fait du plus ordinaire du parler et de la pensée, et, pour ainsi dire, de rien.

Mon père, à qui Troyat vient de confier le manuscrit de son roman russe, en reconnaît les qualités mais lui reproche sa forme désuète (les descriptions à la Flaubert, par exemple). Et il dit de lui-même :

— Si je n'ai plus envie d'écrire de romans, c'est que je suis prisonnier d'une formule dépassée. Or je n'ai pas le courage de renouveler ma technique comme le fit Verdi après l'apparition de Wagner...

Paris, dimanche 24 septembre 1972.

Le Temps immobile. Vertige. Impression d'extrême difficulté, non de péril. Je ne suis pas menacé, n'étant pas capable de cette décomposition des concepts dont parle André Green :

Je pense qu'il y a des gens qui meurent de cela. Je crois que Proust est mort d'avoir écrit le Temps perdu, *je crois que Bataille est mort lui aussi de la décomposition des concepts. Car il n'y a pas de travail conceptuel qui n'engage mortellement celui qui s'y livre* (in Cause commune, nº 2).

Aucun danger, non. Mais quelle fatigue... Et si nous nous reposions un peu, le lecteur et moi ? (Tout en continuant pourtant d'obéir au hasard objectif de cette composition *nécessaire.*)

Paris, vendredi 4 octobre 1957.

Je n'avais jamais rencontré Georges Bataille. En l'honneur de ses soixante ans et de la parution simultanée de trois de ses livres *(la Littérature et le mal, l'Érotisme, le Bleu du ciel),* Gaston et Claude Gallimard, Jérôme Lindon, Jean-Jacques Pauvert le reçoivent à l'*hôtel du Pont-Royal*. Une cinquantaine d'invités : Nathalie Sarraute, Alain Robbe-Grillet, Raymond Queneau, le docteur Lacan, Jean Whal...

Je me présente à Georges Bataille en même temps que Jean Dutourd et Michel Mohrt. Assez beau et fascinant, la mâchoire lourde, la parole non point tout à fait entravée mais lente, la démarche difficultueuse. Tandis qu'il profite de leur commune origine auvergnate pour dire quelque chose à Dutourd, je m'éloigne, sentant en dépit de son bref regard aigu, une indifférence qu'il me paraît vain de combattre.

Je me trompais. Quelque temps après, ce fut lui qui vint à moi. Il y a un an environ, je lui avais consacré une longue étude dans *Preuves*. Aucun signe de lui depuis. Voici pourtant qu'il y fait allusion. Les mots sont rares, il les arrache de lui-même, les broyant avec soin. Mais enfin il y a un minimum de présence, peut-être même un maximum d'effort :

— Je suis content de vous connaître... Vous êtes de ceux qui ont révélé mes manques...

— Comment cela ?

— Oui, vous avez décelé, vous avez été un des rares, le seul, à indiquer mes failles. Ce que j'avais essayé de cacher, l'impuissance que je tentais de dissimuler — à moi-même peut-être...

— Je me souviens de vous avoir étudié de très près...

— Ces points de suspension sur lesquels vous vous êtes posé des questions... Il est certain que j'en use lorsque je ne veux ou ne peux pas dire ce que je tente ainsi d'exprimer ou de cacher...

— L'indicible ?

J'ai cessé, quelques secondes, de l'écouter, regardant son beau visage inquiétant. Puis je le réentends :

— J'ai été chrétien, vous savez. Je ne le suis plus, mais je l'ai été...

Pourquoi me dit-il cela ? Je réponds, à tout hasard :

— La quête reste la même.

— Il est probable, oui, je crois, qu'en dépit des apparences, et bien que mon attitude spirituelle puisse paraître aux antipodes...

— Bien sûr... Mais qu'importe l'orthodoxie ? Il n'y a qu'un absolu.

— Pardon ?

— Je disais : l'Absolu est un, quels que soient ses modes d'approche.

— Absolu, non, je n'emploierais pas ce mot... A cela près, je crois pourtant que vous avez raison.

Ainsi me parlait, au cours d'un « cocktail littéraire », cet homme étrange, ce mystique sans Dieu, ascète de l'érotisme, sage de la folie, explorateur de l'impossible.

Georges Bataille est inconnu du grand public malgré son importance dans la littérature d'avant-garde. André Breton l'attaquait dans le *Second Manifeste du surréalisme*. Il avait déjà, à un peu plus de trente ans, la seule gloire, secrète, qui importe. L'unique prestige qui compte.

La radio était là. Claudine Chonez cherchait des victimes. Armand Salacrou, c'était peu de chose. Claude Mauriac, moins encore. Elle insista, pourtant, faute de meilleur gibier. Je fis de vagues promesses et me sauvai. Mais elle me retrouva. Je me résignai donc à dire quelques mots au micro. Je m'apprêtais à parler de Georges Bataille. Mais elle :

— Il ne s'agit pas de Bataille. Je ne dis pas à l'auditeur où je suis. Je parle, sans préciser, d'un cocktail littéraire, au cours duquel j'interroge quelques romanciers sur les derniers romans parus. Dites n'importe quoi...

Elle n'ajouta pas : « Sauf sur Georges Bataille... » Mais c'était tout comme.

Jérôme Lindon se montra heureux que la R.T.F. se soit dérangée pour son auteur. Je dus le détromper.

Cependant, Jean Paulhan, flanqué de sa muse énigmatique, Dominique Aury, laissait venir à lui les hommages de jeunes catéchumènes. Sa politesse était extrême. Il faisait patte de velours et les petites souris de la littérature se sentaient rassurées.

Quelvezin, vendredi 13 juillet 1973.

« Pourquoi me dit-il cela ? » Mais à cause de mon nom, qui n'est pas le mien. Parce que je m'appelle Mauriac, beaucoup de mes interlocuteurs me parlent, eux aussi, comme si j'étais chrétien. La chose va de soi. La question ne se pose même pas.

(Luis Buñuel, la première fois où nous nous rencontrâmes :

— Je ne vous imaginais pas si grand.

— ... ?

— Eh bien, oui. J'entendais toujours, à votre sujet, parler du « petit Mauriac »...)

Quête... Absolu... Il est de fait que j'emploie (ou que j'employais) ces mots, en toute connaissance de cause, d'une cause qui n'est pas la mienne, mais dont, grâce à mon éducation, et à ces leçons particulières que me donna un maître, François Mauriac, j'ai une expérience personnelle, intérieure.

(Autres leçons particulières reçues d'un maître, du meilleur maître en la matière. Cette matière : l'État ; ce maître : Charles de Gaulle. Là aussi, je ne demandais pas mieux que d'apprendre, j'avais même des dispositions. Aujourd'hui, je désapprends. Mai 68 m'a réveillé. Ma tendance — nouvelle, profonde — est désormais d'être contre tous les pouvoirs...)

Quête, Absolu... Ces mots peuvent sans abus être proposés, essayés, à propos de Georges Bataille. Mais par moi ? Et dans cet éclairage-là ? Je connais des fanatiques de Georges Bataille, j'en connais surtout un, qui se moquerait, se moquera, de ce dialogue, en oubliant que lui aussi, lui surtout fut, autrefois, en quête de l'Absolu et alla très loin, très profond, dans cette voie aujourd'hui oubliée, reniée par lui.

26 juin 1948.

Mircea Éliade :

Ce soir, chez le docteur Hunwald, avec le couple Breton, Péret et Aimé Patri. La conversation glisse à l'alchimie et à la magie. Bien que disposé à les utiliser comme sources d'inspiration poétique, André Breton ne croit ni à la « réalité » des phénomènes paranormaux ni aux techniques occultes. Pour l'auteur d'un texte comme Sur le peu de réalité... *cette attitude est déroutante et bizarre. Je soupçonne Breton de faire un peu de théâtre dans sa nouvelle attitude cartésienne et « positiviste » quand il nie, par exemple, les stigmates, même ceux de nature hystérique, sous prétexte que « l'hystérie n'existe pas comme réalité autonome » et qu'elle a été promue et cultivée comme telle à la Salpêtrière, etc. Breton est effrayé par les efforts que font certains « spiritualistes » pour s'approprier son message. Claude Mauriac prépare un livre,* Saint André Breton *et lui a envoyé pour Noël une carte avec un crucifix... Breton se défend en prétendant qu'il est heureux de redécouvrir « la matière ».*

Quelvezin, mercredi 18 juillet 1973.

De 1933 à 1943, aucun progrès. Pas davantage de 1943 à 1953. Mais en 1953, rapprochant le 23 mai de cette année-là du 23 mai 1933 (ainsi que l'on a vu), j'ai, sans le savoir, trouvé l'idée du *Temps immobile*... Après quoi il faut attendre dix ans encore...

Paris, dimanche 9 juin 1963.

... Cette plongée en 1933 était un nouvel essai pour voir si je ne pourrais pas, éventuellement, utiliser ce Journal et comment. Je pense de plus en plus à une œuvre construite à partir de lui. Non d'une publication jour après jour, année après année. Mais d'un montage qui mêlerait les ans et ferait ressortir à la fois le vertige du temps et son inexistence. J'y songe depuis plusieurs mois sans avoir encore trouvé la solution.

Mais peut-être suis-je sur une piste. Tout le livre futur fait de ces pages passées est peut-être dans ce cri ironique et touchant : « Mais toi, qui es moi, tu as vingt ans de moins que moi. »

Petite graine qui germera peut-être.

Goupillières, dimanche 23 avril 1972.

... qui a germé. Je sais maintenant (je réapprends) comment s'est formée la première idée du *Temps immobile*. J'assiste à sa naissance. Cellule originelle, si fragile encore, mais qui déjà s'est suffisamment développée pour que je puisse espérer la voir survivre et croître. Juin 1963. Il m'aura fallu neuf ans... Neuf ans !

Paris, dimanche 12 novembre 1972.

Non pas neuf ans, dix, comme en témoigne ce Journal du 10 mai 1962 retrouvé aujourd'hui... Ce qui me paraît si important, cette année gagnée (ou perdue), est-il transmissible ? A la lecture (pour un autre) n'y aura-t-il pas ici qu'une suite abstraite de dates — alors que tout cela est pour moi si tragiquement concret ?

Paris, samedi 30 juin 1973.

Il m'a été possible de remonter plus loin encore, dans le temps et de retrouver, à la date du 26 juin 1957, une première conception — *la* conception, peut-être — du *Temps immobile* :

... *Depuis que j'ai conçu, hier, ce projet, à treize heures quarante-cinq, devant la tour Saint-Jacques...* (jeudi 27 juin 1957.)

Non plus seulement le jour, mais l'heure... L'eau du temps, entre les doigts...

Penthièvre, Saint-Pierre de Quiberon,
mercredi 18 juillet 1973.

Non pas neuf, non pas dix, non pas seize mais dix-neuf ans, si je me réfère de nouveau à la déflagration produite par la mise en contact, le 23 mai 1953, du Journal de ce jour-là et de celui du 23 mai 1933. Il m'aura fallu dix-neuf ans, vingt maintenant, pour accomplir ce que j'avais, de loin en loin, plus ou moins obscurément pressenti...

Exaltation, exultation du travail bien fait. Je m'amuse follement en mettant au point ces pages, ce matin. Mais, pour en arriver là, il m'a fallu atteindre mes cinquante-neuf ans. C'est payer cher ce bonheur, continué sur la plage de Penthièvre où, entre plusieurs bains de vagues, je prends cette note.

Et si ce patient travail était, dans son genre, aussi absurde que celui de Raymond Roussel ? Dont on a montré, il est vrai, qu'il n'était pas si naïf, ni si vain. Mais je n'en suis pas sûr. Et encore moins en ce qui me concerne.

Sur cette plage, hors du temps, toutes mes plages, comme au premier chapitre de *Toutes les femmes sont fatales*...

Paris, jeudi 10 mai 1962.

Pour la première fois depuis des années et des années, car je déteste ces plongées, j'ai relu hier par désœuvrement quelques pages de mes deux premiers carnets de l'Occupation. Traces d'une autre lecture, il y a presque dix ans. Il n'y avait alors que dix ans d'écoulés — et j'avais, je m'en souviens, l'impression d'une éternité. Ces jours ne me semblent ni plus ni moins éloignés aujourd'hui. J'ai même tendance à me dire avec étonnement : il n'y a *que* vingt ans ; ce n'est rien, vingt ans ; cinquante années ne me sembleraient pas plus profondément englouties.

Et, au même moment, vertigineuse impression de présent. Je n'ai pas changé — en ayant tant changé ; ma vie, si différente, est pourtant fondamentalement la même. Renonçant à lire plus avant, j'ai, durant quelques secondes, l'extraordinaire impression d'émerger, à l'instant même, de ce passé redevenu présent — et qui est là, dans son intégralité. L'inoubliable avec l'oublié soudain — et pour peu d'instants — réapparu. Je savais que le temps est une illusion — je le notais en 1952, à l'approche des mêmes rivages anciens. Mais d'en faire l'expérience d'une façon si péremptoire...

Aucun attachement pour celui que je fus — que je suis — et qui n'a aucun intérêt. Mais si ma vie ne présente rien de remarquable, la vie, tel qu'un journal longtemps continué en porte témoignage, n'importe quelle vie, donc la mienne, est passionnante. A partir de mon Journal (qui a en lui-même peu de prix, exception faite pour quelques témoignages anecdotiques ou même historiques), je pourrais construire une œuvre de valeur, en jouant justement sur le relief temporel qui m'est donné.

Par exemple, pour la première fois depuis des années, je rencontre A. t'Serstevens chez un libraire de la rue Saint-André-des-Arts : il ne me voit pas, je reconnais son profil d'oiseau, je le trouve étonnamment jeune pour mon âge, si j'ose dire — car à l'époque où je le voyais presque chaque jour, en 1942 justement, il me semblait atrocement vieux, bien plus vieux qu'il ne m'apparaît aujourd'hui. (Je consulte un bouquin et m'aperçois qu'il est né en 1886 — donc qu'il est effectivement âgé, un an de moins que mon père. Il avait en 1942, voyons que je fasse le calcul... cinquante-six ans.)

Hier, je retrouve t'Serstevens dans *Le Mercure de France*, où il a consacré un article à ses souvenirs de Blaise Cendrars — je juge déjà la rencontre curieuse — car je n'ai jamais l'occasion de lire quelque chose de lui, et justement l'ayant croisé la veille, j'ai pensé à lui pour la première fois depuis bien longtemps. Quelques heures après, ayant pris, tout à fait par hasard, mes carnets de 1942, je retombe sur lui — lui que revoici, dont revoici les paroles en un temps où nous étions intimes — et qui me semble aussi proche soudain que s'il était actuel.

Ou encore : Bruno que je vois peu souvent, dont

j'avais retrouvé dans ce vieux Journal la présence, me téléphone comme par hasard au moment même où je fais cette lecture, qu'il interrompt — m'obligeant à le perdre, si proche, dans ce passé anéanti, pour le retrouver, si lointain (bien que s'efforçant à l'amitié) dans ce présent trompeur.

A partir de telles rencontres, qui créent la perspective, il y aurait un livre à faire, l'œuvre de ma vie. Il y faudrait du courage — car je ne connais rien de plus éprouvant que ces descentes aux enfers de la jeunesse. Il y faudrait aussi l'acquiescement de Marie-Claude aux encouragements de qui je dus, il est vrai, non seulement de pouvoir écrire mon premier roman mais tous les autres, car je n'aurais jamais rien fait, romanesquement, si je n'avais pu me délivrer de ce poids mort, *Toutes les femmes sont fatales.* Mort n'est pas le mot. Vivant au contraire, obsédant, et que je n'ai pu tuer qu'en utilisant et publiant ces notes. Aujourd'hui, il est bien mort — au point que ce roman qui a tant compté pour moi s'est entièrement désenchanté à mes yeux — quant au fond ; non quant à la forme, car il y a dans ce premier livre des recherches techniques qui annoncent celle de mes romans suivants, si même elles n'en constituent pas les indispensables soubassements.

Mais il se trouve que l'idée que j'ai eue le 7 mai est la négation de cette autre, l'exclut, puisqu'il s'agit au contraire de comprimer dans le moins de temps possible (deux à trois minutes, les pages 220-225 de *la marquise sortit à cinq heures* — ou cinq autres, si je trouve mieux) la totalité du roman. Entreprise difficile, peut-être même irréalisable. De surcroît, l'œuvre construite à partir du Journal, à moins de transpositions, transformations et omissions, par principe contestables, ne pourrait être que posthume. L'une n'exclut pas l'autre. Et un gros travail pourrait seul, peut-être, me sauver de l'intense fatigue où... je m'aperçois que j'étais déjà plongé en 1942, ce qui est en un sens rassurant.

Déjà, à cette époque, je pressentais que la vraie jeunesse n'était pas une affaire de temps — c'est aussi que je n'étais déjà plus vraiment jeune. Qu'il y a si longtemps j'avais déjà cessé d'être ce que l'on appelle un jeune homme (si j'étais encore un homme jeune) me stupéfie.

Il y a eu, dans ma vie, cinq années à peu près où je n'ai rien fait, où je n'ai rien été (en gros les années 1932-1937) — et qui, pratiquement, ont si peu compté qu'elles ne m'ont point marqué. C'est comme si j'avais cinq ans de moins. Mais il s'agit bien de cinq années en plus ou en moins ! Je me suis toujours senti sans âge. Vieux lorsque j'étais jeune et maintenant jeune encore, alors que pourtant...

Ces fameux « vingt ans » de toutes les chansons, ce n'est pas assez dire que je ne les ai jamais regrettés, que je les regrette moins que jamais, j'en ai le souvenir en abomination... Si je ne me détériorais lentement, sûrement, inéluctablement, visiblement, je me sentirais de plus en plus jeune, à mesure que je deviens, je n'ose dire de plus en plus sage, mais de moins en moins frivole.

Une lettre de mon père, citée dans un de ces deux premiers carnets, situe à mon voyage en Tchécoslovaquie le commencement réel d'un certain désespoir — et c'était admirablement deviné. J'ai connu le désespoir, alors que j'étais à l'âge du bonheur — et je connais le bonheur, alors qu'il est de moins en moins raisonnable d'avoir de l'espoir.

Ce qui m'aide à vieillir, ce n'est pas ma femme, ce ne sont pas mes enfants — ils me rendent au contraire mon angoisse plus vive : j'ai dû céder à l'insistance indiscrète et charmante de Gérard et de Natalie qui voulaient absolument savoir mon âge lorsqu'ils m'ont fêté, le jour de mon anniversaire. De tels chiffres sont pour des enfants du domaine de l'improbable : vingt ans de plus ou de moins n'auraient rien changé aux perspectives dans lesquelles ils me voient. L'air de Natalie, lorsqu'elle m'a dit : « Tu sais bien, c'était le jour de tes quarante-huit ans... »

Non, ce qui m'aide à vieillir, mon seul joujou efficace, c'est « mon œuvre » — il me faut bien l'appeler ainsi, puisque par exemple, certains étudiants de l'université de Columbia l'ont à leur programme — et que j'ai été invité précisément à parler devant eux de « mon œuvre ». Que l'on parle de mes livres à l'étranger me cause le seul vrai plaisir que je sois encore capable d'éprouver. Il y entre moins de vanité que d'orgueil — cet orgueil qui est l'autre face de notre humilité fondamentale.

Paris, lundi 10 juin 1963.

Autres descentes dans le fond de mes âges, hier en fin de journée, lors de notre passage dominical avenue Théophile-Gautier (où Pierre Brisson fait à mon père sa visite rituelle du dimanche) : maman me donne les vieilles lettres qu'elle m'avait annoncées.

La plus ancienne (mise à part celle de bonne-maman, une semaine avant ma naissance) est datée du 25 novembre 1916, adressée à maman et signée depuis Paris par Hélène — dont j'ai tant entendu parler par mes parents, « ma Louloule » que j'aimais, dont aucun souvenir ne me reste, hélas ! : lettre bien tournée, gentiment écrite où je ne retrouve qu'une trace ineffacée de mon moi d'alors (et des quelques années qui suivirent) : cette allusion à « mon petit Anglais », poupée kaki dont je conserve un souvenir vague mais présent. Je n'y avais plus pensé depuis longtemps, il me semble le revoir, je me souviens d'une photographie que je pourrais retrouver me montrant avec lui que je serre sur mon cœur. (Ne pas confondre, comme j'ai failli le faire, avec « Paul », au grand nez, qui appartenait à mes cousins Gay-Lussac.)

J'avais commencé ce Journal pour piéger à l'aide de ces vieilles lettres mon plus lointain passé. Mais l'inanité de cette recherche me stérilise et je l'abandonne avant qu'elle ait abouti.

Paris, dimanche 16 juin 1963.

Fête des pères, si gentiment célébrée par mes enfants et que j'ai le bonheur de souhaiter à mon tour en fin de journée, portant à papa un bouquet de roses et de frésias, choisis avec amour, qui lui fit plaisir...

... papa... papa... ce petit mot qu'à mon âge j'écris tout naturellement, comme si je n'avais pas cessé d'être un enfant...

Paris, lundi 17 juin 1963.

Papa, papa, mot retrouvé à chaque page et souvent plusieurs fois par page de mon agenda 1933 où je fais de nouvelles plongées, un peu moins décevantes que les autres. J'y trouve des notes sur l'*habitude*, point trop enfantines, avec ces détails d'autant plus précieux, soudain, que j'ai perdu tout souvenir de ce dont je conservais encore la mémoire : « La frise de la tenture de ma chambre, rue de la Pompe (petits Hollandais et moulins, jaunes et bleus) ou encore le costume gris-marron de Bertrand à Montmélian... »

Quelvezin, jeudi 19 juillet 1973.

... souvenir que je n'ai pas perdu aujourd'hui. Comment avais-je pu oublier, en 1963, ce dont je me souviens en 1973 ?

Paris, lundi 17 juin 1963.

... Ou plutôt, dont j'avais perdu tout souvenir, car il a suffi de cette indication pour faire surgir non pas le dessin de ces moulins, mais leurs silhouettes, leurs ombres — de nouveau effacées, un instant entrevues —, et réapparues fugitivement au moment où je me relis...

Quelvezin, jeudi 19 juillet 1973.

... comme de nouveau je me relis dix ans, un mois et deux jours après. Gérard et Natalie se moquaient, avant-hier, à Sainte-Anne-d'Auray, en entendant un prêtre en surplis expliquer à des visiteurs qu'il y avait trois cent quarante-huit ans, quatre mois et deux semaines qu'un laboureur avait déterré, à l'endroit indiqué par sainte Anne, une vieille statue la représentant. Emplacement sur lequel avait été construite une église en 1625 ; puis une basilique au XVIIIe siècle ; enfin, au XIXe siècle celle qui existe aujourd'hui. Précisions qui les faisaient rire alors qu'elles m'émouvaient, dans ma folie. Tandis que sur l'immense parvis je me frayais un passage parmi des millions de Bretons et de Bretonnes morts et à jamais vivants.

Paris, lundi 17 juin 1963.

... de même qu'il m'a semblé revoir, un très court instant, le costume de mon cousin, à dominante marron, m'a-t-il semblé, mais je ne sais pas, je ne sais plus... Quant aux inoubliables souvenirs olfactifs et auditifs de la rue de la Pompe, rappelés aussi ce même 3 novembre 1933, ils sont aussi présents en moi aujourd'hui qu'alors, j'en aurais fait la même description. Vertige une fois de plus expérimenté, noté dans un ancien Journal, et, si je me souviens bien, dans *Toutes les femmes sont fatales*, de ce « présent » embaumé, survivant, intact, d'années en années, de décade en décade, petits blocs indestructibles, sur lesquels passent et se brisent avant de disparaître le flot des minutes, des jours, des années. De ce *moi* qui, si souvent, a réentendu le bruit de l'ascenseur du 89 rue de la Pompe et qui cherche à retrouver l'odeur particulière de cet immeuble, il ne subsiste rien de contemporain à ces souvenirs si souvent évoqués, sinon ces souvenirs eux-mêmes qui seront emportés par le torrent du temps le jour où je fermerai à jamais les yeux...

Les Temps mêlés... Titre possible de cette œuvre qu'il me faut écrire à partir de mon Journal.

1961. *La marquise sortit à cinq heures :*

... *Et voici, enfin retrouvées, les deux notations décisives, récompense d'après le travail, illumination d'où sont nées tant d'œuvres d'aujourd'hui et celle-ci (on ne fait jamais que redécouvrir, recommencer, répéter). James Joyce :* L'histoire est un cauchemar dont je cherche à m'éveiller. *Paul Klee :* L'élément temporel doit être éliminé : Hier et aujourd'hui en tant que simultanéité... *Bonheur. Joie...*

Paris, mardi 18 juin 1963.

Je revenais par le quai de la Tournelle, ayant garé la voiture sur la berge, encore oppressé d'ennui après cette soirée « mondaine » (un dîner *Figaro* chez *Ledoyen*) lorsque soudain, je ne sais comment ni pourquoi, je pensai de nouveau à Bertrand, mort depuis si longtemps, et une vague de douleur, de révolte... Que dire d'une vague ? pourquoi une vague ? ne faisons pas de phrases. Et alors, j'ai levé les yeux vers la longue, haute et laide statue de Sainte-Geneviève, pont de la Tournelle, et je me suis souvenu (j'y repense toujours lorsque je la regarde autrement qu'avec distraction, c'est-à-dire presque chaque jour) que la première fois où je la vis, alors toute neuve, c'était au retour du Père-Lachaise, le jour de l'enterrement de Bertrand, à la fin de juillet 1928 (il était mort le 23).

Juste en ce moment, où les années mortes se rassemblent en gerbes dont j'espère je ne sais quelle moisson, lettre touchante, ce matin, du valet de chambre de mon oncle Pierre Mauriac (dont je ne conserve aucun souvenir) qui me transporta dans ses bras à la clinique le jour de mon accident à Arcachon, le 5 août 1927. Récit dans mon agenda de cette année et au début du cahier de cuir, où je retrouve Bertrand à chaque page, et ma douleur, dans la stupeur des premiers jours. Où je trouve ce cri, semblable à celui que je poussais silencieusement, hier soir : « Je n'aime pas aller dans les salons, on y fait trop de cérémonies, j'aime au contraire le parler franc, la possibilité de dire ce que je veux », et, le même jour, 7 mars 1929 : « Je pense sans cesse à mon cousin mais ma douleur est moins vive... ou plutôt semble moins vive, car dès que je veux penser à lui, je pleure longtemps. » Puis : « Mais je pense que j'ai presque quinze ans !

Beaucoup de choses inconnues me sont révélées, j'ai peur de vivre les dix ans qui vont suivre. » Et quelques pages plus loin, à la fin du cahier, d'une autre écriture : « 5 mars 1939. Ces dix ans ne m'ont rien appris de décisif. La peur reste. »

Aujourd'hui, où je suis très au-delà de ce pauvre savoir, la peur reste, mais pour Gérard qui devra refaire seul ce chemin, Gérard pour qui je me désespère de rien pouvoir, mais qui en est encore aux temps paisibles de l'enfance.

Hier soir, en arrivant chez *Ledoyen*, après les politesses de rigueur, entrant les uns derrière les autres par rang d'âge, Juan Larivière, Wilfrid Baumgartner, moi. Commentaires sur le temps qui passe. J'ai l'air si jeune, etc. « Et vous verrez, me dit Baumgartner, cela va de plus en plus vite. » Je le savais, je le sais.. D'où cette tentative, alors que je le puis encore, de rassembler les années éparses.

« ... Un trimestre vient de s'écouler, nous sommes déjà en 1930... » (2 janvier 1930.)

Vémars, 15 juillet 1963.

Depuis combien d'années n'ai-je pas travaillé et couché dans cette chambre du haut — dite « chambre bleue » bien que la tenture en ait depuis longtemps été changée ? Mon dernier séjour ici, déjà lointain, se passa sans doute dans la chambre d'au-dessous, dite « de tante Marie-Thérèse », habitée en ce moment par mon père que je viens d'aller y saluer dans son lit où il avait pris peu d'instants auparavant son petit déjeuner. Regardant les livres rangés dans les bibliothèques du palier j'y ai trouvé hier un exemplaire du *Fraîcheur* de Jean Davray, dédicacé en octobre 1936 à mon père et où il écrivait : « J'ai lu *l'Essai sur le Temps*, de Claude qui est absolument remarquable... » Jugement que mon ami n'était point qualifié pour porter. Je l'étais encore moins pour traiter, sans aucune véritable formation philosophique, un tel sujet. (Je dois avoir ce manuscrit quelque part, il faudra que je le relise.) Mais cette allusion de Jean m'a intéressé à deux titres : d'abord parce qu'elle m'a rappelé que dès ma vingt-deuxième année — et sans doute plus tôt — j'étais « requis » déjà (comme disait Gide) par les problèmes du temps ; ensuite pour cette raison que je me souviens justement d'avoir travaillé à cet *Essai sur le Temps* dans la chambre où me revoici et où, je me le rappelle, je le lus un jour à Henri Troyat, lors de ce qui fut, je crois bien, sa seule visite à Vémars. Henri Troyat aujourd'hui de l'Académie française ; Henri Troyat, ami comme les autres englouti vivant (en ce qui concerne ses rapports avec moi, devenus inexistants), englouti, emporté par le Temps...

Ma vraie gourmandise est olfactive et plus encore auditive. Une année où je n'ai pas une seule fois entendu le coucou et le rossignol est une année perdue pour moi (alors que je me consolerais plus facilement de n'avoir pas, à la même époque, mangé des cerises ou des fraises). La tourterelle chante encore en juillet — et je l'entends ici comme il y a juste un an, à Chamant, alors que je commençais *l'Agrandissement* devant une fenêtre ouverte, comme celle-ci, sur un mur de verdure opaque et somptueuse. Mais, en mai et juin, pas une seule fois je n'ai pu aller cette année à la campagne et si j'en ai souffert c'est presque uniquement du fait de cette privation du rossignol et du coucou. Les martinets me consolèrent — encore que leurs brefs appels stridents « au ras des toits » (comme je dis toujours) me semblent d'année en année plus pathétiques, presque tragiques, comme si leurs cris venaient non de la ville mais de la vie, d'une vie dont le bonheur et l'insouciance n'existeraient plus de façon certaine qu'à l'état de souvenir par bribes réactualisées grâce à ces rafales de cris... Et les affreux étourneaux, les sansonnets aux stridulations laides et vulgaires dont je dois me satisfaire (la tourterelle est rare et discrète) ont beau me rappeler l'époque de mon bachot, ici même, je les trouve trop désagréables pour en être ému.

Ces drames dont nous sommes entourés, l'un très proche, nous mettent en présence de la mort. Nous nous sentons tous concernés. Et c'est pourquoi, à notre chagrin, une peur égoïste se mêle. Il faut oser en parler. La jeunesse, c'était le temps (très long) où la mort ne nous menaçait dans l'immédiat que d'une façon virtuelle. Et puis notre génération entre à son tour dans le défilé. Et je me dis que, contrairement à ce que je croyais il y a encore quelques semaines, quelques jours (je n'étais déjà plus jeune et déjà j'avais peur, mais il me semblait tout de même pouvoir compter sur une marge de temps plus grande), qu'il fallait publier le moins souvent possible, prendre son temps, je me dis que dans la mesure où j'ai des projets, des idées d'œuvres, précieuses pour moi, il faut m'y mettre sans perdre un jour, la publication ayant peu d'importance, mais la composition, la rédaction, l'achèvement ne devant pas être différés, au cas où...

Or, l'œuvre que j'aimerais non pas laisser (qu'importe) mais avoir réalisée, c'est celle, sur le Temps, qu'il m'est possible de bâtir à partir de ce Journal, dont j'ai apporté ici quelques anciens cahiers, au cas où je me déciderais à commencer, ou à essayer de commencer, ce travail vertigineux sur une vie sans histoire, dont je ne puis même pas écrire qu'elle n'intéresse que moi (car elle m'intéresse si peu qu'il me faut faire un effort pour m'y reporter, effort que je ne suis pas sûr de pouvoir accomplir), mais dont l'inintérêt, très général et banal, peut en cela même présenter pour les lecteurs éventuels, eux aussi emportés par le temps, un intérêt essentiel, fondamental, ces événements infimes, ces réactions interchangeables (ne parlons pas de pensées !) valant, au-delà de tout pittoresque, du fait de leur inanité même, marquant, ponctuant le déroulement du temps.

— Comme le temps passe !
— C'est nous qui passons, non le temps. Et les maisons, les jardins, les lieux (où nous fûmes jeunes et heureux), subtilement modifiés par les années, mais inchangés, ces endroits qui pour d'autres sont différents, indifférents, dérivent avec nous...

Triste de l'absence de Marie-Claude et des enfants. Une première fois retardé à cause de l'appendicite de Natalie, le départ eut lieu, une semaine après le jour prévu, mais sans moi. Deux années sans cigales... Je m'en consolerais, du fait de Vémars retrouvé, de mes parents présents, s'il n'y avait cette intolérable certitude : mon beau-frère, Ivan Wiazemski, perdu — allant mieux pourtant après son opération, mais allant vers une rechute inexorable, si bien que, comme mon père le faisait remarquer, les « bonnes nouvelles que nous apporte le téléphone sont les pires possibles ». Et Claire, émergeant plusieurs fois par heure de brefs instants de rémission, d'oubli, pour retrouver cet impensable cauchemar.

Vémars, mardi 16 juillet 1963.

La Télévision et ses prodiges, au fond du salon, presque à l'endroit où la T.S.F. et ses émerveillements firent autrefois leur apparition dans cette même pièce où je me trouve soudain mal à l'aise et comme étranger. Le jardin, dans le jour tombant, vu à travers les deux fenêtres — ces hêtres somptueux, le pourpre et les deux autres, si connus mais vus pour la première fois. Dépaysement absolu, sentiment d'irréalité totale : je n'ai jamais été aussi séparé de moi-même qu'en cet endroit de mon enfance, de mon adolescence, de ma maturité, où je suis pourtant non seulement chez moi mais *moi* plus qu'en aucun autre lieu du monde. Quelques minutes plus tard (hier soir, toujours), je vais au-devant de mes parents et de Claire qui ont fait « le tour du parc », je les regarde soudain (nous sommes devant le massif de fougères), je les vois comme sur une photographie, comme dans mon souvenir, alors qu'ils sont là, vieillis mais vivants devant moi, vivant aussi, mais absent, exclu. Loin de Marie-Claude, je ne puis plus commenter à mesure la vie, je suis privé de ma petite musique de nuit et de jour, je ne suis plus personne.

Passé ma matinée à relire intégralement mon quatrième carnet de l'Occupation (8 décembre 1942 - 19 mars 1943). J'y insère quelques notes, datées d'aujourd'hui, dans le style « vingt ans après », pour voir ce que donnerait le livre projeté. L'extrême médiocrité de ma vie d'alors et le fait que les passages les plus intéressants mettent en cause des tiers et ne sont pas publiables, rendent ce projet difficilement réalisable. Peut-être faudrait-il continuer, « à temps perdu » et placer ce travail dans ce que Du Bos appelait « la catégorie du posthume » ? De toute façon, je suis atterré (une fois de plus) par le manque de qualité essentiel de cette existence, qui fut mienne, pourtant. Et pourquoi serais-je meilleur aujourd'hui ? Le dérèglement de mon existence d'alors n'est pas ce que je lui reproche, mais bien au contraire ce qu'il y avait de sage, de raisonnable, de prudent dans mon comportement de ce temps-là. J'ai dû me faire violence pour ne pas détruire la plus grande partie de ce Journal. Mais à quoi bon tricher avec soi-même ? Je dois m'accepter, non pas tel que je suis (là l'espoir est toujours possible), mais tel que je fus.

Vémars, mercredi 17 juillet 1963.

Commencé à dactylographier, pour voir ce que cela donnerait — à taper et à monter — des passages de 1933, 1943, 1963 (j'ai oublié 1953, je m'en avise seulement). Enchaîné du 4 mars 1933 sur aujourd'hui.

Bien travaillé toute la matinée. Il fallait commencer, voilà qui est fait. Déjà le livre s'organise. Titre (provisoire) : *les Temps mêlés*. J'en ai pour toute ma vie, même si elle doit se prolonger, car, au cas où je deviendrais vieux, je rééditerais mon livre, enrichi de toutes les alluvions des années nouvelles. La préparation, que j'espère avoir le temps de mener à bien, de cet ouvrage me donne, dès maintenant, la seule paix à laquelle je pouvais oser prétendre dans notre angoisse présente. Unique recours, mais efficace, contre la mort annoncée comme prochaine d'Ivan — mort dont nous souffrons pour lui, pour Claire, pour ses enfants —, mais aussi plus égoïstement pour nous, car elle est déjà notre mort présente. [...]

Quelle envie à la pensée de ceux qui peuvent être fiers d'eux-mêmes et se dire : « J'ai eu une belle vie. » Mais je sais ce matin, je sais enfin dans la joie et même dans l'orgueil, que je vais pouvoir construire quelque chose avec les riens dont mon existence fut faite.

Du film de Jean-Luc Godard, qui m'émerveilla tant à l'époque, *A bout de souffle*, Jean-Pierre Melville disait, l'autre soir, à la télévision, qu'il s'était révélé être, à la fin du tournage, beaucoup trop long. L'auteur avait eu l'idée, que personne n'avait osée avant lui, de couper un peu dans chaque séquence au lieu de supprimer des scènes entières. D'où cette impression de rapidité, de richesse et de nouveauté. Appliqué spontanément le procédé, ce matin, aux *Temps mêlés* : de longs journaux, je n'ai laissé subsister que des fragments, d'autant plus significatifs, me semble-t-il. Il faudra aller plus loin encore dans ce sens. Penser aussi à ce que Malraux me disait (il y a plus de dix ans) : les œuvres gagnent à être systématiquement amputées des motivations et explications que l'auteur connaît et dont il prive de façon délibérée son lecteur. Soit. Mais la facilité et même la malhonnêteté ne sont pas éloignées. Il ne faut pas profiter de ces silences pour mentir, tricher, trahir.

Certitude, dès ce matin où je l'ai commencé, que je continuerai mon livre.

Vémars, jeudi 18 juillet 1963.

Claire nous a quittés hier. Elle a regagné aujourd'hui Genève.
Difficultés imprévues dans mon travail. Titre possible : *le Temps immobile.*

Vémars, vendredi 19 juillet 1963.

Triomphé trop tôt. J'abandonne (du moins provisoirement) et reprends *la Conversation,* moins mauvais que je ne le croyais. (Il s'agit de la pièce radiophonique que m'a commandée une chaîne allemande.)

Vémars, dimanche 21 juillet 1963.

Temps immobile dans l'église de Vémars.

Vémars, mardi 23 juillet 1963.

Trente-cinq ans que Bertrand est mort...
Claire en larmes, au bout du fil, à Genève.

Paris, mardi 8 octobre 1963.

Mon œuvre, je la sens depuis longtemps en moi. J'entends dans le lointain sa rumeur. (...) Pour la première fois cette année, il me paraît certain que le roman pourra seul me permettre de m'exprimer. (Cette pensée, il n'y a pas longtemps encore, m'eût paru incroyable.) (3 janvier 1941.) Suivent trois thèmes de romans dont j'aurais pu avoir aussi bien ce matin l'idée — tant ils sont dans ma ligne.

Il reste que je puis et dois faire mieux qu'une œuvre critique. Je sens en moi le grondement de cette œuvre encore informe. J'en devine certaines parties qui s'arrachent à la nuit et m'éblouissent. (17 avril 1941.)

Si on m'avait dit... (je vais chercher un de mes « Du même auteur » et faire le calcul) que j'écrirais encore... sept livres, avant d'oser me mettre à un roman qui ne paraîtrait que... seize ans plus tard...
... mais au point où j'en suis, cette accumulation d'années n'a plus de sens. Il reste mon étonnement en redécouvrant à la fois et cette épaisseur du temps où je suis enlisé, proche de l'engloutissement — et cette relative jeunesse que j'ai conservée. Et aussi l'émerveillement quotidien de me sentir plus actif, plus intelligent, plus « en forme » qu'à aucune autre époque de ma vie — et plus heureux aussi, ô

combien, vraiment paisible et connaissant du bonheur humain tout ce qu'on en peut approcher — à cela près que du fait de mon âge je sens ces tardives conquêtes menacées.

Achevé *la Conversation 2* — que j'ai tout de même écrite un peu trop vite. (Mais je ne crois pas que je pourrais utilement la reprendre, hors quelques corrections et enrichissement de détail.) Beaucoup travaillé, donc, et non sans mérites, mes soucis financiers devenant préoccupants.

Quand je parle de « ma forme », j'oublie quelques sujets d'inquiétude, dont la détérioration, de plus en plus sensible, de ma mémoire. Ce que je voulais dire, c'est que, n'ayant jamais été très doué, et malgré la baisse possible de certaines de mes facultés, je n'en ai jamais tiré meilleur parti qu'en ce moment — fruit de plusieurs dizaines d'années d'entraînement *quotidien*, si bien que je suis en possession parfaite de mes moyens.

Lorsque je me penche sur ce puits de vingt-quatre années, le vertige que j'éprouve vient moins de la réalité de ce temps effectivement vécu, seconde après seconde, que de son inexistence. Le peu, le rien que j'étais en 1941, je le suis en 1963. Comme si j'étais fait d'un alliage si dur que le courant puissant des années se brisait sur moi, m'usant à la longue, certes, mais sans que cette érosion atteigne aussi peu que ce soit ce cœur de moi-même où je me reconnais — et qui tombera d'un bloc à ma minute dernière.

Goupillières, dimanche 8 août 1965.

3 janvier 1941... Avec quelle surprise j'ai lu hier ces lignes de journal qui, au génie près — au fait aussi que « l'œuvre » dont je dis que « j'entends dans le lointain sa rumeur » n'a pas, en dépit des

apparences, été réalisée (elle a juste été ébauchée, commencée plus de quinze ans après) —, recoupent presque mot pour mot ce que Proust lui-même, à une époque où il tâtonnait encore aux confins du temps perdu, écrivait dans *Contre Sainte-Beuve*. A cette « lointaine rumeur » et au « Mais je sais maintenant qu'elle ne naîtra pas seule », correspondent les dernières phrases de la version publiée du *Contre Sainte-Beuve* :

Le talent est comme une sorte de mémoire qui leur permettra de finir par rapprocher d'eux cette musique confuse, de l'entendre clairement, de la noter, de la reproduire, de la chanter. Il arrive un âge où le talent faiblit comme la mémoire... [...] Et personne ne saura jamais, pas même soi-même, l'air qui vous poursuivait de son rythme insaisissable et délicieux. (pp. 372-373.)

Et à mon « ce que j'ai à dire n'a jamais été dit, je le sais, et peut-être ne saurai-je jamais le dire » du 3 janvier 1941 correspond p. 150 de *Contre Sainte-Beuve* :

J'en suis arrivé au moment où, si l'on veut, je me trouve dans de telles circonstances où l'on peut craindre que les choses qu'on désirait le plus dire, [...] qu'on était porté par comparaison avec ce plus haut et plus sacré idéal à ne pas estimer beaucoup, mais enfin qu'on n'a lues nulle part, qu'on peut penser qui ne seront pas dites si on ne les dit pas, etc.

Aussi bien me référais-je à Proust (et à Balzac), disant, comme Proust en bien des endroits de son *Sainte-Beuve* : — à ce nom près de Proust qu'il remplaçait naturellement par un autre : « Si ce message avait déjà été formulé, les mots pour le dire viendraient d'eux-mêmes. Il est relativement facile, après Proust, après Balzac de faire du mau-

121

vais Balzac ou du mauvais Proust, etc. » Et Proust disait : « Les écrivains que nous admirons ne peuvent pas nous servir de guides, puisque nous possédons en nous comme l'aiguille aimantée ou le pigeon voyageur, le sens de notre orientation » (p. 371).

Proust cite dans son *Sainte-Beuve* (comme dans une lettre à Lauris, je crois) « le beau commandement du Christ à saint Jean : *Travaillez pendant que vous avez encore la lumière...* » Ai-je encore la lumière ? Que de temps gâché ! Penser que j'écrivais, ce 3 janvier 1941 : « Pour la première fois cette année il me paraît probable que *le roman* pourra seul me permettre de m'exprimer » — et que je n'ai osé commencer mon premier roman qu'une quinzaine d'années plus tard, que vingt-cinq ans après j'en ai bien écrit et publié quatre, mais si insuffisants qu'il me reste encore tout à dire du peu que je sens le besoin de formuler. Les trois embryons de sujets notés ce 3 janvier 1941, tout élémentaires qu'ils soient, montrent que mon « aiguille aimantée » a toujours marqué le même inaccessible Nord...

Lundi 27 janvier 1941.

Peur atroce de mourir avant d'avoir rien fait. A mesure que je vieillis, je suis bien obligé de me faire de moins en moins confiance...

Dimanche 8 août 1965.

... de mon désespoir d'alors (ah ! ce n'étaient pas des mots !) à ma sérénité, à mon bonheur d'aujourd'hui. Mais le « Il faut que mon œuvre naisse » reste, hélas ! d'actualité...

... à ce Journal près pourtant, à la masse considérable de ces pages. Pour la première fois, la relecture d'anciens carnets, tout dérisoire que soit le « moi » qui y apparaît, me donne une impression non certes de satisfaction mais de... de quoi ? Je ne trouve pas le mot, je sais seulement qu'il n'y a plus révolte chez moi, mais acquiescement. Acquiescement à l'irréversible, au définitif, à l'irrémédiable. Non que je me considère avec orgueil, ni même avec indulgence. Mais je m'accepte. Je fais de mes faiblesses la seule force à laquelle je puisse prétendre. « Mon œuvre » vaut ce qu'elle vaut (et sans doute pas grand-chose !) mais elle existe, elle est là, ce ne sont pas les essais romanesques, insuffisants, du *Dialogue intérieur*, c'est ce Journal, ce sont les milliers de pages de ce Journal.

Goupillières, lundi 9 août 1965.

Achevé le carnet bleu. Et à défaut de la suite chronologique, qui est à Paris, commencé le premier petit carnet marron (début de la guerre). Ces pages sont incompréhensibles, elles paraissent insensées si on ne sait pas que la déclaration de guerre était pour nous synonyme de mort immédiate. D'où cette attente, les premiers jours — cette révolte, parfois cette acceptation désespérée.

Lorsque j'émerge de ces lectures, je m'aperçois fugitivement mais avec intensité (j'oublie aussitôt, mais j'ai pris la résolution de mieux observer ce phénomène et de le noter) que le temps de ma lecture était le temps retrouvé de ce que je lisais, ou plutôt : de ce que m'évoquait ce que je lisais. Même si, comme je le vérifiai à maintes reprises de nouveau, bien des noms, des rencontres, des détails ne me rappelaient plus rien — pas l'ombre d'un souvenir — je retrouvais l'atmosphère, la couleur, la densité de ces jours évanouis, l'inoubliable était là, que je l'aie ou non enregistré à l'époque, je rejoignais, j'étais celui que j'étais alors, que je n'ai cessé d'être, mais qui dans cet éclairage d'un autre temps n'était plus le même pourtant, était le Claude Mauriac d'alors. Ce n'est pas du dehors que je considérais ces contrées lointaines, j'abordais vraiment à ces rivages. (Je ne réussis pas, je le sens, à exprimer cette immersion dans le passé.) Je conservais suffisamment conscience de la réalité d'ici et de maintenant pour être paisible, heureux, détendu au sein de la plus grande tension, du plus profond malheur, de la plus tragique angoisse revécus, — la désolation des temps n'étant rien comparée à celle, atemporelle et que je croyais définitive, où j'étais enlisé.

Saint-Cyr, vendredi 8 septembre 1939.

Bonne dialectique, pas très noble mais toujours valable contre la peur de la mort. Je tiens le temps pour une illusion, du moment que l'imminence de la mort abolit tout ce qui a été gagné sur elle dans le passé.

Goupillières, lundi 9 août 1965.

... Chaque fois que je passe sur l'autoroute, au large de Saint-Cyr, et ce fut bien souvent ce mois-ci, je revois, je revis ce mois de septembre glorieux aux lisières de ce champ d'aviation, l'angoisse, la peur n'étant plus rien au regard de cette allégresse panthéiste, de cette communion avec une nature que la guerre ne touchait pas dans son éternelle splendeur. La forêt de Marly que j'apercevais est là, vue seulement d'un peu plus près, l'autoroute où je suis était peut-être déjà dessinée, il y avait déjà de petits avions qui ressemblaient à ceux-ci.

Mardi 5 septembre 1939.

Hier les petits Morane qui s'envolaient, atterrissaient et repartaient : mon enfance eût été comblée.

Mercredi 6 septembre 1939.

Cette allégresse du matin après le cauchemar de la nuit. Le terrain d'aviation bordé d'arbres et de ciel immense... Çà et là les cocardes tricolores de petits avions immobiles...

Vendredi 8 septembre 1939.

Ce matin, la vue des avions sur le terrain ensoleillé déchaîna en mon cœur une allégresse d'éternité...

Et, déjà, la même déception, la même honte à la lecture de mes Journaux anciens. J'étais trop optimiste et indulgent encore, le 7 août, en sauvant mon Journal du néant à partir de 1937. Déjà, en 1939, je savais que 1936 ne valait *rien*.

Jeudi 31 août 1939.

Désespéré, hier, à la lecture de mon Agenda 1936. Quelle pauvreté ! Quel vide !

8 septembre 1939.

Le médiocre confort de ma vie embourgeoisée, que m'apportait-il, sinon un médiocre bien-être qui, par son uniformité même, vidait de toute substance l'écoulement du temps ? La lecture d'anciens agendas, l'autre jour, me désespérait : une période de cinq ans m'y apparaissait aussi vide et vaine qu'une heure creuse.

Paris, lundi 28 octobre 1968.

Beaucoup travaillé au *Temps immobile* depuis le 24 octobre. La petite graine dont je parlais le 9 juin 1963 aura mis cinq ans à germer.

Étonné de découvrir contemporains *le Temps immobile*, en sa première ébauche, et *la Conversation*, orchestration théâtrale du même thème. Certaines phrases ont même passé, mot pour mot, du Journal à la pièce.

Et cette crainte dont, ces jours-ci, après avoir décidé de commencer vraiment *le Temps immobile* je suis hanté, celle de ne pas vivre assez longtemps, pour en mener la composition à son achèvement (qui sera provisoire, tant que je vivrai, mais dont une première version au moins, si le temps m'en est laissé, pourra être dite complète), cette appréhension je m'aperçois qu'elle était déjà mienne en juin 1963. Et j'ai perdu cinq ans... Mais ai-je perdu cinq ans ? Peut-être n'étais-je pas mûr encore.

Goupillières, dimanche 23 avril 1972.

Quatre nouvelles années perdues. Non que je n'aie rien fait. Mais ce que je fais n'est rien.

Goupillières, dimanche 3 novembre 1968.

Le soir, vertige. Le vertige du temps. A en perdre cœur. Mais, au même moment, apaisement. Acceptation. Ce qui m'étonne de nouveau, ce n'est pas d'avoir l'âge que j'ai, mais ma dérisoire prétention à me croire, à me vouloir jeune, malgré cet amoncellement d'années sur moi. L'extraordinaire, le merveilleux est que cela étant, je ne m'apparaisse pas plus vieux, moralement et physiquement.

Derrière moi, soudain, un précipice s'est creusé en une nuit. J'écris : il y a vingt-cinq ans que Bertrand est mort (cela me paraît un nombre incroyable d'années) et, tout de suite après (je dois faire le calcul et n'en crois pas l'évidence des chiffres) : il y a quarante ans que Bertrand est mort...

Édifice (livre), construit avec des petits blocs de temps.

Malagar, mardi 30 août 1927.

Bonne-maman part le 2 septembre pour Saint-Symphorien. J'en ai de la peine et j'espère la revoir bientôt. Comme je l'aime ma bonne-maman !

Je suis aussi très content : le 3, mon oncle et ma tante Gay-Lussac viennent pour quelques jours avec mes deux cousins. L'aîné, je l'adore et nous nous adorons mutuellement, nous sommes comme frères. Toute notre petite enfance s'est passée ensemble. Maintenant, l'âge et les destinées nous séparent et, enfin, je vais le voir. Je n'ai pas un secret pour lui et lui n'en a pas pour moi. Mais je vais le voir. Depuis deux mois je ne l'ai pas vu. Dans trois jours, il sera là.

Malagar, 9 septembre 1927.

Bertrand et Bruno ne sont pas venus parce que maman a eu une congestion pulmonaire. C'est très dommage qu'ils ne soient pas venus, mais encore plus dommage que maman soit malade. Maintenant, elle est presque guérie. Elle a, je crois, assez souffert, et sans en avoir l'air, j'ai eu une grande peine de sa maladie.

Malagar, 6 août 1928.

Enfin ! Malagar ! Le repos, la douce quiétude, la douleur en paix. Emporté par une mastoïdite, mon cousin Bertrand Gay-Lussac est mort le 23 juillet. Je l'aimais. Il m'aimait. Cousins de sang, nous étions frères de cœur. Ma douleur est immense et j'aime me reposer ici, loin du théâtre de ce malheur. D'abord, ce furent les attentes anxieuses à Vémars. Les téléphones interminables. Les dépêches que l'on n'osait pas ouvrir. Bruno, frère du pauvre Bertrand, mes deux sœurs et moi étions abandonnés à Vémars, pendant que là-bas, à Paris, se déroulait l'affreuse tragédie. Trois semaines durèrent ces longues heures. De temps en temps, papa et maman, la face hâve et pâle, venaient nous voir. Et puis, le 24, papa vint. « Mes enfants, c'est fini », nous dit-il, les larmes dans les yeux. « Il est mort tout doucement comme un saint. » Ce fut l'effondrement, le désespoir, car même à la lecture des dépêches les plus pessimistes, nos cœurs d'enfants espéraient toujours. Puis ce fut l'enterrement, un convoi triste et blanc, du monde, des larmes, des chants, de l'émotion, c'est décrire la cérémonie. Le Père-Lachaise. Là, dans un caveau lugubre et noir, repose pour toujours celui qui fut mon camarade de travail et de jeux.

Après, nous passâmes huit jours à Vémars avec sa pauvre mère. Et maintenant...

Malagar, 24 juillet 1929.

Un mois, depuis que bonne-maman est morte.
Un an, depuis que Bertrand nous a quittés.
Que le temps passe vite ! Je n'ai pas le courage de rien écrire. La lettre que j'ai écrite à tante Marie-

Thérèse pour le triste anniversaire aurait pu prendre place tout entière ici.

Je ne veux rien écrire, je ne veux rien dire, je veux oublier.

J'ai revu bonne-maman une dernière fois. C'était la première fois que je voyais un corps mort et sans vie.

Figée, immobile, couleur cire, telle une statue de marbre, ma bonne-maman souriait du sourire heureux de ceux qui ont quitté cette terre. Elle souriait à Dieu. Elle souriait aux anges et aussi à nous qui pleurions en silence.

Je l'embrassai, puis je sortis doucement de la pièce chaude, regardant une dernière fois le dessin du corps sous les draps, devinant la figure, souriant encore, sous le voile qui l'avait à nouveau recouverte.

Paris, 24, quai de Béthune, lundi 18 juin 1973.

Entreprise épouvantable — et c'est la raison pour laquelle je ne parviens pas à la mener à bien, elle excède mes forces : affronter ce néant, plonger dans ces abîmes. Plus simplement : repasser par ces mêmes chemins. C'est parce que dans sa chute le temps donne l'impression de l'immobilité que la seule position naturelle est de nous maintenir à l'extrême pointe de son jaillissement. Tout retour en arrière est contre nature. C'est pourquoi, malgré cette quantité pratiquement inépuisable du matériau, ou à cause d'elle, la composition du *Temps immobile* est si lente, elle-même immobilisée d'année en année, de longs mois durant. Reprise pour quelques jours, heures, minutes, seulement, de loin en loin.

L'impossibilité où je suis de tenir sous un seul

regard intérieur, je ne dis pas l'ensemble de mon Journal, mais cela même que j'en ai démonté et remonté ici, entre pour beaucoup aussi dans le découragement qui me fait souvent abandonner — et chaque fois, me semble-t-il, définitivement — mon dessein. Il importerait de me faire confiance, de faire confiance à ce que j'ai fait ici dans *le Temps immobile*, à défaut de ce que j'ai fait ou que je n'ai pas fait, là, dans ma vie et dans ce reflet qu'en est mon Journal. Donc aller de l'avant sans m'obliger à des vérifications de plus en plus longues, difficiles, périlleuses même, puisqu'elles mettent en danger la validité, la raison d'être de l'aventure et de ce qui la légitime pour moi. Et, un jour, arbitrairement, mais nécessairement, je déciderai que c'en est fini, du moins pour un premier volume ; je me relirai d'un élan ; j'aurai la surprise de ce que, tant bien que mal, vaille que vaille, et à la fin des fins, j'aurai composé...

Quelvezin, mercredi 4 juillet 1973.

Depuis un mois ou plus que je consacre toutes mes heures libres au *Temps immobile*, enfin noué et que j'envisage enfin de publier (un livre trop important existant déjà, et la décision d'achever ce premier volume, à jamais inachevable, devant être prise à froid, sans m'obstiner à atteindre une inaccessible perfection) — (un mois ou davantage, je ne sais plus où j'en suis avec le temps) — (et me voici ici, avec un mois de vacances, délivré de mes trois articles hebdomadaires), j'inclus directement dans mon manuscrit, à des endroits prévus d'avance, les pages de mon journal 1973, d'où ce long silence, apparent.

Souvent, ces temps-ci, et de façon particulièrement intense, fatigante, cette nuit-ci, je ne fais qu'un même long rêve, consacré à la même obsession, au même piétinement : non pas tant aux traces enregistrées dans mon Journal des années disparues, qu'à ces années mêmes, mes années, tant d'années, que j'essaie désespérément d'assumer, de rassembler, de situer, de distribuer, de commenter dans un manuscrit qui est celui auquel je travaille à l'état de veille mais qui n'existe que de façon idéale, virtuelle, puisque je rêve.

Impossible de retrouver, fût-ce la nuit lors d'un de mes nombreux réveils, car je ne cesse d'émerger d'un léger sommeil et d'y replonger, sans jamais dormir tout à fait ni tout à fait me réveiller (c'est du moins l'impression exténuante que j'ai, mais il est certain que je dors, autrement je serais plus fatigué encore), impossible de retrouver le fil de ce rêve — ou plutôt ses fils absurdement enchevêtrés.

Je dors. François Mauriac est dans ce rêve immobile du temps immobile. Je me réveille. Je ne dors toujours pas et *j'entends* la voix de maman : « Il est vivant ? » Voix discrète, inquiète, présente...

Quelvezin, jeudi 19 juillet 1973.

La tourterelle, absente cette année de Goupillières, réentendue ici. Son chant que l'on n'est jamais sûr de tout à fait entendre (bien qu'on n'en doute pas) : à mesure effacé, dilué, perdu ou retrouvé, disparu...

Un film oui, comme mes romans : bouts que je coupe et colle. Montage de textes, ce à quoi, dans mon amour des citations, se sont toujours réduites mes critiques. Il se trouve seulement que ces textes sont de moi. Leur ancienneté me permet de les utiliser comme s'ils étaient d'un autre. A quelques rares attendrissements et fréquents effarements près.

Impression d'avoir déjà exprimé cela...

Paris, vendredi 19 juin 1970.

Impression que je n'écrirai plus de roman, genre pour moi dépassé, *le Temps immobile*, me procurant la joie de la composition, de la construction, du montage que me donnaient mes romans, en y ajoutant celle que m'ont toujours apportée *les textes* que j'aime choisir, citer, assembler. Il se trouve seulement que ce sont sur des textes de moi que travaille désormais le critique que je suis — et que je demeurerai désormais dans la seule élaboration du *Temps immobile* (à l'exception de mes travaux obligatoires, journalistiques ou d'édition).

Aussi bien *le Temps immobile* est-il un roman. Le roman de ma vie. Je l'écris sans sourire ni crainte que l'on se moque de moi. J'ai noté récemment (dans *Une amitié contrariée*, me semble-t-il) que *roman* ne doit pas être pris ici au sens romanesque et pittoresque mais technique du mot.

Quelvezin, jeudi 19 juillet 1973.

Ne pas mettre dans le temps ce qui n'appartient pas au temps : ce genre d'idées personnelles, une fois pour toutes acquises, l'inoubliable, etc.

Échafaudages que l'on fait disparaître dans un livre et qui sont ici sa raison d'être.

Dix ans, déjà, *la Conversation*. « Certitude que je continuerai mon livre... » Lentement !

Contradiction entre cette lenteur (cinq, dix ans) et ma hâte, ces jours-ci...

Quelvezin, lundi 23 juillet 1973.

Quarante-cinq ans depuis la mort de Bertrand. Et la même révolte. Ces mêmes élancements, à l'évocation de son visage, de sa présence, de sa souffrance, de ce dont il a été frustré. Ma vie changée par cette mort.

Le hasard aura fait que c'est dans cette propriété louée, maison de granit, datée dans la pierre 1905, mais sans âge, ferme aménagée, comme notre maison de Goupillières, mais plus belle, que j'aurai conduit à son achèvement en commençant par le dernier chapitre *(coupé depuis) les Barricades de Paris*, ce premier volume du *Temps immobile*.

Trois ou quatre maisons d'un hameau, Quelvezin, qui ne figure pas sur la carte. Un mur bas, un faux menhir, trois jeunes bouleaux en captivité, la grande prairie du fermier voisin, avec quelques chevaux, un poulain, de jeunes taureaux, des vaches nombreuses aux meuglements obsédants. Et le train à voie unique de Quiberon qui passe de temps à autre à la lisière de la propriété.

Cinq à sept heures de travail par jour. Et le soir, la *Correspondance* de Flaubert, dont le tome I vient de paraître à la Bibliothèque de la Pléiade.

Quelvezin, dimanche 29 juillet 1973.

Dernière nuit ici. Je n'ai cessé de découper et de coller des bouts de rêves, en rêve, avec cette obsession de finir, avant mon départ, la révision de ce livre, qui est presque achevé.

Paris, mardi 31 juillet 1973, 13 h 20.

Après un mois de juillet d'intense travail, serré tout à l'heure les derniers écrous du *Temps immo-*

bile, entièrement composé, monté, revu, et qu'il n'y a plus qu'à enrichir, ici et là, au hasard des trouvailles ou des idées.

Paris, vendredi 17 août 1973.

Achevée dans les cinq derniers chapitres de sa première partie, l'« œuvre de ma vie » se décompose, n'est plus rien. Seul l'inaccompli a quelque réalité.

Paris, samedi 18 août 1973.

Nouvelle nuit d'absurde, méticuleux, exténuant, insensé travail sur des pages rêvées, vainement insérées dans un manuscrit imaginaire. Ceux qui montent leurs films doivent ainsi continuer leur œuvre en songe. Mais j'ai fait un film, ce film, le grand film du *Temps immobile*, dont voici les premiers épisodes...

Paris, dimanche 19 août 1973.

Photocopiant, coupant, collant, jour et nuit (la nuit en rêve), je n'ai jamais tant travaillé, ni à un tel rythme. A la limite de rupture. Pour rattraper le temps perdu ? Parce que le temps risque de me manquer ? Bien plutôt, me semble-t-il, parce que je ne puis accomplir ce montage que très vite, si je veux espérer pouvoir maintenir sous un seul regard intérieur l'ensemble de l'orchestration comme le détail des divers mouvements.

Langon, samedi 15 août 1874.

Mme Adrien et Madeleine ont pris place sur le banc d'arrière. M. Adrien, M. Léon Darlay et moi, tous trois sur le banc de devant. Nous sommes descendus à Verdelais. On a acheté des scapulaires, des petites médailles et des petits Saint-Joseph de deux sous dans un étui. On a monté le Calvaire et l'on est allé à pied à Malagar par le haut de la côte. Nous avions oublié la clef; mais nous avions soif, et les rafraîchissements étaient dans la maison; il fallait entrer. A l'aide d'une échelle je suis monté sur le toit de la marquise; là, j'ai pu avec une faucille faire céder le loquet de la petite fenêtre du grenier, et par cette fenêtre, j'ai pénétré dans la place. Et nous avons bu... bu de la bière, de l'orgeat, de la chartreuse, du cognac, du curaçao, de l'eau de noix...

Malagar, vendredi 2 novembre 1973.

... de l'eau de noix, de l'orgeat tant aimés par son fils, par mon père, et dont il se trouvait encore, il n'y a pas longtemps, des bouteilles, peut-être dans le même placard de la salle à manger...

Hier, Fabienne dont c'était la première visite à Malagar acheta avec Pierre Wiazemski, à Verdelais, de petites saintes Vierges pour deux sous. Pour les offrir aux amis avec lesquels elle tourne un film à Agen. Sans doute Jean-Paul Mauriac ne considérait-il pas ces bondieuseries avec plus de respect.

Je suis tout de même descendu, pour vérifier. La bouteille d'orgeat est là, à demi pleine...

Le Mas, Camp-Long, dimanche 17 juillet 1960.

(Face à la forêt, en contrebas de la première terrasse...)

... Marie-Claude vient de nous apporter le sirop d'orgeat, si cher à papa, qui me dit en en goûtant une première gorgée :

— Je bois la salle à manger de mes grands-parents, à Langon, à quatre heures...

Le Mas, Camp-Long, lundi 18 juillet 1960.

Nouvelle cérémonie de l'orgeat.
— Tu n'en prends pas, toi ? Il est vrai que le souvenir joue un grand rôle.
Je le photographie, en train de boire, puis d'écrire.

Langon, vendredi 22 mai 1874.

Aujourd'hui j'ai vingt-quatre ans. J'entre dans ma vingt-cinquième année.
Depuis samedi dernier nous sommes sans ministère. Pauvre Mac-Mahon tout seul ! Très embarrassé de sa république avec une Assemblée où il y a toujours une majorité pour empêcher de faire quoi que ce soit, et jamais une majorité pour faire quoi que ce soit.
Hier, à la gare Saint-Jean, train de pèlerins bretons retour de Lourdes. Une nuée de prêtres, de gentlemen, de dames, de paysans s'était abattue sur le buffet et dévorait toutes les provisions. Grand déploiement de croix rouges, de médailles et de Sacrés-Cœurs sur les poitrines tant masculines que féminines et ecclésiastiques. Chapelets fabuleux et invraisemblables portés en sautoir par des jeunes gens coiffés de bérets blancs, pendus au cou de prêtres très affairés qui ne perdaient pas un coup de dent, ou coquettement enroulés à la taille de pieuses demoiselles.

Paris, dimanche 24 avril 1938.

Grand-mère souhaita un jour d'avance, à cause de mon départ, mes vingt-quatre ans, avec la solennnité habituelle. J'eus mes vingt-cinq bougies, comme lorsque, à sept ans, j'allumais ma huitième année. Puis ce fut le départ pour Paris.

Vu Jean Davray chez lui, détendu, comme nous tous, du reste. « Joie, depuis quinze jours, de ne plus voir de gros titres aux journaux », me dit Henri Troyat quelques instants après, sur ces Champs-Élysées tièdes et dorés où coule une foule heureuse. « Il y a bien une manchette énorme à *Paris-Soir*... Bonheur de découvrir qu'il s'agit d'un meeting aérien... » Longues conversations avec lui. Dîner à *Hungaria*.

— Tu fais tellement plus jeune que tes vingt-quatre ans...

Jouhandeau, que je vois chez lui, après dîner, me redit la même chose. Un Jouhandeau vêtu de bure et à la silhouette monacale. L'éclairage tamisé prend son visage de biais et le trahit. La cicatrice dont est touchée sa lèvre supérieure emprunte à la pénombre un relief nouveau. Il me parle avec gentillesse de mon livre sur lui :

— Relisez-le, et portez-le aussitôt chez Gallimard. J'ai ôté, avant votre arrivée, toutes les notes que j'avais glissées entre les pages. Je suis mauvais juge de mon propre cas. Ceci est votre livre. Peut-être ce qui me blesse est-il la vérité. Je ne veux pas influencer votre jugement par des considérations personnelles. Il ne s'agit pas de présenter un livre qui me soit agréable, mais un livre vrai. Je ne mets rien au-dessus de la vérité. Je viens de relire votre essai : nul doute qu'il ne s'agisse d'un travail sérieux...

Dans une chambre aux murs noirs que Jouhandeau lui-même rehaussa d'or, je vois un moment Caryathis couchée sur un lit monumental : le lit conjugal. Elle travaille à une tapisserie étrange, commencée il y a plus d'un an et dont son mari venait de me parler avec respect. Il avait absolument voulu que je la voie et, en sa présence, il me redit sa poésie, ses mérites, sa grandeur. (Avec quelle admiration il parle de sa femme. A voix basse, toujours, comme d'un être religieux dont on a grande crainte.) Le motif il est vrai n'était pas sans charme : une crèche entourée de la nature naïve et printanière chère aux primitifs, avec, en premier plan, une somptueuse prairie, plus épaisse et fleurie, plus odorante semblait-il que celle des mois de juin :

— Exemple admirable que me donne ma femme par son travail incessant. Qui ne l'a pas vue à l'ouvrage ne sait pas ce que travailler signifie. Elle met à sa tâche une fougue, un enthousiasme, un génie créateur si étranges que j'en suis confondu. Et fort avant dans la nuit elle mène son activité minutieuse et parfaite... Je lui ai lu des passages de votre livre... Mais en général elle ne s'intéresse pas à mes œuvres. Elle lit la Bible. On ne peut lui imposer aucune lecture... Elle choisit elle-même, obéissant à un mystérieux mot d'ordre... Il faut dire qu'il est certains de mes livres que *je lui demande* de ne pas lire...

Versailles, Petites-Écuries, lundi 4 octobre 1937.

... Et le soir, quel contraste ! Après le visage tragique d'un homme engagé dans un drame politique, celui, plus ravagé encore, d'un être que tourmentent seules les révolutions de sa chair et celles de son cœur. Après André Chamson, Marcel Jouhandeau.

Je fus étonné de la vérité des premières pages de mon étude — celles où je parle de cette rue qui pourrait être de Chaminadour, tant elle est recueillie et hantée de mystère... J'avais oublié que l'accès du bureau de Jouhandeau était aussi impressionnant. Cette rue du Commandant-Marchand, cette maison à l'aspect de bordel, puis le jardin étrange avec son saule, et sur le ciel teinté de feu par Luna-Park invisible, la silhouette baroque du petit hôtel particulier... Oui, j'avais oublié tout cela. Les pages où j'en avais autrefois parlé, je les relisais sans les comprendre.

Jouhandeau, pour la première fois, ne m'ouvrit pas la porte lui-même. Une servante débraillée me précéda dans l'étroit escalier.

Entre nous la conversation reprit comme si nous ne nous étions jamais quittés. Il me parla de sa mère, avec le même visage fervent. Je lus des lettres qu'il avait recopiées. 1914... L'année où il détruisit son œuvre. Des lettres simples, pleines d'amour et de bon sens, où la pauvre femme disait à « son grand » la joie que la nouvelle de cette destruction lui avait apportée. Joie voilée de douleur car elle savait combien ce geste lui avait fait mal. Mais délivré de ses monstres, il pourrait vivre de nouveau avec espérance...

Jouhandeau évoque aussi cette année où Guéret se reconnut dans ses livres, où ses parents furent pourchassés, où il se brouilla avec sa sœur :

— La lecture de ces lettres me fait repasser toute ma vie. Lorsque je découvre combien j'ai fait souffrir ces êtres chers, je suis bouleversé. Et maintenant il est trop tard pour réparer...

Il me montre une lettre de sa sœur, recopiée, elle aussi. Une phrase est si jouhandélienne que je dis mon étonnement... De très bonne foi, il me montre l'original. Le texte était tout autre en effet, quant à la forme ! Il sourit comme un enfant pris en faute...

Nous sortons... Il y a quelques silences. J'ai peur

de le décevoir, mais l'aridité de mon cœur et de mon esprit empêche la moindre tentative...

En passant devant le Trocadéro, nous assistons, de loin, au feu d'artifice. Les rayons horizontaux qui jaillissent de la tour Eiffel font dans la nuit un pont lumineux. Un phare — le phare qui est présent, chaque soir dans Paris, où que l'on soit — teinte les lambeaux de fumée suspendus dans le ciel nocturne. Les fusées illuminent la vallée de la Seine invisible. Et le groupe du pavillon de l'U.R.S.S. se détache à contre-jour — noir, tourmenté. Derrière nous, les drapeaux de toutes les nations, rapprochés, fondent leurs couleurs, ne font qu'une seule et immense banderole. Je relis le PAX prestigieux qui se détache en lettres de feu. Évoquant ce monde où la guerre règne déjà presque partout je ne puis m'empêcher de sourire. Et l'ivresse de ce bombardement de fusées et de projecteurs déployé sur la Seine me fait penser à quelque répétition générale d'un drame proche.

Jouhandeau parle de la beauté de cette nuit pleine de symboles. Spontanément, son esprit cherche dans les choses un langage dont il convient de percer le sens. Ce soir, le jeu était vraiment trop facile.

Nous passons sur le pont du métro camouflé. A droite, c'est le dépaysement d'une colonie étrange, à gauche des Palais étagés sur les flots où jaillissent des fontaines lumineuses. La poésie de cette nuit me saisit douloureusement parce que je ne l'éprouve que par brèves bouffées. Ce présent, je le regarde avec nostalgie, car je le possède si incomplètement qu'il revêt déjà pour moi le visage du passé.

Sans transition, nous voici dans le quartier de Grenelle. Le métro passe dans son atmosphère de crime. C'est volontairement que Jouhandeau m'a amené ici. Il m'avait d'abord donné rendez-vous 27, boulevard de Grenelle. Puis un pneu m'apprenait que sa femme était souffrante, qu'il fallait se voir chez lui. Mais Caryathis allait mieux ce soir.

— Ce quartier est pour moi si plein du souvenir de ma liberté... C'est là que je vivais avant mon mariage... Il y a neuf ans...

27, boulevard de Grenelle... Il me montre le petit café où il allait, au pied même de sa maison :

— Le patron s'appelait Démon. Ce nom se détachait en lettres énormes...

Il ne doit pas faire souvent ce pèlerinage où il me convie ce soir, car il s'étonne que Démon soit parti.

Sans doute a-t-il quitté le quartier en même temps que lui...

Nous continuons notre marche. Le Champ-de-Mars, le quartier de Marie Laurencin.

— C'est elle qui m'a marié... Ce n'est pas ce qu'elle a fait de mieux !

A la terrasse du café où nous nous asseyons, en face de l'École militaire, il se détend soudain, se confie.

Il m'avait écrit : « Depuis que j'ai reçu votre mot, j'ai côtoyé la catastrophe... Je traverse en ce moment une des phases les plus sévères de ma vie. » Puis il avait ajouté : « Il faut que vous sachiez bien que votre solitude est présente à la mienne et que désormais il semble que je vous aie pour unique témoin. »

Cela étant, je m'étais senti autorisé à lui demander sa confiance. Je ne pensais pas qu'il me la donnerait avec cette simplicité.

Lorsqu'il me raconte que sa femme lui rend la vie impossible, qu'il a fui l'autre jour dans la nuit, manquant un dîner où il avait des invités, il a un visage si serein, si détendu, que je ne le reconnais pas. Plus rien de tragique. Mais un pauvre enfant surmené qui a besoin d'être consolé.

— Rue Ribera, j'ai visité un appartement... J'ai failli le louer... Et puis, à une heure du matin je suis rentré. Quelle scène...

Il frémit lorsque je lui dis que sa femme m'avait parlé de lui — chez Georges Poupet — avec passion.

— Elle vous aime... Elle vous admire...
— Vous croyez ?

Mais il ne demande qu'à être convaincu. Il commence alors à me faire, du caractère de sa femme, un éloge passionné :

— Tant que l'on ne se méprise pas, on est sauvé...

Il est sauvé, car il l'admire.

— Vivre avec une sainte, avec une héroïne, voilà le drame. Car j'ai aussi ma personnalité.

On le devine...

— Jamais je ne pourrai la quitter... Mais il est bon de se donner parfois l'illusion d'être libre !

Il me ramena à minuit en taxi. Je le laissai apaisé, avec le visage le plus serein que je lui vis jamais.

Que je vis jamais à cet homme qui ne m'apparut que la nuit.

Le jour, il doit être effrayant.

II

LES PALIERS DE DÉCOMPRESSION

*Paris, 38, avenue Théophile-Gautier,
jeudi 16 novembre 1933.*

Maman, Claire, Luce, Jean quittent la maison à une heure. Quinze minutes après, mon père, en grande tenue, magnifique dans son uniforme, monte avec moi dans un taxi. Nous parlons calmement de choses et d'autres. Il arrive pourtant que nous soyons ramenés à la réalité. Je murmure : « C'est un beau jour pour vous, pour nous tous... » Nous passons alors devant la tour Eiffel, grise dans la brume. Il soupire : « Certes oui, ce sera un beau jour si tout se passe bien... » Il y a un silence. Je regarde les rues tristes au macadam mouillé. L'Institut apparaît dans le brouillard. Mon père descend. Des photographes se précipitent sur le nouvel Académicien. Je le vois se prêter un instant à leur jeu, debout devant la petite porte noire par où il va disparaître. Après un dernier regard, je me dirige vers l'entrée. On a attendu depuis midi sur les quais glacés. Grâce à ma carte, je passe avec désinvolture et fierté.

*Paris, 24, quai de Béthune,
jeudi 16 novembre 1972.*

Pluie. Cour de l'Institut. Julien Green pose dans son habit vert pour les photographes. Files d'attente dans la même brume, sous la même pluie, devant les mêmes portes, le même jour. Maman, Claire, Luce, Jean. Grâce à ma carte, je passe, gêné, me souhaitant invisible. Longue attente sous la Coupole bondée. Trente-neuf ans après, le même roulement de tambour. Mais les temps ont changé, ou moi-même : cela ressemble maintenant à une dérisoire et funèbre entrée de cirque. Je ne savais pas qu'en 1933 déjà...

Jeudi 16 novembre 1933.

En pénétrant sous la Coupole, bondée, murmurante, j'ai l'impression, vite dissipée, d'entrer dans un cirque. L'attente n'en finit pas. A mesure que l'heure approche, mon cœur se serre. Enfin, de la coulisse, un long roulement de tambour nous parvient. Nous savons que les Gardes républicains, à ce moment, présentent les armes à François Mauriac. Ces tambours nous bouleversent : lent, sourd, lugubre, ce grondement rappelle les dernières minutes du condamné. J'ai mal dans la poitrine, ma gorge est sèche, je songe au désarroi dans lequel doit se trouver notre pauvre papa.

Jeudi 16 novembre 1972.

Autrefois, une inélégante cloison séparait la salle de séance de ces coulisses admirables : petite Coupole, derrière la grande, où a pris place, invisible, une autre Académie, l'impossible, la grande. Eugène Ionesco doit s'y trouver, à sa place naturelle, puisque je ne le vois point ici parmi ses confrères. Julien Green, entre ses parrains, Jacques de Lacretelle et Paul Morand. Pierre Gaxotte, au bureau entre Marcel Pagnol et Maurice Genevoix. « La parole est à M. Julien Green pour la lecture de son remerciement. » Jacques Duhamel, assis non loin de moi, à la place d'honneur, peu officiellement, gentiment, me sourit. Je reconnais, entre autres académiciens, me faisant face, Wladimir d'Ormesson, Jean Guitton, Marcel Achard, Jean Delay, René Clair, Jean Guéhenno, Étienne Gilson...

Jeudi 16 novembre 1933.

... Émile Mâle, Georges Goyau, Abel Hermant, Marcel Prévost, Maurice Donnay, Henri de Régnier, Mgr Baudrillard... Mon père, grand, mince, élégant dans son habit vert. Très pâle, presque livide, il s'avance entre ses parrains, Paul Valéry et Henry Bordeaux, jusqu'à sa place que désigne un microphone. Au bureau, tels trois juges, René Doumic, Émile Picard et André Chaumeix parlent à voix basse. Ce sont pour François Mauriac quelques moments de détente. Son visage se colore, il sourit. Effervescence sous la Coupole, long murmure qu'interrompt la voix sèche d'André Chaumeix. « La séance est ouverte. La parole est à M. François Mauriac pour la lecture de son remerciement. » Pendant les premières minutes, je n'essaie pas de comprendre le sens de ses paroles, mais seulement de me rendre compte de la force de sa voix malade amplifiée par les haut-parleurs. Je suis vite rassuré. Lorsque les premiers applaudissements l'interrompent, je me tourne vers maman et murmure : « Ça va... » Le visage encore anxieux, elle me répond par une autre question : « Mais je crois, n'est-ce pas ? » La voix de mon père s'élève, un peu rauque, mais distincte, belle, émouvante.

Jeudi 16 novembre 1972.

Je ne suis pas ému, mais, presque aussitôt, blessé. Chaque mot, même anodin, me fait mal. Je prends, un bref moment, la main de maman. Sans doute suis-je particulièrement vulnérable, peu objectif, injuste. Dans cette cage où sont posés quelques beaux oiseaux verts, il vole moins haut que je n'espérais, celui que je prenais pour un grand Ange noir ! Comme s'il se cognait aux murs du placard où, enfant, il donnait rendez-vous au Diable. François Mauriac vivant, Julien Green aurait-il ainsi parlé de lui ? Mais de qui donc parle Julien Green ?

Jeudi 16 novembre 1933.

A mesure que la fin approche, je me sens heureux. Mon père devait nous dire qu'il avait craint de ne pouvoir tenir jusqu'au bout : « Vers les dernières pages, comme le cheval qui sent l'écurie, je partis au galop. Lorsque je fus assis, je compris aux applaudissements que mon discours avait porté. J'eus alors un moment d'euphorie extrême, de bonheur... »

Jeudi 16 novembre 1972.

Le rideau est retombé, derrière lequel, me dit Marie-Claude, Adrienne Mesurat, à l'affût, regardait passer Thérèse Desqueyroux. On applaudit pour la première fois. Je cherche en vain le regard de Julien Green.

Jeudi 16 novembre 1933.

Tandis que papa, délivré, heureux, s'assoit, et que mon cœur aussi déborde de joie, nos yeux se croisent et il me sourit d'une façon charmante. Il a compris ma tendresse, mon admiration, ma joie.

Jeudi 16 novembre 1972.

J'essaie de l'imaginer, à cette même place, il y a si longtemps, et un bref instant, il est là, devant moi, je le vois, hors du temps, mince et si jeune, alors qu'il me semblait si vieux. Il avait quarante-huit ans. De ce père, plus jeune que moi de dix ans, je passe à mon fils, Gérard, qui est là, non loin de moi, comme Natalie, l'air déçu et triste. Gérard qui a vingt ans...

Jeudi 16 novembre 1933.

A un moment, l'abbé Mugnier, qui est assis à côté de moi, me demande mon âge, puis m'étreignant les mains, il murmure : « Vingt ans ! Vous allez avoir vingt ans ! Vous ne pouvez pas comprendre votre bonheur, mon cher petit ! C'est lorsque l'on a plus de quatre-vingts ans que l'on s'en aperçoit ! » Il pousse un long soupir et dit encore : « Enfin ! » Il écoute le discours le visage légèrement baissé, gardant fermés ses yeux malades. A la fin, il me dit son enthousiasme, sa joie, et il est, pour le fils de son ami, d'une adorable tendresse.

Jeudi 16 novembre 1972.

Rien, dans ce discours, sur ce qui se passa entre François et nous, mais c'était un secret, le second mystère Frontenac. Julien Green a figé en 1928, où il s'est lui-même pétrifié, un François Mauriac qui aurait déjà été abusivement simplifié s'il l'avait ainsi évoqué à cette date. Il en a fait un personnage de Green. C'est de ma faute aussi, j'étais trop naïf. Aucune chaleur. Ni amitié vraie ni vraie admiration chez cet homme qu'admirait et aimait mon père. J'en appelle du regard à deux de mes amis d'autrefois et de toujours : l'un Henri, parmi les académiciens ; l'autre, Michelle, dans le public. André Maurois fut, ici, maltraité.

Jeudi 16 novembre 1933.

André Chaumeix, tourné vers François Mauriac, fait d'une voix sourde, monotone et qu'il n'essaie pas de rendre plus vivante, un discours plein de pointes, dans la tradition académique. Spirituelle, brillante, sa réponse fut incompréhensive. Le même abîme le séparait de mon père que celui qui existait entre lui et Brieux. La cérémonie achevée, il y a une réception : longs moments d'euphorie, d'orgueil. Mon père est fêté, félicité. Je reconnais André Maurois, le général Gouraud, Jean-Louis Vaudoyer, André Thérive, Louis Gillet, Henri Béraud. Comme toujours, Paul Valéry plaisante. René Doumic me tient un long discours.

Jeudi 16 novembre 1972.

Fuyant la réception qui doit suivre, nous nous en allons, Marie-Claude, les enfants et moi. J'ai besoin d'être seul et je m'en vais sous la pluie, rattrapé par Pierre Wiazemski, mon neveu, qui est un autre fils pour moi. Un peu de tendresse. De l'air, enfin.

Jeudi 16 novembre 1933.

A minuit et demi, tout est silencieux à la maison et j'ai un regret au cœur, la tristesse de ces jours inoubliables lorsque, comme celui-ci, ils appartiennent déjà au passé.

Paris, vendredi 29 juin 1973.

Plongées et remontées trop rapides, à vous couper le souffle. Elles m'éprouvent si profondément, si gravement peut-être, que je ne cesse de les interrompre. Il me faut des semaines, des mois, pour me remettre et trouver de nouvelles forces. Alors, plus ou moins prudemment, je redescends dans le temps immobile, me laissant de nouveau glisser au fond des années. Gérard a vingt et un ans aujourd'hui.

Paris, samedi 2 février 1974.

Lu dans la Pléiade le discours de Green. Je l'avais mal jugé parce qu'il m'avait fait mal. Tout cela se passait, au contraire, très haut. Ou très profond.

Paris, jeudi 25 février 1971.

Moment d'attendrissement, lorsque, au son des tambours, Eugène Ionesco fait son entrée sous la Coupole avec ses nouveaux confrères. Marie-Claude dit :
— Adorable ! L'air d'un petit garçon qui a mis une panoplie d'académicien un peu trop large pour lui...
Avant de commencer à parler, il cherche ses lunettes, dans toutes ses poches, l'air à la fois calme et effaré — et nous ne pouvons nous empêcher de

rire. Tandis que tous ces personnages, en uniforme ou non, ont l'air sur leurs bancs circulaires de guignols jouant une pièce de Ionesco autour de Ionesco lui-même déguisé en Pierrot académicien.

Ému d'entendre le nom de Nicolas Bataille, prononcé dans son discours par le professeur Delay, retentir publiquement en un tel endroit.

J'essaie de revoir François Mauriac dont je situe mal la place.

Jacques Jaubert put parler dans son compte rendu de l'anti-pièce qui se jouait parallèlement au discours. Alors que s'éteignaient les projecteurs, Ionesco, citant Paulhan, disait :

— Il fait nuit dans la cour...

Et, de nouveau, nous rîmes de bon cœur.

Paris, vendredi 13 mars 1964.

Roman : genre trop étroit et usé. Il faudrait inventer une nouvelle forme littéraire qui concilierait la plus grande authenticité possible avec une composition aussi complexe et aussi libre que celle des œuvres inventées. J'ai vaguement pensé à cette division du *Temps immobile* en trois parties : *Un siècle ou l'autre. Une année ou l'autre. Un jour ou l'autre.* Avec utilisation non seulement de mon Journal, mais de textes similaires anciens, mémoires ou autres...

Paris, dimanche 23 janvier 1972.

Il faudrait non seulement que j'écrive un roman, mais aussi que j'écrive sur le roman, ce qui m'est depuis longtemps demandé et qui m'est redemandé par la revue de l'université du Manitoba, *Mosaïc*.

Or, il n'existe d'autre roman concevable pour moi, en ce moment, que « le roman de ma vie », d'une vie, je l'ai déjà noté, « où il ne se passe rien mais où passe le temps » : c'est-à-dire *le Temps immobile*.

Ma vie, grâce aux éléments que je trouve dans mon Journal — ou que j'y ajoute à la date du jour où j'écris — composée comme un roman, moins un vrai roman qu'un roman vrai, mais roman aussi, dans la mesure où il y a construction, à l'exemple d'un livre de fiction. La différence avec mes romans, qui étaient déjà des montages au sens cinématographique du mot, est que je monte ce film du temps immobile avec des fragments de Journal où jamais, tout au moins consciemment, je n'ai menti, triché ou inventé. Roman vérité comme il y a un cinéma vérité.

Paris, mercredi 3 octobre 1973.

Au cours du déjeuner Médicis, Roland Barthes, qui est pour la première fois parmi nous, parle de cette idée traditionnelle du roman, périmée, mais presque personne ne le sait encore, et il est trop tôt, sans doute, pour le faire admettre. On sent qu'il pense à son œuvre qui est de création pure, sans que cela soit connu et reconnu encore.

Paris, 38, avenue Théophile-Gautier,
samedi 23 janvier 1932.

Composition de français. Je choisis un sujet sur Rousseau. Je donne à Jean Davray un autographe de papa, il en est enchanté. Après un interminable voyage en métro, puis en train, Bruno et moi arrivons à Survilliers où l'auto nous attend. Nous mangeons assez salement dans la voiture en regrettant l'absence de grand-mère, retenue à Vémars par ses rhumatismes au bras qui la font souffrir depuis le Jour de l'an. Chasse à courre assommante. La fin, pourtant, est ravissante : à travers de hauts roseaux nous apercevons un splendide cerf qui se débat dans l'eau sombre, alors qu'un « rouge », dont la vive couleur met un point clair sur la grisaille des arbres, l'épaule... Agréable soirée avec grand-mère et Bruno à qui je lis ma conférence sur Pascal. Nous entendons à la T.S.F. la retransmission du spectacle du Châtelet, *Nina-Rosa.* Je commence *le Fleuve de feu.*

Paris, 24, quai de Béthune,
dimanche 23 janvier 1972.

Trente ans déjà, pensais-je hier, en lisant cette page, anodine et cruelle, de mon *Agenda* 1932. Et soudain, vertigineusement : mais non, quarante, quarante ans. Devant cette évidence, moi que hante la fuite du temps, je prends conscience, une nouvelle fois, de mon refus, viscéral, de l'accepter réellement. Pour la première fois peut-être, confronté à ces pages si anciennes, je me reconnais... J'hésite à écrire : vieux. Et pourtant, qu'aurait pensé Claude Mauriac, le samedi 23 janvier 1932, de l'inimaginable Claude Mauriac du dimanche 23 janvier 1972 qui, dans un inimaginable futur, laisserait un jour sa trace sur cette page restée blanche quarante années durant ?

Paris, café Royal Saint-Germain, jeudi 22 janvier 1942.

Mauvaise tenue de ce carnet et, peut-être, probablement, sûrement, de ma vie. Ne puis m'intéresser ni à l'un ni à l'autre dans ces conditions de désordre et d'inintelligence. Je sais qu'il faudrait peu de chose pour remettre en place et mon existence et les notes que je prends à son sujet. Je ne me sens à l'aise dans ma vie quotidienne que s'il y a, entre elle et mon Journal, synchronisme. Je dois ici et là marcher du même pas. Cadence indispensable à ce qui est pour moi le bien-être. Je voudrais retrouver le rythme double et unique qui, de mes journées, se prolonge dans mon Journal. Tout ce que j'ai écrit ici (sur ce carnet-ci) me paraît désaccordé. Et je ne sais ce qui sonne le plus faux, de ma vie ou de ce Journal. Le loisir évidemment me manque de repenser mon existence, de lui imposer cette unité, ce sens, à défaut desquels elle est incohérente. La vie de bureau impose à mes heures de liberté une sorte d'hébétude. Il m'arrive, par éclairs, de mesurer mon inintelligence présente : le hasard d'une lecture, d'une digestion heureuse, d'une méditation volée à mon engourdissement, me fait connaître, un moment, la richesse intellectuelle d'autrefois, ce foisonnement d'idées et d'émotions, cette lucidité joyeuse. Hier soir, quelques pages de Balzac m'initièrent de nouveau au secret oublié : il s'agissait des premières lignes de *la Femme abandonnée*. En retrouvant Mme de Bauséant, dont je ne savais plus rien depuis *le Père Goriot*, une émotion me saisit qui délivra mon esprit emprisonné. De Mme de Bauséant, à qui je pensais comme à une femme que j'aurais connue, je sautai à d'autres héros balzaciens, puis à mon essai ébauché sur Balzac (automne 1940). Dans la rue du Dragon où je regagnai mon hôtel je me sentis, en un instant, infiniment riche et fort. Ne plus perdre cette confiance. Ne pas laisser mourir ce foyer ranimé. [...]

Dans ce même café, repris mon *Balzac* dans la joie et *merveilleusement travaillé*.

*Paris, 24, quai de Béthune,
dimanche 23 janvier 1972.*

Trente ans cette fois, oui, trente ans... « Remettre en place et mon existence et les notes que je prends à son sujet », « repenser mon existence, lui imposer cette unité, ce sens à défaut desquels elle est incohérente », accorder, synchroniser ma vie et mon Journal : souhaits de toujours, plus ou moins conscients et qui trouvent dans *le Temps immobile* (si peu ébauché soit-il, et dont la nature est de demeurer, quoi qu'il en soit, à jamais inachevé) un commencement de réalisation. Le loisir, je l'ai, malgré mes travaux (qui ne sont plus de bureau depuis longtemps). Hier soir, quelques pages de Balzac (une relecture de plus, pour un de mes *Avant-propos* du Trésor des Lettres françaises, de *Splendeurs et misères des courtisanes*), oui, hier soir, 22 janvier 1972, Balzac, comme « hier soir », 21 janvier 1942... J'ai le loisir, mais il n'en rend que plus aiguë l'inhibition en présence de l'amoncellement des pages mortes.

*Paris, hôtel Palissy, 24, rue du Dragon,
vendredi 23 janvier 1942.*

Mon père craignait hier que la mort de quelque académicien ne vînt empêcher la séance du jour, où il se proposait de faire une significative intervention, racontant l'incident de l'autre soir, prévenant ses confrères d'où lui viendrait le coup, en cas de malheur, et faisant une allusion précise à M. le Secrétaire perpétuel, André Bellessort, qui chaque semaine écrit dans *Je suis partout* où ses amis couvrent de boue et menacent plusieurs de ses confrères... Or j'apprends, en ouvrant le journal, ce matin, qu'André Bellessort est mort hier à

13 h 30... Tête de mon père. Il l'a, en somme, échappé belle : si Bellessort était mort non pas une heure avant mais une heure après la séance de l'Académie, on eût ajouté aux divers surnoms de François Mauriac (les salauds!) « déterreur de nonnes », « belliciste », « tartuffe », etc., celui « d'assassin d'un innocent vieillard » !

Paris, 24, quai de Béthune, lundi 21 janvier 1952.

Depuis quinze jours, ma belle-mère m'a confié en dépôt, tandis qu'on achève sa bibliothèque, les manuscrits de Proust. Ainsi dormons-nous dans la pièce où reposent les nombreux cahiers d'*A la recherche du temps perdu*, les lettres du jeune Marcel à sa mère, maints inédits. Parfois, j'ouvre un cahier, au hasard, trouvant, par exemple, une curieuse lettre de l'original d'Albert[ine] — avec, au dos, des notes de Proust pour son roman.

Rien de particulier à noter, ces jours-ci. Déjeuner et dîner, hier, avec le R.P. Couturier, le matin chez Suzy Mante, le soir avec Claude Guy, au restaurant. Ma bibliothèque enfin achevée, je vais pouvoir travailler sans menace perpétuelle de dérangement. Mais suis-je fait pour la possession ? Un jour peut-être, je me sentirai *chez moi* quai de Béthune, mais ce jour n'est pas venu.

*Paris, 24, quai de Béthune,
dimanche 23 janvier 1972.*

... n'est pas venu, est venu, a disparu, n'est jamais venu, est toujours là, pourtant. Si je ne me suis jamais senti chez moi, quai de Béthune, c'est dans la mesure où je ne puis, où que ce soit, croire à quelque permanence, à quelque sécurité que ce soit. Et la possession, si relative soit-elle, m'est plus que jamais une gêne et, peut-être, une honte.

Nouveau palier de décompression dans ma remontée à l'air libre du présent.

J'en arrive à 1962, si près, si loin ! Déception : aucun Journal daté des 21, 22 ou 23 janvier 1962. Mais, surprise, don du hasard, cette page du 29 janvier 1962, la première que je trouve ce mois-là, se rapporte explicitement aux 22 et 23 janvier 1962 et à un projet de roman, « cellule originelle » de ce qui devint, cette même année, *l'Agrandissement*.

Ce qu'il entre d'imprévisible dans les collages du *Temps immobile* m'enchante : il me plaît de contrôler ce qui est par nature incontrôlable ; de bâtir, avec des matériaux de hasard, aussi solidement et aussi nécessairement que si je les avais choisis.

Paris, lundi 29 janvier 1962.

Je songe, depuis des mois, au quatrième roman possible. Lundi dernier, 22 janvier, je disais à Megève, à Marie-Claude :

— Dans quelles conditions naît et se prend la décision de commencer tel roman précis ? Par exemple, quand ai-je vraiment décidé de commencer *La Marquise sortit à cinq heures* ? Je n'en ai aucun souvenir...

Le lendemain, 23 janvier, nous prîmes brusquement dans la matinée, n'en pouvant plus d'être séparés de nos enfants, la décision de partir le soir même — c'est-à-dire sept jours plus tôt que la date prévue. [...] Et dans le train me vint une idée de roman qui s'imposa, se précisa, exigeant à maintes reprises dans la nuit que, sur ma couchette supérieure, je rallume pour prendre les notes que j'ai là sur le prière d'insérer du livre que je lisais alors, le tome IV de la *Correspondance* de Dostoïevski. Huit jours après, je suis moins sûr de mon projet, mais comme il s'agit peut-être de la cellule originelle d'où naîtra mon quatrième roman, je ne crois pas inutile de lui consacrer ce Journal. [...]

*Paris, 24, quai de Béthune,
dimanche 23 janvier 1972.*

Hier encore, comme il y a dix ans, je parlais à Marie-Claude du roman qu'il me faudrait écrire...
Rien ne distingue ces pages, tapées il y a dix ans (et que je coupe ici), de celles que, sur la même machine, je compose aujourd'hui. Seul progrès j'ai, depuis, conçu et commencé de réaliser la grande et belle idée du *Temps immobile*, œuvre que je laisserai sans doute à peine ébauchée et à laquelle, qui sait, tel ou tel exégète proposera, dans l'avenir, de possibles solutions de détail, en utilisant quelques-unes des milliers de pages de ce Journal léguées à une bibliothèque...
Le cahier de mon Journal de 1962 et celui de 1972 se présentent exactement de la même manière, rien ne les distingue, à ceci près que nous n'en sommes qu'au mois de janvier, donc qu'il y a peu de pages encore pour 1972, mais c'est le même papier, la même disposition, les mêmes écrits et les mêmes cris, avec cette seule et considérable différence : dix ans ont passé, j'ai maintenant près de cinquante-huit ans... Avec plus de quarante ans de Journal à ma disposition.

Plus de quarante ans, donc... Mais que dis-je ! Je me souviens soudain de nouveau que je puis plonger plus profond, non pas seulement en 1932 mais en 1922...

Si loin dans mon passé (j'avais huit ans) les ténèbres sont presque totales. Je ne peux m'attendre à trouver des dates précises, des textes intéressants, leur seule existence suffisant à les rendre, pour *le Temps immobile*, importants.

Car je possède — et je vais le chercher — un petit carnet saumon où, sur la couverture, je lis mon nom, la date 1922 et la mention « Pour tout ». Carnet où je me revois écrire, dans le bureau de travail, à Vémars, émerveillé, enchanté, grisé de cette découverte (je revis, aujourd'hui encore, cette griserie, cet enchantement, cet émerveillement) : la possibilité de m'exprimer et même (je ne le formulais pas, mais c'était cela) : de créer.

Je revois la précise, l'exacte lumière de ce jour d'hiver. Cette pièce n'était habitée que l'hiver. Preuve inutile : c'est un soleil hivernal qui à jamais éclaire les pages de ce carnet. Les pages 4 et 5 sont consacrées à ce qui était — déjà ! — un roman et qui porte cette seule indication : « histoir, par Claude Mauriac ». Mais j'ai déjà noté cela...

Paris, lundi 4 novembre 1968.

Non, ce bond en 1933 ne sera pas le dernier, puisque à la fin de 1922, j'écrivais déjà.

Histoir, par Claude Mauriac
La Tempête I
Nous étions à Breste quand nous voyames un bateau qui semblé saproché nous leurd firent signe daproché. Mes il s'éloigné ver L'AMÉRIQUE alors ne pouvons pas rester car a Breste on été prisonnier a la suite dun naufrage et un bauteau Aglais Nous avez ramaser et Nous avez vendu à une troupe de voleurs à Breste..., etc.

Le roman, achevé, comporte deux pages trois quarts de ce carnet saumon. Je me revois l'écrire, dans le cabinet de travail de Vémars, un matin ensoleillé d'hiver, il me semble revoir la lumière de ce jour, j'éprouve encore ce bonheur d'écrire, d'inventer (car je croyais imaginer, alors que je reproduisais les images de ce que je venais de lire). Inoubliable moment. Non pas un souvenir : une goutte de présent à jamais conservée. Ce devait être, si j'en crois ces deux dates rapprochées, pendant les vacances de Noël, en décembre 1922. A huit ans, ma Natalie ne faisait presque plus de fautes d'orthographe. J'ai toujours été très en retard.

Rouen, décembre 1829.

Gustave Flaubert, neuf ans, à Ernest Chevalier :

Le camarade que tu m'as envoyer a l'air d'un bon garçon quoique je ne l'ai vu qu'une fois. Je t'en veirait aussi de mes comédies. Si tu veux nous associers pour écrire moi, j'écrirait des comédies et toi tu écriras tes rêves, et comme il y a une dame qui vient chez papa et qui nous contes toujours des bêtises je les écrirai...

....

CLAUDE MAURIAC

MA VIE
depuis le 2 janvier 1925

1ʳᵉ Partie

Chapitre 1

Le voyage

Je trouve que le voyage est très beau (à partir de 7 heures du matin). Ce fond de montagnes blanches, ces lacs, ces rivières sont magnifiques !

J'ai trouvé le lac du Bourget très beau. Sous un

ciel encore noir on le voyait, large, aux eaux sombres, les montagnes semblaient être des fantômes...

Et les torrents profonds de plusieurs mètres, écumants, étroits ou bien encore secs, sauf quelques flaques d'eau noire remplies de cailloux de tous genres. Des forêts de sapins, des prés, faisaient un paysage charmant.

Au premier plan des maisons, au second des plateaux et au troisième les montagnes dominantes. A la gare d'Annecy on resta vingt minutes (avouez que c'est embêtant), puis une chaîne de montagnes blanches qui ressemblaient à des oreillers. Une route en lacets au bord d'un torrent à sec, etc. On voyait très bien que notre train montait.

En bas, dans la vallée, on voyait un village avec ses toits rouges, son église, et tout ça en petit. Mais que voilà cette grande montagne couverte de neige ? C'est le Mont-Blanc, sombre et majestueux.

Chapitre 2

Arrivée à Chamonix

3 janvier 1925 (matin).

Arrivés à Saint-Gervais, nous descendons pour prendre le funiculaire qui monte à Chamonix, 1040 mètres d'altitude. Nous étions entre deux grandes roches couvertes de stalactites de toutes formes. Les unes étaient longues et découpées, les autres au contraire en forme de dôme ou de borne, d'autres encore se suivaient, longues et découpées, qui formaient une muraille de glace. Puis, à un détour, une vallée très blanche qui reluisait au soleil. Il y en avait tant que les montagnes semblaient être des diamants. Tout d'un coup, Chamonix nous apparaît, nous descendons et le portier de l'hôtel Claret et de Belgique nous mène en traîneau à l'hôtel.

Remarque : nous avons le numéro 30 au troisième étage.

....

Paris, jeudi 20 avril 1972.

Repris *le Temps immobile*, avec l'impression habituelle (et chaque fois déçue) de m'y mettre enfin sérieusement. Sans doute est-il dans la nature même de ce travail de ne pouvoir être tenté que par à-coups et de loin en loin.

A Aurora Ercole, jeune Italienne qui prépare une thèse de doctorat sur mes romans et qui me demandait un plan (« Lorsque l'auteur est vivant, mon professeur préfère qu'on aille le voir pour qu'il indique lui-même comment il conçoit le travail que l'on doit faire sur lui... »), j'expliquais en quoi « le nouveau roman », au sujet duquel elle m'interrogeait, ne signifiait rien (invention d'éditeurs et de critiques) et en quoi il avait un sens (faire autre chose que Balzac et Mauriac, parce qu'on ne pouvait faire mieux). J'ajoutais :

— Mais j'ai brisé le moule du roman d'une autre façon encore, plus subtile : en renonçant au roman, sans pour autant et bien au contraire renoncer à ce qui m'importait dans le roman : non pas l'affabulation, la fiction, mais la composition. C'est *le Temps immobile*, titre qui pourrait aussi bien convenir à ma série romanesque, mais où ce que je monte, au sens cinématographique du mot, ce ne sont plus des textes inventés ou historiques, mais de petits fragments de temps pur empruntés à ma vie même grâce au long Journal où je les ai recueillis...

Je ne lui disais pas que, pratiquement, je ne

travaillais pas au *Temps immobile*, parce que j'étais à la fois écrasé par la masse des matériaux dont je disposais et par le sentiment de leur insignifiance. Car je ne peux capter un peu de temps pur qu'en relevant les traces d'une vie qui présente quelque prix dans la seule mesure où ce n'est pas elle qui est évoquée mais celles des personnes et des personnalités rencontrées. Seul le temps a de l'intérêt. Mais je ne puis le « retrouver » ou plutôt le saisir dans son immobilité vertigineuse, sans parler de moi qui n'en ai pas.

Au professeur australien Keith Goesch, venu me voir à propos du travail qu'il fait sur l'œuvre de François Mauriac (actuellement *le Nœud de vipères*, dont il relève sur le manuscrit les variantes) et qui me parlait de l'intérêt avec lequel il avait lu *Une amitié contrariée*, je disais :

— Mais je m'y perds, je ne puis me retrouver dans tant et tant de pages qui me concernent de trop près. Il me faudrait — et j'aurai peut-être après ma mort — un érudit comme vous, qui, venu du dehors, pourra objectivement, méthodiquement traiter cette masse de documents...

Goupillières, dimanche 23 avril 1972.

J'ai donc repris, depuis quelques jours, *le Temps immobile*, revoyant et complétant, une fois de plus, ce que j'en ai orchestré et m'étonnant de ce qui est déjà composé. J'ai l'espoir, cette fois-ci, non de mener à son terme une œuvre qui n'a point d'achèvement concevable, mais une ouverture, publiable dans un délai relativement proche.

Étouffé sous la masse de ces feuillets, succombant à leur nombre (ces images sont à peine exagérées), je pressens pour la première fois que le salut est pour moi non dans l'utilisation d'une très grande quantité de pages mais dans l'exploitation d'un petit nombre d'entre elles. Il me faut réduire au minimum mon terrain d'investigation et exploiter celui-ci en profondeur, tout au moins pour le premier volume du *Temps immobile*, pure réflexion sur le temps pur, apuration des impurs matériaux dont je dispose, recherche quasi alchimique où mon seul espoir est de trouver au fond du creuset, après des années et des années de travail, quelques grains de ce dont la nature est d'être immatériel, impalpable, évanescent, le temps, le temps, le temps pur.

Paris, dimanche 12 novembre 1972.

J'ai consulté, tout à l'heure, le cahier 1962. Pour y trouver des pages qui, une fois de plus, et de la même manière que si souvent (je n'en puis donc parler qu'avec les mêmes mots, d'où une inévitable monotonie et ce n'est pas le moindre des obstacles qui s'oppose à ce que je réalise « l'œuvre de mes rêves ») (mais les pendules aussi se répètent, et le calendrier), m'ont, de nouveau, fait froid au cœur. [...] Comme déjà au début de l'année, lorsque je préparais mes textes pour *Mosaïc*, me saisit l'angoisse de ces pages que dix ans séparent et qui, physiquement, sont pareilles au point qu'on pourrait les changer de cahier. Or, dans dix ans, si je suis encore vivant, j'aurai près de soixante-dix ans (l'âge vertigineux d'André Gide, près de moi, sur la terrasse, face au ciel inchangé de Biskra, de Malagar et de toujours). Il suffit de rapprocher ces dates, 1962, 1972 (1982). Et de me trouver si pareil en 1972 et 1962, où déjà je souffrais non pas seulement de vieillir mais d'en voir dans la glace les signes. Sans parler (mais pourquoi n'en parlaisje pas ? n'y pensais-je pas ?) de cette disparition, entre ces deux dates, de mon père...

Malagar, samedi 20 octobre 1962.

Malagar, par ce temps sublime d'automne, Malagar où nous sommes seuls mon père et moi, où nous travaillons, où nous lisons, où nous essayons de souffler un moment sur la rive du temps, est un refuge dont nous sommes chaque jour, presque chaque minute, chassés. Grand-mère est aux portes de la mort ; Catherine a dû nous quitter pour aller voir sa sœur qui est perdue. Mon père dit, comme pour lui-même :

— Était-ce comme cela autrefois, ou étions-nous seulement plus égoïstes, plus indifférents ? Mais je n'ai pas l'impression que nous étions comme cela cernés par la mort.

La mort, il ne se passe pas de jour, d'heure, sans qu'il m'en parle, de *sa* mort, et de l'incompréhensible scandale de mourir. Et moi, au hasard des miroirs où j'avais l'habitude de voir ma jeunesse reflétée, je suis surpris, chaque heure de chaque jour, par un vieillissement dont je me rends moins compte à Paris et qui m'apparaît ici dans sa réalité, à la surface de ces glaces où je me découvre dépaysé, où c'est un autre visage que je m'attends à voir, si ce n'est même que je vois, que je crois voir, avant que s'efface, au profit de ma vraie figure et de mon être différent, celle, réapparue, de ma jeunesse lointaine. Et aussitôt je me reprends, je me dis absurdement, mais avec soulagement, que ce n'est pas possible, en ce qui me concerne (pas moi ou pas ça !), qu'il est hors de toute probabilité que je puisse physiquement *vraiment* vieillir (ces cheveux blancs, ces marques, ces premières rides, sont regrettables, certes, mais enfin cela en restera là, je ne serai jamais un vieux monsieur), ce qui ne signifie pas dans mon esprit qu'il se pourrait bien que je meure avant : non, la déchéance physique c'est pour les autres ; mon *moi* ne se conçoit que dans son intégralité, dans son intégrité. Et puis je me réveille — ou je crois me réveiller, je mesure l'abîme où je glisse, mais rien à faire, *je n'y crois pas.*

Sous le figuier de la terrasse mon père murmure :

— Si je lis de moins en moins, ce n'est pas un signe de diminution, non, au contraire, c'est que chaque seconde me paraît si riche, si pleine, chaque instant de vie si gonflé de dons, que je ne me lasse pas de le contempler — de regarder autour de moi, de lire la vie au lieu de livres dont, en comparaison, les histoires m'apparaissent pauvres et médiocres...

C'est aussi que ses yeux sont devenus mauvais, il le reconnaît...

... J'ai dû m'interrompre parce que, comme déjà la semaine dernière, il m'a fallu aller taper, sous la dictée de mon père, son *Bloc-Notes* et son article de télévision. Je viens de le voir justement, tout près de la fenêtre de son bureau où, à cause de ses yeux défaillants, il se tenait debout, ou sous la lampe allumée, hésiter parfois à se relire, traîner sur les mots déchiffrables, comme s'il voulait s'emparer de la suite par surprise dans le même élan.

Le soir de mon arrivée, le jeudi 11 octobre (maman que je venais relayer auprès de lui devant repartir dès le lendemain matin pour Vémars où elle ne savait pas que, de toute façon, on l'aurait rappelée ce jour-là, grand-mère étant au plus mal), en le voyant sur son divan du soir, au fond du salon, à droite, j'avais été étonné par la violence de mon amour pour lui. Lorsque j'avais quitté Malagar le 18 septembre, bien que nous ayons parlé depuis longtemps de ce voyage aux États-Unis avec Marie-Claude, je croyais qu'il n'en était plus question et ne me doutais pas des milliers de kilomètres qui me séparaient de mon retour, j'ignorais qu'il me faudrait (que j'aurais la joie de) passer par San Francisco avant de revoir mon père et Malagar, mon père à Malagar. Une nuit où, dérangé par le changement d'heure, je ne dormais pas, à Seattle, je crois, j'avais tout à coup eu peur de ne plus jamais revoir mon père, d'avoir pris distraitement congé de lui en ignorant qu'il s'agissait d'un adieu. Cela n'avait pas duré, ç'avait été seulement une petite angoisse nocturne. Mais enfin, tout à coup, il était là, devant moi, je l'embrassais, je sentais comme au temps de l'enfance sa moustache piquante, la joie me submergeait. Et puis je m'habituai. Presque aussitôt après, mon amour pour lui redevint sage, silencieux, à peine conscient. Il était là. Et ma seule émotion, parfois, souvent, était que, soudain, il ne soit plus là. Et nous parlions suffisamment de la mort, au cours de nos journées et de nos soirées solitaires, pour que cette appréhension virtuelle se trouvât avivée.

Le jour où nous crûmes grand-mère au moment de mourir (elle est toujours au moment de mourir, il n'y a aucun espoir, mais ce moment s'éternise, nous nous sommes habitués à cette agonie dont l'horreur nous est épargnée, mais non à ma pauvre maman qui est à Vémars), ce jour-là, et le suivant, j'éprouvai un vertige, un malaise, une tristesse où il entrait plus d'égoïsme peut-être que de pur amour. Il y a vingt ans, la mort de grand-mère aurait été un déchirement ; je ne sais ce qu'elle sera aujourd'hui, mais elle a tant changé, et moi aussi sans doute : ce n'est plus elle, ce n'est plus moi. Le temps nous a déjà tués. Et lorsque je songe avec tendresse et reconnaissance à mes soirées auprès d'elle, vers les années 30, dans le petit salon de Vémars, au retour des chasses à courre, j'ai du mal à admettre qu'il s'agit de la même vieille dame, maintenant centenaire, et du même jeune homme désormais presque quinquagénaire...

Paris, mardi 14 novembre 1972.

... presque sexagénaire et l'ayant oublié. L'évoquant, vivante ou morte, sans émotion, ce qui prouve, l'ayant tant aimée, que ce jeune homme est mort, que je ne suis plus tout à fait vivant...

Paris, samedi 8 janvier 1955.

A la chasse à courre avec Marie-Claude. Comme nous ignorions le lieu du rendez-vous, que de surcroît nous avions quitté Paris tard, nous arrivons pour voir le cerf, un superbe dix-cors, déjà servi. Il s'était retiré dans un petit bois marécageux, aux lisières de l'étang de Saint-Sulpice, dans un endroit trop difficile d'accès pour que les beaux messieurs et les belles dames de la chasse, du reste blasés, se donnent la peine de s'y rendre. La nuit tombant, on a rentré les chiens. Les piqueurs ont presque tous disparu. On a laissé à des paysans le soin de haler la bête jusqu'à un endroit accessible. Nous sommes donc presque seuls pour admirer ce lac embrumé où un cygne nage au loin, avec indifférence. Un garde-chasse passe, tenant la carabine dont nous avons entendu le coup en arrivant. Les hommes pataugent dans la vase en tirant le cerf. Leurs plaisanteries me rappellent ce que j'ai connu de meilleur au régiment : ce génie populaire de l'expression, cette poésie fraternelle et brutale. De l'autre côté du lac, une trompe sonne paisiblement. Il fait froid, humide, mais nous nous sentons heureux. Je dis à Marie-Claude que ce n'est pas tant la chasse à courre que j'aime que le fait qu'elle exalte et donne un sens à la forêt.

Nous revenons par Vémars. Je songe à tant de retours de chasse semblables, par les mêmes routes, autrefois. Vémars, atteint par un chemin inhabituel (la route de Plailly), m'apparaît tel que je ne le vois plus et que je l'ai pourtant toujours vu : pas une maison en plus ni en moins depuis ma plus lointaine enfance. Maman, que je devais trouver auprès de grand-mère, m'assure qu'elle peut presque dire la même chose, rien n'ayant non plus changé dans le village depuis sa propre jeunesse.

Nous avions abordé la maison par le côté du petit salon. Grand-mère était à sa place habituelle, derrière la vitre. Maman à son côté et les petits Wiazemski. L'atmosphère du cabinet de travail était telle que je l'aime et que je ne la retrouve presque plus jamais (car il y a en général autour de grand-mère trop ou pas assez de monde). Il n'est pas jusqu'au cher Larousse du XIXe siècle que je ne consulte un moment, comme si souvent et si longuement dans ma jeunesse — et comme autrefois pour un renseignement biographique relatif à l'un de mes autographes. Grand-mère est en excellente forme. J'écoute sa voix avec ferveur. Maman me dit que son cœur a été très faible, voici deux jours (je n'en avais rien su). Tout cela ne peut durer longtemps encore. Ah ! vie merveilleuse d'autrefois (et où pourtant j'étais si malheureux — ou plutôt à la veille de l'être tant : car mes samedis et dimanches auprès de grand-mère, en 1930-1932, c'était sans que je le sache la fin de l'insouciance, la fin de l'enfance). (Il y avait eu, je ne l'oublie pas, la douleur causée par la mort de Bertrand : mais l'adolescence était la plus forte et triomphait.) Rien de tout cela n'a d'intérêt que pour moi. Il ne sert à rien de le noter puisque je le sais, puisque je le suis. Et pourtant, depuis que j'ai repris un peu plus régulièrement ce Journal, j'y trouve une sorte de paix.

Je raconte à grand-mère que la dernière fois où j'assistai à une fin de chasse à courre, au bord de ce même étang proche de Mortefontaine, c'était avec elle, il y a vingt ans peut-être. Je lui situe avec minutie les lieux, où elle se retrouve et me suit en pensée. Jeune fille, elle allait danser au château de Saint-Sulpice. Elle nous raconte ces choses d'autrefois que bientôt personne ne saura plus.

Marie-Claude m'ayant rencontré dans le couloir alors que je sortais de la chambre de Gérard endormi (où j'avais été comme chaque soir me pencher sur lui et précautionneusement, doucement, passionnément, encore que légèrement, l'embrasser), me dit : « Tu as l'air bouleversé d'amour. »

Paris, dimanche 9 janvier 1955.

A la télévision, le soir, *actualités* de janvier 1935 : Laval à Rome. Et je me revois, comme si j'y étais, à Vémars, sur le perron du petit salon, lisant l'article de mon père qui était du voyage romain... Je cherche mes agendas d'alors pour vérifier. Et y trouve des choses étonnantes, vertigineuses : que le 31 décembre 1934, j'en étais déjà au 1 826ᵉ jour de Journal quotidien (et enfantin !). Que j'avais déjà publié à cette date ma première (et l'une de mes rares) nouvelles, que... que... et que ! A quoi bon... Quel vertige ! J'interromps presque aussitôt ma recherche. Mais ce que j'ai eu le temps de voir m'angoisse : soit parce que ma naïveté d'alors y inscrivait en clair sans le savoir des vérités que j'y lis pour la première fois [...]. Soit parce que certaines minutes que j'ai vécues alors (la lecture de l'article de mon père, une certaine promenade avec Jacques Laval, entre l'avenue Théophile-Gautier et le pont Mirabeau) sont aussi vivantes en moi qu'à leur origine, ineffacées, ineffaçables, alors que pas un millimètre de ma chair n'est pourtant plus le même. Il y a là un argument en faveur de l'existence de l'âme — ou de ce qu'on essaie de désigner par ce nom. Certes, tant que nous sommes en vie, le support charnel (bien qu'il se renouvelle) ne cesse d'exister. Et cela aussi est hélas ! un argument.

Devoir un jour quitter Gérard à jamais — et ma femme... Les voir déjà me quitter, puisqu'ils changent. Si Marie-Claude m'apparaît toujours aussi jeune, Gérard se modifie devant moi si rapidement que j'ai parfois presque l'impression de voir un film accéléré. Ce qu'il me donne aujourd'hui de joies, je n'ai, à peu de temps près, qu'aujourd'hui pour le goûter.

Chamonix, 21 janvier 1925.

Chapitre V

La promenade mouvementée

Nous prenons la piste de bob, arrivés à la partie supérieure, nous traversons un torrent à moitié gelé, nous nous mettons à genoux sur la glace et parvenons avec efforts à le traverser, mais nous voyons à un détour la cascade du Dard. Le sol est parsemé de rochers, de toute grosseur, que c'est beau dis-je à ma mère.

Nous résolûmes de le traverser.

Nous montions et descendions sur des pierres

plus ou moins grosses, des pierres grandes et à pic nous faisaient faire des détours, enfin nous pûmes constater et regarder la magnifique cascade. Maman résolut de descendre par un autre chemin. Ce chemin était très glissant.

A 20 mètres plus bas, le chemin devint de plus en plus gelé. Nous glissions à tous les pas. Tout d'un coup nous voyons un énorme précipice longeant notre chemin. Je dégringole ! Un peu plus je tombais dans le ravin ! Le chemin se trouvait de plus en plus dangereux, il était maintenant large de 5 centimètres. La nuit tombait. Tout d'un coup le chemin s'éboule ! Je me cramponne à un arbre, la terre s'éboule sous mes pieds.

« Je lâche », ces cris sortaient de ma bouche... Maman veut me soutenir, impossible la terre s'éboule sous elle, tout d'un coup elle dégringole d'une hauteur de 6 mètres à pic. « Maman, maman, oh ! maman », elle répondit : « Je n'ai rien », avec une lenteur d'angoisse. Tout d'un coup je lâche sans le vouloir et je rejoins maman. Que faire ! il faisait nuit. Nous reprîmes notre marche, nous arrivons enfin exténués et n'en pouvant plus.

Remarque : tante Suzanne est venue pour dix jours.

Malagar, dimanche 22 mars 1964.

Donc, je possède enfin le *Grand Dictionnaire universel du XIXe siècle,* de Pierre Larousse, dont la lecture enchanta tant de mes soirées, au sortir de l'enfance, auprès de grand-mère, à Vémars. J'y recherche, pour retrouver un peu de ce passé, les noms qu'autrefois, à la même place, j'y allais lire, me grisant de ces biographies qui donnaient plus de prix encore aux signatures (modestes) de ma collection d'autographes, que de loin en loin je renouvelle encore — je ne peux dire : que je continue de renouveler, ayant vendu un beau jour (sans doute en prévision d'un beau soir), ces pièces que je donnerais si cher pour avoir ou du moins revoir.

Le Mas de Camp-Long, cette maison que nous louons près du Dramont (et où nous devons retourner cet été) avait un charme de surcroît pour moi, du fait de la présence dans sa bibliothèque de ces gros Larousse — où je pris quelques détails lorsque, là-bas, j'écrivais *le Dîner en ville*, puis *La Marquise*. Sur les traces d'autrefois, celles du Vémars de l'adolescence, je relis donc les articles Thuriot de la Rosière, puis Billaud-Varenne — où je trouve ceci qui m'aurait été précieux lorsque, justement, je composais *La Marquise sortit à cinq heures* :

On a publié sous son nom, en 1823, des mémoires pleins de détails romanesques, mais qui sont entièrement apocryphes. D'autres ont prétendu qu'il avait, en effet, laissé des mémoires sur la Révolution, mais que le manuscrit en avait été caché par lui dans un mur de la maison nº 55 de la rue Saint-André-des-Arts. Nous ignorons ce qu'il faut penser de cette tradition qui nous paraît bien un peu douteuse.

Et dans un petit cahier vert, seul rescapé de ma documentation d'antan, découvert aujourd'hui par hasard (mais je le savais ici), je trouve recopiées, de mon écriture enfantine, des biographies, prises mot pour mot dans ce Larousse, ainsi que je le vérifie — et, plus curieusement, cette chanson sur la guillotine, empruntée elle aussi à la même source, ces couplets mêmes que j'ai de nouveau, après si longtemps, recopiés ici, le 13 mars dernier et dont obscurément, certaines rimes, les cadences et le ton, m'avaient rappelé quelque chose. Ce cahier, découpé, mutilé, date des années 30, un peu avant ou un peu après 1930.

Paris, vendredi 13 mars 1964.

J'achète, en ce moment, avec quelle joie, de nombreux ouvrages publiés pendant la Révolution, livres d'un prix encore abordable, comme ces *Mémoires d'un détenu,* d'Honoré Riouffe dont je parlais l'autre jour. Ce que j'y trouve, ou plutôt ce que j'y retrouve c'est le temps perdu, un temps que je n'ai pu connaître mais qu'il me semble reconnaître. Notre expérience est d'âge en âge la même. Ce que je n'ai pas vécu d'équivalent, par exemple, la douleur et la colère de certaines injustices, la peur aussi, telles que les victimes de la Terreur pouvaient les éprouver, un certain ton de vérité me les rend aussi proches, aussi sensibles que si ces iniquités, ces infamies m'atteignaient non pas directement mais en la personne de ces amis depuis longtemps très chers (comme Mme Roland) ou récemment rencontrés et à peine connus, tel ce fils du général Custine, dont Honoré Riouffe publie la déposition devant le Tribunal révolutionnaire et la dernière lettre à sa femme :

L'accusé entendit son arrêt avec fermeté, haussa les épaules sans dire un mot, et sortit avec l'air calme et serein, comme il était entré au tribunal...

Non seulement je vois la scène, mais j'éprouve, je connais par l'intérieur (à la peur physique près, qu'il cachait sans doute — et qui m'aurait accablé) ce mépris plus violent que toute révolte dont dut alors être pénétré ce jeune homme à qui l'on reprochait seulement de n'avoir pas dénoncer son père — ce jeune homme dont j'ignore tout, dont on sait sans doute peu de chose, car le temps ne lui fut pas donné de montrer jusqu'où pouvait le mener ses talents, tellement sensibles dans sa lettre généreuse à sa femme au moment où il va partir pour l'échafaud...

Je passe pour le moment (il faudrait y revenir) sur les étranges parodies de jugements et d'exécutions auxquelles Riouffe et ses compagnons (dont la plupart allaient être guillotinés d'un jour à l'autre) se livraient dans leur cachot de la Conciergerie (pp. 151-153) : d'une bizarrerie si *moderne*, si riche d'interprétations et de prolongements — et qui pourrait servir de sujet à une pièce de Jean Genet ou de Samuel Beckett...

Cette Conciergerie que je vois tous les jours — restaurée, déshonorée par des constructions annexes, mais massivement présente, avec ces cachots mêmes où... La seule pensée de ce qu'a souffert la reine m'étreint parfois d'une angoisse presque intolérable...

Et tout près, cette maison de Mme Roland dont la vue, depuis l'enfance, m'enchante, et je me récite, bien souvent, ces phrases admirables sur ce coucher de soleil qu'elle voyait de ses fenêtres, le même qu'il y a mille ans, le même que dans mille ans...

Quant à la beauté, la noblesse, l'héroïsme de « la défense de la citoyenne Roland, écrite de sa propre main », que je retrouve dans les mêmes *Mémoires* de Riouffe, j'avais oublié que s'y révélait tant de courage, de dignité, de sublime et dans quelle langue !

A ce double titre vous me devez la mort, et je l'attends.

Et de m'étonner, une fois encore, de l'indulgence qui fut si longtemps la mienne à l'égard des crimes de la Révolution. Républicanisme profond ; romantisme ; et cette poésie violente... Certes, mais l'horreur de l'iniquité, le sentiment de la bassesse l'emportent aujourd'hui en moi.

Parmi mes lectures, celle des premiers numéros (que j'ai pu me procurer) des *Révolutions de France et de Brabant*. Une polémique entre Camille Desmoulins et Sanson — qui ne voulait pas être appelé Bourreau... Ce ne fut pas lui (mort, je crois, entretemps) mais son fils qui... Les brillantes méchancetés de Desmoulins (si parisiennes, tellement dans le ton de ce que les mieux doués d'entre nous continuent de faire aujourd'hui) n'en font pas moins frémir (pp. 389 et suiv.) et, plus encore, ces couplets spirituels sur la guillotine qu'il cite :

> *A peine on s'en aperçoit,*
> *Car on n'y voit goutte.*
> *Un certain ressort caché,*
> *Tout à coup étant lâché,*
> *Fait tomber, ber, ber,*
> *Fait sauter, ter, ter,*
>   *Fait tomber,*
>   *Fait sauter,*
> *Fait voler la tête ;*
> *C'est bien plus honnête.*

De ces descentes dans un passé si différent de notre présent et pourtant si proche, je reviens à la fois effrayé et paisible : effrayé parce que ces expériences me rendent encore plus sensible la rapidité du temps : tout cela qui nous semble lointain est d'hier, car enfin j'ai presque un demi-siècle d'expérience, et la Révolution n'est distante de nous que de cent soixante-dix ans — à peine plus de trois fois ma petite vie ; paisible pour cette raison que ma mort me semble plus naturelle, plus normale, — que même elle me semble juste, lorsque je pense au sort qui fut celui, qui continue d'être celui, d'êtres tellement meilleurs que moi, et qui, par la main de l'homme ou celle de Dieu, sont emportés dans leur prime jeunesse. Les victimes de la Révolution ne sont telles que parmi d'innombrables autres, avant et depuis... Mais je m'exprime mal, une phrase maladroite puis une autre m'ont entraîné là où je ne voulais pas aller. Cette paix que me font éprouver mes plongées dans le passé, mais oui, c'était bien cela (essayons de le redire, mieux) elle vient de ce sentiment de relativité de nos vies éphémères. Ils sont morts, je mourrai ; je suis déjà mort, ils sont encore vivants : il n'y a pas de temps. Le tout est de laisser une petite trace de son passage, insignifiante, mais telle que certains vivants de demain pourront la déceler, vivants qui disparaîtront eux-mêmes presque immédiatement, mais ce ne sont pas les individus qui comptent, ni eux, ni moi : c'est la permanence, grâce à eux, hier et demain, grâce à nous aujourd'hui, d'une certaine façon, humaine, de voir, de sentir, de comprendre, et cela aussi n'aura qu'un temps très bref dans l'éternité du néant. Mais la durée de l'espèce humaine suffit à notre exigence de vie. Et qu'importe même le petit témoignage personnel ! Qu'importe, si, anonymes parmi les anonymes, tous nos frères d'autrefois revivent en nous, comme nous revivrons dans les joies, les peines, les peurs et les espoirs de nos frères de demain.

Je deviens trop éloquent, au fil de ma machine. C'est que, allant le plus vite possible, afin de mieux suivre ma pensée, j'essaie d'élucider ce qui est si violent mais si peu clair en moi, et qu'entre les grandes pensées et les grands mots l'écart est faible, hélas ! (Par grandes pensées, j'entends pensées qui peuvent nous aider à sortir de nos petits soucis, de nos peurs minuscules.)

Paris, 24, quai de Béthune, 3 juillet 1972.

Hier, à la Cartoucherie de Vincennes, je vois, au milieu de sept cents Parisiens, *1793*, spectacle intéressant, assez ressemblant, j'en parle en connaissance de cause, ayant *vécu* en 1929-1931 ces années 1789-1793.

Vémars, vendredi 3 octobre 1930.

Nous allons à la messe de Survilliers. Je communie.
Je lis des articles épatants de G. Lenotre sur Tureau, puis sur Robespierre. Journée délicieuse. Temps magnifique. Dans l'après-midi, nous jouons au croquet. Maman me rapporte de Paris un catalogue d'autographes et des cartouches. Après dîner je lis mon article sur Vémars. Grand-mère le trouve bien. Maman me met un cataplasme car je tousse un peu.
Ah ! 1930 est loin lorsque je suis plongé dans Lenotre. 1793...
Des avions font des acrobaties sur Vémars. L'un d'eux tombe au Bourget quelques instants après.

Paris, 89, rue de la Pompe,
jeudi 20 novembre 1930.

Pèlerinage en 1793. La Conciergerie... Ce mot évoque pour moi tout le drame révolutionnaire...
J'attends dans une grande salle voûtée. La visite commence peu après. Je suis le guide, buvant ses moindres paroles. Après nous avoir fait traverser une immense salle du Moyen Age, aux vastes cheminées, il nous montre un petit escalier. C'est celui que prenaient les accusés pour se rendre au Tribunal révolutionnaire...

Je m'engage dans l'étroit escalier qui a vu tant de choses. Mais déjà notre cicérone s'éloigne. Il nous montre un réduit sombre. C'est là que Sanson faisait la dernière toilette des condamnés. Sur ce banc s'assirent la reine, Mme Roland, Charlotte Corday, la du Barry, bien d'autres encore. C'est par cette grille que toutes les condamnées, nous sommes dans le quartier des femmes, se rendaient dans la cour pour monter dans la charrette fatale...

Je frémis. Une porte basse, très basse... L'entrée du cachot de la reine. Je baisse la tête pour pouvoir y pénétrer, comme Marie-Antoinette baissait la sienne au milieu des rires de ses infâmes geôliers qui avaient encore trouvé moyen d'humilier une reine déchue en lui faisant courber la tête.

Le cachot... Ce sont les mêmes murs, le même dallage. C'est la même lampe accrochée au plafond. Je marche là où la reine marchait. Je touche ce qu'elle touchait. Une cellule voisine qui fait corps avec le cachot de la reine, maintenant. On a abattu le mur de séparation : Robespierre, blessé, y attendit la mort.

Voilà maintenant la grande salle où les Girondins prirent leur dernier repas et qu'ils quittèrent pour la mort. Je crois encore entendre résonner leurs voix mâles et glorieuses. Je les vois tous, chantant *la Marseillaise*. La salle est pleine de souvenirs : documents, objets ayant appartenu à la reine, escalier de bois provenant de la maison Duplay, l'hôte de Robespierre, et surtout, oh! le coup que j'ai senti en l'apercevant, le couperet de la guillotine. Il est authentique, le fait est certain, mais on ne sait combien de têtes, ni quelles têtes, il coupa. « Remarquez le cercle rouge... », dit le guide. Nous nous penchons. Je suis au premier rang de la foule des visiteurs. « ... Il a la forme d'un cou », continue-t-il. Il n'achève pas. Nous avons compris. C'est du sang, du sang mêlé à de la rouille, mais du sang tout de même. Du sang de Louis XVI, peut-être !

Une petite porte s'ouvre dans le mur. Elle aboutit dans une cour. C'est là qu'en septembre 1792 bien des prisonniers vécurent leurs dernières secondes. Les massacreurs étaient dans la cour, les pieds dans le sang, l'arme à la main. J'aperçois, de loin, une fenêtre éclairée. Le guide m'apprend que c'est là que se trouvait le Tribunal révolutionnaire... Je vois la cour des prisonniers, hommes et femmes, les fenêtres des cellules de Charlotte Corday, de la du Barry, de bien d'autres encore.

Je me suis retrouvé sur l'asphalte glissant et humide. J'ai descendu les quais ténébreux, encore ému et remué par ce que j'avais vu. Et maintenant, je me demande si je n'ai pas rêvé.

Ah ! A propos de rêve... J'ai rêvé toute la nuit de Camille.

Après dîner, je vais sur le balcon avec Jacques. Il fait une forte tempête.

Paris, vendredi 21 février 1964.

... Et puis il y a ce constant vertige du temps. Passant hier en voiture, rue Saint-Dominique, et apercevant brièvement l'hôtel de Brienne, et me disant qu'il y aurait bientôt vingt ans... Le même laps de temps qu'entre les jours de la Libération et ce 1924 quasi mythologique pour moi, en 1944 comme en 1964 — alors qu'en 1964, 1944 me semble si proche — infiniment plus proche que ne l'était en 1944, 1934... Tout cela qui se fige en banalité dérisoire dès que je l'écris mais dont je n'épuise pas en moi le mystère.

En moi... Il suffit de ces deux mots pour changer l'aiguillage de ma pensée. Je voulais évoquer le

Pont-Neuf, et ce qui s'y passait il y aura bientôt vingt ans, déjà vingt ans ! Et cette Conciergerie où il y a seulement cent soixante-dix ans, Mme Roland était si courageuse en présence des autres prisonniers. *Devant vous elle rassemble toutes ses forces, mais dans la chambre elle reste quelquefois trois heures appuyée sur sa fenêtre à pleurer;* où « la veuve Hébert et la veuve Camille Desmoulins dont les maris venaient de se traîner à l'échafaud s'asseyaient souvent sur la même pierre, dans la cour et pleuraient ensemble. Elles furent bientôt les rejoindre » ; où « quatorze jeunes filles de Verdun, d'une candeur sans exemple, et qui avaient l'air de jeunes vierges parées pour une fête publique, furent menées ensemble à l'échafaud. Elles disparurent tout à coup et furent moissonnées dans leur printemps : la cour des femmes avait l'air, le lendemain de leur mort, d'un parterre dégarni de ses fleurs par un orage » ; où « Danton, Hébert, Chaumette et Robespierre ont été dans le même cachot. Tant de travaux, de dissimulations, d'extravagances et de crimes ont abouti à leur conquérir quatre pieds de terrain à la Conciergerie, et une planche à la place de la Révolution » ; où Malesherbes dit « à un citoyen tombé à ses pieds d'attendrissement et d'admiration : Je me suis avisée vers mes vieux ans, d'être mauvais sujet et de me faire mettre en prison... Il conservait beaucoup de sérénité et même de gaieté. Après avoir lu son acte d'accusation, il dit : Si cela avait au moins le sens commun » ; où...

Mais j'arrête là mes citations de ces *Mémoires d'un détenu pour servir l'histoire de la tyrannie de Robespierre*, joli petit volume à tranche dorée, seconde édition, an III de la République française, où Rioutfe, si souvent utilisé sans être cité par les historiens, raconte sa captivité, dont je crois bien il faisait au moment même, sur place, le récit, alors qu'un jour à l'autre il pouvait aller au supplice : « Des guichetiers chargés d'actes d'accusation les colportaient de chambre en chambre très avant dans la nuit. Les prisonniers, arrachés au sommeil par leurs voix épouvantables et insultantes, croyaient que c'était leur arrêt. Ainsi ces mandats de mort, destinés à 60 ou 80 personnes, étaient distribués chaque jour, de manière à en effrayer 600... » (Et il y a des détails effroyables sur ce qu'était l'attente au pied de la guillotine, et sur ce sang, tout ce sang, « le sang humain se puisait par seaux, et quatre hommes étaient occupés, au moment de l'exécution, à les vider dans [un] aqueduc ».) Cette Conciergerie donc où, il y aura bientôt vingt ans — déjà vingt ans (il y a si longtemps déjà), je voyais moi-même des prisonnières entassées...

Quelvezin, jeudi 12 juillet 1973.

« ... nous sommes dans le quartier des femmes », écrivais-je, le 20 novembre 1930. Nous sommes aussi dans le quartier des femmes, Bernard Duhamel et moi, ce 21 septembre 1944...

Paris, jeudi 21 septembre 1944, 23 h 45.

Exténué au-delà de toute expression, après une journée de tension continuelle — (lutte contre l'envahissement des lettres, avec un personnel insuffisant). Et cependant il faut noter très brièvement :
La visite de Bernard Duhamel, médecin inspecteur des prisons, qui veut attirer, par mon entremise, l'attention du Général sur l'état des camps et des maisons d'arrêt. Pour me convaincre, il m'a

emmené au Dépôt, à la Conciergerie. Dans une salle voûtée, noire et humide, couchées à même le sol, 209 femmes qui trouvent encore le moyen, après un mois d'internement sans autre interrogatoire que celui d'identité, d'être fardées et presque jolies (avec deux robinets en tout et pour tout). Mais quelle lassitude dans les regards ! La plupart n'ont même plus le courage de parler, de se plaindre. Pourtant, sur Bernard Duhamel et sur moi, messagers du dehors, des yeux avides se sont levés. Une grappe de femmes se forme autour de chacun de nous : tristes lamentations qui ne sont pas sans fondement. Toutes ces prisonnières seraient-elles coupables que leur détresse me le ferait oublier. Mais combien se trouve-t-il parmi elles d'innocentes, victimes de dénonciations et de jalousies ? Et il y a des femmes enceintes, des malades, une vieille de quatre-vingts ans... Alice Cocéa est là, et Germaine Lubin, hier encore fêtées et adulées. Bernard Duhamel les reconnaît et je me félicite de ne pas avoir rencontré leur regard. Il y a aussi Mme Bunau-Varilla (femme du directeur du *Matin*), dont le joli visage émacié se lève vers moi, implorant. Trop fatigué pour décrire. Et pour parler des cellules individuelles où sont entassés jusqu'à dix hommes que j'aperçois par le judas ; un nègre triste, des jeunes gens accablés, des hommes aux visages fermés. Et les salles remplies d'anciens agents de police prisonniers. Et ceux qui prennent l'air (si l'on peut dire) dans une fosse étroite dont le minuscule orifice ouvre sur un ciel sans vie. Et ces barreaux. Et ces odeurs. Et ces gardes. Et les pauvres sœurs, indifférentes. Et ces hommes qui ont pris, malgré tout, leurs habitudes, et qui jouent nonchalamment au bouchon ou aux cartes...

Quelvezin, jeudi 12 juillet 1973.

Ici, deux bifurcations possibles : l'une sur l'après-Libération, mais ce livre du *Temps immobile*, auquel j'ai emprunté la page précédente, *Un autre de Gaulle, [Aimer de Gaulle]*, est déjà paru ; l'autre sur l'avant-Libération, avec la Conciergerie comme cœur, toujours : mais cette partie du *Temps immobile*, si elle a déjà été composée, forme un autre volume que je n'ai pas encore publié.

Paris, mardi 23 mars 1965.

Relu, après plusieurs années, le chapitre sur Joyce de *Vivants Piliers*, en complément au récent *Joyce* du même auteur, Jean-Jacques Mayoux. Une citation du *Portrait of the Artist* :

Tellement hors du temps semblait l'air gris, et chaud, si fluide et impersonnelle son humeur, que tous les âges étaient comme un seul pour lui (p. 163).

Je pense fugitivement, tristement, avec une joie vague pourtant : c'est ce que j'ai moi-même tenté d'exprimer dans *La Marquise*, sans savoir que Joyce... Ou l'ayant oublié... Nous essayons tous indéfiniment de dire le même secret. C'est donc qu'il y a un secret. Cela pour la joie. Ceci pour la tristesse : mais à quoi bon, après Joyce, après Proust... Dix pages, puis une autre citation du même *Portrait* :

Tenons-nous au maintenant, à l'ici, à travers quoi tout l'avenir plonge dans le passé...

Exactement mon propos, exactement. Puis, quelques pages plus loin (mon crayon d'aujourd'hui aurait encore souligné les mêmes passages s'ils ne l'avaient déjà été), cette note marginale, datant de ma première lecture (décembre 1960 d'après une lettre de Jean-Jacques Mayoux classée dans le livre) : « C'est ce que j'ai fait, ce que j'ai réinventé dans *La Marquise sortit à cinq heures*, sans savoir que Joyce... » Il s'agissait de petits procédés destinés à rendre sensible la simultanéité dans un texte aux notations obligatoirement successives (p. 177). Fin 1960. Début 1965. Tant et tant de mois déjà, alors que cette lecture de *Vivants piliers* me semble si proche...

Autre surprise : voir, grâce à une lettre jointe, que c'est en septembre 1960 que le libraire Clavreuil me trouva les six volumes du *Tableau de Paris* de Mercier, alors que j'aurais juré qu'il y avait deux ans tout au plus... Il est vrai qu'il n'y a qu'un peu plus d'un an que je collectionne systématiquement les livres édités sous la Révolution et l'Empire, lorsqu'ils sont abordables (ils le sont encore, j'ai fait d'admirables trouvailles) et qui, plus que les autographes, me donnent à rêver...

Pour rêver, comme au temps de mon adolescence, j'avais essayé de nouveau les autographes de la période révolutionnaire, mais sans succès, et d'autant moins que ceux dont j'avais envie étaient — comme au temps de ma jeunesse — trop chers. Les « petites pièces » qui m'enchantaient si totalement, qui agissaient en profondeur sur ma sensibilité, c'était en vain que je les regardais désormais. Et voici que cette exaltation oubliée, je la retrouvais en soupesant, feuilletant, caressant, de façon presque maniaque, mais en lisant aussi, ces vieux livres aux reliures encore fraîches — reliures de l'époque, bien sûr — demi-reliures, cartonnages très simples et d'autant plus évocateurs.

J'ai fait pourtant cette découverte : que je ne suis plus en connivence, en complicité avec cette Révolution, à l'égard de laquelle j'éprouvais toutes les complaisances, jeune homme. Si sublime qu'elle fût, je la trouve maintenant plus odieuse qu'admirable ; la lâcheté des hommes m'y frappe plus qu'autrefois leur grandeur : je me sens désormais du côté des victimes, quelles qu'elles fussent, même politiquement, les bourreaux ne me touchant plus eux-mêmes qu'au moment où ils sont jugés et exécutés à leur tour.

(Je me souviens d'une page de journal très ancienne où je prenais lucidement la mesure de ma passion : tout m'était également cher dans la Révolution française, les royalistes comme les républicains, les Montagnards comme les Girondins... C'était en poète non en historien que cette époque me fascinait.)

Ce que j'y cherche aujourd'hui ? J'y retrouve le temps — et tout autant le mien que celui des hommes de cette époque. Plongeant dans ces années lointaines — 1792, 1793, c'est en 1932, 1933 que je revis. Je me rejoins en rejoignant Louvet...

Comme j'avais rêvé sur les *Mémoires* de Louvet, dans l'édition Berville et Barrière de 1820 (et sur ceux de Mme Roland — qui revit dans *l'Oubli*). Comme sa Lodoïska m'avait fait rêver — que je ne connaissais que par ces mémoires et non point encore par Faublas. (J'ai un petit Faublas de 1790, malheureusement incomplet, où ce message manuscrit, discrètement caché dans un coin du second volume, m'émeut : « Qu'il est cruel de voir vos rigueurs. »)

Ces derniers jours, j'ai trouvé chez Clavreuil l'original de ces mémoires de Louvet, *Quelques notices pour l'Histoire et le Récit de mes Périls depuis le 31 mai 1793* (an III). A la suite a été relié le rapport de Lecointre, signé par lui (« Je signe chaque imprimé, parce que s'agissant d'une dénonciation grave et importante... »), ce fameux rapport à la Convention contre Billaud-Varenne, Barère, Collot d'Herbois, Vadier, Vouland, Amar et David — qui m'étaient si chers parce que leurs autographes m'étaient accessibles, que je possédais leurs signatures (sauf les trois derniers, et sauf, hélas ! Barère, dont je n'avais qu'un texte autographe non signé). (Ah ! pouvoir retrouver « ces petites pièces », si grandes dans mon souvenir et que j'ai toutes vendues vers 1934...) Je n'ai pas encore eu le temps de lire ce texte, mais j'y ai parcouru des passages de la sténographie des séances de la Convention. La voix de Robespierre y retentit, comme si je l'entendais, aujourd'hui encore : « Je demande, au nom de la patrie, que la parole me soit conservée ; je n'ai pas nommé Bourdon : malheur à celui qui se nomme lui-même ! » (p. 97.)

Chez Clavreuil encore, je viens d'acheter l'original de la *Défense de Louis*, si bouleversante : l'impression de présent est donnée avec une acuité vertigineuse puisque nous savons que l'inéluctable a eu lieu et depuis si longtemps. Desèze précise, dès la première page : « Forcé d'écrire une défense aussi importante en quatre nuits (...), je n'ai pas besoin d'avertir qu'elle se ressent de l'extrême précipitation avec laquelle j'ai été obligé de la rédiger... » Est-ce seulement le défenseur qui parle ? Ce goût de la forme, cette exigence de perfection. Tous les Français sont des écrivains. Dans un volume relié en maroquin noir (en signe de deuil ?), acheté sur les quais, en face, chez M. Ferlet, et qui réunit un certain nombre d'imprimés relatifs au procès et à la mort du marquis de Favras, le 19 février 1790, un numéro des *Annales patriotiques et littéraires de la France* (22 février 1790) a été joint où je lis : « Ce condamné a vu arriver la mort avec beaucoup de sang-froid ; il a dicté son testament de mort d'une voix élevée et ferme; il paroissoit s'attacher beaucoup au style et à la tournure des phrases; il se foisoit tout relire, et rayoit ou ajoutoit selon les circonstances. » Et cela quelques moments avant d'aller au supplice...

Ces journaux d'autrefois... Parmi beaucoup d'autres trésors (plus abordables que partout ailleurs) j'ai trouvé et acheté chez J.G. Deschamps, 22, rue Visconti (dans cette librairie installée à l'endroit même où se trouvaient les écuries de Racine dont demeurent les gros pavés), un recueil de plusieurs numéros du *Journal de Paris* (1780-1781) qui, avec l'annonce des spectacles et des enterrements, ressemble plus au *Figaro* d'aujourd'hui qu'on n'aurait pu s'y attendre...

Paris, samedi 30 septembre 1972.

Rue Bonaparte, mercredi dernier. Nous allions visiter des libraires, Pierre Wiazemski et moi.

— Tu n'as toujours pas d'autographe de Robespierre ?

— Non. C'est trop cher. De toute façon, il y a longtemps que je n'achète plus d'autographes. Ou très rarement. Mais j'ai un Couthon...

Ce Couthon — c'était une des signatures que je ne pouvais me payer, adolescent — je l'avais acheté, par fidélité à mes seize ans, il y avait peu d'années, pensais-je.

Or, ce matin, ayant plongé directement de la lecture de Michelet aux rares autographes révolutionnaires que je possède, je regardai le plus beau d'entre eux, cette lettre du Comité de Salut public, datée du 28 ventôse an II, adressée au général Michaud, et signée Barère, Carnot, Lindet, Collot d'Herbois, Billaud-Varenne, Couthon. Et je vois au crayon, de ma main, la date de l'achat, 8.1.63... Il y a presque dix ans, alors que cela me semble si près, si près et que dans dix ans, si je suis vivant...

Malagar, lundi 5 septembre 1932.

L'autre jour, une phrase de Marcel Proust me rappela l'atmosphère dans laquelle je vivais en 1930. Je veux parler de ce passage où l'auteur de *Du côté de chez Swann* parle de « quelqu'une de ces vieilles choses qui exercent sur l'esprit une heureuse influence en lui donnant la nostalgie d'impossibles voyages dans le temps ».

Je connus cette nostalgie pendant deux ans de ma vie et elle me fit passer des moments inoubliables. Soit à Vémars, quand j'étais plongé dans un livre d'histoire, soit à Paris où les vieilles pierres m'attiraient, je vivais réellement dans le passé.

J'avais dévoré tellement d'ouvrages traitant de la Révolution française que j'étais imprégné de cette époque et la connaissais si bien que je pouvais la recréer sans aucune peine. J'adorais pareillement Louis XVI, Danton, Billaud-Varenne et Robespierre, j'aurais cru pouvoir reconnaître leurs voix, tant je m'étais imaginé souvent les entendre. J'avais des renseignements détaillés sur la vie des plus obscurs conventionnels, et à force de vivre dans leur intimité je m'imaginais souvent avoir quitté mon siècle pour le leur.

Il n'était pas un événement de la Révolution auquel je n'avais personnellement pris part de la façon la plus active. Mon enthousiasme pour l'Histoire me mettait dans un état d'exaltation continuel, *la Marseillaise* me transportait, et, en lisant les *Mémoires* de l'époque ou les récits des historiens, je frémissais, comme si c'étaient mes aventures qui y étaient contées.

Quand je revenais à la réalité, soit qu'un objet

extérieur m'y eût ramené, soit que j'eusse brusquement songé à ma véritable personnalité, je sentais la tristesse m'envahir. Désillusionné, m'étant brusquement rappelé la date que portait mon agenda, 1930, je n'avais plus que la ressource d'aller y noter mon enthousiasme pour tout ce qui avait trait au passé.

Mais c'est surtout dans deux occasions que ma nostalgie de la Révolution devenait lyrique...

D'abord quand, exalté par quelques lectures, j'allais regarder ma collection d'autographes. Ma main se crispait d'une étrange façon sur les feuilles jaunies couvertes de signatures, les palpait, les tâtait, les scrutait, les caressait pour ainsi dire. La pensée que Collot d'Herbois et Billaud-Varenne avaient vu ce document, y avaient posé leurs mains, me remplissait d'une sainte émotion. Je les revoyais penchés sur cette feuille qui tremblait dans mes mains, discutant d'une voix brève avec Robespierre, Couthon et Carnot de la patrie en danger ; j'imaginais le décor où la scène avait eu lieu, les grandes fenêtres qui donnaient sur les quais où hurlait une foule ameutée. Mes yeux quittaient aussitôt la silhouette des membres du Comité de Salut public pour se reporter sur cette populace bariolée qui élevait au-dessus de ses têtes des drapeaux et des armes. Mes doigts lâchaient peu à peu la feuille sur laquelle ils étaient crispés et je me retrouvais dans la réalité. Avec un soupir je rentrais dans sa chemise de papier l'autographe évocateur.

L'autre moment de suprême enthousiasme était celui où de vieilles pierres, des monuments historiques évoquaient pour moi ce passé à la recherche duquel j'étais parti. Le balcon où s'appuyait Bonaparte, la porte par laquelle entrait Robespierre, certain couloir de la Conciergerie où avaient passé tant d'illustres condamnés, m'émouvaient à tel point que je restais là, immobile, n'entendant plus le roulement des autobus et le sifflet des agents.

Mais ceci se passait à une époque que, dans l'histoire de ma vie, je peux qualifier d'historique puisqu'un document, mon agenda, témoigne de ces exaltations révolutionnaires. Il n'est pas besoin de chercher dans ce journal, par des moyens plus ou moins artificiels, l'atmosphère de ces années hantées par l'Histoire, puisque bien des pages prouvent que, dans ce cas particulier, je me rendais parfaitement compte de la facilité avec laquelle je changeais de siècle. C'était alors ma principale préoccupation et, comme telle, le sujet de la plupart de mes notes intimes. Aussi aurais-je tort de parler plus longuement de cette période de ma vie.

Je ferais beaucoup mieux de m'étendre un peu sur ce que le hasard d'une lecture vient, sinon de me découvrir, du moins de me rappeler. De nouveau, en effet, quelques lignes d'un écrivain viennent de déclencher en moi tout un monde de souvenirs. C'est un passage de la dernière conférence d'André Maurois, où il parle du « chant mystérieux et moderne du moteur [d'un avion] remplissant le paysage ancien ». Voilà, n'est-ce pas, qui m'éloigne de mon ami Billaud-Varenne ! Pourtant, en pensant à cet avion comme en pensant au membre du Comité révolutionnaire, le même bonheur m'envahit.

Cet avion me rappelle tous ceux que je voyais à Vémars, lorsque j'étais petit. Le ronronnement du moteur résonnait toujours étrangement dans le ciel où les gros nuages gris avaient d'étranges formes. Des centaines de corbeaux tournoyaient au loin sur la plaine et je suivais des yeux le petit point noir murmurant qui semblait se mêler à eux. Le bruit du moteur devenait peu à peu plus indistinct, mais il me parvenait encore par intermittence, porté par le vent, mêlé aux mille bruits de la plaine où l'on travaillait et sa chanson me paraissait si mystérieuse, elle évoquait pour moi tant de lointains voyages, de pays inconnus, de mers démontées, de grands déserts de sable, que je ne puis aujourd'hui encore voir un avion passer sans songer, avec une mélancolie qui m'étonne moi-même, aux hivers de Vémars, au vent dans les grands cèdres, aux corbeaux que je regardais avec Bertrand sans songer qu'ils devaient hanter ma vie, à toute notre existence monotone et pourtant si belle, où il apportait comme une espérance d'autres contrées où le ciel serait toujours bleu. Mais maintenant, la pluie, le vent, les tempêtes continuelles des hivers de cette époque lointaine me semblent plus désirables que les rives enchantées de quelque île de rêve. Un avion qui vient de traverser mon ciel, une phrase qui a éveillé en mon cœur d'incertains et fugitifs souvenirs, ont suffi à recréer pour moi une époque à jamais disparue où je menais, avec un cousin qui n'est plus, une existence où chaque action prenait un air de mystère, où le moindre de nos gestes avait, à notre insu, un charme plein de poésie.

....

Je ne suis qu'un enfant de onze ans, mais pourtant j'ai quelque chose qui me passionne. Cet chose, c'est l'aviation, mon embition. *(Note faite le 20 février, soir, à 7 h 10 exactement, à Vémars.)*

....

Quelvezin, jeudi 12 juillet 1973.

Marcel Proust venait de me donner un instrument et je tentais de m'en servir.

Aujourd'hui encore, 5 septembre 1932; aujourd'hui encore, 12 juillet 1973 ; aujourd'hui toujours, je ne puis voir et entendre un avion à moteur, sans me retrouver, enfant, auprès de Bertrand, à Vémars.

Aujourd'hui encore, j'aurais écrit, décrit, avec les mêmes mots, ces avions, ces corbeaux, ces nuages, dans le ciel de Vémars. Permanence des souvenirs essentiels. Présent fixé pour la durée d'une vie. Vrai temps immobile.

Quelvezin, vendredi 20 juillet 1973.

Me voici ramené à Vémars (où me ramènent tous les chemins, et où me ramènera, peut-être, le dernier). L'évocation du Larousse du XIXᵉ siècle m'avait fait bifurquer, m'entraînant là où je n'avais pas projeté, à ce moment-là, d'aller ; jusqu'à la, jusqu'à ma Révolution, qui m'a reconduit ici, chez moi, à Vémars.

Collages. Certains de ces rapprochements de textes, pour moi les plus émouvants, les plus signifiants, n'ont pas été voulus. J'en ai à mesure la surprise. A partir d'un certain point, le livre s'organise seul.

Vémars, samedi 22 octobre 1932.

Après la classe de philo, je pars pour Vémars où je déjeune avec gramcht. Je vais ensuite à une chasse à courre ennuyeuse. Mais, par ce temps admirable, la forêt était si jolie ! De retour à Vémars, je passe avec grand-mère (qui, à cause de son catéchisme, n'a pu m'accompagner en forêt) une très agréable soirée.

Cette chère gramcht ! Nous nous aimons bien.

Vémars, dimanche 30 octobre 1932.

Le soir, dans ma chambre, en ouvrant ma fenêtre : bouffée d'air glacé. L'odeur des hivers d'autrefois : mêmes parfums subtils de feuilles mortes, de terre humide... Même enivrement que je prolonge voluptueusement, en restant là, humant à plein nez le vent de Vémars. Malheureusement, la sensation s'émousse et bientôt disparaît.

Vémars, mardi 1er novembre 1932.

Beauté de la campagne par ce merveilleux jour d'automne : les bois de Montmélian, le parc des Bouix, le village que l'on aperçoit du jardin, ont la couleur que seule la lumière de mon Ile-de-France peut donner. L'atmosphère a une densité et une teinte si particulières que les avions qui passent sont mauves et paraissent voilés par des rideaux de tulle.
L'amour de ma terre m'étreint en la voyant et en sentant grand-mère près de moi.

Vémars, mercredi 2 novembre 1932.

Cérémonie des morts pénible. Absence de Bertrand. [...] Le jour des morts à Vémars : geste symbolique du signe de croix devant un cercueil vide. Gêne physique à accomplir ce geste. Dans le cimetière, Jean et Anne s'amusent autour des tombes : pour eux (comme pour Bertrand et moi, autrefois), c'est évidemment une partie de plaisir. Le caveau familial. Grand-mère agenouillée. Devant elle, bien des plaques dont les caractères sont déjà effacés. Il n'y a qu'une place, celle où sera un jour son nom sur du marbre blanc. Quelle horrible pensée. L'idée que sa réalisation est fatale, inévitable, me torture.

Paris, lundi 13 novembre 1972.

Infimes notations sans intérêt sinon par la touche minuscule qu'elles apportent au tableau en train de se faire. Et par ce qu'elles m'évoquent, d'indicible — mais que chacun a ressenti : l'odeur des nuits d'hiver, à la campagne ; la détresse des cimetières. Ce cimetière-là où est grand-mère. Où est mon père. Où est mon oncle Roger Gay-Lussac. Où je serai, rapproché enfin, trop tard, de Bruno, qui sait ?

Vémars, Paris, jeudi 2 novembre 1933.

Messe des morts à Vémars. Chaque année, le geste de bénir un cercueil vide, coutume suivie ici, me scandalisait car je me refusais à en comprendre le symbole. Aujourd'hui, je n'ai pas réagi et me suis soumis à l'usage sans le blâmer, mais toutefois encore avec répugnance.

Après l'office, nous sommes allés derrière le prêtre jusqu'au monument aux morts, puis au cimetière. Il pleuvait, le vent faisait un étrange bruit, la plaine noyée de brume était celle de mon enfance et j'aimais ce vent, cette plaine qui me rappelaient les hivers de naguère. Les paroles de M. le curé parvenaient jusqu'à nous par lambeaux. Près de moi, grand-mère se tenait stoïque (bien qu'à jeun et gelée), preuve vivante de mon passé merveilleux. La foule des villageois était pressée comme un troupeau frileux et je dominais la voûte de leurs parapluies rapprochés. Un charretier passait avec son attelage : il se découvrait devant la mort, lui que la croix levée au-dessus de nos têtes exaspérait sans doute.

A la tombe familiale, ce fut la cérémonie coutumière. Ma prière fut courte, peu profonde, distraite, car je n'avais jamais connu ces grands-parents qui reposaient là.

A Paris, j'accompagne tante Marie-Thérèse, oncle Roger et Anne au Père-Lachaise. Nous portons des chrysanthèmes blancs sur la tombe de Bertrand. Lorsque, après avoir marché dans cet immense cimetière (qui, par ce jour gris et doux était trop romantique pour être triste), nous arrivâmes au caveau où repose mon cousin, j'eus un moment de vide, d'insensibilité. Cette pierre ne représentait rien pour moi et le cœur glacé, froidement, j'aidai ma pauvre tante dont le visage commençait à se modifier, à s'affaisser. Elle arrangeait les fleurs et les disposait au mieux, s'inquiétant de ce qu'elles fussent déjà trop ouvertes, comme si son fils pouvait en profiter.

Mais lorsque je me fus agenouillé, je réalisai que sous moi, tout près, se trouvaient les restes de celui que j'avais tant aimé. Brusquement, je le revis, courant, riant, parlant. Des images m'assaillaient où je le reconnaissais, où je me voyais jouant avec lui... Des larmes me montèrent aux yeux. Je sentis que je n'avais qu'à évoquer une fois encore mon cousin pour éclater en sanglots. Alors je détournai de lui ma pensée, voulant cacher mon chagrin à ma malheureuse tante pour ne pas aggraver le sien.

Puis, peu à peu, le lâche oubli est revenu. Non, vraiment, Bertrand n'est pas pour moi l'objet de souffrances, mais celui d'un doux regret délicieux. Bertrand c'est toute mon enfance et mon enfance c'est la merveille des merveilles, la joie pure, immense. Il ne peut se mêler de douleur à son évocation. Grand-mère témoigne sans cesse, par sa présence, de la réalité de mes souvenirs. Sans elle, peut-être, douterais-je d'eux.

Paris, lundi 13 novembre 1972.

J'ai donc replongé, sans précaution. J'éprouve une sensation d'oppression. J'étouffe. Je me sens écœuré, découragé. Cette mer profonde où il n'y a rien, puisque je ne suis rien, où je me retrouve dans ma pauvreté que rien ne déguisait alors, nue encore en 1932, déjà mieux dissimulée en 1933 : un début de culture, quelques progrès dans l'écriture. *Le Temps immobile* : construire quelque chose avec rien.

Vémars, vendredi 11 novembre 1932.

Avant de partir pour Vémars, dans l'auto des Gay-Lussac je lis la troisième et dernière partie de *Du côté de chez Swann* presque entièrement. Je suis véritablement transporté. [...] A Vémars, brouillard, atmosphère humide, jour gris. Mais quel charme ! Et que je me sens chez moi, dans mon domaine, sur ma terre. J'écris une nouvelle. Commencé *le Neveu de Rameau*. Entendu un fragment de *Schéhérazade*.

Vémars, samedi 12 novembre 1932.

Je suis, en auto, une chasse à courre. Elle est particulièrement amusante. Je vois le cerf plusieurs fois. Quand il va à l'eau, dans l'étang qui est derrière l'abbaye de Chaalis, il est trois heures. Les chasseurs mettent très longtemps à le servir. La bête, un beau dix-cors, un moment sort de l'eau, s'échappe au milieu des spectateurs et, malheureusement pour lui, retourne à l'étang. A Vémars, je retrouve grand-miche finissant de faire son catéchisme. J'écoute à la T.S.F. la retransmission du concert Lamoureux et suis à nouveau transporté par *Schéhérazade*. Il y a surtout une petite phrase qui m'obsède, ce soir. Continué *le Neveu de Rameau*.

....

D'une de mes préfaces mensuelles, Avant-Propos aux Filles du Feu, *repris dans* De la littérature à l'alittérature :

... Un autre texte du numéro de la *Revue des Deux Mondes* où paraissait *Sylvie* commençait ainsi : « On pourra bientôt se rendre en un jour, à travers la France entière, des froides régions que baigne la mer du Nord aux tièdes rivages de la Méditerranée... » Mais nous avions appris de Gérard de Nerval, quelques pages plus haut, qu'il fallait encore quatre heures en fiacre et cinq en voiture publique pour faire les huit lieues séparant Paris de Mortefontaine, seul de tous les villages de la région auquel il ne conserve pas son nom réel. S'il le rebaptise Montagny, c'est sans doute que le Mortefontaine de son enfance et de ses souvenirs n'est situable sur aucune carte. Pays du songe. « Je n'ai jamais su pourquoi le chemin de fer du Nord ne passait pas par nos pays », écrivait Gérard dans *Angélique*, où déjà son pays (et le nôtre), ce cœur du cœur de la France qu'est le Valois, était chanté par lui d'une voix sourde et fervente.

« Majestueuse grandeur de la route de Flandres, qui s'élève parfois de façon à vous faire admirer un vaste horizon de forêts brumeuses » *(Angélique)*. « Quelle triste route, la nuit, que cette route de Flandres qui ne devient belle qu'en atteignant la zone des forêts » *(Sylvie)*. Mortefontaine, que, dans

Angélique non plus il ne nomme pas (certains noms sacrés ne doivent pas être prononcés), mais dont il évoque la fontaine où sont encore inscrits les vers de Lepelletier de Saint-Fargeau que Gérard attribue (sans en être sûr, nous laisse-t-il entendre) à René de Girardin. L'abbaye en ruine de Chaalis... « Chaalis, dis-je... Est-ce que cela existe encore ? » Ce cri d'angoisse étonné, comme si avec l'enfance abolie disparaissaient ses décors. Et dans *Angélique* toujours :

La suite des ruines (de Chaalis) *amenait encore une tour et une chapelle. Nous montâmes à la tour. De là l'on distinguait toute la vallée, coupée d'étangs et de rivières, avec les longs espaces dénudés qu'on appelle le Désert d'Ermenonville, et qui n'offrent que des grès de teinte grise, entremêlés de pins maigres et de bruyères.*

Chaalis, Ermenonville que revoici dans *Sylvie*. « Chaalis, encore un souvenir ! » — (c'est le même cri étouffé, émerveillé que dans *Angélique*). « La vue se découvrait au sortir du bois. Nous étions arrivés au bord de l'étang de Chaalis. Les galeries du cloître, la chapelle aux ogives élancées, la tour féodale et le petit château qui abrita les amours de Henri IV et de Gabrielle se teignaient des rougeurs du soir sur le vert sombre de la forêt... » Le bois de Saint-Laurent, les premiers coteaux de Montmélian... Noms qui ne donnent pas à rêver au seul Gérard. D'autres enfances obscures ont connu là leurs illuminations. Englouties, elles aussi, alors que Montmélian, le bois de Saint-Laurent, Mortefontaine, Loisy existent toujours, à peine abîmés (mais on n'en peut dire hélas ! autant du désert, vraiment tel il y a vingt ans encore, et devenu parc d'attraction, kermesse...). Les éblouissements de Gérard ont évoqué d'autres songes. Il faut revenir à

Aurélie, à Sylvie, à Adrienne, qu'au reste nous n'avons pas quittées. Gérard demande, dans *Sylvie* : « Mais l'apparition d'Adrienne est-elle aussi vraie que ces détails et que l'existence incontestable de l'abbaye de Chaalis ? »

Ermenonville ! pays où fleurissait encore l'idylle antique (...) tu as perdu ta seule étoile, qui chatoyait pour moi d'un double éclat. Tour à tour bleue et rose comme l'astre trompeur d'Aldébaran, c'était Adrienne ou Sylvie, — c'étaient les deux moitiés d'un seul amour. L'une était l'idéal sublime, l'autre la douce réalité. Que me font maintenant tes ombrages et tes lacs, et même ton désert ?

« Si j'écrivais un roman, jamais je ne pourrais faire accepter l'histoire d'un cœur épris de deux amours simultanées. » Il n'écrit pas un roman. *Sylvie* porte en sous-titre : *Souvenirs du Valois*. Mais ces souvenirs ont été décomposés puis recomposés dans l'œuvre la plus concertée, la plus complexe, la plus subtile qui soit sous son apparente simplicité. Quant à ces amours, elles ne sont pas deux, mais trois, dans *Sylvie* (Aurélie, Sylvie, Adrienne), elles sont une pourtant, un même et seul amour, l'amour. Le narrateur prend avec Aurélie « la route des étangs de Commelle, pour aller déjeuner au château de la reine Blanche » (autres lieux secrets de cette forêt sacrée). Au bord de la Nonette (qui comme la Thève, évoquée elle aussi par Gérard, comme la Vivonne de Proust, a ses sources dans les inaccessibles coteaux de l'enfance), puis à Orry, il lui montre « la même place verte où pour la première fois j'avais vu Adrienne » :

Nulle émotion ne parut en elle. Alors je lui racontai tout ; je lui dis la source de cet amour entrevu dans les nuits, rêvé plus tard, réalisé en elle. Elle m'écou-

201

tait sérieusement et me dit : — Vous ne m'aimez pas! Vous attendez que je vous dise : La comédienne est la même que la religieuse; vous cherchez un drame; voilà tout, et le dénouement vous échappe. Allez, je ne vous crois plus.

Gérard sait quelle part transfiguratrice, salvatrice la littérature a dans son existence. Sauvé, il ne le sera pas, il se tuera, mais pas avant d'avoir arraché sa vie au chaos, de l'avoir ordonnée, de lui avoir donné un sens, dans ses livres — et sa vie nocturne aussi bien (aussi merveilleusement) que sa vie diurne puisqu'il saura rendre compte, dans *Aurélia,* « de l'épanchement du songe dans la vie réelle ».

....

Chapitre 9

Vémars, 1er mars 1925

Vallière

Enfin le jour tant désiré est venu. Parti à 1 h 40, arrivé à Vallière (Oise) ou plus proprement dit Mort Fontaine (Vallière est une propriété magnifique) sous un ciel bleu foncé. Nous rentrâmes dans la propriété. Les arbres de plus de cent ans, gros comme trois tonneaux, nous dominaient. Ils avaient bien 50 mètres de hauteur. Beaucoup de ces arbres se penchaient sur l'eau calme des étangs ou sur la terre humide à l'approche du printemps. Au les bels etangts. Le château ressemblait à ceux qu'on voit dans les livres de contes de fée, avec des tourelles, de grandes cheminées, etc.

Belle promenade, beau jour. Tandis que Claire et Luce étaient à Paris entre les maisons qui cachent le soleil.

1er mars soir, commencé à 7 h 10, fini à 7 h 27.

....

Vémars, samedi 4 mars 1933.

Après la classe de Morale, je pars pour Vémars où grand-mère m'attend pour déjeuner. Nous passons ensemble une bonne journée. Nous faisons de nombreux tours de jardin et je l'écoute avec plaisir me raconter les petits faits de sa vie campagnarde. Être près d'elle était un bonheur pour moi. Quand elle dut aller faire son catéchisme, je restai seul dans le jardin : le soleil déclinant inondait toutes choses d'une lumière émouvante et profonde, idéalisait le moindre arbuste. Tous les oiseaux chantaient et les buissons étaient pleins de coups d'ailes. Le calme du soir était si beau que je regrettais d'avoir le cœur trop petit pour en saisir toutes les merveilles à la fois. J'aurais voulu pouvoir embrasser tant de beautés, les comprendre. Je passais rapidement d'un objet d'admiration à un autre ; de peur de ne pouvoir profiter des plus remarquables, je ne m'arrêtais à aucun. Je sentis à quel point il est triste de ne pas avoir de sens à la mesure de son âme. (Je rapporte bien mal tout cela, mais je suis pressé. Espérons que je saurai lire entre les lignes, plus tard). Après dîner, nous entendons à la T.S.F., relayé de Washington par Radio-Paris, le discours d'entrée en fonction du président Roosevelt. Je travaille mon Histoire jusqu'à 11 h 30. L'Histoire me passionne toujours autant, elle m'émeut comme autrefois. En me couchant, je sens la nuit : des ténèbres odorantes, pleines de hululements.

Paris, lundi 6 mars 1933.

Hier, l'Allemagne a voté car le Reichstag a été dissous... et un communiste l'a ensuite incendié, ce qui a permis à Hitler de se débarrasser de tous les membres du parti communiste et de ses autres adversaires. Victoire totale d'Hitler. « La constitution de Weimar est morte », écrit Léon Blum. Et *Le Figaro* : « L'Allemagne est réveillée. Puissions-nous, tandis qu'elle étire ses griffes, ne pas nous endormir complètement. »

Vémars, mardi 16 juillet 1963.

... Avant de me coucher, je suis sorti et j'ai senti la nuit, comme autrefois. J'avais déjà un *autrefois* en 1933. Mais le *plus tard* dont je parlais alors, l'imaginais-je si lointain ? Et sais-je lire aujourd'hui entre ces lignes, jugées naïves, mais qui ne le sont pas plus, sans doute, que celles écrites par moi en ce moment. Nous passons notre temps à nous renier. A sourire avec une indulgence plus ou moins attendrie de ce nous-même que nous fûmes, que nous ne sommes plus, car nous nous croyons enfin raisonnable, intelligent et sage, alors que *plus tard*, si nous vivons encore, nous trouverons que nous étions bien jeune encore en 1963, que nous avions presque autant à apprendre qu'en 1933, mais qu'enfin, heureusement, nous avons abordé l'âge du savoir, de la sérénité et de ce que nous pouvons connaître de perfection.

J'ai regardé sans vrai chagrin, depuis le jardin nocturne, la chambre abandonnée où ma grand-mère souffrait encore il y a quelques mois. Il n'y avait plus personne derrière ces fenêtres closes vers lesquelles si souvent, il n'y a pas longtemps, se levait mon regard lorsque je savais qu'elle était là, veillant ou sommeillant, dans la torpeur d'avant la mort. Ce qui demeurait d'elle, ce soir, n'était pas loin : dans ce proche cimetière, derrière moi, au-delà de ces arbres. J'en éprouvai plus de gêne que de tristesse. Pauvre gramcht, grand-miche que j'ai tant aimée, qui m'aima tellement. Mais son amour pour moi, mon amour pour elle moururent avant elle, ce que je n'aurais jamais imaginé aux époques où je vivais dans la terreur de sa disparition, jugée imminente depuis ma plus petite enfance...

Paris, jeudi 4 mars 1943.

Michel a échoué de nouveau. Je suis une nouvelle piste, très sérieuse. Alternatives d'impatience et de méditatifs regrets. Ma décision survit, intacte, à ces lucides et tristes réflexions. De savoir à quoi je m'engage ne va pas sans un serrement de cœur. Si je persévère, c'est moins par patriotisme que par hygiène morale...

... inutile de dater : *de tous les jours de ma vie*, comme disait Julie de Lespinasse. Je n'ai pas persévéré. *(5 mai 1965)*, alors que Michel Brousse, lui, est passé en Espagne, puis en Afrique du Nord et qu'*il a fait*, comme ses frères Bernard et François, *une guerre héroïque* — expression que nous employons sans penser à ce qu'elle signifie vraiment. Bernard est mort, tué à vingt-deux ans, en Allemagne, le 21 avril 1945 *(19 septembre 1969)*.

(... 4 mars 1943) ... Je m'habitue à considérer en face la possibilité d'une mort prématurée et violente. Après dix ans de jeunesse et de facilité, je me découvre aussi pauvre qu'au départ et je sais que cela pourrait encore durer plus de trente ans, la jeunesse en moins. Et de médiocres plaisirs en peines dérisoires, j'atteindrai paisiblement, triste-

ment, une mort pauvre. Un an d'une vie brûlante peut valoir vingt années d'embourgeoisement. Et pourtant j'ai peur, par moments, atrocement.

Vémars, mardi 16 juillet 1963.

... plus de trente ans, dont vingt déjà sont passés. Mais peut-être serait-il plus exact de dire : dont vingt ans seulement sont passés ? L'époque évoquée par ce journal du 4 mars 1943 me semble, en effet, si lointaine que ce relativement court laps de temps, vingt années, ne me paraît pas rendre compte d'une telle distance. Si lointaine, mais au moment même, si proche. Le temps n'existe pas. J'ai du reste failli écrire, au début de cette note : plus de trente ans qui sont passés ; et j'ai d'abord vraiment écrit : « ... que ce relativement court laps de temps, trente années, ne me paraît pas rendre compte d'une telle distance », me trompant de dix ans, tout naturellement puisque je venais de lire ces pages de mon agenda 1933, éloignées en effet de trente ans. Vingt ans, trente ans, c'est la même chose, ce n'est rien.

Quelvezin, samedi 21 juillet 1973.

Les trente ans, cette fois, y sont. Recopiant aujourd'hui cette note du 16 juillet 1963, j'ai du mal à ne pas de nouveau corriger, dans l'autre sens, à ne pas rétablir : « ... que ce relativement court laps de temps, trente années... »

Jouer ainsi avec le temps qui tue et qui me tue... Risque de légèreté, dans la mesure, non négligeable, où je joue vraiment et dans une inconscience relative. Autrement, je n'oserais pas. Cette part de jeu est salubre, à condition de ne pas l'oublier. Je ris. Sombrement, mais je ris. Tendance dangereuse à me prendre au sérieux, sinon mon sujet, le plus grave de tous.

Paris, mercredi 5 mai 1965.

Je les ai eues, ces vingt années d'embourgeoisement. Dont bientôt quatorze ans de mariage : expérience du bonheur que ceux qui ne savent pas disent *bourgeois*, le bonheur. Lorsque j'ai évoqué dans un article récent « le bonheur » à propos du film de ce nom, j'ai reçu des lettres, anonymes ou non, où l'on me reprochait ma conception bourgeoise du bonheur. Bourgeoise, je veux bien, pourquoi pas, si c'est le bonheur ? Ce bonheur si menacé, si provisoire, que sa frange de malheur le dignifierait, s'il en était besoin, mais il n'en est pas besoin.

Paris, vendredi 19 juin 1970.

Je n'ai pas fait de phrases, alors, sur cet océan de malheur qui entoure nos petites îles de bonheur. Et j'ai eu raison, puisque je me suis toujours accommodé de mes privilèges de classe, même si je me donnais en quelques circonstances et depuis longtemps la facilité de penser « à gauche », mon gaullisme persévérant m'ayant du reste objectivement situé « à droite ». Mais cela est un autre chapitre du *Temps immobile*, et qui n'est pas pour ce volume-ci.

....

D'une de mes préfaces mensuelles, Avant-Propos *au* Paysan parvenu, *repris dans* De la littérature à l'alittérature *:*

... L'intérêt du *Paysan parvenu* en tant que document sur une époque est tel qu'il n'est pas besoin d'y insister. Moins facilement décelables sont certaines survivances. Paris change beaucoup moins qu'on ne croit. De modestes institutions s'y perpétuent d'âge en âge sans que personne songe à le remarquer. C'est ainsi qu'il existe encore, entre Paris et Versailles, des taxis, baptisés P.V., qui prennent autant de clients qu'ils en peuvent contenir et partent le plein fait, ce qui ne tarde jamais beaucoup. D'où l'économie et la rapidité du voyage. Or *le Paysan parvenu* nous révèle que les P.V. existaient déjà dans la première moitié du XVIIIe siècle : « ... et pendant que j'allais à Versailles, elle alla entendre la messe pour le succès de mon voyage. Je me rendis donc à l'endroit où l'on prend les voitures ; j'en trouvai une à quatre places, dont il y en avait déjà trois de remplies, et je pris la quatrième. » De jour en jour, de siècle en siècle, Paris continue, sans rupture — avec des Parisiens, toujours, dans les mêmes rues, aux mêmes carrefours, et qui s'effacent un à un, et qui sont remplacés si discrètement que personne ne s'en aperçoit. Dans cette voiture qui va à Versailles, on parle plus qu'on ne le fait dans les taxis collectifs qui leur ont succédé. D'abord parce que le voyage était plus long. Il semble aussi qu'en se multipliant et en s'affirmant les bourgeois, peu loquaces et méfiants, soient devenus beaucoup moins ouverts, beaucoup moins fraternels que ne le furent, longtemps, les Français entre eux et qu'on ne le demeure dans *le peuple*, — ah ! le beau mot, et la façon qu'ils ont de le prononcer juge certains hommes, certaines femmes.

Quoi qu'il en soit, la conversation entre un vieil officier cultivé et un jeune auteur, telle que nous la fait entendre Marivaux dans cette voiture qui va à Versailles, pourrait se produire, aujourd'hui, encore, entre deux intellectuels d'âges et de formations différents, l'un tenant pour les auteurs rassurants dont il a l'habitude, l'autre pour les recherches nouvelles :

— *En vérité, Monsieur, reprit le militaire, je ne sais que vous en dire, je ne suis guère en état d'en juger, ce n'est pas un livre fait pour moi, je suis trop vieux.*
— *Comment trop vieux ! reprit le jeune homme.*
— *Oui, dit l'autre, je crois que dans une grande jeunesse on peut avoir du plaisir à le lire. (...) D'ailleurs je n'ai point vu le dessein de votre livre, je ne sais à quoi il tend, ni quel en est le but. On dirait que vous ne vous êtes pas donné la peine de chercher les idées, mais que vous avez pris seulement toutes les imaginations qui vous sont venues, ce qui est différent : dans le premier cas, on travaille, on rejette, on choisit ; dans le second, on prend ce qui se présente, quelque étrange qu'il soit, et il se présente toujours quelque chose ; car je pense que l'esprit fournit toujours bien ou mal.*

Dernière phrase où apparaît virtuellement la découverte par Diderot, par Dujardin puis par Joyce, du monologue intérieur...

....

Saint-Cyr, caserne Charles-Renard, 20 février 1940.

Hier soir, dégel brusque du cœur. On s'aperçoit que depuis des jours et des jours, des mois peut-être, on n'a pas vécu. La poésie retrouvée baigne le monde et soi-même, née de la tristesse, mais transfigurant la douleur elle-même. J'avais dîné d'œufs et de fromage, à ma descente de voiture (le dernier P.V., celui qui a quitté à sept heures et demie la porte de Saint-Cloud). Tout en mangeant, j'avais lu les dernières pages du livre de Martin du Gard. Antoine mourait, non pas en prononçant le nom du Christ, mais celui de son neveu, seul rejeton de la race des Thibault, ce Jean-Paul qui, à quelques mois près, serait de mon âge.

Il mourait, en possession de la certitude désespérée et pourtant sereine de son néant. Il avait, dans ses dernières notes, cité Jean Rostand, que j'avais évoqué avant même qu'il ait écrit son nom, car j'ai lu il y a peu de jours ses *Pensées d'un biologiste*, dont le désespoir, scientifiquement fondé, trouvait dans cette science que j'avais de moi-même et du monde, du néant de tout cela, des prolongements multiples.

Antoine mourait, et un paquet de larmes montait en moi. Je pleurais sur lui, mais plus encore sur l'image qu'il me donnait d'une réalité vivante, présente. Cette guerre qui s'achevait par sa mort, avait fait place à une autre guerre où des milliers de morts en sursis attendaient leur tour. Nous étions *au seuil* de cette horreur d'où Antoine sortait vaincu mais rempli d'espoir quant aux chances de la nouvelle humanité.

Les communiqués d'aujourd'hui, pour la première fois depuis longtemps, étaient chargés de morts. Oh ! ce n'étaient pas les hécatombes de 14. Pas encore. Vingt, trente morts au plus, des jeunes gens hier encore plein de vie, qu'on aurait pu transporter ici, sur ce coin de trottoir, dans le Saint-Cyr mort où je marche vers ma caserne : entre le mur et la chaussée, sur ce terre-plein, en se serrant un peu, ils auraient tous pu tenir. Ce n'était pas sur moi que je pleurais, mais sur Alain Le Ray, lieutenant d'infanterie alpine et fiancé de ma sœur Luce.

Atmosphère de joie dramatique, à la maison,

pendant ce bref passage. Luce, fiancée à ce jeune officier dont le clair et beau regard me séduit aussitôt. Luce, heureuse, mais à la veille de la séparation ; et lui, ce beau garçon, de quel drame ? Maman, émue, donnait de pauvres prétextes à son énervement. Et moi, délivré enfin de tout égoïsme, en proie à un attendrissement qui me donne envie d'aimer plus encore ces êtres que j'aime tant (cet Alain inconnu, si proche soudain) et qui, dans un dégel de tout mon être, me sens gonflé de larmes.

Dans le P.V. qui m'emmène à travers Ville-d'Avray où pas une lumière ne brille (il n'y a même pas de réverbères), à travers Versailles, qui semble illuminé en comparaison de cette campagne morte, de ces villes éteintes, dans Versailles où pourtant règne la nuit, je m'étonne de mon émotion. Tout ce qui m'arrache à la sécheresse de mon désespoir chronique (sur lequel prolifèrent, telle une pauvre végétation de rocher, les joies que je dois aux livres), m'étonne à neuf, tant je me suis convaincu qu'est incurable mon état...

Mais sur la route qui du bistrot va au quartier, quel miracle plus étrange encore... Je retrouve l'état de grâce de la poésie, celui qui révèle l'éternelle beauté de chaque éphémère objet. De légers nuages camouflent la lune mais n'étouffent pas sa lumière. Alors que, samedi, une neige épaisse couvrait Paris, la campagne, le monde et que, dimanche, le froid figeait ce qui restait de neige, il fait doux, ce soir, presque tiède. Moi qui fais toujours si rapidement le chemin, avec la hâte d'en finir, je vais à petits pas, sans tristesse à la pensée de la proche chambrée, mais désirant tout de même que se prolonge cette promenade.

Je marche au milieu de la rue déserte, entre les murs des maisons aveugles. Il me semble pénétrer dans un monde définitivement endormi et délivré de l'homme. Les choses se sont mises à vivre. Attendrissement, à la vue de l'ombre singulière que fait sur le ciel la sage église. Joie que me donne la forme de cette fenêtre, celle de cet arbre et l'odeur de la nuit et l'appel de ce chien, celui-là même que j'entendis naguère en Algérie, une autre fois dans une île grecque et, aux premières années de ma vie, dans cet Arras hostile où je tremblais de peur, au fond du lit où Bertrand ne suffisait pas à me rassurer. Présence du passé. Je veux dire : possession *actuelle* du passé. Présent, passé et même avenir coïncident. Ébloui par tant de merveilles, je pense sans angoisse à la mort qui les anéantira. Rien ne demeurera plus de cette complicité, de cette tendresse qui, au secret de la nature, ont souvent uni mon secret. Je regarde le ciel sans étoiles, je respire cette odeur mouillée. Luce, Alain, maman, moi, je pense à notre mort sans angoisse.

Quelvezin, samedi 21 juillet 1973.

Présence ignorée de Jean Rostand, dans ce Ville-d'Avray nocturne que je traverse en pensant à lui.

Paris, dimanche 27 mai 1951.

Visite des fiancés à l'« oncle » Jean Rostand, à Ville-d'Avray. Accueil plus qu'aimable de cet homme que j'ai toujours admiré. Il se frotte les mains :

— Voilà enfin un mariage intéressant ! En général, les mariages n'ont aucun intérêt...

« Merci pour moi ! » dit Dominique de Puységur, d'un air gentiment piqué. Mais Jean Rostand n'essaie pas de se rattraper. Il explique que le mariage de Marie-Claude Mante et de Claude Mauriac ne ressemble à aucun autre. Et, d'un air gourmand, il ajoute :

— Je crois bien que cette union est sans précédent sur le plan des antécédents littéraires. Vos enfants seront de drôles de gosses...

Et nous nous sentons devant lui, ma fiancée et moi, comme ces petits animaux sur lesquels il fait des expériences.

Voici précisément qu'il nous montre, dans leurs viviers de plein air, ses crapauds et ses grenouilles. Il enlève avec une épuisette les cadavres et les jette n'importe où dans le jardin où ils rejoignent d'autres bestioles desséchées ou pourries. Curieuse négligence chez un homme qui a, nous dit par la suite Mme Mante, tellement peur des microbes qu'il ne mange jamais une salade et ne boit que de l'eau d'Évian — à condition encore de l'ouvrir lui-même pour être sûr qu'elle n'a pu être polluée. Nous visitons ensuite ses deux laboratoires, où grouillent dans de nombreux bocaux, têtards, grenouilles, crapauds, sans parler de ses élevages de mouches à vinaigre, nourriture obligatoire de ses crapauds. (Ces crapauds dont mon père me disait que, de *Chantecler*, ils ont envahi la vie du fils d'Edmond Rostand !) Il prend à pleine main les petits animaux pour me montrer les infimes particularités qui les lui rendent précieux : ce sont, en général, un ou plusieurs doigts de plus, qui lui permettent d'étudier les mutations. La plupart de ces bêtes sont nées sans pères, par parthénogenèse.

Je lui parle des énormes crapauds de Malagar, cette espèce du Midi, si rare à obtenir, me dit-il. A l'idée que je pourrai lui en procurer, il ne cache pas sa joie. Il a l'air de me suivre depuis avant la guerre et me montre de l'estime, ce qui me fait plaisir. Un abîme nous sépare pourtant, me dit-il : non pas tant la question politique (qui a si peu d'importance au regard du métaphysique), mais celle de la foi. Il a l'air enchanté (il n'y a pas de quoi !) lorsque je lui apprends que je suis, hélas ! beaucoup plus proche de lui que de mon père sur ce point, avec la même incroyance fondamentale que lui, Jean Rostand, mais aussi la même sourde nostalgie du surnaturel.

Son fils François est là, la barbe assagie, presque normale, mais lunaire, et comme absent. Son père le couve des yeux et parle sans cesse de lui avec une tendre admiration.

Il dit encore :

— Mon père aurait préféré que ses fils n'écrivent pas. Mais la chose étant, qui niera l'intérêt de telles familles littéraires, la nôtre, ou la vôtre ?

Sous-entendu : à l'union desquelles s'ajoutera chez vos enfants l'héritage spirituel de Proust. Suzy Mante pose clairement le problème. Jean Rostand se livre alors à un rapide examen :

— Je ferai un jour le calcul exact, mais en gros, voyons, cela fera, oui, un huitième de sang Proust. Mais c'est énorme ! D'autant plus que Robert Proust était lui-même quelqu'un de très éminent...

Boulogne-sur-Seine, 6 rue Édouard-Detaille, mercredi 6 juin 1951.

A la fin de la journée, réception familiale, ou quasiment telle, chez « ma grand-mère » Mante-Rostand, sœur d'Edmond Rostand, rue du Bac. Lorsque j'arrive, il y a là mes parents, Suzy Mante et Marie-Claude, Jean et Andrée Rostand, Jenny de Margerie, Georges Cattaui. Jet d'eau dans le jardin qu'illumine le soleil du soir ; verdure du parc des

Missions, qui est en contrebas du jardin, sans qu'aucun mur ne l'en sépare ; cet hôtel voisin où dans une des pièces du rez-de-chaussée est mort Chateaubriand ; ces cloches de l'église proche des Missions, qu'il entendit sans doute, et ce bel hôtel où nous nous trouvons, avec ces boiseries admirables du XVIIIe, ce La Tour par lui-même, ces Corot... Nous nous tenons sur la terrasse. Mme Mante-Rostand, l'air épanoui, belle encore sous son fard, reste intrépidement debout, appuyée sur sa canne et nous photographie sans arrêt avec un minuscule appareil. Mon père et Jean Rostand sympathisent : le fait qu'ils s'admirent mutuellement simplifie leurs rapports ; mais aussi leur extraordinaire jeunesse respective, ce charmant enthousiasme juvénile qu'ils ont tous les deux. François Mauriac, avec une gentille ironie (où perce du respect et tout le prestige qu'ont les savants à ses yeux), met Jean Rostand sur le chapitre des crapauds et promet que des ordres seront donnés à Malagar pour en prendre le plus possible. Mais, hélas ! depuis ces dernières années de sécheresse, on ne voit presque plus de ces énormes bêtes aux affriolantes pustules.

Jean Rostand fait des frais à maman (qu'il a connue autrefois et beaucoup admirée). Il me dit que jusqu'à quarante-cinq ans, il a été d'une timidité qui le paralysait dans ses rapports sociaux, et qu'il fut tout à coup délivré de cette infirmité.

Boulogne, jeudi 14 juin 1951.

Mon père parlait hier de « la bonté Second Empire » de la mère de grand-mère et de grand-mère elle-même.

Dîner de famille chez Mme Mante-Rostand : les Roland de Margerie, les Jean de Valon, les Jean

215

Rostand, etc. Ma future grand-mère, seule gaulliste avec moi, me prend à part pour me demander ce que je pense des proches élections. Très agréable soirée, assez étrange, avec un orage qui rôde, et Schumann, et Bach, admirablement joués par cette vieille dame royale (la royauté de la bourgeoisie triomphante : un des derniers spécimens vivants d'une espèce disparue).

Paris, 24, quai de Béthune, jeudi 25 décembre 1952.

Autre déjeuner familial (de l'autre famille) chez « ma grand-mère Rostand » avec « ma grand-mère Proust ». Comme j'assure, une fois de plus, à Jean Rostand, que sa présence est souhaitée à l'Académie française, il me répond que de passionnants travaux l'accaparent entièrement et qu'il ne se sentirait pas le courage d'interrompre ses expériences pour faire les visites d'usage.

Paris, mardi 16 juin 1959.

Dîner chez les François de Puységur avec mes parents et les Jean Rostand. Je taquine le nouvel académicien sur les corvées qu'en tant que « bleu » il aura à faire les premiers temps. Atterré, Jean Rostand ne « marche » que trop et dit que Chardonne a raison, qu'il n'y survivra pas. « Mais si, j'en mourrais. » Puis, un peu rassuré à cette pensée :
— Je consulterai *le Figaro* avec soin et, à la première alerte (mort d'un confrère, inauguration d'une statue) : hop ! au lit...
Le plus drôle est qu'il est sérieux.

Quelvezin, samedi 21 juillet 1973.

Si les chiens d'Algérie et de Grèce se sont tus, celui d'Arras aboie en moi, dans une nuit qui n'a jamais fini. Possession *actuelle* du passé. Avenir, devenu présent, et passé coïncident.

Je devrais être écrasé par ces années amoncelées dont le travail intensif sur *le Temps immobile* qui est le mien ici, me donne une conscience aiguë. Il se trouve, au contraire, que j'éprouve un bonheur d'une sorte singulière et tel que je ne me souviens pas d'en avoir éprouvé d'analogue.

Hier, avec Marie-Claude, Natalie et Gilles, après une journée de pluie (et de travail), le soleil soudain. Promenade en voiture, à Port-Louis, ancré immobile dans le temps et où il nous semble vivre un été breton d'il y a cinquante, voire cent ans. Magasins d'un autre âge, tels que l'on n'en connaît plus. Pâtisserie qui n'est pas seulement celle de l'enfance, mais celle d'un certain livre d'images de mon enfance, dont de petits Bretons, justement, étaient les héros. Nouvel aiguillage possible, ici : il y a maintes pages de journal au sujet de ce livre, dont il est question dans *l'Oubli*. J'ai fini par retrouver et de nouveau oublier son titre. Comme j'aurais pu, tout à l'heure, bifurquer sur les traces du chien d'Arras...

Simplicité, calme, naïveté, gentillesse d'une France abolie. Sur le chemin du retour, à la recherche de nouveaux dolmens, j'éprouve ce bonheur, cette paix. Bois de pins qui sont de partout, de toujours, pas tout à fait de chez moi (à leur odeur et à celle des jeunes fougères près). Seules propriétés qui sont *miennes* : les jardins de l'enfance. Une paix, un bonheur liés à la conscience du travail bien fait. Mais ce ne serait rien : à ce travail-là, enfin accompli et sur le point d'être achevé.

Et c'est ma vie tout entière qui se trouve rétroactivement légitimée, sauvée. Ma mort qui ne me fait plus peur, car dans toute la mesure des possibilités humaines, des possibilités de l'homme que je suis, je l'ai vaincue.

Lundi 15 mars 1943.

Départ pour Grenoble à huit heures quarante-cinq ; à G., Luce et Alain sont à la gare... et, là, je ne dirai rien (sauf la merveille de l'amour maternel chez L. Quel miracle ! Sa tendresse pour la petite Françoise s'épuise en charmants monologues — car il ne peut s'agir de dialogues avec un bébé de deux mois), je ne dirai plus rien, sinon que j'ai quitté G. le soir du mardi 16 et que j'ai repris mon travail à Paris le 17...

... et, maintenant, j'écris sur le même carnet à la suite immédiate des lignes précédentes, la matin du mardi 16, oui, mais du *mardi 16 juillet 1963*. Vingt ans en ce seul petit espace blanc. L'écriture est la même, dans ces deux paragraphes séparés par tant d'années, elle est aussi pareille que le sera le corps typographique, choisi à dessein le même, dans la version imprimée de cette page, si je mène à bien mon projet de livre composé de textes datés, un ordre nouveau étant substitué à celui de la chronologie.

Voix de mon père, tout à l'heure, 16 juillet 1963, dans le grand salon de Vémars :

— A quoi travailles-tu, en ce moment ?

— J'essaie de faire une œuvre construite à partir de ces trente ans de Journal dont je dispose. Une sorte de télescopage du temps...

... et aujourd'hui, 21 juillet 1973, ne l'ayant pas noté il y a dix ans, je ne connais pas ce que fut la réaction de mon père, s'il en eut. D'habitude, ma « littérature » le laissait perplexe, incrédule et vaguement admiratif. Si j'en avais été là de mon orchestration du *Temps immobile*, le 16 juillet dernier, l'effet eût été meilleur, la courbe plus élégante. Un peu inquiet en pensant que je suis le seul garant de ces dates : inventées et rapprochées le même jour, l'« effet » eût été le même. Mais non certes pas l'équilibre de cette œuvre, née réellement, jour après jour, du temps.

Et de nouveau mon écriture, pendant ce temps-là (graphismes et style), a moins changé que moi — vieilli (bien que je n'y croie pas) et dont une part, dans l'intervalle, est morte avec mon père.

Paris, mercredi 5 mai 1965.

Alain Le Ray, mon beau-frère, aujourd'hui général de division, alors jeune officier évadé d'Allemagne, dirigeait la Résistance à Grenoble. D'où mon silence au sujet de ce que je vis avec lui dans cette ville, alors si active. Mais ceci m'intéresse surtout : les rapports de Luce avec son bébé. Ces jours-ci justement, j'observais Jeanne Etcheverry et Gilles — Gilles qui a, lui aussi, deux mois, à qui Jeanne ne cesse de parler et dont je remarque qu'à sa manière (sourires, onomatopées, douces exclamations roucoulées) il lui répond. Il y a échange. Non pas monologue mais dialogue. Et, peut-être déjà, dialogue intérieur, ce que formule Jeanne et ce que Gilles ne formule pas, ne valant point pour la signification des mots ou des sons mais par ce qu'ils disent, à leur manière, d'indicible.

Paris, mardi 9 septembre 1969.

Ce matin, naissance à Innsbruck du troisième enfant de Françoise Fischer (Le Ray), un fils enfin, Yann.

Paris, vendredi 19 septembre 1969.

Mon père me disait hier à Vémars qu'il mesurait combien les temps avaient changé en prenant conscience d'avoir un arrière-petit-fils allemand et en trouvant cela naturel.

Vémars, samedi 16 septembre 1939.

Vémars, avec maman, en car. Les meules dans les champs déserts, prêts déjà, pour les morts. 1914, ou 1915 ou 1918 : sur les croix de bois inversées, dates de la naissance au lieu de celle de la mort.

Grand-mère qui tente de racheter, par une activité accrue, un vieillissement que les événements n'ont que trop accusé. Et cette maison de mon enfance...

*Saint-Cyr, caserne Charles-Renard,
lundi 18 septembre 1939.*

La messe de Vémars, le jardin de Vémars, la maison, le salon, ma chambre de Vémars : mes yeux ne reconnaissent que le cadre désenchanté, mes oreilles et mon nez parfois décèlent, l'espace d'un instant, une trace vivante d'autrefois (l'odeur des roses pâles devant la maison, le claquement sec de la porte qui va à la cuisine), puis je me retrouve, presque aussitôt, sans odorat ni mémoire, aveugle et sourd. Je regarde ces arbres, ces allées, ces potagers, toutes ces choses qui sont moi-même.

Mais rien ne s'éveille dans ce monde mort. Il ne reste qu'à fuir. Nulle part je ne suis plus chez moi qu'à la caserne maintenant...

*Paris, 24, quai de Béthune,
jeudi 18 septembre 1969.*

Une fois de plus, Vémars. Un Vémars que je ne vois pas, bien que chaque arbre, ou presque, soit là où je le sais depuis l'enfance. Vémars qui s'efface dans son évidence, dans sa présence, mais que je sens, dont je reconnais l'odeur de brouillard, de terre mouillée et de feuilles. Vémars que je n'aime plus. Mais combien j'aime ces parfums de précoce automne qui sont ici comme nulle part ailleurs ! Vémars dont j'ai vérifié que je l'avais revu sans déjà le retrouver, il y a trente ans, jour pour jour.

(... Recopié, le jour même de sa composition, ce passage de mon Journal en le coupant là. Puis je prends conscience que si je veux composer *le Temps immobile* et en faire une œuvre, il faut que j'aie le courage de le construire dans l'éclairage de la mort — la mienne et celle des êtres que j'aime. J'enchaîne donc sur la suite de ce journal, où, justement, déjà, de moi à moi, je n'ai pas osé faire allusion à la mort qui me hante. Ce qui ne m'empêchera point de le trouver d'abord trop précis encore pour l'insérer ici...)

... Et dans la chambre de grand-mère devenue la sienne, étendu au coin de la même fenêtre, mon père, mieux, beaucoup mieux, mais dont la santé, meilleure, est jugée telle à partir d'un autre niveau depuis sa double épreuve de cette année, mon père qui, tardivement mais définitivement, est proche du degré zéro de la grande vieillesse — non pas spirituelle, mais physique. De cela, je ne veux pas parler.

(... Et pourquoi avoir coupé mon Journal du 18 septembre 1939 ? Je le reprends donc...)

Lundi 18 septembre 1939.

... Et à treize heures, je prends le train avec maman. Porte de Saint-Cloud séparation brutale, la main de maman par la portière encore maintenue dans ma main, son pauvre petit visage et sa mince silhouette dans le mince tailleur qui s'éloigne et ce flot de larmes que j'essaie de contenir pour le cacher à mes compagnons de voyage. Le taxi P.V. m'emmène. Je ne vois plus maman. Quand la reverrai-je ?... Elle sera demain à Malagar.

Les Russes ont pris à revers les Polonais et marchent en amis vers les troupes allemandes.

Délivrance de la caserne. Je prends la garde à cinq heures avec des camarades et c'est l'oubli, l'engourdissement. Le soleil couchant embrase les dahlias, devant le poste. Garde de vingt et une heures à vingt-trois heures...

*Saint-Cyr, caserne Charles-Renard,
mardi 19 septembre 1939.*

... puis de trois heures à cinq heures. La nuit est belle. Je suis calme. Je dors trois heures. Garde de neuf à onze puis de trois à cinq. Beaucoup plus long et pénible le jour, malgré les distractions, ou plutôt à cause d'elles. Cette nuit, je me récitais les vers que je savais de Villon, Mallarmé, Apollinaire, Valéry et cela me secourait.

Relevé définitivement de garde à cinq heures. Dîner à Saint-Cyr. La lecture de *Paris-Soir* (l'agression russe) me plonge dans des abîmes d'amertume. Certitude soudain de la mort.

Versailles, Petites-Écuries, jeudi 29 juillet 1937.

A Villacoublay, un Crabe-chef et un première classe se sont tués ce matin en avion. Garde d'honneur à la morgue. J'y aurais été aussi si je n'avais pas été de garde. Mes camarades se relaient d'heure en heure, deux par deux, toute la nuit. L'un, qui n'a pas été choisi, dit avec simplicité : « Pour une fois que j'aurais aimé le service. Ces cercueils m'auraient rappelé la vie civile. » J'ai l'air interloqué. Il m'explique qu'il est maçon et qu'il passe son temps à sceller les caveaux.

Grande camaraderie. Chacun participe au drame de la journée. Deux gosses de vingt ans... Ce qui scandalise le plus les soldats, c'est que l'un d'eux était à soixante jours de la classe.

Trois heures du matin. Un froid sec, la lune, un vent chargé des odeurs de l'enfance. Cette pureté toute particulière de l'atmosphère, cette nuit limpide où bruits et lignes se détachent avec une harmonie nette et précise, me rendent présentes certaines nuits de Montmélian. Je m'étonne de ce passé surgi du néant. Était-ce bien moi ? Sans cesse je suis stupéfait en face de mes souvenirs : je sais qu'ils m'appartiennent, que je les ai réellement vécus, mais leur grave beauté m'impressionne, je ne me les attribue qu'en tremblant. Ce sont ces odeurs de campagne nocturne — et le bruit d'un pas solitaire sur un sol de neige glacée (eût-on cru) qui m'ont, l'espace d'un moment, rendu présent l'enfance de Montmélian.

La garde passe vite, très vite. Je dors un peu entre 4 heures et 6 heures. C'est court. Nouvelle petite faction, au réveil, mais sans baïonnette cette fois. Un matin aux teintes douces (l'adorable mouvement du pigeon qui rejoint le château). J'ai passé cette nuit de garde dans une atmosphère de sereine cordialité, entouré de ces sous-offs et de ces soldats qui, d'un seul cœur, allaient à la morgue veiller les pauvres morts. Sommeil, bien sûr, mais joie. La vie est belle.

Silhouette épaisse de ce sergent-chef venu de Villacoublay veiller ses morts. Il fit plusieurs fois son apparition au corps de garde, cette nuit : carrure massive, cou dans les épaules, l'air prodigieusement inintellectuel, brute et sympathique. Que d'heures de vol, derrière lui, sans doute ! Je le trouve d'une simplicité assez grande. (Je l'avais aperçu aussi en ville, dans le bistrot où j'avais été dîner, à 9 h 30, après un premier tour de garde. Il venait de la morgue et buvait en hâte un demi avec deux infirmiers.)

....

Paris, 89, rue de la Pompe, ... 1929.

SOUVENIRS

I

A côté de moi, Bertrand travaille. Mon devoir est terminé depuis longtemps déjà. Cette longue étude du soir me paraît interminable. Les lampes à acétylène brûlent en grésillant, l'air surchauffé sent le gaz, les pèlerines mouillées, les souliers boueux. Je donne un coup de coude à Bertrand qui écrit toujours.

— En as-tu pour longtemps ?
— Pourquoi ?
— Après, nous pourrons causer...

Déjà, il va me répondre, mais du fond de l'étude une voix nous fait sursauter :

— Mauriac et Gay-Lussac, vous êtes marqués.

C'est l'élève chargé aujourd'hui de la discipline

de l'étude, l'élève qui remplace le « pion », car nous nous surveillons seuls.

Bertrand et moi, « les deux cousins », comme on nous appelle, sommes les seuls demi-pensionnaires de l'établissement de Montmélian, petit Séminaire s'élevant sur une colline perdue dans les plaines de Seine-et-Oise, à quelques kilomètres de Senlis.

C'est là que nous travaillons tous les deux. Nous n'avons pas, comme tous nos camarades, la vocation. Jamais nous ne serons prêtres. Ayant été acceptés par exception, nous formons tous les deux, sans le vouloir, un monde à part. Tous les élèves sont, pour la plupart, des fils de petits employés, d'ouvriers même, et nous qu'une auto amène le matin et cherche le soir, nous qui ne partageons ni leur dîner, ni leur dortoir, sommes pour ainsi dire séparés d'eux tous. Comme nous le regrettons parfois...

J'ai tressailli. Au loin, j'ai cru reconnaître le son d'une trompe qui m'est familière. Serait-ce l'auto ? J'écoute. Dans la pièce silencieuse des chuchotements confus et étouffés se mêlent au grincement des plumes. Plus rien. Je me suis trompé.

C'est l'heure, pourtant. M. l'Abbé rentre, bat des mains, et nous crie :

— Rangez vos affaires en silence et mettez-vous en rang pour le réfectoire...

Pour nous, c'est le signe du départ. Alors, dans le remue-ménage de toute l'étude, assourdis un peu par le bruit de tous les souliers ferrés tintant lourdement sur le plancher, nous claquons nos cases. Je jette une pèlerine humide sur mes épaules. Bertrand décroche la sienne. Nous sortons.

Il ne gèle plus, je crois, mais l'air glacial nous suffoque tout de même. Nos pas résonnent sur le madacam du préau. Nous pataugeons dans une boue noire et glacée.

Un vent froid qui nous apporte les bruits de la plaine nous cingle. Comment, pourtant, appeler bruit cette rumeur confuse et sourde qui vient d'en bas, de la plaine que nous dominons ? L'auto n'est pas encore là. Nous ne voyons même pas les faisceaux de ses phares et la route est aussi sombre que les champs.

Là-bas, très loin mille feux scintillent.

— Tu vois Paris...

... chuchote Bertrand. Et regardant à l'horizon le ciel qui s'illumine tout à coup, il murmure :

— La tour Eiffel...

Je pense alors à papa et à maman, à ma sœur Claire qui est là-bas, et je cherche, un moment, à deviner leur lumière parmi tant d'autres. Vémars est dans un trou. Aucun feu ne nous rappelle la maison qui, tout à l'heure, nous accueillera.

Nous avons maintenant tous les deux la face tournée vers le mur. Nous battons des semelles pour passer le temps. Chaque coup fait sauter la boue et nous fait mal aux pieds. Nos haleines chaudes se mêlent, nous nous serrons l'un contre l'autre, nos corps grelottants ne font plus qu'un. Nous fermons les yeux.

— Claude, qu'il fait froid !

C'est Bertrand qui a parlé et se tournant tout à coup, il continue :

— N'est-ce pas l'auto, là-bas ?

Et son doigt désigne un petit point lumineux qui avance rapidement et disparaît bientôt.

— Si, je crois...

Nous la devinons maintenant, au bas de la côte. Je remarque :

— Tu entends, Pierre qui change de vitesse ?

Nous sommes montés dans la voiture. Sous les couvertures, nous grelottons encore. L'auto saute sur la route défoncée, la boue gicle et dégouline sur les vitres en longues traînées noires. Pierre, le chauffeur, bougonne :

— Si ce n'est pas malheureux, une route comme ça !

Les phares éclairent une plaine blanche et noire où aucun humain ne semble vivre.

Vémars. Nous arrivons. Grand-mère, qui travaille à un éternel tricot, et Luce sont au coin de la cheminée du salon. Elles nous laissent la place. Le feu pétillant nous réchauffe. Sous son influence, nous devenons gais, bruyants même, oublieux de cette journée lugubre, heureux d'être parmi des visages aimés, dans une pièce chaude où tout nous est familier.

Un bain nous a nettoyés et délassés. Un dîner bon et copieux nous fait oublier le repas du matin. Ah ! comme ils sont loin les poireaux et le bouilli mangés dans le grand réfectoire qui sent la vieille soupe et le cidre aigre !

Un grand bien-être nous a envahis. Nos pieds, dans nos pantoufles de feutre, nous font moins souffrir. Éreintés, nous nous couchons tôt. Longtemps, néanmoins en dépit de notre fatigue, nous parlons d'une chambre à l'autre.

Grand-mère nous surprend :

— Voulez-vous dormir ! Demain, vous ne pourrez plus vous lever...

Alors nous revoyons la journée du lendemain. Notre gaieté, notre insouciance disparaissent. Tout nous semble triste, le noir nous fait peur...

Demain, il faudra recommencer...

Paris, 24, quai de Béthune, mardi 16 octobre 1973.

Les nuits de Montmélian, les bruits de la plaine, ses odeurs, cette palpitation lumineuse de Paris, à l'horizon, présents en moi comme le 29 juillet 1937.

Pour en retrouver une mention plus ancienne encore, je me suis enfin résolu à ouvrir le cahier vert de mes *Souvenirs*. Je ne sais quelle inhibition m'en avait jusqu'alors détourné.

C'était hier. Hier aussi, que j'ai pensé avec une révolte qui ne laissait rien d'intact en ce monde ou dans l'autre, aux abominables souffrances que Bertrand, Bertrand, Bertrand, mon cœur bascule, dut endurer avant de mourir de cette mastoïdite.

Et à cette minute, en écrivant ceci, j'en suis physiquement atteint, au point que le souffle et le cœur, très exactement, me manquent.

Paris, jeudi 18 octobre 1973.

Bertrand Gay-Lussac étant là, je le sais (si faible est notre imagination) pour ces innombrables enfants malades, blessés, tués (ou seulement malheureux), dans la suite des âges, et, aujourd'hui encore dans cette nouvelle guerre israélo-arabe. Sans parler des enfants de vingt ans, et de ces vieux enfants que nous sommes tous. Bertrand Gay-Lussac, écharde dans ma chair (j'en ai physiquement encore souffert hier), pointe sensible sur le disque de la vie. Dès ma quatorzième année j'ai ainsi été mis à jamais en contact avec ce que les enfants ignorent et ce dont les adultes se détournent : la douleur et la mort.

Langon, samedi 29 novembre 1873.

Divagations... C'est le 22 mai 1850 que je suis né. Avant cette époque, ce qui aujourd'hui est moi, n'était rien. Si je lis ce qui fut écrit en 1849, alors que je n'y étais pas, je puis me convaincre que tout se passait à peu de chose près comme aujourd'hui que j'y suis. Et je n'existais pas... c'est étrange. Depuis ma naissance, la terre a tourné vingt-trois fois autour du soleil. Elle avait fait avant bien des milliers de tours, elle tourne encore...

[*Coupure dans le manuscrit.*]

Bordeaux, mardi 16 décembre 1873.

Je suis parti pour Bordeaux dimanche par l'express du soir. Après avoir porté ma valise d'omnibus en omnibus jusqu'au cours du Médoc, je suis allé à l'hôtel de Bayonne pour dîner, et j'y ai trouvé Mantrant festoyant en compagnie de Toulouze. Je me suis mis à la table à côté. Au dessert, Mantrant m'a offert un verre de bourgogne, puis nous sommes allés tous les trois passer la soirée aux Folies-Bordelaises : public aussi nombreux que peu choisi, spectacle écœurant, soirée triste. Hier soir *les Noces de Figaro*. C'est l'oncle Lapeyre qui m'a payé le spectacle. Puis... Enfin ce soir, comme je dînais seul à l'hôtel de Bayonne, j'ai lu, tout en mangeant, un article exquis dans *la Vie parisienne*. Cela s'appelait *Souvenirs d'enfance*. « Ma première poupée », puis « Ce qu'on voit à travers un voile de mousseline blanche ». Photographie des impressions flottantes, indécises, d'une petite fille un dimanche, à vêpres, un jour de procession. Tout cela m'a fait aussi songer à mon enfance. Mais ce soir, j'ai besoin de repos. Demain peut-être serai-je plus disposé à parler aussi de ces souvenirs lointains, frais et vagues, qu'on entrevoit à l'horizon de sa vie et qui sont parfois si doux au cœur.

Mercredi 17 décembre 1873.

Mes souvenirs d'enfance !
La Garonne passait devant la maison, et souvent

je suivais du regard les noirs bateaux qui se laissaient porter par le courant, et j'entendais le fouet des postillons, et les grelots des chevaux sur le chemin de halage, et les gros jurons que se renvoyaient les marins. Ce qui m'émerveillait surtout, c'étaient les bateaux à vapeur qui troublaient en passant les eaux tranquilles du fleuve. Ces bateaux s'appelaient l'*Éclair Nº 4* ou l'*Étoile de la France* et le dimanche ils portaient à l'arrière un drapeau tricolore. Un autre vapeur qui s'appelait l'*Hirondelle* était peint en vert.

Un vieux pêcheur, le « pesquitey », venait quelquefois dans le pré pour raccommoder ses filets ; je le regardais travailler, et il me racontait des choses où il était question du roi de Prusse.

Langon, jeudi 18 décembre 1873.

Oh ! quelles douces impressions je ressentais dans mon âme d'enfant en voyant au printemps les poiriers du jardin se couvrir de fleurs blanches et de petites feuilles d'un vert tendre, et les pêchers de fleurs roses !

Et les soirs d'été, quand ma mère après m'avoir fait faire ma prière, m'avoir mis dans mon lit, et donné un abéou quittait ma chambre où pénétrait la clarté de la lune, comme j'écoutais, avant de m'endormir, le chant des grillons dans les prés et la voix plaintive du crapaud dans la fontaine.

Langon, vendredi 19 décembre 1873.

En 1856, la rivière était débondée et l'eau venait baigner notre seuil. Les prés, les chemins, tout était submergé, et les cimes des poiriers indiquaient seules la place du jardin. Le courant large et rapide charriait de l'écume, des bourriers, des fagots et des débris de toutes sortes de choses. Il y avait, au-dessus du mur des rosiers, un remous dans l'eau jaunâtre et vaseuse. C'était alors la saison des cerises, et l'eau arrivait à la hauteur des branches du cerisier placé à l'autre bout du pré. Un jour, papa nous fit monter dans le couralin, maman, Louis et moi, et le bateau fut attaché au milieu des branches chargées de beaux fruits d'un rouge noir et bien luisants. Nous n'avions qu'à tendre les mains ! Oh quelle joie ! Oh les bonnes cerises ! Oh quel plaisir d'être en bateau !

Mais j'avais six ans alors, et papa me dit un jour qu'il fallait aller à l'école. C'est le petit Deyres, le fils d'un métayer voisin, qui devait m'accompagner. Il était grand, lui ; il avait au moins huit ans ; et quand il était sur sa chaise, attendant que j'aie fini de prendre mon café au lait pour m'accompagner, je remarquais avec un œil d'envie que la pointe de ses sabots touchait à terre, tandis que les miens pendaient dans le vide. Enfin je le suivais, tandis que portant son petit panier il marchait vers l'école. L'heure de la classe sonnait, et aussitôt tous les petits gamins accrochaient leurs paniers au mur, et rangeaient leurs sabots sur un vieux pétrin renversé. (La salle d'école se trouvait au-dessus d'une boulangerie.)

Paris, vendredi 19 septembre 1969.

Le Temps immobile. Travail gigantesque. Il me faudrait être le Proust de moi-même et des miens.

Les Puys, Grimaud, samedi 13 mai 1972.

Proust. On ne l'évite pas. Mais on n'évite pas non plus, aux yeux des tiers, un certain ridicule. Ainsi,

Jean Guitton, notant (comme moi), au seuil d'un des volumes de ses *Œuvres complètes* que son ouvrage « s'est développé pendant plus de trente ans » ; insistant (comme moi) sur la composition, la structure de cette œuvre (faite de ses œuvres assemblées), architectures secrètes, souvent invisibles mais indispensables ; demandant : « Quel est l'auteur qui n'a pas rêvé d'écrire un ouvrage qui ne serait pas une suite de pensées ou de réflexions planes mais qui aurait de multiples perspectives ? » (ce qui est mon propos à moi aussi) ; et ne craignant pas (comme moi encore) d'en appeler à Proust et à cette page célèbre dont il n'ose pas tout à fait, mais dont il nous invite tacitement à rapprocher de sa propre entreprise (comme moi de la mienne), les exigences, pour nous impossibles, par l'auteur de la *Recherche* réalisées. Livre tel, qu'il faudrait

... le supporter comme une fatigue, l'accepter comme une règle, le construire comme une église, le suivre comme un régime, le vaincre comme un obstacle, le conquérir comme une amitié, le suralimenter comme un enfant, le créer comme un monde, sans laisser de côté ces mystères qui n'ont probablement leur explication que dans d'autres mondes et dont le pressentiment est ce qui émeut le plus dans la vie et dans l'art.

Pages où subsistent des parties « qui n'ont eu le temps que d'être esquissées et qui ne seront sans doute jamais finies à cause de l'ampleur même du plan de l'architecte », d'où la nécessité de soins infinis « pour les nourrir, pour fortifier leurs parties faibles, pour les réparer incessamment »...

La huppe, le coucou, le rossignol, un autre rossignol et d'autres encore, ponctuent cette page de Proust à mesure que je la recopie. Des pinsons aussi, mais dont je refuse d'enregistrer le sot pépiement. Dès avant l'œuvre, la vie est choix.

Paris, 17 avril 1941.

Donc, j'ai été à Vémars de samedi après-midi à lundi soir. Il fallut faire à pied les cinq kilomètres qui séparent la gare de Survilliers de notre village. Étonnement de tout retrouver avec si peu d'étonnement. Il y a plus d'un an que je ne suis pas venu dans ces lieux, pour moi sanctifiés, parce que j'y ai passé mon enfance. Je retrouvais à leur place les moindres maisons du village, les plus petits arbres, les bornes et jusqu'aux pavés des routes. Entre mon dernier passage en cet endroit du monde et l'heure présente, aucune solution de continuité, aucun hiatus. Je continuais ma vie vémaroise là où je l'avais laissée. Deux siècles d'absence ne m'auraient pas empêché de la reprendre avec la même tranquillité et la même assurance. Je n'ai pas pensé une seule fois, en seize mois, à ce coin de rue. Mais je le revois. Et il s'impose à moi. Et il n'y a rien de plus important, de plus essentiel à moi-même que ce coin de rue. Comme tout cela est beau, émouvant, présent ! Et tout cela est à moi ; tout cela est moi-même, pour l'éternité...

L'odeur de la vieille maison a été plus forte que celle des quarante soldats allemands qui y ont vécu pendant plusieurs mois. Elle m'accueille, dès le seuil, et me rassure, malgré le désordre des pièces dévastées. Meubles brisés, serrures forcées, planchers noirs de crasse, tentures souillées, amoncellement de tables et de chaises, je vois tout d'un coup d'œil, et le portrait du grand-père Noël (né sous Louis XV) que des soldats allemands avaient lardé de coups en 1870 et qui, en 1940, fut par des soldats allemands, avec les mêmes queues de billards, transpercé.

Grand-mère est dans sa chambre, la jambre brisée, détériorée comme un de ses meubles. Mais toujours prévenante, toujours semblable à elle-même. Anna me gâte. Nous lisons au coin du feu. Des traces de l'occupation de 1870 se mêlent à celle de 1940. Grand-mère compte les quelques draps qui lui sont restés. Dans le jardin où, en ce jour de Pâques, je cherchais autrefois des œufs en sucre candi, je recueille des objets éparpillés. Tous les tiroirs remplis de riens inutiles et charmants dont mon enfance était éblouie (miroirs aux alouettes, vieilles boîtes à poudre, encriers, clefs), ont été vidés dans les buissons. Les papiers de famille furent brûlés (et même les lettres de Thiers, Guizot, Molé, au grand-père Bouchard, et les convocations à la Chambre signées Louis-Philippe). Les chères assiettes aux oiseaux bleus, poteaux télégraphiques, ponts et îles, ont toutes été brisées. J'en recueille un fragment sur le « bourrier » et le rapporte pieusement à Paris...

Paris, mercredi 1er octobre 1969.

Imprécision étonnante alors que je cherchais à rendre le plus exactement possible ce que j'éprouvais. Que peut signifier : « ... tout cela est moi-même pour l'éternité » ? En 1941, depuis des années déjà, je n'avais pas la foi. Quand ai-je jamais cru, depuis l'enfance, à mon éternité ? Façon de parler, sans doute ; je voulais dire : à jamais, pour mon éphémère petit jamais personnel. Ce Vémars-là, un certain Vémars mourra avec moi. Toutes les enfances ont leur Vémars.

Lundi 1ᵉʳ décembre 1952.

Vémars de pluie, hier après-midi, que mon père avait quitté la veille, où il y avait encore maman. Grand-mère lasse, mais l'esprit clair, me racontant que sa mère dînait une fois par semaine avec Gounod. La maison neuve et pimpante, avec le charme d'autrefois sauvegardé. De jeunes pins plantés dans l'ex-« potager d'en haut », dont mon père veut faire un petit bois. Marie-Claude, moins effarouchée que de coutume, commençant enfin à se sentir chez elle. Jean, bardé de cartouches, luisant de pluie et brandissant un lapin mouillé qu'il vient de tuer aux Communes. Je ne sais pourquoi je note tout cela. Obsédé, ces jours-ci, par la fuyante et peut-être fallacieuse notion de *temps*. Si le temps ne nous détruisait pas physiquement (et, à la limite, spirituellement) il n'existerait pas.

Dans le « début du roman » qu'il avait commencé à mon intention pour que je le continue, mon père écrivait (et c'étaient les premières lignes) :

Le secret de la vieillesse, mon cher enfant, c'est qu'elle n'existe pas. C'est là son secret et son drame...

C'est aussi le secret de l'âge mûr.

Devant ceux qui vont mourir (soit qu'ils aient atteint un très grand âge, soit que nous les sachions incurablement malades et ces deux cas me sont bien connus) nous sommes impuissants à mieux profiter du peu de temps qu'il reste pour les aimer. A leurs côtés, aussi bien que loin d'eux, le temps s'en va, ni plus ni moins rempli que par le passé. C'est que ce temps n'a pas de réalité. Nous ne pouvons nous en emparer puisqu'il n'existe pas. La mort lui donnera rétrospectivement une peu contestable existence, cette mort de l'être aimé au-delà de laquelle nous nous transportons déjà en pensée, sans que notre présent — le présent de la vie — s'en trouve davantage possédé. La vérité est que, dans la vie même, nous ne possédons rien. Et que nous sommes pourtant faits pour la possession, rien que pour la possession. Nos mains, d'un bout à l'autre de notre vie consciente, auront en vain ébauché le geste d'étreindre et se seront refermées sur le vide. Toutes choses que je ne puis dire à ma jeune femme (vingt ans encore...), que j'exprime du reste maladroitement ici au courant du clavier, mais que j'essaierai dans l'avenir de noter avec plus de clarté.

Paris, vendredi 19 juin 1970.

Je l'ai tenté dans mon roman où une partie de la page précédente a été insérée. *Mon* roman : cette première version du *Temps immobile* que sont les quatre livres du *Dialogue intérieur,* et *l'Oubli.*

Vémars, samedi 6 juin 1953.

Grand déjeuner à Vémars : Denise Bourdet, Pierre Brisson et, surtout, les Paul Claudel.

Lui, aimable, serein, attentif par moments, mais coupé du monde extérieur en raison de sa surdité et renonçant le plus souvent à suivre la conversation. Se déplaçant peu et avec peine. Jouant avec les petites filles de Luce, non sans plaisir apparent. Je reste un moment seul avec lui, car il n'a pu suivre les autres invités dans le tour de parc auquel mon père les a entraînés. Il est assis dans un fauteuil de jardin, devant la maison, en plein soleil, immobile et paisible. Aucune allusion, de part ou d'autre, à la correspondance que nous venons d'avoir. Mais, chez lui, à mon égard, pour la première fois, une sorte de complicité indulgente et fraternelle, silencieuse, discrète, mais certaine.

Il nous dit qu'il se souvient très bien d'avoir vu les Prussiens en 70. Grand-mère est là, dont les souvenirs sont encore plus anciens. Et c'est, dehors, un Vémars de grand soleil, de bonheur et de vent.

Vémars, lundi 20 juillet 1953.

Grand-mère, qui lit de plus en plus difficilement (ce dont elle prend mal son parti) se console en écoutant toutes les émissions parlées de la radio et en faisant longuement la conversation, chaque soir, après dîner, moment sacré pour elle. Hier soir, elle a de nouveau évoqué le siège de Paris, la Commune, disant :

— Du rat ? Je crois bien, sans en être tout à fait sûre, que nous en avons mangé. En tout cas, je me souviens de nos autres plats : les habituels rôtis de chiens (musculeux) et de mulet (relativement délectable et dont on disait : « C'est si fin, si bon, que cela restera ! L'on continuera sûrement d'en manger après la guerre ! »). Nous nous sommes aussi régalés des saucisses d'éléphant (celui du jardin des Plantes). Elles avaient un goût musqué. Une fois, ma mère a acheté chez un sellier un beau pâté, agréablement doré : hélas ! nous ne trouvâmes à l'intérieur que de vieux bouts de harnais, cuits, recuits et naturellement immangeables... Après nos maigres repas, ces messieurs revêtaient leurs uniformes de gardes nationaux et partaient sur les remparts, où leur présence était du reste inutile... Vers le 18 mars, nous arrivâmes à Vémars, le siège fini, avec le père de mon père, Auguste Bouchard, qui était très âgé et se trouvait en enfance. Nous fûmes occupés peu après et jusqu'aux derniers jours de juin (nous-mêmes devions rentrer à Paris vers le 22 mai 71). Je t'ai déjà souvent parlé du comte de Kœnigsdorf, l'officier prussien que nous logions. De rapports agréables (dans la mesure du possible), il facilita beaucoup à mon père sa fonction de maire. Il avait accepté de loger dans la chambre du haut (la bleue) « au mauvais étage » pour ne pas nous déranger, bien qu'il l'ait trouvée pleine de vieux harnais à son arrivée. L'ennui était que nous devions prendre nos repas avec lui. La conversation n'était pas facile. Il y avait de longs silences. Un soir, mon père dit par hasard qu'il était dommage qu'il n'y eût pas d'oranges pour ma sœur malade. Le lendemain, il en reçut une cinquantaine que Kœnigsdorf avait envoyé chercher à Saint-Denis. Une autre fois, mon père ayant dit incidemment qu'on allait pouvoir avoir de nouveau des tartes, nous en trouvâmes douze, de toutes grosseurs, sur les meubles de la salle à manger...

Je songe : « Les bons Allemands, déjà ! » Mais grand-mère n'est pas dupe. Lors de la visite que le même Kœnigsdorf fit en 1903 à son père — dont il connaissait dans les moindres détails la carrière depuis la guerre — visite renouvelée par sa fille en 1912 (elle se serait surtout montrée intéressée par le nombre de garçons qu'il y avait dans la famille), il s'agissait surtout à son avis d'espionnage, en quoi sans doute elle se trompe.

— Il était magnifique dans son uniforme de drap blanc avec son casque d'or, mais paraissait extraordinairement vieux à l'enfant que j'étais, alors qu'il avait seulement — je l'ai appris par la suite — vingt-sept ans !

Puis ce sont de nouveau ces détails cent fois réentendus, que je note au cas où ils n'auraient jamais trouvé place dans mon Journal :

— Tous les soirs, nous montions à Montmélian voir brûler Paris. La colonne de fumée qui s'en élevait passait au-dessus de nos têtes. Nous trouvâmes sur la route de Survilliers des papiers à en-tête de la Cour des comptes...

Et de me rappeler la cachette que ses parents avait faite dans la cave (dont une partie avait été murée) et que les Allemands ne trouvèrent jamais. Et de me redire que Kœnigsdorf fut gouverneur de Cassel pendant la Grande Guerre et que la famille fut de nouveau en rapport avec lui à l'occasion de la disparition du pauvre André Scribe — dont il ne put donner de nouvelles... Et d'en venir au mariage de sa mère, en plein Second Empire, et de nous décrire la robe qu'elle portait, ses dentelles... Le temps s'amenuise. Comme l'autre jour à Paris, lors de ce film sur Versailles. 1715, mort de Louis XIV, me semblait tout à coup une date incroyablement peu lointaine. Maintenant que j'ai des souvenirs très proches datant de trente ans, j'ai en main une clef qui m'ouvre les portes du Temps et me permet de mesurer l'exiguïté relative de ce palais des siècles. S'il reste immense, certaines pièces que j'imaginais très éloignées sont presque derrière le mur. Louis XIV, c'était *hier*. Seule la brièveté de la vie fausse les perspectives.

Grand-mère me dit aussi que je ne sais plus lequel de leurs amis communs avait assuré en riant au président Bonjean, incroyant, qu'il mourrait dans les bras d'un évêque. Ce qui advint, Mgr Bonnefoy l'ayant soutenu en allant à la mort avec lui, l'un et l'autre ayant été au nombre des otages fusillés sous la Commune.

(Vérifiant dans le Larousse du XIXe siècle le nom du président Bonjean, je m'avise en lisant la notice qui lui est consacrée, que sa mort tragique ne pouvait y être rapportée, ce dictionnaire datant

pour les premiers tomes du Second Empire.
Étrange impression en présence de cette biographie inachevée. Présent depuis si longtemps passé, retrouvé dans sa fraîcheur. Une carrière brillante en train de se dérouler, dont je sais comment elle se termina, mais sans plus tout à fait y croire, transporté si lointainement dans le passé et avec une telle impression d'*actualité.)*

Jules m'explique que le loriot ne chante pas lorsqu'il y a des enfants qui jouent dans le jardin. Il commente :

— C'est un oiseau un peu mystérieux.

Paris, 25 septembre 1969.

J'ai utilisé textuellement dans *la Conversation* cette phrase de Jules Woets, jardinier de ma grand-mère, puis de mes parents, à Vémars.

15 décembre 1864.

Edmond et Jules de Goncourt :

... Un garçon qui ne fait que lire... Il a été reçu le troisième, cette année, à l'Ecole des Chartes. Où ça le mènera-t-il ? Je vous le demande... Et puis, Monsieur, il ne discute même pas avec moi. Et puis, il discuterait qu'il aurait l'avantage ! Il sait tout ce qu'on a oublié à mon âge... Ah ! Monsieur, je vous assure, c'est vraiment triste de voir à un jeune homme des idées comme ça ! Il fait son droit pour m'être agréable, mais je ne sais pas seulement s'il voudra prêter serment à l'Empereur comme avocat. Quand il y a chez moi des magistrats, il leur tourne le dos insolemment. Il se croit supérieur à tout. Nous sommes des perruques pour lui (...) Il a des théories. (...) Il serait

déshonoré aux yeux de ses amis s'il passait la porte d'un ministère. Tenez, ce soir, le voilà parti. Je suis sûr qu'il est chez un pur, comme ils s'appellent, chez M. Jules Simon...

Cela se passe chez un des anciens camarades de collège des Goncourt, Léon Bouchard, conseiller référendaire à la Cour des comptes, père de ma grand-mère. C'est le beau-père de Léon Bouchard, Mᵉ Fagniez, un avoué chez lequel Edmond a été clerc en 1843, qui parle ainsi de son fils, Gustave, « un garçon que j'ai vu dîner et qui est parti aussitôt ». La mère de ma grand-mère était née Blanche-Isabelle Fagniez.

Vémars, dimanche 26 juillet 1953.

Pour la première fois depuis Pâques, grand-mère a pu aller à la messe ce matin. Dimanche dernier, seul avec Marie-Claude dans le banc familial, je regardais avec émotion les moindres détails de la chère église, dont le curé assurait qu'elle était condamnée à s'écrouler dans un délai plus ou moins éloigné : les réparations seraient de toute façon si chères, que mieux vaudrait, avait dit l'architecte, acheter des briques et en construire une autre. Bien que cette église doive durer encore des générations, je me sentais atteint par son éventuelle disparition comme si devait être détruite avec elle une des parts les plus précieuses de mon passé. De ce passé que je revivais à la vue des vitraux, des tableaux, des statues, mais qui aurait été plus encore présent si grand-mère s'était trouvée là...

Or elle y fut ce matin, aux côtés de mes parents, derrière Marie-Claude et moi, à sa place habituelle, remuant comme autrefois les lèvres... Je regardai de nouveau dans un des missels ces deux dates écrites de ma main, jalons dont le dernier est déjà si loin : 23 juin 1929, 28 juin 1949... L'hirondelle qui l'autre dimanche s'agrippait encore au vitrail de l'Assomption, comme j'en voyais aux jours les plus lointains de l'enfance, avait disparu. Mais grand-mère était là, grand-mère qui aura cette nuit quatre-vingt-onze ans...

Il y aura en effet à minuit quatre-vingt-onze ans qu'elle naquit ici même, dans la chambre dite « aux œillets » que ma femme et moi occupons en ce moment. Elle se préoccupait, ce soir, de la signature imminente de l'armistice en Corée. Mon père l'en admira après qu'elle eut été se coucher :

— Il est curieux que ta grand-mère, à son âge, s'inquiète encore de Syngman Rhee ! Elle qui s'est sans doute, dans ce même salon, inquiétée de Bazaine...

Langon, jeudi 9 octobre 1873.

Promenade à cheval avec André jusqu'à Barsac et Cerons. Le soir, lecture de l'acte d'accusation du maréchal Bazaine. Bazaine s'est-il rendu coupable de trahison en capitulant à Metz ? En essayant de sauver l'Empire, il a perdu la France. Trahison : peine de mort. Sera-t-il acquitté ? Sera-t-il fusillé ? Sera-t-il déporté ?

Langon, jeudi 11 décembre 1873.

« Oui, à l'unanimité sur toutes les questions. » En conséquence, le maréchal Bazaine est condamné à la dégradation militaire, et il sera fusillé. De plus, il cesse de faire partie de la Légion d'honneur. Mais, après avoir rendu ce verdict, les juges ont signé, dit-on, un recours en grâce que le duc d'Aumale a porté au maréchal de Mac-Mahon. Demain, nous saurons sans doute si le recours a été rejeté ou non.

Langon, samedi 13 décembre 1873.

La peine de Bazaine a été commuée en celle de vingt ans de détention. Il avait été condamné à mort à cause de sa conduite inexplicable à Metz, et il avait ce qu'il méritait. On l'a partiellement gracié en considération de ce que toute sa vie avait été celle d'un honnête et brave soldat. Voilà donc un homme qui a encouru la peine de mort et la dégradation militaire, et qui, de l'avis même des juges qui l'ont condamné, mérite encore sympathie et respect. Que tout cela est difficile à concilier, mon Dieu !

Vémars, dimanche 27 juillet 1958.

Il y a quatre-vingt-seize ans aujourd'hui, grand-mère est née dans cette maison, où pratiquement immobilisée dans sa chambre, voyant peu, entendant mal, mais toujours aussi spirituellement active et présente, elle attend courageusement et sans phrase la mort.

Mes parents sont ici depuis une quinzaine de jours. Rien à dire sur ces journées toutes pareilles, dans l'enchantement (et la fatigue) de notre amour pour les enfants. Gérard est un adorable petit garçon, sérieux, attentif. Natalie parle et révèle chaque jour autant d'intelligence que de caractère. La serrer contre moi, sentir son poids au creux de ma main, lorsque je la dépose à terre, est un violent bonheur.

Ma femme, mes parents, ce Vémars inchangé et pourtant insidieusement *autre* dans l'éclairage différent du temps et de l'âge. Confrontation décevante entre ce que je vois si mal les yeux ouverts et si bien les yeux clos : le vrai Vémars est au-dedans de moi. Il y a eu trente ans, le 23 juillet, que Bertrand est mort.

Troisième dimanche ici où il n'est pas question, et où je n'ai du reste pas la moindre envie, de manquer la messe. Grand-mère n'est plus dans son coin du banc familial, elle reste dans sa chambre. Presque plus de visages du « vieux Vémars ». Surprise des couleurs. Dans mon souvenir, je le découvre, ces vitraux eux-mêmes avaient perdu leur brutal éclat. Tout était précis mais estompé...

Hier, l'une de nos promenades quotidiennes en auto nous a menés à Chantilly. J'ai revu le garage et la maison où je fus soldat en 1940, et cette longue avenue où mes parents me dirent un adieu que nous avions tant de raisons de craindre définitif. Ils étaient venus de Paris sur une route déserte, à travers des villages déjà abandonnés. Le vide de cette avenue fatidique où nous attendions d'une heure à l'autre les chars allemands... Ce coin de garage où quelques jours plus tard j'entendis le glissant sifflement de cette bombe... Et maintenant je suis là, tant d'années après, avec ma femme, mes enfants — et le bonheur est douloureux tant on le sait menacé.

Il y a eu d'inquiétants événements dans le Moyen-Orient. Une aggravation de la tension internationale après la révolution irakienne du 14 juillet. Mon père, fatigué par la politique et qui a mis son esprit lui-même en vacances, se refusait drôlement à prendre au sérieux une situation dont il feignait de se désintéresser. Ce même 14 juillet j'improvisai une fête pour Gérard qui, de la chambre de grand-mère et à côté d'elle, vit avec émerveillement brûler les quelques feux de bengale que j'avais achetés. L'un d'eux, plus fort que les autres, illumina le jardin. Par fidélité à ma propre enfance, j'avais mis deux ballons dans de petits seaux, images rêvées des montgolfières que Bertrand et moi imaginions, ces mêmes soirs des 14 juillet d'autrefois. Des pétards éclataient aussi dans le village. Comme en ce 14 juillet 1958, on entendait les clairons et les tambours de la retraite aux flambeaux. J'ai évoqué ces « petits seaux » dans un passage de *Toutes les femmes sont fatales* qui fait presque pleurer Marie-Claude d'attendrissement chaque fois qu'elle le lit.

Vémars, lundi 28 juillet 1958.

Le loriot chante presque comme autrefois (je dis *presque* parce que, comme pour les merles, chaque oiseau ou chaque génération d'oiseaux a sa façon d'interpréter l'appel de l'espèce). C'est la tourterelle de toujours. Je cueille « en haut du potager d'en bas », là où ils fleurirent de tout temps, une sorte de grand bleuet dont l'odeur me rappelle tant d'étés lointains que je me demande comment j'ai pu, comment je pourrai m'en passer : mais c'est déjà fini, on ne se souvient pas d'une odeur, on se rappelle seulement le plaisir qu'on y a pris. Je regarde ce jardin qui, parfois avec d'autres arbres, reste pourtant inchangé. Certains des plus précieux demeurent : le tulipier, les cèdres, le wellingtonia (foudroyé une de ces dernières années, il meurt lentement par le faîte), le peuplier de la grille, si grossi, ainsi que l'orme qui est au bas de la prairie (devant la maison du jardinier), ou l'arbre où nous jouions au Robinson suisse avec Bertrand, sans parler « des petits arbres », les magnolias qui, eux, n'ont guère grandi... Je me souviens qu'avant la guerre déjà, Claude Guy, coupé par tant de drames de son enfance, assurait que je ne connaissais pas mon bonheur de vivre dans les lieux mêmes où s'étaient déroulées mes premières années. Que dirait-il aujourd'hui ?... Présence fallacieuse. Je ne suis plus le même si les lieux sont les mêmes. Ou si je suis pareil à ce que j'ai toujours été, je ne me prends vivant qu'au piège du moment présent. Dans l'instant, sans lien avec un passé pareillement fait de secondes qui s'anéantissaient l'une après l'autre en une fuite immobile vers la mort.

A quoi bon tout cela et pourquoi l'écrire, pour qui ? Je ne relis jamais mon Journal. C'était bon pour l'époque charmante et ridicule des *Agendas*, lorsque mes sœurs et moi étions grisés par nos commentaires d'un passé trop récent pour avoir pu cesser d'être rassurant : nous donnions par notre qualité adolescente de la qualité, par notre style du style, par notre poésie de la poésie, à des pages enfantines qui en étaient dépourvues. Il y a longtemps que la relecture de mon Journal, et même la seule idée que je puisse le relire, me mettent dans un étrange malaise : même les évocations d'il y a quinze jours m'apparaissent noyées dans un passé où il est plus sage, plus prudent de les laisser enfouies.

Aussi bien ai-je tendance à vivre mon présent comme si, m'étant déjà volé, il appartenait déjà au passé. Ce présent si doux grâce à mon amour pour ma femme, à ma tendresse pour mes enfants — l'un et l'autre éperdus, désespérés.

Mercredi 6 décembre 1961.

Hier après-midi, à Vémars, dans la chambre voisine de celle où elle est née il y a plus de quatre-vingt-dix-neuf ans et où elle attend la mort avec une impatience de moins en moins feinte, ma grand-mère nous rappelait une fois de plus ses souvenirs de la Commune (qu'elle vécut à Vémars où il ne se passa rien, mais qui était occupé). Elle nous cita, comme si souvent, les paroles de son père à l'officier allemand venant pour se loger :

— Voici notre chambre, celle de mes filles, celle de mon père qui a quatre-vingt-six ans...

En suite de quoi, l'officier choisit avec tact « la mauvaise étage », s'installant dans la chambre bleue, après l'avoir fait débarrasser des vieux harnais et des gouttières cassées qui l'encombraient et fait chercher à Villeron un joli mobilier qu'il devait, en toute innocence, offrir plus tard à la mère de grand-mère. Je passe sur ses attentions aussi multiples que gênantes (de nombreuses tartes aux cerises, puis des oranges cherchées par ses soins à Saint-Denis parce que M. Bouchard, mon arrière-grand-père, avait eu l'imprudence d'en souhaiter, à haute voix, devant lui). Ce qui m'intéresse jusqu'à me fasciner, c'est cette phrase sur ce grand-père, que ma grand-mère a connu, qui avait quatre-vingt-six ans en 1871, donc qui était né en 1785. D'où il résulte que cette vieille dame qui est devant moi, de plus en plus coupée de la vie, presque aveugle, pas encore tout à fait impotente, souffrant sans cesse dans son corps et dans son âme, mais spirituellement aussi vive, présente, intelligente qu'elle le fut jamais, et qui s'anime en nous racontant ses souvenirs d'enfance, a connu un monsieur, son grand-père, qui était né sous Louis XVI et devait conserver quelque mémoire de la Révolution française. Il faudra, puisque aussi bien j'ai le devoir moral d'aller voir le plus souvent possible cette pauvre femme aux lisières de la mort, déjà perdue dans la nuit et à qui on peut faire tant de bien par sa seule présence (l'autre jour, Marie-Claude et moi l'avions vraiment trouvée mourante, si faible, si lointaine qu'elle semblait sur le point d'expirer, et le seul contact de ma main qui serrait la sienne l'avait arrachée à l'abîme, sa vie s'était rallumée à la mienne), il faudra, oui, que je l'interroge, alors qu'il en est temps encore, sur cet autre siècle auquel est directement relié le siècle qu'elle est en train d'achever. Ces notations seront précieuses, d'abord pour mes enfants qui sauront ainsi un peu moins mal d'où ils viennent, tout au moins du côté de leur arrière-grand-mère paternelle ; mais aussi pour moi, pour l'œuvre à laquelle je pense de nouveau.

Paris, samedi 27 mars 1965.

Avec Marie-Claude et Natalie, en forêt d'Halatte, pour cueillir des ayaux. Cette autoroute du Nord à laquelle nous ne sommes pas encore habitués... On passe au large de Vémars, dans le champ où se dressait encore, dans mon enfance, le squelette sacré de l'arbre sous lequel, au témoignage de ma grand-mère qui connaissait ce détail par tradition orale familiale, Napoléon s'était reposé, un jour de chasse.

D'abord le petit village de Chennevières, perdu autrefois en plein champ, inaccessible de Vémars autrement que par un chemin de vieux poiriers (ou un grand détour), lieu de promenade dépaysante, quasi exotique, aujourd'hui violé par l'autoroute qui en effleure les premières maisons et en écorne les jardins. Puis, émergeant peu à peu de son trou, le clocher de Vémars, tel que nous ne l'avions jamais vu et que l'auront bientôt regardé, depuis l'autoroute à grand passage, plus d'êtres humains que dans toute son histoire. Et la maison rose de mon enfance, carrée, massive, trapue...

Vémars, but de tant de voyages et où il fallait si longtemps pour aller (ces trains omnibus, cette voiture que l'on prenait à Louvres ou à Survilliers — je n'ai connu que les autos et non les patackes d'autrefois — ou l'autocar pris à Paris — et, sous l'Occupation, la route faite de Paris à bicyclette ; ou, à pied, six kilomètres de Louvres, cinq de Survilliers), Vémars, objectif ultime, lieu de séjour, bout du monde, seul monde, paradis terrestre, qui surgit désormais à la fois si proche et tellement éloigné : appartenant à une autre histoire, à un autre univers.

Découvert ainsi de l'autoroute, Vémars, son clocher, sa maison m'apparaissent dans un recul qui n'a pas la douceur et la tristesse du souvenir. Je suis étonné mais non ému. Déjà, je ne suis plus concerné. Mon regard ne sera jamais celui d'un automobiliste quelconque, posé par hasard sur ce village englouti, un village parmi d'autres et qui ne représente rien, qui n'évoque rien. Il n'est déjà plus, il ne sera sans doute plus jamais celui de l'enfant vieilli qui retrouve sa patrie.

Le péage est là, devant Vémars. Et le ticket que l'on me remet en échange d'un franc porte cette mention incroyable, lorsque l'on songe qu'il n'y eut jamais de gare à Vémars, isolé, perdu, il porte cette indication qui fait rêver : *Gare de Vémars*.

Paris, mardi 18 mai 1965.

Journée pluvieuse, hier, mais le temps, avant de se détériorer de nouveau, s'arrangea en fin de journée au moment de notre arrivée à Vémars. Trente merles sifflaient à la fois, et sifflaient différemment, la tourterelle gémissait, le loriot chantait presque plus fort mais moins parfaitement que dans ma mémoire.

Ce Vémars du mois de mai m'apparaît comme le paradis terrestre un instant retrouvé. Marie-Claude me montre en face de la maison les pivoines en fleur devant lesquelles, fiancés, nous fûmes photographiés, il y a si longtemps et pourtant le temps s'est depuis lors arrêté pour moi, illusion qui n'en rend que plus impressionnante sa fuite lorsque j'en prends conscience. C'est alors que nous entendîmes, timide encore, le rossignol pour lequel nous étions là.

Puis vint la pluie. Nous dînâmes dans la maison aux chères odeurs retrouvées, après que la cloche eut retenti, venue de mon enfance. Pareille et pourtant autre, car je me sentais exclu et comme en marge.

Les merles, un instant avant la chute du jour, chantèrent une dernière fois, lors d'une accalmie ; puis la nuit descendit sur le jardin mouillé, où de nouveau la pluie tomba, puis s'arrêta. Mais de rossignol, plus.

Nous fîmes dans la nuit froide et muette quelques tours de jardin. Mon père murmura :

> *Les bosquets étaient sans mystère*
> *Le rossignol était sans voix...*

Et me dit que ces vers, dont il me récita aussi le début, étaient de Millevoye. Avec la nuit la rumeur de la proche autoroute était devenue si forte que le mystère de Vémars s'était évanoui. De puissantes lumières barraient l'horizon, à l'endroit de la « gare ». Ici encore nous étions traqués par les autos, les camions, bien plus discrets à Paris dans sa rue, sur mon quai. Je lui rappelai :

— Vous vous souvenez... Vous imaginiez, jeune homme, que votre ami écoutait les oiseaux, oui, je crois que c'étaient les oiseaux, déjà... et il vous répondait : « C'est une Panhard... »

— Non. Je lui avais demandé : « Tu écoutes les voix du soir ? » Et il m'avait répondu, oui : « C'est une Panhard. »

Villard-de-Lans, 1931. Mon père m'avait raconté cela pour la première fois et je l'avais noté, je pourrais en retrouver la trace dans mon Journal. Le même souvenir formulé sans doute avec les mêmes mots, à trente-quatre ans de distance, le même souvenir alors que nous ne sommes plus les mêmes, et nous avons pourtant si peu changé — et tout changera pour jamais à notre mort qui arrêtera le temps, et ce soir de mai 1965 à Vémars, ne sera ni plus ni moins passé que ce jour de 1931 à Villard-de-Lans —, il sera pareillement présent, si cette trace en demeure dans ce Journal, dont je me demande, une fois de plus, quelle force m'oblige à l'écrire, car je ne le relis pas sans déplaisir, je ne travaille au *Temps immobile* que par acquis de conscience, sachant que je ne pourrai mener cette entreprise à son terme (dépassé, écrasé par ces milliers de pages), qu'aussi bien elle est inutile, car *le Temps immobile* c'est l'ensemble de ce Journal, publié par qui voudra, sans l'ordre et avec les coupures qu'on voudra, et l'ordre chronologique sera, après tout, le meilleur, avec, parfois, ces notes marginales, ces brefs sauts dans le temps, ces quelques lignes qu'il m'est arrivé d'écrire, plus tard, à côté de textes anciens. Mais il suffira au lecteur éventuel de se reporter, après avoir lu, par exemple, cette page à sa date, trente-quatre ans en arrière, pour composer, à son propre usage, cette œuvre virtuellement réalisée, si je ne la compose pas, *le Temps immobile*.

Même le loriot, hier, m'a trahi. Ce n'était plus mon loriot. Ce n'est plus Vémars. Ce n'est plus moi.

Villard-de-Lans, jeudi 9 avril 1931.

Mon père raconte :
— Quand j'étais jeune, j'étais un soir avec un camarade en promenade. « Arrêtons-nous un peu, lui dis-je, pour écouter le soir. » Nous restons immobiles. Aux chants des oiseaux, se mêle le bruit d'une auto qui passe dans le lointain. « N'est-ce pas que c'est beau, cette sereine tranquillité ? » dis-je à mon camarade. Alors celui-ci, hélas ! si peu poétique : « C'est une Panhard. »

Paris, jeudi 4 mai 1972.

Passage de la vie à l'œuvre, d'un texte littéraire à ce qui lui a donné naissance. Relu hier les dernières pages de *Bonheur du chrétien*, d'abord publiées sous le titre *Fragments d'un Journal dans la Nouvelle Revue française* du 1er juin 1931. Recherché l'Agenda contemporain de ces pages si mauriaciennes. Mon Journal après le sien. L'adolescence et la maturité. J'avais dix-sept ans et mon père quarante-six. En marge de cet Agenda du Jeudi saint 2 avril 1931, note manuscrite très postérieure : *voir dernière page de « Souffrances et Bonheur du chrétien ».*

Triste Jeudi saint dans les montagnes : des ténèbres couvrent toute la terre et le ciel semble voilé de boue. Les torrents ne sont plus qu'une écume blanchâtre, une triste salive. C'était un vrai troupeau, ce matin, qui piétinait dans l'église du village. Tous les petits garçons mis à part dans le chœur, comme les agneaux entre des claies, se battaient, se heurtaient du front, sans qu'on leur dise rien. Le curé hurlait sur un mode inconnu l'épître et l'évangile. Mais la dérision de toute liturgie, tant de laideur et de misère donnaient plus de prix à la tendresse de ce peuple lorsque le Saint Sacrement fut déposé dans le tombeau. En dépit de ce qui aurait dû faire rire, la présence réelle du Christ nous fut attestée avec une puissance inconnue. Ce n'est plus ici la voix des bénédictines qui précipite les battements de notre cœur; il n'y a plus ici que Vous et que l'amour de ces brebis piétinantes et que l'innocence de ces petits enfants qui rient et se bousculent devant Votre face.

Villard-de-Lans, hôtel de l'Adret, jeudi 2 avril 1931.

Nous allons à la messe et communions. Pieuse cérémonie campagnarde où la ferveur tient lieu de tout et excuse bien des chants beuglés à travers l'église. Mauvais temps et pluie toute la journée. Nous faisons après la messe, papa et moi, une belle promenade où, après avoir escaladé une prairie verticale, nous avons une jolie vue sur les montagnes. Conversation très intéressante sur Dieu et sur le Mal.

F. M. — Dieu s'entend et s'accommode avec tout... sauf avec le Mal. Or le Mal existe dans un monde créé par Dieu et il est impossible que Dieu ait créé le Mal...

C. M. — Oui, mais c'est l'homme lui-même qui en est la cause.

F. M. — Le Mal n'existerait-il pas même sans le péché originel ? Pourquoi le loup mange-t-il l'agneau ? Pourquoi les animaux se dévorent-ils entre eux ? C'est une des choses qui me troublent le plus.

C. M. — Et l'enfer ? Judas qui y était promis de tout temps, puisqu'il était écrit qu'il devait trahir Dieu...

F. M. — La question de Judas est évidemment troublante. Mais il y a une chose qu'il ne faut pas oublier. Tu dis : « Il était écrit. » Pourquoi cet imparfait ? Il n'y a pas de temps dans l'au-delà. Dieu n'a pas vu mais voit de tout temps. Or il voit que Judas le trahit. Il le voit éternellement au présent. C'est la notion que nous avons du temps qui nous empêche de comprendre... Il est certain que Dieu a des préférences. Il en a parce qu'il est « quelqu'un » dont l'immense amour amène forcément une préférence, une inégalité. Je suis certain que le moins aimé d'entre nous est tout de même immensément chéri. Mais ne crie pas à l'Injustice. Rappelle-toi qu'au Jugement dernier il nous sera demandé selon ce que nous aurons reçu... Il n'y a qu'à espérer follement en Dieu... Il y a une phrase de Jésus-Christ qui me trouble beaucoup : « Si vous n'êtes pas semblable à ces petits enfants... » Pourquoi ? Rien n'est plus vicieux que l'enfance et je trouve qu'on s'améliore plutôt en vieillissant... Enfin, puisqu'il en est ainsi, j'y crois sans comprendre...

Observer les gens, bâtir sur leur compte, d'après ce que nous pouvons saisir, des romans incroyables, voilà quelle est ici notre seule distraction, avec les repas qui se passent du reste à cela. Le petit jeune homme blond, Mme C. dite Equilibre, le docteur de Nice, la jeune fille Zizi, les deux Mantes religieuses : héros de nos romans vécus.

Journée désœuvrée. Je finis le *Molière* de Ramon Fernandez et commence la *Vie de Dostoïevski* de Levinson.

Villard-de-Lans, Vendredi saint, 3 avril 1931.

... A trois heures nous allâmes au Chemin de Croix, puis nous fîmes une promenade sous un ciel couvert.

Nous traversâmes un hameau où nous vîmes une charmante maison dont la porte de bois, surmontée d'une corniche et d'une fresque joliment mais naïvement peinte, datée de 1813, nous émerveilla. La vieille bâtisse était datée 1782...

F. M. — Un jour, Gide me donne la définition suivante : « Il y a deux espèces d'hommes : les crustacés et les subtils. » Inutile de te dire qu'il se classait dans cette dernière catégorie. Mais il oublie de dire, ce bon Gide, une chose bien vraie : c'est que sous l'écorce des « crustacés » on trouve très souvent des âmes généreuses et grandes et qu'au contraire « les subtils » sont souvent des cochons !

Le soir descend. Nous marchons dans les chemins pierreux. Papa me parle de questions théologiques très intéressantes. Tout à coup, il dit :

— Arrêtons-nous pour écouter le silence.

Nous restons immobiles. Les chants des oiseaux, chants doux, limpides dans les lointains, les murmures du vent et des torrents, une douce lumière, tout cela nous plonge dans « une étourdissante extase », pour dire comme Rousseau.

« L'Enchantement du Vendredi saint », murmure papa. Une minute, deux, se passent. Nous respirons à peine et écoutons, extasiés. Mais, hélas ! il faut repartir.

F. M. — Ne trouves-tu pas qu'on a l'impression de saisir un secret..., de lever un voile ? Je n'ai jamais si bien compris qu'aujourd'hui tout ce que les chants d'oiseaux ont de musical, d'orchestral... Nous venons de vivre *l'Enchantement du Vendredi saint*.

C. M. — N'allez-vous pas écrire quelque chose ce soir, sur vos impressions, dans les notes que vous écrivez pour la N.R.F. *Fragments d'un Journal* ?

F. M. — Si... Sûrement. Je m'y mettrai aussitôt rentré.

C. M. — Mais alors, ce que vous m'avez dit l'autre jour ? Je croyais qu'il vous était impossible d'écrire aussitôt après avoir vu et que...

F. M. — C'est vrai... Je me suis trompé. Pourtant, non, car je ne serais pas capable de me servir de ce que je viens de voir pour l'introduire dans un roman. Ce sont des matériaux inutilisables. Mais c'est autre chose lorsqu'il s'agit de notes intimes. Moi, François Mauriac, je peux très bien coucher sur le papier les impressions personnelles que j'ai ressenties il y a un instant. Mais il me serait impossible de les faire exprimer par un de mes personnages.

C. M. — Quoi qu'il en soit, vous me lirez ce que vous allez écrire sur *l'Enchantement du Vendredi saint.*

F. M. — Ce n'est pas du tout sûr, car il est très possible que les dix lignes que je vais griffonner en rentrant soient vite supprimées... Je peux écrire quelque chose de très mauvais.

Telle fut la conversation merveilleuse que nous avons eue. Je garde de cette magnifique course de montagne, de ce soir bleuté, plein de brumes et de mystères, un souvenir qui ne me quittera, je l'espère, jamais...

Ce soir du Vendredi-Saint, dans la montagne, les nuages floconneux se défirent, découvrant l'azur. Le Chemin de Croix nous avait attendris et nous montions vers les sapins enchantés. Les animaux flairaient, autour des chaumières muettes, le mystère de la sainte nuit. Etouffés par la distance, des chants d'oiseaux venaient de ce bois éloigné, comme d'un autre monde. Les lambeaux de neige sur la terre étaient le linceul déchiré du Seigneur Cybèle sentait son corps pénétré par les racines d'un Arbre inconnu, couvert de sang.

Paris, jeudi 4 mai 1972.

Il est curieux que dans la N.R.F. ce passage fasse dix lignes, exactement. Ce souvenir ne m'a pas quitté, en effet, non celui de ces minutes-là, mais celui de ces jours de Villard-de-Lans. Mon père alors, mon père encore, avait sa voix — à jamais oubliée — sa voix si belle, si jeune, si chaude, d'avant son opération. Je ne l'entends pas parler ; je me revois l'écouter, baigné dans cette lumière, vivifié par cet air. Mais, recopiant les pages précédentes, je les revis, à mesure, au présent, je suis avec lui, *ici et maintenant*, à Villard-de-Lans, les 2 et 3 avril 1931, il y a quarante et un ans.

Font-Romeu, le Grand Hôtel, lundi 25 juillet 1932.

Mon père me dit :
— Pour l'Académie, je ne sais que faire. Je ne peux qu'attendre les différents sons de cloche qui ne manqueront pas de m'arriver. Il est du reste très rare d'être élu la première fois. D'un autre côté, ma voix qui est toujours aussi faible et ne progresse pas me gênera. On ne voudra pas de moi si je ne sais pas parler. Il ne m'aura manqué qu'une voix, la mienne.

Paris, 38, avenue Théophile-Gautier,
dimanche 30 avril 1939.

Hier, à la Rotonde, je regardais le spirituel, le tendre, le jeune visage de mon père, et je pensais avec un émerveillement craintif que c'était bien le même, celui que je voyais devant moi dans la salle à manger de Font-Romeu. (Pourquoi ce souvenir précis et pas un autre ? Probablement parce que j'étais avec papa en séjour là-bas et que l'inhabituel de ce tête-à-tête m'a frappé.) Et l'horreur montait en moi : un jour, ce serait fini. Il serait mort, un jour, ou moi je serais mort.

L'autre nuit, j'avais rêvé qu'il était mort. Mon désespoir était d'autant plus étouffant que cette pensée m'obsédait : « Lorsqu'il était là, je n'ai pas su profiter de sa présence ! » Vint le réveil : mon père retrouvé ne me sembla pas plus précieux que d'habitude et je ne lui accordai pas un regard.

Paris, 89, rue de la Pompe, mercredi 8 février 1928.

J'ai eu, hier, pendant la nuit, un rêve étonnant. Papa aimait une magnifique femme (dans ce rêve, maman devait être morte). Cette femme était la beauté même, elle ne s'occupait jamais de nous. Elle restait tout le long du jour étendue sur un divan, dormant, fumant, mangeant. Elle n'avait jamais tenu une aiguille. Et moi, abandonné de papa qui la regardait toujours, je pleurais ma maman, si bonne, si douce, sachant tout faire. La beauté de cette femme m'impressionna beaucoup, je la vois bien, encore à table, rêvassant, papa la regardant et moi aussi. Je crois que jamais de ma vie je ne verrai quelqu'un de si beau. Ce rêve m'a beaucoup surpris et m'a laissé un souvenir profond...

*Paris, 24, quai de Béthune,
mercredi 17 octobre 1973.*

... dont je conserve, quarante-cinq ans après, l'image, effacée, mais visible.

Le Grand Vorasset, Megève, jeudi 9 août 1962.

Il est significatif que je ne m'oblige (en dépit de mon travail romanesque plus tentant) à écrire mon Journal sur mon père, à propos de lui, que si nous ne sommes pas, lui et moi, dans les conditions de vie habituelles. Je le vois plusieurs fois par semaine à Paris ; je l'ai souvent vu à Vémars en juillet, où je venais depuis Le Pavillon d'Halatte que nous avons loué à Chamant et où j'ai passé, dans l'extrême humidité mais aussi l'extrême paix spirituelle et physique, un mois de bon travail, y ayant enfin commencé, sous le titre *le Dialogue intérieur*, puis *l'Agrandissement* — le premier étant désormais réservé à l'ensemble de la série — un nouvel essai romanesque, celui-là même auquel je songeais au retour de Megève en janvier dernier et auquel je travaille maintenant à Megève — mais sous une forme différente.

Voyant donc mon père à maintes reprises, le regardant, l'écoutant avec amour, j'éprouve certes le regret de ne plus noter ses paroles, et ce qu'elles me font éprouver, et ces silences entre nous pathétiques, où nous essayons de nous dire et où nous nous disons si mal tant de choses, ce dialogue intérieur que j'ai enfin nommé après l'avoir utilisé si souvent dans mes livres se révélant, là où nous aimerions le plus qu'il s'engage, décevant, si ce n'est même inexistant.

(Il y a quelques minutes, à la fin du petit déjeuner, alors que nous nous trouvions seuls papa et moi, il m'a regardé soudain d'une façon intense, avec tellement de tendresse ; et je ne sais si je sus en réponse mettre dans mes yeux le même amour : c'était déjà fini : nous avions tout dit et rien dit ; je ne pouvais espérer plus que ce rien fugitif.)

N'ayant pas le temps (n'ayant pas le courage de

le prendre, sollicité par d'autres travaux et, surtout, inhibé par une paresse, une fatigue qui m'empêchent pratiquement de travailler l'après-midi, mes séances du matin étant elles-mêmes plus courtes qu'autrefois, la lassitude venant, hélas ! plus vite — ou est-ce une illusion ?), renonçant donc à ce Journal, j'en éprouve du regret certes, et du remords, mais ils ne sont pas assez puissants pour m'obliger à rompre le silence. Ce que je fais ici, où nous avons mon père à nous seuls, Marie-Claude, les enfants et moi, comme à Valmante, certains jours inoubliables, ou au Dramont...

Même le centenaire de grand-mère, je n'en ai rien dit ici (et pourtant...). Mais papa, papa (comme j'aime ce mot dans la bouche de mon fils, dans la mienne !) c'est autre chose. Le voyant, le découvrant dans ce décor nouveau, dans le courant d'une vie différente quant à ses occupations, ses préoccupations et son rythme, je mesure les atteintes du temps sur son visage ; dans sa manière de vivre — qui à Paris, à Malagar, à Vémars me semble inchangée — parce que nous n'avons pas l'occasion de nous promener, par exemple : si bien que je ne sais pas depuis combien de temps il marche moins longtemps et moins bien, s'obligeant pourtant à la promenade quotidienne, y trouvant du plaisir, mais s'y fatiguant plus vite.

Hier, dans le fond d'une vallée, au-dessus de l'hôtel du Mont-d'Arbois, il resta longtemps immobile, humant l'air pur où les senteurs puissantes des étables mêlaient parfois leurs effluves, regardant des vaches paître sous la garde d'un vieil homme assis sur une pente herbeuse, son chien immobile un peu en contrebas, tandis qu'une femme en pantalon, vêtue comme un paysan de Breughel, fauchait à mi-pente un champ de Breughel — et que cette nature vierge était là devant lui, devant nous, comme des millénaires avant et après Breughel, avant et après nous. Tandis que Gérard indifférent jouait, Natalie elle aussi, immobile et le visage levé, regardait, comprenait, aimait ce paysage paisible : ce serait peut-être l'un de ses souvenirs, non pas l'un des tout premiers (elle a six ans), mais l'un de ceux dont elle demeurerait marquée — et c'était peut-être l'un des derniers souvenirs montagnards de mon père, raccordés à tant d'autres dans son passé, et il le savait, et c'est pourquoi il respirait avec tant de gravité cet air salubre, s'extasiant à voix sourde, émue, sur la beauté de cette lumière déjà vespérale. Il disait que le moindre endroit sans automobile nous apparaissait désormais comme un coin du paradis terrestre ; il citait Victor Hugo (le fameux vers sur les sonnailles de troupeaux palpitant vaguement), et, à son habitude, d'autres fragments de poèmes, quelques vers venant toujours à propos. Alors qu'un cheval était là, immobile, surprenant, bête d'un autre âge, déjà, dans ce paysage sans âge, il murmurait ces autres vers de Victor Hugo, qu'à mon habitude aussi je notais aussitôt :

Un cheval effaré qui hennit dans les cieux...

Comme je lui disais que cette extrémité de vallée encore intacte allait être abîmée, gâchée, déshonorée, un super-Megève étant prévu en ces lieux — ou tout près de là, la propriétaire de l'hôtel du Mont-d'Arbois achetant déjà toutes les fermes, tous les alpages de l'endroit —, il rappela ces vers de Francis Jammes (que je connaissais déjà par lui) où le poète dit préférer ce qu'il a, sa maison, sa vie, aimer mieux être Francis Jammes, à ce que pourrait lui proposer d'avoir et d'être de plus beau un Rothschild. Poème qui, me dit-il, finit sur ces vers désabusés et charmants :

> *Et le plus triste en tout cela*
> *Est que Rothschild ne saurait pas*
> *Qui est ce poète-là...*

De même qu'un des soirs précédents, il avait murmuré en regardant du balcon le ciel nocturne :

> *Étoiles, vous êtes à faire peur...*

Puis, après ce vers de Laforgue, ces autres de Sully Prudhomme, qu'il aime tant, que j'ai déjà notés ici :

Des yeux sans nombre ont vu l'aurore
Des étoiles brillent encore...
Je t'aime avec ce que mon cœur a de plus fort contre
    la mort...

La mort à laquelle il ne cesse de penser, qu'il en parle ou (le plus souvent) qu'il n'en dise rien, se contentant, vingt fois par jour, de murmurer à voix basse, comme une plainte plus que comme une prière : « Mon Dieu ! mon Dieu ! » N'étant pas heureux, ne pouvant plus l'être, ayant peur, n'en pouvant plus d'étonnement et d'angoisse : se sentant fait pour être vivant éternellement — et sachant, disant, que la vie éternelle, à laquelle il croit de toute son âme, mais qui demeure inimaginable pour lui, ne sera de toute façon pas ceci, qu'il aime tant.

(A Vémars, le 27 juillet, jour du centenaire de grand-mère, assis avec Bruno et moi dans la prairie, en face du billard, il touchait le gazon et disait : « J'aime la vie, j'aime cette herbe... » Cette herbe dont il serait, dont nous serions privés.)

Marie-Claude, discrète et secrète ; Gérard enfantin et charmant — ne pensant qu'à jouer à la guerre, ce qui n'est pas seulement enfantin et n'est pas du tout charmant — mais correspond, rappelle mon père, à un instinct fondamental de l'homme ; Natalie, merveilleuse de grâce, de beauté, d'enjouement et de gravité, nous ne sommes pas seuls à le penser, nous ses parents, et mon père ajoute : « ... de bonté ». Il dit aussi que les rapports du frère et de la sœur sont charmants, qu'ils ont l'un avec l'autre, chacun à sa façon, des manières adorables. Il les regarde vivre ; il dit, revenant à son obsession (qui est aussi la mienne), songeant avec inquiétude à leur avenir (« Ils feront comme les autres, ils s'en tireront »), il dit :

— Pauvres enfants ! De toute façon ce ne sera pas long...

Et je frémis de révolte, comme si souvent, lorsque je regarde ce chef-d'œuvre de fraîcheur, d'insouciance, de beauté, de pureté qu'est Natalie et que je songe à l'agonie de notre grand-mère Rostand, ou que je regarde ce qu'est physiquement devenue grand-mère, sur ce lit qui n'est pas encore mais qui sera bientôt celui de son agonie — et même spirituellement, en dépit de sa totale présence d'esprit —, mais où est son cœur ?

Parfois, mon père évoque des souvenirs inédits (oubliés ?). Par exemple, après avoir admiré le parfait état de ses escarpins, qu'il porte depuis plus de vingt ans et qui sont seulement sa seconde paire depuis sa jeunesse, il dit qu'avec les premiers « il revenait la nuit de Montmartre » et qu'ils n'en étaient point usés pour cela. Parlant de son accident à l'œil lorsqu'il était petit, il nous dit qu'il lui arrive, la nuit, de caresser avec émotion et tendresse sa cicatrice, comme un peu d'enfance retrouvée, présente, fidèle. Ou bien, voyant Gérard lancer un parachute, il raconte que tout enfant, dans une sombre et sordide boutique proche du

Jardin public il allait, lui aussi, déjà, acheter à Bordeaux de petits parachutes.

Il dit...

Mais à quoi bon. Je ne puis songer à épuiser le sens de ses paroles, ni même à les rapporter toutes.

Le soir, nous écoutons de la musique, sur la modulation de fréquence d'un excellent petit poste acheté pour Marie-Claude à Senlis. (Qu'il y aurait à écrire sur la nouvelle présence, sur l'émerveillement retrouvé de Senlis dans ma vie...) Les deux premiers soirs, des retransmissions intégrales (mais non intégralement écoutées) de Bayreuth : *Lohengrin, Parsifal* — si bien connus dans leur détail par mon père, bien qu'il assure le contraire (il nous annonce les beaux moments, il nous raconte ses souvenirs de Bordeaux où l'on avait monté *Lohengrin*) ; d'autres soirs, W. Fr. Bach ; Mozart, tous les soirs ; hier la sonate pour violon et piano de Lekeu — où nous cherchons à retrouver celle de Vinteuil, l'œuvre imaginaire l'emportant sur celle-là, pourtant belle. Mon père dit qu'on ne sait ce qui en resterait si on l'allégeait de tout ce qui en elle appartient à Franck ; ou plutôt, avec son esprit habituel, il dit : « ... si on rendait à César... », mais combien il est émouvant de penser que le jeune homme qui écrivit cela — cette plainte — était à la veille de mourir... Ses mots ? Il en fait sans cesse, sans y penser. Sur Wagner : « Quel toupet d'embêter ainsi les gens pour des siècles. » Mais aussi : « Quelle réussite humaine » et « Lorsque c'est sublime... ».

Laissons là les anecdotes et revenons-en à l'essentiel qui est l'effort — et l'impossibilité — de communiquer. Il arrive, ses yeux n'étant plus bons, qu'il ne me réponde pas pour ceci seulement qu'il ne m'a pas vu : je n'ai pas (ou j'ai peu) parlé ; le plus important de ce qui était transmis n'était pas d'ordre auditif mais visuel : télégramme Chappe que le vieux guetteur n'a pas vu sur la colline d'en face.

Dimanche, puis avant-hier matin (ce matin il est allé à la messe sans moi, descendant à pied, revenant en taxi) je le regarde, de loin, à la dérobée, communier, prier — mais cela ne se raconte pas.

Megève, dimanche 12 août 1962.

Mon père, de Gérard, alors qu'exceptionnellement il est assis, tranquille :
— C'est comme ces oiseaux qu'on ne voit jamais posés. Aujourd'hui, il est perché.

Gérard s'adresse à son papa dont il attend un renseignement. Et dans mon ignorance je pose la même question au mien — usant moi aussi de ce petit mot, *papa*, trouvant tout naturel, à mon âge, d'avoir un papa et de l'interroger. Mon père en fait la remarque et nous rions. Ce serait ridicule aux yeux de tiers ; de nous à nous, c'est miraculeux, délicieux. J'ai encore cette grâce de pouvoir dire « papa », « maman » — et je la trouve naturelle — et je continue depuis quarante-huit ans, sans interruption, dans le même élan et la même coulée, comme si j'étais un enfant encore...

Mon père, puis mon fils regardés avec amour...
Voix aiguë, acide de Natalie, en certains moments d'excitation. Alors mon père (papa...) de citer Rostand « à propos de Sarah Bernhardt », affirme-t-il d'abord, puis il se reprend, disant qu'avec « sa voix d'or » ce n'était pas possible :

C'est un bonbon anglais qu'on suce par l'oreille...

Alors que Natalie semblait mélancolique, tout à

coup, et lointaine, une nouvelle citation, non plus d'un poème, mais du *Jardin de Bérénice* :

Je te dirai comme j'ai eu des tristesses...

Hier, Marie-Claude, Gérard et moi avons passé la journée à Genève. Papa et Natalie ont déjeuné seuls — elle, déjà « très femme du monde », dit mon père. L'après-midi elle est sortie avec sa Jeanne et notre Catherine (Catherine Bechler, en vacances ici). Papa s'est reposé ; nous l'avions fatigué, en l'emmenant un peu trop haut, un peu trop souvent (à Rochebrune la veille ; plus haut que le Jaillet, par une route en cours d'aménagement l'avant-veille).

Il n'irait pas mal, sans des douleurs baladeuses, sans doute rhumatismales — un jour au bras droit, un jour au gauche, une autre fois au pied. Sans les fatigues de l'âge. Assis dans la prairie, au-dessus du chalet, il me dit (face à cette vue que nous avons été revoir hier soir éclairée par la lune) :

— C'est drôle la vieillesse. Tu vois en ce moment, j'ai beau faire attention je ne vois aucune différence entre ce que je ressens, entre ce que je suis — et ce que j'ai toujours été, éprouvé, même dans ma jeunesse. Lorsqu'il faut se relever après la communion, alors c'est autre chose...

Mais justement il ne cesse de *faire attention ;* on le sent aux aguets, inquiet des moindres signes de malaise possible, peut-être annonciateurs de maladie — avec ce que cela signifierait, peut-être, à son âge. Il signale une petite douleur, une petite lassitude, et il dit : « Je ne me plains pas. Je ne me plains pas, je ne puis vraiment avoir moins... » Mais il guette...

Ce matin, nous avons parlé du film de Franju, *Thérèse Desqueyroux*, qui a plutôt été une bonne surprise. (Le film est sélectionné pour le Festival de

Venise.) Il venait de rappeler que le cœur était la partie faible des Mauriac et j'avais évoqué ce moment fort du film (comme du livre) où Thérèse Desqueyroux-Emmanuelle Riva dit avec une telle méchanceté à Bernard : « Évidemment, le cœur est la partie faible des Desqueyroux. » Et il a dit :

— En un sens, Thérèse Desqueyroux, c'est moi. J'y ai mis toute mon exaspération à l'égard d'une famille que je ne supportais pas...

Et tandis qu'il s'interrompt, je songe que ce qui est remarquable dans cet aveu c'est qu'il a été fait sans référence aucune au mot fameux de Flaubert — que même si *Madame Bovary* n'avait pas été écrit, François Mauriac aurait pareillement dit, en ce matin d'août 1962 : « Thérèse Desqueyroux, c'est moi... »

Athènes, jeudi 19 décembre 1850.

Gustave Flaubert à Louis Bouilhet :

Ne rêves-tu pas souvent aux ballons ? L'homme de l'avenir aura peut-être des joies immenses. Il voyagera dans les étoiles, avec des pilules d'air dans sa poche. Nous sommes venus, nous autres, trop tôt et trop tard. Nous aurons fait ce qu'il y a de plus difficile et de moins glorieux : la transition.

Megève, mardi 14 août 1962.

Et tout à coup, au-dessus de nous, dans le ciel encore trop clair pour qu'on y aperçût beaucoup d'étoiles (reste de jour à l'ouest, lune déjà haute à l'est) nous *les* vîmes, réunis en une seule boule brillante (crûmes-nous d'abord, mais bien plutôt s'agissait-il de l'un d'eux, l'autre nous demeurant invisible), qui, à l'heure dite, vingt heures quarante, traversaient d'un élan rapide, sûr, impressionnant, la voûte nocturne. Eux, les cosmonautes soviétiques Nikolayev et Popovitch, non point les premiers (il y en eut quatre avant eux, russes et américains, de Gagarine et Titov, à Glenn et Carpenter, depuis le 12 avril 1961), mais les premiers à se trouver sur la même orbite dans deux cabines distinctes...

Marie-Claude les vit la première ; Gérard et Natalie joignirent leur voix à la nôtre pour appeler mon père qui, pensant qu'avec ses mauvais yeux il ne verrait rien, s'était un moment aventuré au seuil de la prairie puis était rentré. Le temps que Jeanne aille le chercher, et la boule lumineuse avait disparu à l'est, au terme d'une trajectoire à la fois très rapide et... je ne trouve pas d'autre mot : majestueuse. D'une beauté qu'on ne pouvait imaginer plus satisfaisante pour les yeux comme pour l'esprit.

Notre émotion avait été intense — elle dura de longues minutes tandis que nous commentions l'événement, lisant les journaux, écoutant la radio, d'un œil neuf, d'une oreille plus attentive : car le prodige avait cessé d'être abstrait, nous y avions assisté, nous avions vu.

C'était hier soir, sur les pentes herbeuses du mont d'Arbois, à Megève, sous le plus vaste des ciels, avec autour de nous un cirque de montagnes lointaines déchiquetées sur le ciel pâle.

Mon père cita ce poème de circonstance consacré par Rostand aux débuts de l'aviation (il nous en avait récité des passages quelques jours auparavant, mais ils ne se trouvaient pas alors « en situation », tandis que maintenant...).

C'est pour le coup que le pauvre Rostand aurait pu chanter :

*Nous ne l'avons pas lu dans les fables d'Ovide,
Nous avons vu cela...*

Et comme la radio diffuse un reportage parisien du passage des fusées Vostok, il cite un autre vers du même texte :

Le peuple est sur les toits...

« Ils ont bu, ils ont mangé... », dit la voix du speaker. Et celle de mon père : « Mais ils n'ont pas prié... » Toute la soirée, il est songeur, frappé lui aussi de façon toute nouvelle : il n'a pas vu, mais il nous a vus voyant. Il dit que la considérable avance soviétique pose certes de graves problèmes politiques, qu'on ne peut plus (qu'il ne faut plus) fermer l'Europe aux Russes — qu'aussi bien l'Europe dont il est actuellement question ne l'intéresse pas pour ceci surtout que ce n'est pas la vraie Europe puisqu'ils en sont exclus. Mais, ajoute-t-il, métaphysiquement aussi, métaphysiquement surtout... Non qu'il se sente atteint dans sa foi — ah ! certes non, il l'assure à plusieurs reprises, mais nous le sentons troublé :

— Que peut penser ce soir de sa grand-mère qu'il voit aller communier à l'église un jeune Soviétique ? Cette victoire est aussi celle d'un système qui nie les valeurs auxquelles nous sommes attachés. Et lorsqu'on mesure la faillite parallèle du monde occidental, lorsque l'on pense à ce qu'y sont devenues, à ce qu'y ont produit la morale, la religion chrétiennes... Quand on a, comme moi, la foi, cela ne change rien, bien sûr... Mais tout de même... Penser à ce que les Russes ont réalisé en moins de cinquante ans — eux qui étaient la nation la plus en retard. Comment les jeunes Soviétiques n'en tireraient pas la leçon ! Du point de vue matérialiste qui est le leur, quelle victoire ! Penser à ce qui sera sorti de cette petite planète Terre (même en s'en tenant à leur idéologie), de cette goutte de boue...

Cependant, à 251 kilomètres de la terre, à 28 000 kilomètres à l'heure, ces deux hommes dont nous voyons les photos (et dont la télévision retransmet, paraît-il, les images : délivré de la pesanteur, Nicolayev flotte, les bras en croix, dans sa cabine), rattrapent le jour qu'ils viennent de quitter et retrouvent la nuit. « De la Normandie à la Savoie on les a vus en France... », dit le speaker de la radio.

L'Europe, nous la faisons dans notre famille : Claire a épousé un Russe ; ma nièce Françoise Le Ray va se marier avec un Allemand. Mon père dit en riant être particulièrement fier, aujourd'hui, de cette descendance russe.

— Et cela nous change tellement, nous, les Mauriac. Il ne fallait pas seulement se marier dans sa ville, mais si possible dans sa paroisse. Une de mes tantes, enchantée d'un mariage, disait : « Et puis, c'est une famille de Sainte-Eulalie » (qui était sa paroisse)...

Megève, dimanche 19 août 1962.

Marie-Claude est partie pour Marseille voir son frère Patrice (toujours à l'hôpital après son grave accident) et sa mère. Occasion pour mon père, à l'évocation des larmes habituelles de Gérard, lors de toute séparation, d'évoquer des vers de Coppée, présentés, nous dit-il, dans sa jeunesse comme exemple parfait de poésie familière et prosaïque :

> *Un départ est toujours triste*
> *Mais ce départ-là*
> *(la la la la la la !)*
> *A quelque chose à part...*

Cueillons-nous des myrtilles, hésitons-nous qu'il murmure, fort à propos, du Jammes :

> *Et celle-là c'est de la belladone,*
> *Celle-là n'est pas bonne...*

A isoler ainsi ces citations, un certain ridicule doit apparaître, qui n'existe pas, de la façon dont il récite ces vers, à mi-voix et sans insister, comme un accompagnement lointain — et c'est moi qui insiste en sortant mon carnet et il jure qu'il se gardera bien à l'avenir de réciter ses poètes. Mais admirais-je Natalie qui, au jeu des Familles (la passion de nos enfants, cet été), sait lire et prononcer le nom de Beethoven, qu'il dit : « Il n'y a que Rostand pour faire rimer Beethoven avec *cyclamen*. » Et de citer... mais je ne sors pas mon crayon.

Un peu ridicules aussi doivent être mes attendrissements. Je n'ai pas ce respect humain. Le temps est ma hantise, la mort (plus encore celle de ceux que j'aime), un scandale auquel je ne m'habitue pas — ni mes enfants non plus, pas encore...

Je me souviens des premières années de Gérard. Comme le père du Bouddha (sans le savoir alors), je faisais l'impossible pour qu'il apprenne le plus tard qu'il se puisse notre condition mortelle. Détournant son regard et son attention des cimetières. Belle éducation ? Il apprit bien assez vite. Et, comme tous les enfants, il ne pense qu'à la mort de ses parents, dans la crainte et le tremblement. L'autre jour (il faut dire qu'il avait assisté avec nous à Chamant à une représentation de *Cyrano de Bergerac* à la télévision — et la mort de Cyrano l'avait frappé — avec en plus ceci d'impressionnant, auquel il pensa sans doute, que l'acteur qui interprétait le rôle, Daniel Sorano, était effectivement mort depuis quelques jours), l'autre matin donc, il m'enserra soudain de ses bras, déclamant, d'un ton en apparence ironique mais en réalité grave : « Cyrano ! Cyrano ! Cyrano ! » Et comme je lui demandais ce qu'il avait, il s'écria :

— Je ne veux pas que tu meures...

Mon père me disait hier soir et il me répétait aujourd'hui que l'amour de Gérard pour moi, la façon dont il s'intéresse à ce que je fais — et même à mon travail romanesque, dont il suit les progrès — est touchant.

Père-fils, dans les deux sens, sujet tout neuf et que je traiterai peut-être bientôt, ainsi que j'expliquerai ici, une fois de plus, tout à l'heure.

Mais auparavant, je dois noter cette dédicace du *Drôle*, écrite ici :

à mon cher petit-fils
Gérard Mauriac
qui ne ressemble pas au drôle !
et qui sera toujours pour son papa un fils aussi tendre
et aussi bon que son papa l'est pour moi
avec toute ma tendresse
François Mauriac
Le Grand Vorasset, Megève, 17 août 1962.

Natalie aussi, Natalie surtout a découvert la mort. Elle me posa à son sujet, il y a quelques mois, à Paris, des questions que j'ai dû noter à l'époque. Elle recommença avant-hier, cherchant à savoir qui avait inventé et voulu la mort, se demandant... Mais je la cite (bien que ces mots me fassent mal) : « Je me demande comment on est quand on est mort. » Puis : « Je me demande ce que l'on fait au ciel. » De même s'interroge-t-elle sur la nature de l'eau, du feu, des phénomènes physiques et même métaphysiques, car, me dit-elle, elle ne comprend pas comment Jésus peut être le fils de Dieu puisqu'il est Dieu. Tout cela avec une pertinence, une gravité, une intelligence qui dénotent déjà chez elle, à son âge (six ans), un esprit philosophique.

Et l'autre soir, à table, mon père, qui lui ne pense, comme il est naturel, qu'à *sa* mort, me blessa, parce que c'était devant les enfants qu'il parlait. Il disait son étonnement en voyant les gens s'enquérir de sa santé (très étonnés apparemment qu'il ne soit pas gâteux), comme si, eux, ils ne devaient pas vieillir et mourir, comme tout le monde, car nous y passerions tous. Et il s'écriait avec une sorte d'alacrité :

— Au trou, tous au trou, c'est notre destin à tous...

Et j'essayais de dire, au même moment, n'importe quoi, pour détourner l'attention des enfants qui, heureusement, ne semblaient pas frappés outre mesure, car rien de ce qui leur arrive du dehors ne les touche : c'est en eux qu'ils découvrent les uns après les autres les secrets de la vie.

Chaque soir « bon-papa » leur raconte une histoire dont j'admire l'invention, la drôlerie, la verve... Et je les regarde, avec leurs visages si naturels, si beaux, si attentifs. Et tout cela s'en va, disparaît, rien n'en demeure que des images déjà pâlies.

Il est difficile de mener concurremment le travail romanesque et le Journal. Je m'y efforce néanmoins. Parfois pourtant une page qui, sous une forme à peine différente, aurait naturellement pris place ici, est directement tapée pour le roman, au prix de légères transpositions. Ce roman auquel je pense depuis longtemps, mais que je n'ai vraiment commencé qu'au début de juillet, à Chamant — et le voici déjà écrit en partie. Mais je me demande si *l'Agrandissement* pourra être beaucoup plus... agrandi qu'il ne l'est ? Je repense donc à ma vieille idée de *Valromé*, qui formerait la seconde partie de ce quatrième livre du *Dialogue intérieur*. Et revoilà le père, et revoici le fils, lui-même père, dans un enchaînement sans solution de continuité, sans sutures apparentes, le livre commençant et s'achevant au milieu d'une phrase, des dates marginales permettant de situer cette action toujours recommencée, avec les variantes à peine sensibles des caractères, des vies, des époques différents. Travail considérable, mais plus facile, lorsqu'il sera amorcé, que celui de *l'Agrandissement*, où il ne se passe presque rien, puisque le livre entier ne dure guère plus qu'une minute... [...]

Et je pensais qu'en effet nous nous comprenions parfaitement, merveilleusement, mon père et moi, mais sans pourtant jamais aborder je ne dis pas même des sujets intimes (que notre timidité nous interdit), mais des questions intellectuelles ou littéraires autrement que de façon allusive et rapide. (Nous détestons l'un et l'autre les gens qui « expliquent le coup ». Nous savons tout de suite de quoi il s'agit, comprenons, et coupons court.) C'est donc qu'il y a entre nous une autre forme de dialogue que la conversation : précisément le dialogue intérieur, sujet central de mes quatre essais romanesques, particulièrement de *l'Agrandissement*. C'est donc, oui, que nous nous parlons sans nous parler. [...]

... Bientôt Marie-Claude revient et je pourrai de nouveau connaître cette forme de communication et d'échange permanente qui continue, semble-t-il, jusque dans notre sommeil, où nous demeurons sur la même longueur d'onde. Et s'il n'y a pas, alors, émission, les appareils restent branchés, on perçoit ce grésillement qui rassure, indique que les postes sont en état de marche, que nous ne sommes ni l'un ni l'autre isolés.

Temps admirable, aujourd'hui, d'une pureté et d'une fraîcheur comme on en goûte rarement.

Promenade avec mon père et les enfants au Jaillet où l'on monte dans des télé-cabines à quatre places (dont le balancement à l'arrivée et au départ enchante Gérard et Natalie). Vue d'une grande beauté sur le mont Blanc et les aiguilles, là où je me trouvais au début de cette année avec Marie-Claude, rêvant au livre qu'il me fallait écrire. Mon père chantonne un air de *Manon* sur un beau jour et une belle promenade (je ne note plus pour ne pas lui faire renoncer à ses citations ; ce n'est pas un jeu pour moi, c'est une façon d'embrayer sur sa bibliothèque intérieure, afin d'en sauver ce qui peut l'être). Nous marchons un peu dans la forêt, sombre mais éclaboussée de taches de soleil.

— Comme disait encore votre ancêtre Rostand :

> *Soleil qui fait des ronds par terre*
> *Si beaux qu'on n'ose pas marcher...*

— ... C'est le fameux hymne au soleil de *Chantecler*, là où il y a aussi :

> *Et qui cherche souvent quand tu vas disparaître*
> *L'humble vitre d'une fenêtre...*

— ... C'est ce que nous appelions de la poésie, quand nous étions petits, nous...

Et, devant notre chalet, au pied de ces vallonnements herbeux, sous l'azur :

> *Il est doux de voir la lumière...*

— C'est dans l'*Antigone* de Sophocle. Ma mère est morte par un jour comme celui-ci. Elle regardait par la fenêtre et elle disait : « C'est ça que je regrette... » La même phrase, en somme, qu'Antigone...

Comme au Mas de Camp-Long, je lui avais annoncé un jour que je projetais d'écrire un roman qui s'intitulerait *La marquise sortit à cinq heures*, je lui parle de *Valromé* (en présence de Gérard admiratif et attentif ; il a dix ans, il est comme tous les petits garçons de dix ans, « mon travail » est à ses yeux revêtu de prestige et de mystère).

— Ce que je voudrais rendre, voyez-vous, c'est la vie de plusieurs générations de Carnéjoux, s'enchaînant dans une continuité, sans aller à la ligne jamais, pour montrer une certaine permanence, avec ce lien de la propriété de famille...

— C'est compter sans l'apport si nouveau de chaque famille nouvelle pour chaque nouvelle naissance. Je suis frappé, moi, au contraire, par ce qui sépare un fils d'un père, et d'une génération à l'autre, par ces stratifications de plus en plus nombreuses, si bien que très vite il ne reste plus rien des caractères originels. Ce n'est pas un père et un fils qui se ressemblent vraiment mais deux frères...

Bien sûr et je tiendrai compte de cela. Mais il y a la permanence du nom, celle des lieux — et cette conformité humaine fondamentale : tout le monde ressemble à tout le monde...

Megève, lundi 20 août 1962.

Et ce matin il a recommencé ; plaisantant, bien sûr — mais je n'aime pas plaisanter sur ce sujet, lorsque les enfants sont en cause. Il disait en riant que Gérard et Natalie étaient bien gâtés, que de son temps à lui, on disait aux enfants : « On n'est pas sur terre pour s'amuser. On est sur terre pour travailler, pour souffrir, pour mourir. » Et il articulait *mourir* d'un air gourmand et Natalie, songeuse, le regardait avec gravité et, à ce moment, je ne l'aimais plus.

Natalie qui m'avait demandé hier (mais elle n'attendait pas de réponse, sachant à quoi s'en tenir) si les bébés pouvaient mourir. Natalie qui, hier aussi, à son habitude (qu'il faudra lui faire perdre) de parler de l'âge des gens, avait dit :

— Jeanne a soixante-deux ans. Bon-papa est *certainement* plus vieux...

(Détachant le mot certainement, l'accentuant, l'articulant.) Puis, comme sa Jeanne, puis son grand-père assuraient que tout le monde vieillissait à son tour, que lui, bon-papa, il avait été un bébé, un petit garçon, un jeune homme, elle dit, comme pour elle-même :

— Papa a quarante-huit ans. Et il n'a encore des cheveux blancs qu'au-dessus des oreilles, ses cheveux sont encore tout noirs, alors j'ai le temps !

Elle était rassurée si jamais elle s'était inquiétée vraiment. Mais moi j'éprouve une fois de plus une sorte d'écœurement, de vertige et de révolte.

Sans Marie-Claude la maison a perdu son équilibre. Ce changement en profondeur est sensible à maints détails sans importance, son absence étant sur le point de s'achever, mais qui seraient agaçants, ou attristants si elle devait se prolonger.

Megève, jeudi 23 août 1962.

Hier soir, Gérard qui était déjà monté se coucher apparut au salon, nous disant que « Jeanne avait entendu à la radio que le général de Gaulle avait été attaqué ». Nouvelle dont nous eûmes bientôt après la confirmation. C'est un miracle, cette fois-ci, qu'il en ait réchappé... Émotion profonde, partagée ; il se trouve que mon père et moi sommes souvent ensemble dans ces occasions, ou alors je vais aussitôt le trouver, comme ce soir où nous regardions, au-dessus de la tour Eiffel illuminée, le ciel où les avions de Salan pouvaient d'un moment à l'autre apparaître. Lors du premier attentat contre le Général, sur la route de Colombey, je me trouvais à Malagar, attentat moins bien organisé que celui-ci dont on se demande comment il a pu échouer. Aucune envie de commenter tout cela. Il y a trop longtemps que je ne parle plus ici de ces événements politiques, pourtant si préoccupants et dont nous sommes hantés — avec ces équipes de tueurs décidés à tout, cette menace sur la République et sur la Liberté dont de Gaulle, quoi que l'on puisse penser de sa politique, reste actuellement le plus sûr garant. Et que deviendrait la France après lui ?

Mon père, tout à l'heure, tandis que nous prenions notre petit déjeuner dans la salle de séjour, en commentant l'attentat :

— C'est notre petit Claude qui nous aura annoncé la nouvelle...

Lapsus dont il ne s'aperçut pas tout de suite et qui remontait du fond des temps (à notre échelle humaine), de quand j'étais un petit garçon noir, plus frêle que celui-ci, mais qui avait la même taille, la même silhouette. Et il m'arrive, moi, d'appeler bien souvent Gérard du nom de Jean, mon frère, qui fut, lui aussi, un petit garçon pas si différent en somme de celui-ci...

Comme des milliers et des milliers de Français, j'écris au général de Gaulle (ce que je n'ai pas fait depuis bien longtemps). Mon père aussi : « Je lui ai dit, à peu près, qu'il me paraissait mieux gardé par les anges que par les hommes... »

Megève, dimanche 26 août 1962.

Natalie, entrant dans la pièce vernissée où j'écris et voyant les quelques feuillets étalés sur le lit, travail de la matinée (ce que j'appelle « ma lessive qui sèche ») :

— C'est bien...

Puis :

— Tout ça, c'est dans le livre. C'est que ça ne se fait pas comme ça, un livre, même un petit.

Ainsi, j'aurai commencé et mené assez avant *l'Agrandissement* devant deux fenêtres ouvertes sur d'humides verdures, juste de l'autre côté de ma table — assez large à Chamant (notre table de jeu couverte d'un tapis vert), très étroite ici et adhérente au mur, en bois de sapin verni. Juillet, face aux arbres du parc abandonné jouxtant la forêt d'Halatte — avec ses roucoulements, et l'émerveillement retrouvé des tourterelles ; août devant une prairie valonnée, un autre chalet et un home d'enfants pas très éloigné, mais suffisamment pour n'être pas gênants. Et moi, avec mon Hermès retrouvée, ma chère vieille machine à écrire, Hermès avec laquelle j'aurai écrit jusqu'à maintenant *tous* mes livres.

Megève, lundi 27 août 1962.

Avec Marie-Claude et Gérard, en téléphérique à l'aiguille du Midi — et, par-dessus la Vallée Blanche, jusqu'à la pointe Helbronner, en Italie. Assez impressionnant. Nouvelle forme de tourisme dont les touristes sont suffoqués. Chacun est tellement épaté qu'il fait part tout naturellement de ses sensations à son voisin aussi frappé que lui.

Maman, esclave de grand-mère à Vémars. Nous nous faisons du souci pour elle qui aurait tant besoin de détente.

Megève, mardi 28 août 1962.

Samedi soir, avant dîner, Natalie très excitée vint m'annoncer que bon-papa avait promis que son histoire de la soirée serait la sienne propre, lorsqu'il était petit...

Les deux enfants s'assirent, le moment venu, dans un coin du long canapé rouge, mon père resta debout devant eux, effleurant sans s'en apercevoir les longues roses rouges offertes par Albert Palle à Marie-Claude (il était venu interviewer François Mauriac pour *Elle*, à propos de *Thérèse Desqueyroux*) — et posées par terre devant la cheminée.

Et prit ainsi la parole :

— Il était une fois, il y a très longtemps, un petit garçon qui s'appelait François. Il était le dernier enfant d'une maman qui habitait à Bordeaux, 7, rue Duffour-Dubergier, en haut d'une grande maison dont le premier et le second étages qui communiquaient par un escalier intérieur étroit et sombre étaient habités par sa grand-mère. Ce petit garçon, c'était moi. L'un de mes premiers souvenirs est celui de ma chambre — de mon petit lit, de la veilleuse qui éclairait vaguement la pièce, car en ce temps-là, mes enfants, l'électricité n'existait pas encore. Il y avait dans cette chambre, qui était celle de ma mère et où je couchais lorsque j'étais malade, une statue — dont j'appris par la suite qu'elle était celle de Jeanne d'Arc, mais je n'en savais rien alors, je savais seulement qu'elle me fascinait. C'était une dame très belle, très mystérieuse que j'appelais, je ne sais pourquoi, Mme Colorado. Mme Colorado, oui... Il y avait aussi une pièce où se trouvaient tous nos jouets à mes frères et à moi, c'était « la salle de récréation » et nous nous y amusions beaucoup. Ma bonne s'appelait Octavie et je l'aimais beaucoup... Et puis, un jour, mes enfants, on me conduisit au jardin d'enfants, chez les sœurs. J'avais très peur, si peur que tout à coup quelque chose d'humide coula le long de mes jambes, et fit une flaque à mes pieds. Vous devinez, mes enfants, ce que c'était. A l'époque, ce genre d'incident était prévu. La sœur Ascension avait toute une pile de petites culottes blanches à cet effet et l'on me changea — mais auparavant, tous mes petits camarades m'avaient entouré en criant en chœur : « Oh ! la fille ! Oh ! la fille ! » Vous imaginez si j'étais humilié. Je me souviens de ce premier jour comme si j'y étais, de la façon dont la sœur Ascension, qui était très méchante, claquait des doigts pour nous faire mettre en rang, de la sœur Marie-Lorette qui, elle, était très gentille, mais devant laquelle nous devions défiler chaque soir, les doigts tendus qu'elle nous passait à la pierre ponce et cela nous faisait très mal. Mais ce premier soir, j'eus une grande joie dont je me souviens comme si c'était hier : tout à coup, je vis ma mère, derrière une fenêtre, ma mère qui venait me chercher et qui me souriait...

(Tandis que mon père continue et que j'écoute plus distraitement, je songe à cette image de sa mère, ma bonne-maman, apparaissant à une fenêtre, image qui me fit, tout au long de ma propre enfance, une profonde impression. Je ne sais pourquoi, je situais cette apparition de sa maman à une fenêtre très élevée qui, dans mon esprit, était l'une de celle de la chapelle de l'école Gerson. Le vitrail s'entrebâillait et ma bonne-maman apparaissait, toute jeune et souriant à un enfant qui n'était pas moi.)

— Nous avions un bon-papa (Jacques Mauriac) qui, lorsqu'il venait nous voir de Langon, apportait toujours avec lui de bonnes choses, des poulets, des fruits — jamais de bonbons, par exemple. Un soir, ceci nous frappa beaucoup, il regardait les photographies qui se trouvaient dans la chambre de ma mère : celle de son fils, mon papa à moi qui était mort, celle de son père à lui, d'autres encore, et il dit : « Mais c'est un cimetière ! Je suis le seul vivant... » Or, trois jours après, il était mort...

(De nouveau les souvenirs que j'ai moi-même de ses souvenirs l'emportent sur son récit. Je pense qu'il ne raconte pas à mes enfants — et que cela vaut mieux — l'impression que lui faisait, dans l'armoire ouverte avec crainte, « le chapeau de pauvre papa ».)

— Il arriva un jour que mon frère Jean et moi nous disputions un fouet dont la ficelle qui était terminée par un morceau de fer m'entra dans la paupière. Et ma bonne Octavie s'affolant, fit, mes enfants, ce qu'il fallait surtout éviter de faire, elle tira sur le crochet au lieu de me l'enlever délicatement. J'avais cinq ans et je m'en souviens avec une grande netteté. On me recousit sans m'endormir — me maintenant pour que je ne me débatte pas, vous vous imaginez si j'avais peur. Et cet accident eut les plus regrettables conséquences. J'avais déjà la paupière gauche naturellement tombante — et voici que maintenant mon œil droit, celui dont la paupière avait été arrachée, était relevé. Cela n'arrangeait rien, je n'étais pas beau et on m'appelait Coco Bel-Œil...

(L'autre jour déjà, l'un des premiers ici, il avait raconté avec moins de détails cet accident, disant, je crois l'avoir noté, qu'il lui arrivait encore de caresser, la nuit, sa cicatrice, avec tendresse.)

— ... Je n'étais pas très beau, donc, et je crus remarquer, je me trompais peut-être, mais j'étais sûr, moi, d'avoir raison, que c'étaient toujours les petits garçons bien frisés qui étaient les premiers. Même en lecture, où pourtant j'étais bon, car je lisais déjà beaucoup, j'étais dernier. Vous devinez mon indignation devant une telle injustice...

Gérard écoute, la bouche ouverte ; Natalie a l'air grave et fascinée...

— ... C'est alors que je crachai sur mon bulletin pour effacer ma mauvaise note, y faisant un trou... Vous imaginez les conséquences et combien j'étais étonné, ne croyant pas avoir si mal fait...

(L'autre soir, rappelant le même incident de sa petite enfance, il avait évoqué sa stupeur en s'entendant dire : « On commence par faire un trou sur son bulletin et puis on finit au bagne... »)

— En 9e, j'avais un professeur qui s'appelait M. Garrouste...

— C'est dans *le Drôle*. Il y a Mme Garrouste dans *le Drôle*...

Sans commenter cette interruption de Gérard, mon père raconte que M. Garrouste avait un porte-manteau avec lequel il frappait sur la tête des petits garçons, très doucement, lorsque c'étaient les premiers, disant : « Voilà une tête qui sonne plein... » — bien plus fort quand il s'agissait de mauvais élèves, comme lui, disant : « Oh ! voici une tête bien vide. Il n'y a rien dedans ! »

— Un jour, il y eut un commencement d'incendie dans la chambre de ma mère. Une lampe avait mis le feu aux rideaux. Nous descendîmes chez ma grand-mère, la mère de ma mère. J'aimais descendre chez ma grand-mère Coiffard, parce que j'y avais deux petites cousines que j'aimais beaucoup : l'une, Louise, qui avait de jolies boucles, qui était ravissante ; l'autre, Jeanne, qui avait le nez en l'air, — elle n'était pas jolie du tout et était le portrait vivant de ma grand-mère, mais telle qu'elle était, elle me plaisait. Il y avait, chez ma grand-mère, un cabinet qui était un véritable trône car il fallait monter une marche pour y accéder. J'adorais m'y installer : toutes mes idées de grandeur étaient comblées.

Les souvenirs de mon père s'épuisent. Il raconte moins vite, hésite, rappelle la fréquence, la beauté, la solennité des cérémonies de première communion. Alors, pour le faire repartir, je dis :

— Vous oubliez la prairie, en bas de Malagar, lorsque des saltimbanques vous firent si peur en vous demandant de venir voir un petit oiseau dans leur roulotte et que vous couriez, terrifié, derrière vos frères qui vous laissaient en arrière. Vous oubliez la fourmilière...

Et il dit : « Ah ! oui, c'est vrai », et il raconte l'épisode des romanichels. Et il dit :

— Lorsque mes frères étaient tout à coup très gentils avec moi, qu'ils me disaient : « Viens donc mon petit François, viens faire une promenade avec nous », j'aurais dû me méfier... mais je les suivais en toute confiance et ils me faisaient tomber dans un trou recouvert de feuillages, ou je m'asseyais là où ils me le disaient, et c'était une fourmilière. Un jour, ils firent quelque chose de très, très mal, ils me dirent : « Touche ce joli fer rouge. » Vous imaginez, mes enfants, comme ils furent punis. Mais tout cela, c'était quand j'étais très petit. L'épisode de la prairie doit se situer très peu de temps après la mort de mon père, car nous n'habitions jamais Malagar et nous n'y vécûmes quelque temps qu'à ce moment-là. Je devais donc avoir trois ou quatre ans. C'était l'époque où j'avais, paraît-il, de « bons retours » plus redoutés que mes colères. Nous avions un oncle que nous aimions beaucoup, l'oncle Louis, le frère de mon père. Lui, il ne venait nous voir que chargé de friandises. Par exemple, il nous apportait ce fruit rarissime, alors : des bananes ! Tous les quinze jours, oncle Louis venait et c'était un bonheur. Un jour, nous étions à Saint-

Symphorien — tu connais Saint-Symphorien, Gérard, nous nous y amusions follement — un télégramme arriva. Grand-mère qui était à Vichy venait de faire une chute et elle était mourante. Ma mère dut partir en hâte, remplacée par oncle Louis. Et je me souviens de notre bonheur et de nos remords — mais le bonheur l'emportait. Oncle Louis faisait des bateaux-phares sur la Hure, nous nous amusions avec lui merveilleusement et puis une nouvelle dépêche arrivait : « Grand-mère à toute extrémité », nous étions tristes, parce que nous aimions beaucoup notre grand-mère, mais vous savez ce que c'est, nous recommencions à nous amuser, non sans remords. Et puis il arriva que notre grand-mère ne mourut pas. Elle revint dans sa propriété de Château-Lange avec une religieuse, qui l'avait soignée dans sa maladie, et qui ne la quitta plus... Cependant j'avais grandi, je travaillais beaucoup mieux, j'avais des prix. Les distributions de prix étaient solennelles, il y avait un vicaire général, un colonel, de la musique. « Mauriac, François, de Bordeaux, 1er prix de rédaction, second prix de...; etc. Six fois nommé. » Et, suivi d'un élève qui portait les livres que j'avais reçus, j'allais dans l'assistance me faire couronner par ma maman. Mon frère Pierre, lui, avait *tous* les prix, *tous*... « Mauriac, Pierre, de Bordeaux... » Il avait tellement de livres qu'il en donnait à mes deux autres frères, à la sortie (eux ils n'avaient jamais un seul prix), afin qu'ils n'aient pas les mains vides. C'est à partir de la septième que je me suis mis à bien travailler, mais en septième il y avait tout de même un professeur d'allemand, M. Rausch, un Alsacien très méchant, qui me terrorisait. Il était si connu en ville qu'il arrivait dans le tramway (je n'étais plus alors chez les sœurs, mais en face, chez les pères) qu'une dame nous reconnaisse à notre uniforme et nous dise : « Ah ! ah ! Vous êtes à Sainte-Marie, avec M. Rausch, hein ? » J'ai raconté dans *la Pharisienne* le dressage d'un petit garçon que j'ai connu, que son père, M. de Mirbel, avait « recommandé » à M. Rausch... Lorsqu'il lui arrivait d'être en retard nous espérions qu'il était mort. Mais non, M. Rausch arrivait. Quand il était content d'un élève, il sortait de sa poche une tabatière, un mouchoir dégoûtant, puis après d'autres objets encore, un biscuit et il le lui donnait...

L'histoire touche à sa fin. Natalie met à profit un silence pour demander :

— Bon-papa, comment étiez-vous habillé ?

— Comment nous étions habillés ? Eh bien, nous portions un pantalon à élastique, mollets nus hiver comme été, mais genoux couverts, col marin, plastron ; ou bien alors, ce ne devait pas être si laid, ce qu'on appelait « une blouse russe » qui était boutonnée sur le côté...

On en resta là, samedi soir. Dimanche, il n'y eut pas d'histoire. Mais hier, un ravissant récit inventé que j'aurais bien aimé prendre au magnétophone (une jeune dame héritant d'un grand domaine où les serviteurs faisaient la loi et s'imposant peu à peu à eux...). Mais j'ai mal au bout d'un des doigts avec lequel je tape. Suffit pour aujourd'hui. (Le roman pourtant ; le roman, peut-être...)

Paris, mardi 4 juin 1963.

... à Vémars où je n'étais pas revenu depuis la messe qui suivit, huit jours après l'enterrement de ma grand-mère...

... dont voici, sans elle, mais encore intacte, la chambre, où elle semble être là encore, comme partout ailleurs — où son absence définitive creuse pourtant une... qui frappe de stérilité, d'inanité tout ce qui est là, tout ce qui demeure là de ce que je fus — que je ne suis plus, Vémars désenchanté à jamais sans doute...

... où c'est l'absence de Bertrand qui m'est surtout sensible, de Bertrand à qui je pense de plus en plus souvent, et douloureusement — une douleur oubliée — retrouvée vivante.

... une faille — distance minuscule mais infranchissable qui entre chaque arbre familier et moi-même...

... sans parler de ces meubles dont certains qui m'étaient chers, comme la malle d'évêque dorée du salon ; et des portraits, des miniatures ont déjà disparu — part de ma tante Gay-Lussac. Et le Vémars d'autrefois, partiellement évanoui (encore provisoirement présent dans la chambre de grand-mère) est plus réel en moi qu'il ne le fut jamais et qu'il l'est encore devant moi — sous mon regard où l'essentiel est toujours là, mais effacé, englouti. Car c'est moi qui me suis déjà éloigné...

Et ma mère elle-même, mon père bien-aimé, sont plus présents dans mon souvenir qu'à côté de moi où je les regarde passionnément mais en vain...

... en vain. Mon père qui me dit :

— Cinquante ans... Eh bien, là vraiment, pour une fois, ce mariage me paraît infiniment lointain... Avant l'autre guerre, tu penses !... J'étais déjà un jeune homme tout poussé...

(Sous-entendu : « ... alors que tel souvenir si éloigné de l'entre-deux-guerres me paraît si proche... »)

A Luce qui lui demande en arrivant : « Comment allez-vous ? » Il répond : « Pour un monsieur qui célèbre ses cinquante ans de mariage, vraiment pas mal, pas mal du tout... » Et c'est vrai qu'il n'a jamais été si jeune. Mais je sais son âge qui me terrifie.

Drôle de façon d'écrire... Mais à quoi bon chercher des mots dont le sens s'impose — les taire, leur donnant de surcroît toutes les richesses et les nuances possibles ?

Dîner, l'autre soir, avec Jean Davray, épave de moi-même. Autres descentes dans les années mortes : maman a, paraît-il, trouvé de vieilles lettres dont une dans laquelle, à treize ans, j'expliquais à mon père pourquoi et comment je serais aviateur... Je me souviens de... comment oublierais-je ce qu'était pour moi l'aviation. Seule poésie dont j'aie jamais fait l'expérience vivante. J'y songeai hier à Vémars...

... à Vémars où, enfant, j'étais au bord du ciel comme d'autres au bord de la mer. Et les avions merveilleux de cette époque étaient les navires de cet océan...

Et puis j'ai relu le début du premier « cahier noir », essayant de voir une fois de plus si j'en pouvais extraire pour un livre possible... [...]

Ce Journal d'autrefois, je n'ose l'anéantir à cause des quelques pages qui méritent, ici et là, d'être sauvées, car j'y ressuscite des hommes dont les paroles sont dignes de survivre. Il faudrait relire la totalité de ces cahiers pour faire ce choix, mais je n'en ai pas le courage, j'abandonne au bout de quelques minutes à chaque tentative nouvelle. Si bien que je mourrai sans avoir rien fait de ce Journal, en en laissant derrière moi l'accablant témoignage. Mais c'est trop d'orgueil encore que de m'inquiéter. Qu'importe, qu'importe, de laisser ce rien, puisque je ne suis rien...

Dans la critique (sévère) que Pierre-Henri Simon a consacré à *l'Agrandissement* dans *le Monde*, il cite cette phrase de mon essai romanesque qu'il tient « sous la plume d'un romancier, inimaginable, sinon scandaleuse » :

Peu de chose serait (aurait été) modifié dans mon livre si je faisais (si j'avais fait) de mes deux vieillards deux garçons bouchers. Ou deux apprentis serruriers. Ou deux athlètes. Ou n'importe quoi d'autre, puisqu'ils sont (comme nous tous) n'importe qui, n'importe où.

Surprise : ce que j'essaie de rendre dans mes romans (et pourquoi un roman ne décrirait-il pas l'être à ce niveau où les différences de caractères, de lieux, de temps n'existent plus ?) subsiste en moi depuis très longtemps...

Lundi 7 juin 1937.

... Versailles à 9 h 30. Paix en moi. Mais faite de vide et de passivité. La route bordée de couples accoudés du même geste las et harmonieux à leurs fenêtres. Tous pareils. Nous sommes tous pareils. La mort effacera la petite différence qui faisait la gloire de chacun. S'il ne doit rien rester de mes souffrances et de mes joies est-il possible d'être jamais vraiment heureux ou triste ?...

Lundi 11 octobre 1937.

Désespoir de plus en plus profond et sans la moindre noblesse. Je suis enlisé. Un peu d'amour ou de vraie amitié me sauverait... Ma solitude est sans espoir. Tout le drame humain dont je ne puis plus détourner les yeux... Un jour ces mots me feront sourire : parce que j'aurai oublié. La conscience, heureusement, ne dure pas.

En rangeant de vieux papiers je m'aperçois que les mêmes problèmes m'occupent depuis toujours. En particulier : l'obsession du *semblable* d'homme à homme, de génération en génération. Non, nous ne sommes pas irremplaçables. Il s'en faut...

J'appelle de toutes mes forces — bien qu'au fond de mon cœur ma lâcheté s'inquiète — le grand bouleversement qui viendra me jeter hors de moi-même, dans quelle déchirante aventure ?

Avec Claude Guy aux Champs-Elysées, chez *Doucet*. Sa présence me fait du bien. C'est le plus directement humain de mes amis. Je veux dire qu'il n'a pas mis comme Jean Davray une armure sur ses blessures. Son inquiétude est visible, à fleur de peau. Elle coule, comme d'une source, devant vous... Il est intelligent ; il a de la grandeur morale ; il sait voir. Lui manque seulement la puissance ordonnatrice qui pourrait donner cours à ces valeurs dans la société.

Le Caribou, Megève, mardi 13 août 1963.

Est-ce le bruit de deux chantiers contigus (apaisés depuis deux jours) ? Le souvenir de ce proche Grand Vorasset où nous fûmes si heureux ? Le temps ? (Mais il paraît que le soleil continuel de l'année dernière était exceptionnel à Megève.) Ou plutôt la hantise de ce qui se passe, de ce qui se prépare à Vémars d'où Ivan m'a écrit une lettre déchirante ? (Pierre nous a quittés hier soir et nous y étions attachés comme à un fils.)

Quoi qu'il en soit et quoi que ce soit, la distance fut infranchissable entre les êtres et moi. Sauf mes enfants ; mais mon père lui-même et parfois Marie-Claude me semblaient lointains, inaccessibles — je m'aperçois, en l'écrivant, que ce n'est pas vrai de Marie-Claude ; mais elle est tellement mêlée à moi, tellement moi que je n'en reçois pas, dans ces heures de dérive, plus de secours que de moi-même. Entre les choses et moi. Entre moi et moi.

A l'égard de mon père, non pas de la désaffection, mais un infranchissable mur d'indifférence, non, ce n'est pas le mot : je le voyais en transparence, et je l'aimais, mais ce mur était insonorisé, nous ne pouvions communiquer. Et il y avait chez moi une paresse, une lassitude qui m'ôtaient le goût de faire ce minimum de frais qui l'aurait peut-être réveillé, éveillé à son tour.

Je parle au passé, parce que depuis deux jours (depuis qu'un silence relatif s'est fait derrière le chalet, et dans la vallée) cela va un peu mieux, une sorte de dégel s'est produit.

Lors de la route que nous avons faite tous les deux en voiture, depuis Vémars, pour venir ici (moi au volant), j'avais envie de lui prendre la main, de lui dire des mots tendres, je débordais — comme on dit, et on dit bien — d'affection pour lui : mais les épanchements, ce n'est pas son genre. Il ne m'a jamais comblé de ce que je donne (avec excès sans doute) à mes enfants.

Peu de travail (à cause du tumulte des excavatrices, pelles mécaniques, marteaux-piqueurs). Pourtant j'ai achevé *la Conversation,* envoyée à Werner Spies qui me l'avait commandée. [...]

Un mot de mon père hier, si éclairant, si terrible (c'est la première fois que je l'entendis dire quelque chose de semblable). Parlant de ses romans, que je disais beaux, il enchaîna : « ... qui furent beaux mais qui ne le sont plus... » Eclairant non pas tant sur sa littérature que sur la littérature, dont les produits, à quelques exceptions près, se fanent comme des fleurs...

Une nuit, il fit ce rêve. A un prêtre qui lui avouait n'avoir pas la foi, il disait : « Ce doit être terrible. » Mais l'autre lui répondait : « Non, vous savez, dans la vie, il y a les brebis et il y a les bergers... »

L'un des premiers soirs, nous fîmes Marie-Claude et moi un pèlerinage au Grand Vorasset — alors inhabité. Une lampe était restée allumée dans la grande pièce commune où nous fûmes si heureux, coquille à jamais vide où l'on n'entendait même plus l'océan. Marie-Claude ne peut penser sans tristesse à ces jours que nous imaginions revivre, que nous n'avons pas retrouvés, mais moi, devant l'irrémédiable je me sens de glace — non par manque de sensibilité, mais par sagesse. Face à l'inéluctable, apprendre à être raisonnable...

Quelvezin, mardi 24 juillet 1973.

Le meuglement triste et parfois douloureux d'une vache oubliée. La Bretagne de toujours. Celle-là même que Gustave Flaubert et Maxime Du Camp parcourent à pied en mai, juin et juillet 1847...

... *Souvent maintenant quand je marche silencieux pendant des heures entières soit dans les sentiers de la campagne au milieu des blés, soit en poussant mes pas sur le sable et que j'écoute les coquilles se casser sous mes souliers...* (Saint-Brieux, 7 juillet 1847.)

« Sac au dos et souliers ferrés aux pieds, nous avons fait sur les côtes environ 160 lieues. [...] En fait de monuments, nous en avons beaucoup vu de celtiques, et des dolmens ! des menhirs. » (Saint-Malo, 13 juillet 1847.) Nous aussi... Flaubert est venu à Carnac. Dans un livre que j'ai acheté ici se trouve le seul chapitre de *Par les champs et par les grèves*, publié de son vivant, dans *l'Artiste* du 18 avril 1858, *Des pierres de Carnac et de l'archéologie celtique* : « Pour en revenir aux pierres de Carnac (ou plutôt pour les quitter) que si l'on me demande, après tant d'opinions, quelle est la mienne, j'en émettrai une, irréfutable, irréfragable, irrésistible... [...] Cette opinion, la voici : « Les pierres de Carnac sont de grosses pierres. »

Voici presque un mois que je vis avec Gustave Flaubert (et avec Louise Colet) lorsque je ne vis pas avec Bertrand, avec grand-mère, avec mon père. J'étais avec Flaubert en Bretagne, hier soir. Si présentes étaient ces minutes que le monde en était pour moi à cette année 1847. Il me semblait si naturel d'être à côté de lui sur ces plages-là — et sur cette plage-là que, durant quelques inoubliables secondes, pensant à ce que j'avais entendu dire à mon père de grand-mère : «... Elle qui s'est sans doute, dans ce même salon, inquiétée de Bazaine... », ce fut dans un lointain avenir et non plus dans un passé lointain que Bazaine et Léonie Bouchard, ma grand-mère, épouse de Marc Lafon, se trouvèrent soudain projetés.

III

LES TROUS DU FILET

Vémars, 31 décembre 1929.

Enterrement de Mme Vidil. Grand-mère et maman y vont en auto et ramènent papa.

Nous jouons au hockey. Je tue une grive. Je reçois 250 francs d'oncle Jean, des timbres de Georges Brousse et un autographe de Vincent d'Indy donné par Jaja.

Les vacances du Jour de l'An prennent fin et, certes, nous nous sommes bien amusés. (Chasse à courre le 28 décembre.)

Je lis des livres merveilleux sur la Révolution.

J'ai décidé d'écrire chaque jour de la nouvelle année dans cet Agenda le compte rendu de ma journée, comme j'ai fait il y a deux ans.

Rentrée le 3 janvier 1930 au lycée.

Vémars, 31 décembre 1939.

(En permission.) Je n'écris plus ce Journal. J'en ai assez de moi-même. Assez de ces désespoirs et de ces espoirs toujours pareils. Dix ans de guet attentif, cela suffit. Je ne veux plus être à l'écoute de mon cœur. Si j'écris encore, de temps à autre, des pages de Journal, ce ne sera plus pour parler de moi.

Que d'angoisses au seuil de cette nouvelle année !

Nous avons à choisir entre la guerre (car nous ne l'avons pas encore commencée), entre la guerre totale et la paix d'Hitler. Entre deux morts. La France ne peut acquérir le droit de vivre que par le massacre. Est-elle assez jeune encore — assez folle, assez sage — pour le comprendre ? On me dira qu'une troisième solution est possible. « Ces impondérables dont parlait Bismarck... » Mes parents, follement, espèrent chaque jour l'avènement d'une paix qu'ils veulent croire proche et qui n'atteindrait pas l'âme de la France. On ne sait pas.

Vémars, jeudi 31 décembre 1959.

Dans la chambre voisine où lit Gérard (nous pouvons communiquer par la porte du cabinet de toilette ouverte), il y a trente ans jour pour jour, mais non pas heure pour heure (il est neuf heures du matin et, si je me souviens bien, c'était le soir), j'écrivis mon premier Journal régulier. 31 décembre 1929. Cette soirée est présente à ma mémoire, ainsi que les deux jours qui suivirent. Il n'y avait pas deux ans que Bertrand était mort et sa disparition me semblait déjà enfouie dans la nuit des temps : à cet âge les années n'ont pas la même durée, la révolution qui transforme le cœur en même temps que le corps changent l'être si profondément que tout ce qui est d'avant cette métamorphose appartient à un autre monde.

J'écris, face au jardin bien-aimé dans la chambre dite autrefois « de tante Marie-Thérèse ». Derrière moi Marie-Claude lit, la petite fille regarde des images, Gérard, comme je l'ai dit, est tout près dans ce qui était autrefois ma chambre et qui a conservé les mêmes rideaux. Ils se taisent, respectant « mon travail ». Un avion passe, qui appartient lui aussi au passé, avec le ronronnement déjà suranné de ses moteurs. Je parlais trop vite de silence (mais elle est si douce cette petite agitation) : Natalie a rejoint sa maman en lui demandant de lui lire — ce qu'elle ne fait pas encore, c'est l'enfant qui raconte, en chuchotant, les images...

Lorsque je songe à ce que fut ma vie depuis ce 31 décembre 1929, je n'en vois rien à retenir, rien que j'aimerais revivre, ou dont je sois fier, sauf ce qui s'est passé dans mon existence depuis 1951 : mon mariage, mes enfants. Et ce bref séjour où nous ne sommes qu'entre nous (nous avons laissé Jeanne Etcheverry se reposer un peu à Paris), avec grand-mère toujours présente (j'entends d'ici sa radio dans les intervalles du clic-clac de ma machine) (toujours ma chère vieille Hermès, depuis 1938 ou 1939), ces deux jours à Vémars (voici que le troisième commence, mais nous ne l'achèverons pas ici), me permettent une confrontation entre le meilleur de mon moi passé, celui de l'enfance (dont j'émergeais tout juste en 1929) et celui d'aujourd'hui : voir ma femme et mes enfants à Vémars, être assis avec eux à la table familiale, me les fait découvrir, tant leur présence ici est improbable, tant il me paraît extraordinaire d'être ici autre chose qu'un enfant, ou un adolescent situé par rapport à ses propres parents : mais c'est moi, tout à coup, le père de famille, moi qui ai femme et enfants...

Il n'y a rien d'autre à dire que cela qui n'est pas dicible. Cette année, mes tempes ont nettement blanchi — tardivement et j'ai la faiblesse de m'en étonner. Mon visage me surprend, il m'attriste dans les glaces. Vieil enfant qui peut encore dire : « Ma grand-mère ! » Qui a la légèreté de trouver un peu longues ces conversations avec la vieille, si vieille dame, qui lui raconte comment sa maman était habillée lorsqu'elle partait, tel soir inoubliable, pour le bal des Tuileries. Ma pauvre grand-mère ne voit presque plus. Elle ne peut plus lire. Elle passe seule d'interminables journées dans son fauteuil ou bien sur le canapé adossé à la fenêtre aux rideaux doublés de rouge. Avec de longues heures (après ses repas pourtant si légers) où elle est si mal à son aise. La vieille Anna Bréheret attend dans la salle de bain que nous la quittions pour la prendre en charge, lui faire sa toilette, la coucher (c'était hier soir), et moi je trouve le temps long, j'aimerais être ailleurs. Ailleurs ! Alors que nous allons bientôt être séparés à jamais...

Solitude de grand-mère. Son courage. Elle me demande où j'en suis avec le bon Dieu, me redit qu'elle offre tous ses maux, dont sa cécité, *acceptée*, pour que je retrouve la foi :

— Dieu t'a pris par la douceur. Tout te réussit. Mais il ne faudrait pas trop lui résister...

Suivent les lieux communs habituels (mais qui ne sont pas tels pour elle) sur le réconfort que..., etc. « Si je ne croyais pas, il y a longtemps que j'aurais pris une boulette. »

Maman téléphone de Paris. Grand-mère était encore dans son lit lorsque j'ai été, dans sa chambre, répondre à l'appareil. On la voit en oubliant qu'elle ne voit pas. Rien ne semble avoir changé. Les mêmes arbres sur le même ciel. Gérard surgit à mes côtés : il a hâte que nous sortions ! Allons ! C'en est fini pour cette année qui nous fut douce.

Paris, 31 décembre 1969.

Je me souviens d'une page de Journal — la première d'une très longue série quotidienne — datée du 31 décembre 1929... Je me revois, à Vémars, l'écrivant, — le dernier jour d'une décennie qui avait été celle des *gay twenties* et dont mon enfance fut marquée au point que ce qui touche aux années 25 demeure pour moi frappé de poésie et de prestige —, et cela d'une façon dont, en vieillissant, je suis de plus en plus impressionné, ayant découvert récemment que le type de femmes qui a sur moi le plus d'attrait, les seules qui m'exaltent à ce point (lorsque je les revois dans des films), sont celles de cette époque — où j'en voyais si peu —, où elles n'étaient pas encore femmes pour moi, du moins je le croyais. Mais sans doute exerçaient-elles sur ma sensibilité à mon insu — et d'une façon si secrète qu'il m'aura fallu quarante ans pour en prendre conscience — un pouvoir mystérieux et profond. Est-ce ma mère que j'aimais ainsi ? On me l'affirmerait sans doute. Je n'en crois rien.

Et voici que je n'écris plus de Journal — ou presque plus. Parce que je ne m'intéresse plus assez à moi ? Parce que la dernière jeunesse, cette fois, est achevée (bien que je persiste à ne pas le croire) ? Parce que mon père s'éloigne, qu'il sombre et que nous ne pouvons rien pour lui ? Lucide, courageux — mais de plus en plus maigre et faible, fasciné par l'inéluctable. Parce que, *sans* François Mauriac, je ne puis plus prendre au sérieux Claude Mauriac ? (Non, car il y a Marie-Claude, Gérard, Natalie, Gilles.) Bien plutôt suis-je moi-même, non pas enlisé encore, mais sur un terrain qui se dérobe sous moi.

L'atroce — et d'autant plus que non ressenti comme tel — est que je m'éloigne de mon père dans la mesure où il m'a déjà quitté, où je communique de plus en plus rarement, fugitivement, superficiellement avec lui, bien que j'aille très souvent le voir. (Phénomène dont j'espère qu'il ne sera pas celui dont j'ai fait l'expérience avec ma grand-mère, tant aimée, puis de moins en moins aimée —

et dont je dois dire en toute vérité qu'elle ne me manqua pas, alors que j'avais vécu des années durant dans la hantise de sa mort.)

Paris, jeudi 6 mai 1971.

Aucune trace, dans aucune de ces pages de Journal, de ce dont je garde pourtant un souvenir présent : la couleur du temps, à Vémars, le 31 décembre 1929. Du temps au sens météorologique du mot, gris, brumeux, tel que je l'aimais, à Vémars, jusqu'à une date récente — ma petite chambre m'apparaissant alors (et encore) comme une capsule où je me trouvais à l'abri, flottant dans la nuit d'hiver, mais aussi dans la nuit du Temps. Je vivais alors moins en 1929 que sous la Révolution française, dont j'ai une expérience personnelle, comme si j'en avais traversé les années en spectateur, parfois même en acteur. Il y avait aussi ce passage d'une décennie à l'autre, auquel, semble-t-il me souvenir sans en être sûr, j'étais sensible. Dix ans — et quelles années ! — s'achevaient. Dix ans — et quelles années ! — commençaient. Et moi, à quatorze ans, je regardais s'éloigner cette époque fabuleuse où j'avais vu des silhouettes heureuses fuir vers des plaisirs qui m'étaient inconnus ; je voyais avec émotion venir ma jeunesse blessée.

Paris, 28 décembre 1939.

Reçu un pneu de Jouhandeau, laconique, excessif et terrible que motive mon long silence (fruit de la solitude de ces derniers mois qui me rendit si farouche) : « Je suis seul à en mourir, Claude, il faut me dire pourquoi vous me haïssez. » Et c'est tout. Comme je sais par expérience ce que c'est que d'être seul à en mourir, je suis allé, après lui avoir téléphoné, rue du Commandant-Marchand. [...]

Paris, lundi 6 décembre 1954.

Lisant le journal de Paul Léautaud, dont le premier volume vient de paraître, je m'étonne de la tranquillité avec laquelle il étale les pauvres histoires d'une pauvre vie. Non que celles-ci ne m'intéressent : je les trouve divertissantes, parfois même touchantes. Mais la possibilité du ridicule est toujours là : il y suffirait de l'intention ironique du lecteur. Or ces secrets personnels ont pour l'intéressé trop de gravité (je songe aux miens, dans mon Journal à moi, où j'évite désormais autant que je puis l'égotisme) pour que l'on risque de les voir moquer. Dérision qui existe déjà en puissance de moi à moi et qui fait que je renonce, le plus souvent, à l'encourir en négligeant toute référence à ma vie personnelle. Je suis déjà suffisamment gêné, lorsque je songe aux années de cette adolescence indûment prolongée et à toutes les naïvetés d'un Journal que je n'ose détruire, car il faudrait tout brûler, dont quelques pages précieuses.

L'exemple de Léautaud (après quelques autres) me prouve que j'ai peut-être tort de me méfier ainsi de moi-même ; qu'en ce genre de témoignage, la sincérité compte seule, ou plutôt l'exactitude du trait, le respect du fait — et que plus on amoncelle ce genre de petites informations personnelles, plus on donne des armes contre soi-même, mais plus aussi on risque de conquérir quelques cœurs compréhensifs et fraternels.

L'existence de tous ces cahiers que je n'ai pas le courage de défricher me fait peur. Qu'en fera-t-on après moi ? Il faudrait que je trouve le temps et la force de faire moi-même, dès maintenant, les choix qui s'imposent en détruisant d'ores et déjà l'inutile.

Le désespoir qui fut si longtemps le mien est pour moi une explication et une excuse. Mais cette clef je suis seul à la posséder ; elle est intransmissible, inexplicable ; je ne puis la mettre dans la main de personne, pas plus que le secret de ma remontée à la lumière. L'époque la plus atroce de ma vie fut, je crois bien, la drôle de guerre et le début de l'Occupation : pour tenir le coup, je cherchais à faire bon visage devant moi-même ; j'y réussissais même en une certaine mesure ; c'est pour moi une question vitale que de croire aux pauvres raisons que je me donnais d'avoir malgré tout confiance en moi-même. Aujourd'hui, l'imposture éclate et le dérision, s'il m'arrive de relire mes carnets de ces jours-là. Mauvaise foi à moi-même inconnue. J'avais trop de raisons de mourir pour ne pas aimer follement la vie. Et j'avais raison, puisque contre tout espoir le salut est venu.

A cette époque déjà (retour de ma famille à Paris, fin 1939) — déjà, encore et toujours — mon père était plein de projets et d'entrain, dynamique, heureux d'agir, sûr de sa force (comme aujourd'hui, où il combat avec alacrité contre les injustices raciales au Maroc, en Tunisie et en Algérie). Tout le contraire de moi, qu'aucune action jamais n'a tenté autrement que de façon virtuelle (bien que j'aie toujours eu la nostalgie d'impossibles engagements). Seule la mort prouve le temps : aucun de nous ne change ; la vie nous détruit lentement ; un point final est mis soudain, par la maladie et la mort, à notre activité : mais les années les unes sur les autres amoncelées n'ont eu aucune réalité autre que celle d'une imperceptible et soudain définitive usure. L'esprit, lui, demeure intact ; notre vraie jeunesse (intérieure) invulnérable (sinon par la mort ou les défaillances qui la préfigurent). Le temps nous tue mais il n'existe pas.

En 1939, il y a si longtemps, j'avais déjà tout un passé. Mon malheur venait de beaucoup plus loin. Exception faite de mon douloureux présent, jamais peut-être il ne m'avait autant tourmenté qu'aux jours de mon adolescence. C'est là que réside un de mes secrets, qui fait ma vie peut-être moins condamnable qu'il n'apparaît d'abord : je n'ai jamais connu l'enchantement de la jeunesse ; je n'y ai même éprouvé que des raisons de douter de moi. Tout le contraire de mon père, encore, qui écrivait ces jours derniers dans *le Figaro* (c'est une de ses références familières, l'une de ses vérités à lui, qui est mensonge pour moi) :

Ce bref intervalle de la vie où, si frustrés que nous soyons, nous nous sentons semblables à des dieux, nous nous épuiserons plus tard, lorsque nous aurons été chassé du paradis, à le ressusciter par la musique ou par l'écriture, si nous en avons reçu le don. L'adolescence devient alors l'Eurydice perdue, inspiratrice d'un inconsolable Orphée. Pour cette famille d'esprit, toute l'œuvre est une recherche du temps perdu, mais de ce temps-là, à l'orée de l'enfance, et non d'un autre.

Ce paradis-là fut pour moi un enfer. Je n'ai connu de l'adolescence (adolescence qui se prolongea déraisonnablement) que le désespoir de me sentir plus laid, moins fort, différent de tous.

Paris, jeudi 23 décembre 1954.

Vu hier soir au Studio 28 le *remake* 1930 du *Monte là-dessus* d'Harold Lloyd de 1923. D'abord déçu, car je comptais sur le *Safety last* original et ce que j'attendais de ce film c'était, grâce au cinéma des marges, le temps retrouvé — non pas le mien mais celui d'une Amérique que seul le cinéma m'a fait connaître. C'était oublier que 1930 est déjà loin dans le passé et me dépaysa tout autant que l'aurait fait 1923. Etonné par le caractère déjà suranné de ce New York (qui était pourtant à l'époque, comme aujourd'hui, tellement en avance sur nous) avec ses autos désuètes et ses tramways d'un autre âge. Encore plus qu'aux acrobaties du cher Harold Lloyd, agrippé aux fenêtres d'un gratte-ciel, je m'intéresse à ce qui se passe et à ce qui passe en bas, dans la rue. Vertige du temps, autrement plus éprouvant. 1930 ressuscité sur l'écran tel qu'il était aussi à Paris : dans ses modes d'alors, que je trouve d'abord surprenantes, jusqu'au moment où non seulement je cesse de m'en étonner, mais où je les considère avec le regard de mes seize ans. Ce petit chapeau cloche, par exemple, que Marie-Claude devait trouver ridicule, me rappelait à ce point ceux que portait ma mère et ses amies à l'époque (notamment, Andrée Barbey qu'il me sembla revoir) que je cessai un moment de me croire au cinéma pour revivre 1930, avec la fraîcheur de mes yeux d'alors pour ces modes que me semblaient de nouveau élégantes et récentes. Cette impression de présent dura quelques secondes. C'en fut assez pour que le temps soit nié et que j'éprouve le sentiment de la pérennité sinon tout à fait celui de l'éternité.

Et comme à propos de ces tramways new-yorkais, je parlais à ma femme de ceux de Paris (qu'elle n'a jamais connus), je retrouvai non seulement leurs numéros, 15, 25, 115, mais encore leurs itinéraires, comme si je les avais pris hier et devais y monter de nouveau aujourd'hui : tout cela plus présent en moi que le présent.

Ce qui m'étonna, ce matin, lors d'une seconde d'intense lucidité, ce ne fut pas comme d'habitude d'être mortel (et menacé dans toutes les parties de mon corps, aux écoutes duquel je me mets souvent avec angoisse, le soir ou durant mes insomnies), mais au contraire de vivre. Il ne s'agissait pas de ce sentiment de dépersonnalisation bien connu (et qui cause un tel désarroi lorsque, enfant, nous l'éprouvons pour la première fois), mais, en dehors et au-delà de toute identité, de la prise de conscience du phénomène incompréhensible de la vie — tel qu'il se manifestait dans ces membres agiles et obéissants, qui sans plus de raison cesseraient un jour de bouger et se corrompraient. De la vie brute, dont j'étais un des éphémères supports.

Dîner mardi soir chez Claude Simon qui avait souhaité me connaître à la suite de l'article que j'avais consacré à l'un de ses romans, que j'aimais, *le Sacre du printemps*. Après l'intimidation du premier contact, nous sympathisons assez vite — tous les quatre (car nos femmes sont là). Retrouvé cette sensation oubliée de l'adolescence, chez lui et chez moi, lorsqu'on voulait briller devant le nouvel ami et que l'on sortait en hâte son stock, étalant avec une complaisance un peu inquiète ses meilleures marchandises : poètes, musiciens, peintres, tout son petit musée personnel, ses pauvres trésors de compréhension et de culture. De Perpignan sa ville que je croyais parmi les moins enchantées il me fait, grâce à ses descriptions et surtout à d'insolites et belles photographies dont il est l'auteur, une image aussi poétique que mystérieuse. En partie, il est vrai, grâce à ses amis les Gitans, à leur étrangeté et à leur beauté naturelles.

Je mets à profit une matinée de loisirs (je suis en avance sur mon horaire) pour taper ces pages dans ma petite chambre du sous-sol, la nouvelle, celle que j'occupe depuis la rentrée. Quelquefois m'y parviennent les chants de l'église proche (et l'autre jour ce *Venez divin messie* qui ressuscita la chapelle de Gerson, il y a si longtemps) ; et les cris des mouettes, parfois, s'y font plus dépaysants que sur les quais, à me venir de ce petit coin de ciel, entre les hautes maisons. Lieu de silence où je puis enfin travailler dans le calme, après des années sans refuge.

Cette chapelle de Gerson, j'y songe de temps à autre, le soir, lors de mes promenades imaginaires. L'école tout entière se groupe autour d'elle, suscitant à son tour du néant ou plutôt ressuscitant la ville et la vie de cet autrefois. Apparaît alors avec le reste, raison d'être du reste, cœur du monde, l'enfant que je fus. A l'époque de Gerson (je ne parviens pas à situer l'année, mais je devais avoir dans les dix ans), c'est bien le cas cette fois de le dire que je ne comprenais rien à rien. Ne sachant pas ce qu'on attendait de moi, me laissant conduire passivement, sans chercher les raisons, m'étonnant à peine lorsque l'emploi du temps subissait une modification aussi amusante qu'inattendue (ce jour, par exemple, où dans la salle de gymnastique on nous mena voir un montreur d'oiseaux : et cet entracte me paraissait faire partie avec le reste de la pièce obscure qui se jouait autour de moi sans que j'y participe autrement que par ma discrète présence corporelle). Je comprends dès lors pourquoi j'étais un si mauvais élève : hors du coup, concerné par mon seul univers intérieur, dont il reste encore de nombreux éléments en moi, partie mystérieusement préservée d'un édifice disparu. Par exemple, la fascination qu'exerçaient sur moi les minutieuses occupations du bijoutier de la rue de la Pompe (près de la pharmacie Galey) ou celles, plus exaltantes encore, des ouvriers qui, dans de profonds et larges trous, étayés de madriers, travaillaient au métro...

Mais là, je m'arrête, la cité intacte de mes souvenirs surgissant avec trop de netteté et de précision pour que j'éprouve le besoin de la décrire — ce qui n'aurait aucun intérêt puisque tout cela est gravé en moi et que je n'aurai jusqu'à ma mort qu'à entrer par la première ruelle venue dans cette ville du souvenir pour m'y retrouver. Quant aux ruines qu'il serait intéressant de reconstituer, elles sont là seulement comme le signe que ces larges places vides furent autrefois remplies — mais par quoi ? Il faudrait avoir le temps, la persévérance, le courage d'y penser méthodiquement. Je crois que si je racontais ainsi par écrit tout ce dont je me souviens, bien des détails que je croyais oubliés réapparaîtraient. Ainsi l'étroite boutique du bijoutier, venue avec le reste, il y a quelques minutes et que je m'émerveille d'avoir retrouvée. Je me revois, dans la chambre dite « du fond », imitant avec la pointe d'un compas cassé le travail du bijoutier — et je sais que « le trou » de Vémars, qui existe toujours, a l'une de ses origines dans mes rêveries au bord de ceux dont je parlais. Sous le lit de la chambre dite « de Catherine », je jouais à l'ouvrier du métro...

Quelvezin, mardi 24 juillet 1973.

A quel point la psychanalyse existe peu pour moi (si sans doute j'existe pour elle). [...]

Paris, vendredi 31 décembre 1954.

En passant devant le Sénat, j'ai dit ceci à Marie-Claude (c'était absurde et néanmoins important) :

« Dans quelques heures 1954 sera aussi définitivement révolu que 1780 ou 1815... » Sage vertige des chiffres auquel je m'abandonne, chutes inéluctables. Il me suffit d'évoquer les grands hommes (puisqu'ils sont les seuls à propos de qui je peux trouver des précisions biographiques) nés (par exemple) en 1614, 1714, 1814 (je suis né en 1914) et de vérifier la date de leur mort pour découvrir mes propres limites. Petit jeu qui ne devient véritablement affreux que lorsque je l'applique aux êtres que j'aime. Des lapalissades me font longuement rêver : par exemple que les enfants qui sont nés en 1954 seront considérés comme des ancêtres par ceux qui naîtront en 2004 — et que ceux-ci, pour les nouveau-nés de 2054, etc. Rien ne vaut ces songeries pour prendre conscience de l'inexistence du temps, ce mythe qui nous tue.

Paris, mardi 9 mai 1972.

Cette unité du *Temps immobile*, dont j'avais tendance à m'émerveiller, est pauvreté, non richesse. Je le pressentais depuis longtemps, et en ai eu, hier soir, la confirmation en lisant *la Dernière Heure* de Jean Guitton. Cela a toujours été un sujet de réflexion pour lui (comme pour moi), écrit-il, que cette identité du moi avec lui-même :

Le nombre des chromosomes est limité ; je veux dire que ce que nous pouvons dire de neuf, de personnel, est plus réduit que nous ne le croyons. Le cercle ou le cycle de nos inventions est étroit. Les conversations que j'ai écoutées pendant quatre ans roulaient autour des mêmes thèmes, chacun y faisait sa petite pirouette, racontait ses mêmes anecdotes toujours pareilles. (*Œuvres complètes*, III, p. 503.)

Anecdote, « chose inédite » (étymologie grecque) : indéfiniment à redire. Le Journal que j'écris depuis trente ans roule autour des mêmes thèmes. C'est pourquoi le montage du *Temps immobile* est si facile.

Quant à ma relative inintelligence, elle s'accompagne d'un manque de méthode, qui lui est sans doute lié. Depuis le temps, j'aurais dû apprendre à penser, au sens donné par Sartre à cette expression, dans ce passage de *Situations VIII*, où, à propos d'un « triste exemple d'analphabétisme politique », il écrit :

Mais parler de Nietzsche et de Carlyle à propos de Cohn-Bendit, c'est prouver non seulement qu'on n'est pas cultivé mais qu'on n'a jamais appris à penser (p. 179).

D'où mon admiration (et mes inhibitions) lorsque j'écoute parler Michel Foucault ou Gilles Deleuze, à plus forte raison, Gilles Deleuze et Michel Foucault.

Paris, vendredi 26 mai 1972.

Écrivant ma dernière préface (non signée) pour Maurice Dumoncel (Tallandier), je calcule qu'elle est, à quelques unités près, la soixante-dixième. Ainsi vais-je, après tant d'années, retrouver une certaine liberté (mais qui va me coûter cher, et nous devrions être plus inquiets que nous ne le sommes quant à notre budget...). Écrivant donc cet ultime avant-propos, sur *Une vie*, je trouve, dans la *Vie de Maupassant*, dédicacée à mon père par Paul Morand en 1942, cet extrait d'une lettre de Jacques-Émile Blanche au sujet de sa première rencontre avec Guy de Maupassant, chez la comtesse Potocka :

Quand je fis la connaissance de Maupassant, m'écrivait-il cet hiver de sa propriété d'Offranville, il avait le type sous-off, portait le col rabattu à l'amant d'Amanda. En été, très canotier d'Argenteuil. Il ressemblait comme un frère au baron Barbier, l'homme debout, tête penchée sur la table du Déjeuner *de* Renoir... *Il parlait peu, sans ce qu'on appelle esprit, physionomie grave, inquiète, semblait-il ; un convive « terne » selon Mme Aubernon, chez qui je ne l'ai jamais rencontré (une exception à cette époque). Ses amours, ses débats avec l'aimée (Marie Kann) et les autres, le rendaient presque muet, comme en état d'hypnose. Chez Madeleine Lemaire, j'ai souvenir d'une soirée de* têtes *ou* costumes de papier. *J'étais en Lohengrin, cygne sous le bras, casque, et Maupassant, comme un chien errant, parmi les déguisés...*

... Ainsi Jacques-Émile Blanche, dont je me souviens, se souvenait de Guy de Maupassant qui lui-même...

Goupillières, mardi 5 septembre 1967.

Gérard venait de me dire combien l'avait frappé, à Washington, Le Déjeuner des canotiers. Et justement, nous avions rendez-vous, le dimanche 3 septembre, avec les Jacques Debuisson et Nicolas Bataille pour aller voir, à Chatou, la maison où Renoir peignit cette toile, en 1881, le fameux restaurant Fournaise.

Nous emmenâmes avec nous Gérard et Natalie. Abîmée mais habitée, avilie mais émouvante, la maison était là, avec la terrasse au plancher pourri où Renoir avait peint. Cartes postales anciennes en main (Roxane Debuisson les collectionne avec amour — c'est Paris qu'elle aime d'amour) nous comparâmes, repérâmes. Un des panneaux de la porte qui, cette année encore, montrait, enlacées, A.F., les initiales de Fournaise, avait disparu, brûlé pour se chauffer par les locataires portugais. Mais l'autre subsistait.

Un nouveau pont, par lequel nous étions arrivés, avait remplacé l'ancien dont la moitié venait d'être démolie. De la partie subsistante, nous vîmes la maison Fournaise comme personne, dans quelques mois, ne la verra plus jamais. Ces platanes devaient déjà être là ; la courbe de la Seine n'avait pas changé. Et Nicolas me la montrait, avec, au fond, le même pont, sur la reproduction d'un Renoir du Louvre représentant Augustine Fournaise, accoudée à la balustrade du restaurant. En face, le dépôt de charbon, déjà visible sur des cartes postales de 1910, avait pris plus de place encore. Il rendait difficile par sa laideur le projet, dont Roxane nous parlait, qui consisterait à sauver Fournaise et les deux anciens restaurants voisins en en faisant de nouveau un rendez-vous, non pas des canotiers d'autrefois mais de leurs amis d'aujourd'hui.

Après déjeuner, nous suivons à pied la longue, étroite, sauvage, île de Croissy, à la recherche de la Grenouillère, ou plutôt, car il n'en subsiste rien, de l'endroit où se trouvait la Grenouillère. Roxane l'avait déjà repéré, en compagnie de Nicolas, après bien des recherches, des enquêtes, mais certaines précisions manquaient, dont la découverte de ce filin subsistant que signalait une de ses fiches. Personne. Pas un Parisien — et, les premiers cent mètres franchis, pas un seul papier, ni le moindre détritus. Des peupliers carolins, la Seine, de part et d'autre, avec une péniche parfois. Une fanfare sur l'une des rives nous accompagne. Nous devions apprendre, en fin de journée, lors de notre visite à l'adjoint au maire de Chatou, Jacques Catinat, qu'il s'agissait d'une fête très ancienne de Croissy, la fête de la Carotte, rituellement célébrée le jour de la Saint-Fiacre, patron des jardiniers. Deux cyclistes, à de longs intervalles, repassent parfois, en quête de quoi ? Pas, comme nous, du passé. J'envie Nicolas qui part le lendemain pour le Japon jouer Ionesco et il me répond :

— Pourquoi ? Nous sommes en train de voyager. Dans le temps.

Gérard et Natalie se poursuivent en riant. Et Nicolas dit encore :

— C'est bien, ces cris d'enfants. Cette fanfare...

Ils sont, il est vrai, dans le ton, dans le temps — que nous descendons en remontant le fleuve. Voici les énormes platanes annoncés — ceux qu'évoque Maupassant dans *La Femme de Paul*, lorsque, parlant de « l'île charmante de Croissy », il écrit :

Aux abords de la Grenouillère, une foule de promeneurs circulaient sous les arbres géants qui font de ce coin de l'île le plus délicieux parc du monde...

C'était là. Il n'y a pas tout à fait cent ans. Et en 1880 encore. Mais des Parisiens du dimanche, en ce dimanche, plus de trace. Ceux d'aujourd'hui n'ont pas relayé ceux d'autrefois. A part nous sept, bien sûr, mais nous sommes moins là en promeneurs qu'en explorateurs : descendus dans le gouffre du temps. Gérard et Natalie participent aux recherches. Aucun indice, rien, sauf quelques grosses pierres le long de l'eau et le fameux filin, reste d'un des bacs d'autrefois, que nous finissons par découvrir et qui s'effrite dans la main de Gérard, qu'il blesse. En 1924, la petite île dite « le pot à fleurs » ou « le Camembert » existait encore. De l'enquête de Roxane, il résulte que l'on changea vers cette époque de côté le bras mort de la Seine, que celui de la Grenouillère étant désormais réservé à la navigation, on dut faire sauter l'îlot qui gênait les bateaux. Le fleuve fut dragué, les rives remontées. Grâce aux cartes postales de Roxane et de Nicolas, nous croyons reconnaître, à leurs fourches, à leurs formes, quelques arbres. C'était bien ici, il y a si longtemps, il y a si peu de temps, moins de cent ans — et il ne reste plus rien que la toile de Monet du Metropolitan, celles de Renoir à Stockholm, et ces cartes postales qui nous font rêver, et ces arbres et ce fleuve et ces rives et ce ciel qui n'ont pas changé.

Malagar, samedi 9 septembre 1967.

L'évocation par Maupassant de la Grenouillère (précise, mais en ses plus beaux endroits, aussi peu réaliste que possible et donnant une sensation d'autant plus forte de vérité) s'est ajoutée aux souvenirs de cette visite récente à l'île de Croissy, comme une surimpression, si bien que le décor déserté est de nouveau habité dans ma mémoire, et que j'ai l'impression, fugitive mais aiguë, d'avoir été à la Grenouillère, non le 3 septembre 1967 mais le 3 septembre 1880 — ou 1867 (69) — les notations de Renoir et de Monet s'ajoutant ou se substituant à celles de Maupassant.

A peine ai-je écrit cela que l'impression vraie se transforme en littérature, l'invraisemblable l'emportant sur cette sorte ténue, subtile, impalpable et inconnue de vérité. Et pourtant, pourtant, autour de Roxane, Marie-Claude, Natalie, Jacques, Gérard, Nicolas et Claude, d'autres Claude, Nicolas, Gérard, Jacques, Natalie, Marie-Claude, Roxane, me semblent avoir été là, dans leurs costumes et leurs robes d'autrefois. Temps retrouvé. Temps immobile.

Paris, lundi 2 novembre 1970.

Lisant, hier soir, le chapitre consacré par Georges Poulet à Lamartine dans *Mesure de l'instant* (je prépare mon prochain avant-propos), je suis surpris d'y trouver, tant dans les textes de Lamartine cités que dans les commentaires, de si précises et si nombreuses allusions au *Temps immobile*, tel que je le conçois — et avec plus de précision depuis la publication d'*Une amitié contrariée*. (Surprise, consolation, émerveillement, avant-hier, de l'article que lui a consacré Robert Kanters dans le numéro même du *Figaro littéraire* où a paru, enfin, le bouleversant dernier *Bloc-Notes*.) Seule différence : croyant, Lamartine, s'il se place, comme moi, après sa propre mort pour rassembler le temps de sa vie en un tout, se voit dans la vie éternelle, auprès de Dieu, alors que, moi, je me sais dès maintenant dans un néant d'où éphémèrement sera sauvé ce qui, grâce au *Temps immobile* (à mon Journal), en aura été recueilli. Chacun des instants ainsi préservés de mon existence se trouve sur le même plan. Il n'y aura, il n'y a déjà plus d'hier, d'aujourd'hui, de demain ; il y a cette évidence, que je croyais avoir découverte, dont tout au moins je pensais qu'elle n'avait jamais été vécue, exprimée avec cette précision, et qu'à propos de Lamartine et après lui, Georges Poulet exprime ainsi (les dernières phrases seules coïncidant, mais de façon combien exacte, avec ce que je sens, avec ce que je sais), citant d'abord, puis commentant :

« *Le passé, le présent, l'avenir, ne sont qu'un pour Dieu. L'homme est Dieu par la pensée, il voit, il sent, il vit à tous les points de son existence à la fois.* » (*Méditations.* Préface de 1849.) Totum simul *proprement humain, qui est comme le gage qu'un jour l'âme humaine se trouvera capable de vivre la totalité de son expérience temporelle dans sa richesse affective aussi bien que conceptuelle. Au sein de l'éternité simultanée de Dieu, l'homme, après sa mort, bénéficiera d'une éternité humaine non moins simultanée. Il se retrouvera contemporain de tous les temps de son existence, et, par conséquent, uni à tous les êtres dont l'existence s'est trouvée liée à la sienne par des sentiments impérissables.* (Mesure de l'instant, *Plon, 1968, pp. 224-225.*)

Les dernières lignes de ce texte de Georges Poulet font allusion à ce que le Lamartine de *la Vigne et la Maison* exprime ainsi :

Dans l'immuable sein qui contiendra nos âmes
Ne rejoindrons-nous pas tout ce que nous aimâmes
   Au foyer qui n'a plus d'absent ?

Révélation fulgurante, secret du temps immobile. *L'homme après sa mort... Contemporain de tous les temps de son existence...* Mots clefs. Quant à la fin de cette citation, si je la faisais mienne (ce que j'ai tendance à faire, mais je n'ose pas en parler de peur d'effacer le miracle), elle me permettrait, comme déjà Lamartine, d'arracher mes morts, mon mort, à la mort.

Mon mort : non plus Bertrand (pour la première fois) mais François... (Pourtant, mon rêve de cette nuit...)

  Devant l'éternité tout siècle est du même âge...
                                                        (Milly)
        Viens ! où l'éternité réside,
        On retrouve jusqu'au passé !
                                                          (Le Passé)

Toi qui fis la mémoire, est-ce pour qu'on oublie ?
Non, c'est pour rendre au temps à la fin tous ses
                                              [jours
Pour faire confluer, là-bas, en un seul cours,
Le passé, l'avenir, ces deux moitiés de vie
Dont l'une dit jamais et l'autre dit toujours.
Ce passé, doux Eden dont notre âme est sortie,
De notre éternité ne fait-il pas partie ?
Où le temps a cessé tout n'est-il pas présent ?
                      (La Vigne et la Maison)

Il n'y a pas jusqu'à ce cri : *Le temps n'existe pas*, qui ne se trouve mot pour mot, à deux reprises, chez Lamartine. Dans *Geneviève* : « J'ai reçu du ciel une mémoire des lieux, des visages, des accents de voix, pour laquelle le temps n'existe pas... » Et au chapitre XXXIX de *Raphaël* :

O hommes ! ne vous inquiétez pas de vos sentiments, et ne craignez pas que le temps les emporte. Il n'y a ni aujourd'hui ni demain dans les retentissements puissants de la mémoire, il n'y a que toujours. Celui qui ne sent plus n'a jamais senti ! Il y a deux mémoires : la mémoire des sens qui s'use avec les sens et qui laisse perdre les choses périssables, et la mémoire de l'âme pour qui le temps n'existe pas, qui revit à la fois à tous les points du passé et du présent de son existence, faculté de l'âme qui a, comme l'âme elle-même, l'ubiquité, l'universalité et l'immortalité de l'esprit ! Rassurez-vous, vous qui aimez : le temps n'a de puissance que sur les heures, aucune sur les âmes.

Lamartine gémit. Mais comme une tourterelle. Son chant, retrouvé de saison en saison, échappe au temps. Lui-même est-il si loin ? Je veux dire : l'homme de chair, de sang et d'âme qui s'appelait Alphonse de Lamartine ?

Pontigny, vendredi 4 août 1939.

Paul Desjardins restait en marge. Nul ne s'occupait de lui. L'activité débordante de son épouse l'entourait, passif. Pouvait-il ne pas sentir qu'il importunait, gênait, ennuyait sa femme ? Dévouée, bien sûr, mais dure avec lui, sans s'en rendre compte, par agacement. Cette façon qu'elle a de le considérer comme nul et non avenu. Elle marche très vite, m'entraînant, et le pauvre vieux renonce bientôt à nous suivre. Elle lui fait comprendre qu'il est de trop, lorsqu'il entre, sous un prétexte ou sous un autre, dans le bureau où nous travaillons. Timidement, il la prie de l'excuser et part. Pontigny est son œuvre... Quelle tristesse que la déchéance de l'âge ! Ralenti, il est doux, humble, charmant. Et Pontigny vit autour de lui de la vie qu'il lui a donnée, sans plus le regarder qu'une crotte.

Paris, lundi 26 octobre 1970.

Or, Paul Desjardins, petit garçon, à Paris, avenue de l'Impératrice, se promenait en donnant la main à son père, lorsque celui-ci lui dit : « Regarde ce monsieur qui marche courbé ; plus tard, tu seras content de dire : "J'ai vu M. de Lamartine..." » (*Paul Desjardins et les Décades de Pontigny*, Presses Universitaires de France, 1964, p. 1.) Ainsi, l'un des vivants d'aujourd'hui a-t-il pu voir un vivant qui avait vu Lamartine. Or Lamartine, enfant...

Au long des journées d'hiver à la campagne, tandis que son mari est à la chasse, Mme de Lamartine n'a de compagnie que celle de ce garçon. Alphonse devient son confident. Elle lui raconte son enfance à elle : comment, par exemple, elle a vu l'illustre Voltaire, un jour de 1778, à Paris, chez les princes d'Orléans, ajoutant qu'elle comprit, quoique si jeune — elle avait alors sept à huit ans — qu'elle « voyait quelque chose de plus qu'un roi... » (Maurice Toesca, Lamartine ou l'amour de la vie, *Albin Michel, 1969, p. 65.)*

Voltaire lui-même, petit garçon, avait vu Ninon de Lenclos, octogénaire, qui avait voulu rencontrer l'enfant dont ses maîtres jésuites lui avaient dit les qualités et montré les épigrammes. On le lui amena donc. Elle demanda au notaire Arouet « de permettre de laisser à son fils qui est aux Jésuites mil francs pour lui avoir des livres ». Ce qui fut fait. Or Ninon de Lenclos avait connu Richelieu et sans doute lui avait-elle même accordé ses premières faveurs... Ainsi de regard à regard et de vif à vif, remontons-nous vite et loin dans le temps immobile...

Claude Mauriac qui a vu Paul Desjardins, qui a vu Lamartine, dont la mère a vu Voltaire, qui a vu Ninon de Lenclos, qui a vu Richelieu...

Claude Mauriac qui a vu Mme Alphonse Daudet, qui a vu les Goncourt (les a si bien connus), qui ont vu (et si bien connu...).

Prague, jeudi 7 juillet 1938.

Dîner avec Émile Henriot chez les parents de mon ami Georges Mucha, dans cette ravissante maison où je vais habiter à partir de demain. Mme Mucha est le charme et la gentillesse mêmes. Quant au vieux peintre, il est touchant lorsqu'il parle de sa gloire passée. Les murs de sa maison sont couverts de ces affiches où Sarah Bernhardt a des allures de fleurs, épaves d'un passé dont Émile Henriot se rappelle avec émotion, celui de sa jeunesse. De sa voix imperceptible, Mucha me dit sa solitude :

— Depuis vingt ans, je suis mort déjà... Vous ne pouvez imaginer quel déchirement ce fut pour moi de quitter Paris. Mais il le fallait. Mon œuvre l'exigeait, cette épopée tchèque à laquelle je travaille depuis lors et que je ne pouvais entreprendre qu'ici. Une œuvre essentielle pour moi, une œuvre...

Paris, samedi 9 juillet 1938.

Étrange maison que celle des Mucha. Le peintre parle si bas qu'il faudrait, pour percevoir ses paroles, faire un immense effort. Sa femme l'entoure de prévenances et de soins, mais elle couvre de sa voix puissante ce mince filet hésitant, si bien que le vieux maître doit achever pour lui tout seul de formuler sa pensée. Il ne laisse échapper aucun mouvement d'impatience. (Tout le monde paraît, dans cette maison, résigné et doux.) Mais ses lèvres continuent de remuer. Il n'a pas renoncé à ce qu'il avait à dire.

Prague, lundi 11 juillet 1938.

Alfons Mucha me montre, dans son atelier, des gravures et des photos de son œuvre. Émouvantes reliques. Au mur, un calendrier de 1903. Tout, dans cette maison, semble avoir été arrêté à cette époque. Le vieux peintre me fait voir ses gros albums, *Motifs de décorations*, où vinrent se pourvoir les peintres, sculpteurs, décorateurs, orfèvres de 1900. Un vrai pillage. La qualité indéniable de cette peinture, c'est d'avoir indiqué une nouvelle voie à l'art. Cette conception dégénéra rapidement en mauvais goût et en folie sans que son créateur en fût vraiment responsable. Il devait pâtir par la suite des excès et des maladresses de ses imitateurs.

Paris, jeudi 6 mars 1958.

Hier soir, après un dîner chez ma belle-mère, au cours de la soirée, maman a traversé le salon, est venue à moi et, debout, tandis que je ne pensais pas à me lever, m'a dit quelques mots tendres, a peut-être ébauché un geste d'affection, sans que je manifeste rien qu'un peu d'agacement sans doute — et de l'indifférence. Jusqu'à ce que, peu de secondes après, la regardant sur le fauteuil où elle était retournée s'asseoir, je l'aie découverte avec amour et remords, découvrant, oui, dans sa neuve, merveilleuse fraîcheur, cette réalité méconnue : que j'avais ma maman, goûtant avec quelque retard notre complicité et l'affection qu'elle m'avait publiquement montrée (en profitant de ce que personne ne s'en apercevrait dans le brouhaha brillant de la conversation, ce qui nous avait permis devant tant de monde d'être seul à seule), me souvenant non sans honte de ma passivité et « réalisant » qu'enfant (vieil enfant, mais enfant, fils), j'avais réagi en enfant et en fils, de la façon exacte que je reprochais déjà à mes enfants, à mon fils, mais ayant changé de camp, ayant quitté celui des parents, trouvant naturel, secrètement agréable, toutefois gênant et ne valant pas que l'on y prêtât attention, cet irremplaçable accès de tendresse d'une mère.

Comme il y avait à ce dîner deux amis de jeunesse de mon père, Jacques Porel et Jean de Gaigneron — ce fut de leur jeunesse parisienne que tout naturellement ils parlèrent. Si bien que papa (j'ai le bonheur de pouvoir dire *papa*, comme dit *papa* mon fils), qui avait d'abord semblé agacé (tout à ses préoccupations politiques et sans doute plus graves, plus accaparantes encore, métaphysiques) d'avoir à passer quelques heures légères avec ces camarades d'autrefois dont il n'avait rien à attendre, reçut d'eux éphémèrement la double grâce retrouvée de la jeunesse et de la frivolité.

Ils parlèrent de Jean Cocteau, attaqué avec vivacité par Porel et Gaigneron, défendu, non sans réserves bien sûr, ni pointes par mon père, qui laissa entendre qu'il se pourrait bien que la postérité se souvienne de lui :

— Il y a tel ou tel de mes confrères dont je suis sûr, mais alors sûr, qu'il ne restera rien, ce qui s'appelle rien. Tandis que Cocteau est si fort qu'il est bien capable de tromper à son sujet les générations futures elles-mêmes. D'autant plus qu'il est un vrai poète...

Jacques Porel, vieux jeune homme, toujours drôle et brillant, évoquait lui aussi sa maman — et c'était la grande Réjane. Il rappelait tel jour ancien, chez Lucien Guitry, avec Alphonse Allais très digne et Tristan Bernard courant avec son gros ventre dans le jardin :

— Lucien Guitry dont je ne sais plus qui a dit — et c'était tellement ça ! — qu'il avait une tête de cheval de fiacre. Je le revois bien. Je devais avoir douze ans mais ce sont des visions qui marquent.

Ils parlèrent de Forain — que Porel interrogea un jour sur Rimbaud :

— Vous qui l'avez bien connu...

— Ce qu'on pouvait rire avec Rimbaud, vous n'imaginez pas...

— Comment cela ?

— Eh bien, on se déguisait en femmes et on jetait des choses sur les passants en les interpellant. C'était tordant.

Ils parlèrent de Francis Jammes, si jaloux et aigri

à la fin de sa vie, pas intelligent dit mon père, mais plein de drôlerie et d'esprit. Lorsqu'il prépara son élection (manquée) à l'Académie française, il perdit une voix par visite :

— Les autres n'existaient pas pour lui. Il ne savait même pas faire semblant de s'intéresser à eux... Je me souviens de ce pèlerinage à Orthez avec André Lafon. Nous ne connaissions pas encore Jammes pour qui nous éprouvions une admiration immense. Nous nous arrangeâmes pour arriver à pied, venant ainsi de je ne sais plus où, par une belle fin de journée. Nous fîmes au clair de lune le tour de sa maison, éperdus d'émotion. Le lendemain, nous allâmes le voir. A peine étions-nous entrés que, sans rien nous demander ni nous dire, il nous poussa sur un divan et se mit longuement à nous lire *Les Géorgiques chrétiennes*... Remarquez que nous étions enchantés...

Mon père m'avait-il déjà raconté cette première visite ? C'est probable mais je ne me le rappelais pas. En revanche... Mais écoutons-le :

— J'en demande pardon aux miens à qui j'ai maintes fois cité ce mot. Mais à Edmond Rostand qui lui assurait mal se porter, physiquement, moralement, Jammes dit ces seuls mots, sur un ton impérieux, en lui mettant les mains sur les épaules : « Le Bon Dieu tous les matins, Rostand ! »

Ils parlèrent de Lucien Daudet, qui avait une telle passion pour le ménage Porel.

— Je ne veux pas avoir l'air de rapporter des ragots...

A ces mots de mon père, Jacques Porel rougit et c'est touchant ce fard piqué par ce vieux jeune homme (qui du reste aime les femmes, n'aime qu'elles) :

— Pourquoi le cacherais-je...

Il avait repris son teint normal.

— Lucien Daudet nous attendait à la sortie des théâtres avec de gros bouquets... Ou bien c'était à moi qu'il les envoyait pour que je les remette à la « délicieuse Anne-Marie qui était si belle hier soir ».

— Et à qui les destinait-il vraiment, ces fleurs ?
— Mais à moi, bien sûr, à moi.
— Je me souviens : vous le fasciniez...
Et mon père, soudain grave, d'ajouter :
— Je ne pense jamais à Lucien Daudet qui me fut toujours, il faut le dire, assez indifférent. Or dans la nuit du 31 octobre au 1er novembre dernier, j'ai rêvé de lui avec une telle précision, il était à ce point présent... Mais non, je ne peux pas raconter cela...

Sous-entendu : « Je ne peux pas rapporter ce que nous nous sommes dit. C'était trop intime, trop important. »

Personne n'insista et l'on enchaîna.
— Quand je pense, dit Jean de Gaigneron, que Henry James assurait que c'était Lucien le plus intelligent de la famille...
— Il se trompait, car Léon, tout de même...
— Certes, coupe mon père. Il n'empêche que Lucien, si solitaire, n'était pas sans pathétique sous ses apparences désinvoltes.

Et Jacques Porel d'évoquer les réceptions chez Mme Alphonse Daudet — où je jouais, me dit-il, avec sa fille Jacqueline. Je me souviens de Mme Alphonse Daudet. Je revois cette très vieille dame... Plus proche que ses fils que je n'ai pas connus, ou à peine (j'ai rencontré Lucien, j'ai dû voir Léon), m'est depuis peu Alphonse, grâce au journal des Goncourt — où il apparaît lui aussi, lui surtout, si frivole et si pathétique.

....

Victor Hugo : *M. Villemain me disait hier, 5 septembre 1844 : « J'ai entendu M. Gérard dire : "La première fois que je vis M. de Fontenelle, il s'écria : 'Dieu ! que nous avons ri avec les amis de M. Corneille, à la première représentation de cette médiocre tragédie de* Bajazet *!' " »*

....

*Paris, 38, avenue Théophile-Gautier,
lundi 23 octobre 1933.*

Après déjeuner, je sors avec François Neuburger, reçu aujourd'hui à son premier bachot. Nous allons, un moment, à la salle des ventes, puis sur les Boulevards. François me montre un vieillard, marchant à petits pas, voûté, la figure ravagée, les mains gonflées et rouges, et me dit :
— C'est Dreyfus. Celui de l'Affaire...
Et je ne sais pourquoi, je me suis senti étrangement ému devant cette épave.

Paris, 24, quai de Béthune, jeudi 27 avril 1972.

Épave jetée sur les rivages du Temps. (Images les plus banales, qui demeurent les plus vraies.) Vieux mort ressuscité, que je revois, près de Richelieu-Drouot, en un endroit des Grands Boulevards que je peux encore situer. *Je ne sais pourquoi* est admirable !

Dimanche 15 février 1959.

Mon père m'apprend qu'il me dédie son prochain livre, recueil de ses admirables articles du *Figaro littéraire*, intitulé *Mémoires intérieurs*, ce qui me cause une grande joie...

A Claude Mauriac

Je te donne cette image de moi-même : mon reflet dans les lectures de toute une vie.

C'est le témoignage de ma confiance en ta destinée d'écrivain, et d'une tendresse qui ne finira jamais.

F. M.

Hauteville-House, 16 février 1859.

Victor Hugo :

Que de choses j'ai encore à faire ! Dépêchons-nous ! Je ne serai jamais prêt. Il faut que je meure cependant.

Sterne :

Ce jour même où j'écris ces lignes, qui est le 9 mars de 1759...

Paris, 24, quai de Béthune, dimanche 8 mars 1959.

Dîner improvisé avenue Théophile-Gautier. Nous achetons des homards chez Prunier et apportons du champagne. Mon père, accroché à sa nouvelle télévision, moins pour avoir les premiers résultats des élections municipales que par fascination : il est tellement pris par la T.V. qu'il compte acheter un second poste pour Malagar. Fatigué, un peu lointain, détaché, mais tendre. S'enquérant du *Dîner en ville* avec une sollicitude qui me fait craindre sa déception lorsqu'il en aura les épreuves. Murmurant à plusieurs reprises : « Pauvre petit Claude... ». Et comme je dis que je ne suis pas à plaindre : « Tu as raison, tu n'es pas à plaindre, sauf dans la mesure où tu es un homme, ce qui n'est pas gai. » Et de citer cette fin d'un article de

Jules Lemaitre sur Robespierre, où on lisait à peu près la même chose, dans les mêmes termes : « ... car c'est une dure condition... »

Je sors souvent Natalie et la mène au Jardin des Plantes. Exemple de nos conversations (lorsque nous ne roucoulons pas d'amour) :

— Écoute les moutons, papa : ils reniflent.
— Pour les moutons, on dit : ils bêlent.
— Ils bêlent. Renifler, c'est la tempête.
— Non, la tempête souffle.
— Elle souffle, la musique...

Trouville, mardi 21 septembre 1841.

Gustave Flaubert :

... Il est maintenant marée pleine, la mer est à quinze pas de moi au bas de l'escalier de Notre-Dame. Je suis assis sur une chaise à t'écrire sur mes genoux. [...]
Le temps n'est plus où les cieux et la terre se mariaient dans un immense hymen, le soleil pâlit et la lune devient blême à côté des becs de gaz — chaque jour quelque astre s'en va, hier c'était Dieu, aujourd'hui l'amour, demain l'art. Dans cent ans, dans un an peut-être il faudra que tout ce qui est grand, que tout ce qui est beau, que tout ce qui est poète enfin, se coupe le cou de désœuvrement ou aille se faire renégat en Turquie...

Paris, lundi 22 septembre 1941.

Les travaux de mon sous-comité [de la Tonnellerie] m'ayant de nouveau accaparé tout le long du jour, je ne suis plus en état de grâce pour parler du week-end que je viens de passer à Chantilly. Il s'agissait pour moi d'un pèlerinage : mais si j'ai revu le grenier où couchait le soldat que je fus, le garage où il travaillait, le Tabac où une jolie fille l'attirait, ce fut sans véritable émotion. Je reconnaissais les lieux sans les retrouver vraiment. C'était le cadre mort d'une vie évanouie. Et je m'intéressais bien peu à l'ombre de moi-même qui avait vécu là, cependant, des jours pathétiques.

Toute différente fut ma réaction en présence des merveilles du champ de courses et de la forêt. Mon éblouissement, ma joie d'autrefois m'étaient rendus dans leur pureté première, cette plénitude devant un paysage satisfaisant par son équilibre et sa beauté, cette allégresse de la chair et du cœur. Ce n'était pas le soldat Mauriac qui avait éprouvé ce bonheur mais le Claude de toujours et de jamais. Champ de courses ensoleillé, enceinte sacrée entre la muraille vivante des bois, les masses régulières des Écuries et de la Maison de l'Institut, le Château. [...]

Arrivée à Paris pour trouver sur les murs l'affiche annonçant la mort de douze nouveaux otages. Dernier soir du couvre-feu : à neuf heures, la ville est morte. Mais dans les maisons tout un peuple brimé, humilié, peureux, attend le jour...

Chantilly, mardi 30 avril 1940.

Chantilly, depuis avant-hier soir. Plus question d'aller à Paris. Zone des Armées. Barrages de flics. Gares surveillées. [...] Nous sommes faits comme des rats, mais dans la plus belle prison du monde. Et ceci rachète cela. Le soir, je trouve une liberté qui me purifie.

Je croyais connaître Chantilly. Mais je ne l'avais jamais vu sous ce jour. Nous sommes arrivés avec l'hirondelle, le muguet, le coucou. Les jardins sont remplis de lilas. Un air de paix, de vacances, de luxe. Quelque chose d'anglais dans les villas trop propres, le champ de courses lustré au bord duquel s'arrête la forêt disciplinée. Les arbres suivent les méandres du gazon avec leurs feuillages neufs. Les Écuries là-bas, le Château, la Maison de l'Institut sont plus transparents, plus vaporeux que la lumière.

Nous allâmes, hier soir, Nitro et moi, faire une grande promenade. Sur le parapet, devant la grille du château, nous fîmes silence. Les carpes grouillaient dans l'eau calme. Des canards glissaient dans un doux sillage. Puis ce fut la forêt, une de ces longues allées rectilignes et bleues, cet amour soudain retrouvé, plus fort que l'amour. L'amour de la forêt. Si poignantes étaient les odeurs de terre humide et de jeunes feuilles que j'avais envie, sans rire, de me mettre à genoux, de rendre grâce. Nous relevâmes les fraîches empreintes d'un cerf et de sa biche. Un faisan se levait dans un grand bruit d'ailes. Les branches étaient bourdonnantes de hannetons. C'était un rossignol, dont le chant si pur aux autres chants se mêlait. Tout était racheté, pardonné. Cette pureté engloutissait les souillures du jour. Et c'étaient les parfums de ce qu'il y a eu dans ma vie, jusqu'à ce jour, de plus poignant.

*Paris, 38, avenue Théophile-Gautier,
jeudi 7 février 1935.*

M. et Mme Jacques-Émile Blanche dînent, ainsi que François Le Grix. Cet étonnant Jacques-Émile Blanche : ses interminables histoires qui coulent goutte à goutte avec leurs incidences et parenthèses multiples. Son humour et cette façon qu'il a de faire une bouillie de ce qu'il a dans son assiette. Il nous raconte quelques-unes des visites qu'il fait pour sa candidature à l'Académie des Beaux-Arts. En particulier son entrevue, « le soir mémorable du 2 février 1935 », avec Paul Chabas, ce contemplateur plus ou moins bouddhique (rien à voir avec sa mauvaise peinture). En dépit de son extravagante élocution et de ce qui, chez tout autre, serait ridicule (mais il y ajoute un charme qui n'appartient qu'à lui), M. Blanche est rayonnant d'intelligence : qu'il parle de musique, de peinture, de littérature, c'est la même merveille. Sans cesse, il fait allusion à ces graves problèmes qui se posent à lui, au seul dont il souffre de voir sourire ses interlocuteurs incompréhensifs : M. Blanche a une peur atroce de la révolution et des communistes. Il me demande « d'avoir la gentillesse, si j'ai le temps, d'aller le voir ». J'irai, et avec grand plaisir...

Paris, mardi 7 mai 1963.

Seul un chant de merle survit à l'époque où, en cette même rue, Jacques-Émile Blanche peignait dans cet atelier à l'odeur inoubliée. Les François Bondy reçoivent en l'honneur de Witold Gombrowicz. Les premiers martinets sont arrivés le matin même (la joie de vivre, au ras des toits, comme toujours).

Paris, samedi 29 avril 1939.

Récit, par mon père, de sa visite au vieux Blanche. Il lui disait :
— J'ai soixante-dix-huit ans et pourtant tout m'intéresse comme à vingt ans...
Il voulait venir à la maison, après dîner, mercredi, voir Gide, qu'il aime beaucoup et dont il parle avec une gentillesse touchante, mais mon

père a pu éviter cette catastrophe. Car Gide vient mercredi. Je me suis entendu avec lui au téléphone, ce matin. Mon père est enchanté, maman un peu intimidée.

Paris, mardi 2 mai 1939.

Gide se décommande, « rappelé à Perpignan par un réfugié dont il s'occupe ».

Paris, mercredi 10 mai 1939.

Gide [qui a dîné à la maison hier] a fait la conquête de la famille. [...]
Je pense à cette perfidie bien gidienne : la cruauté insidieuse et prudente avec laquelle il parla à mon père de Jacques Copeau. « J'ai assisté, côté Copeau, à la création d'*Asmodée*... » Il ne dit rien de très net ; il suggère ; il insinue. Quoi ? Peu de chose... Assez pour inquiéter. Jacques Copeau se serait glorifié du travail considérable qu'il dut fournir pour rendre *Asmodée* viable. Son rôle aurait été plus important que celui de l'auteur... Gide abandonne ce sujet, puis il y revient, le quitte de nouveau en se refusant à tout éclaircissement... Mon père prend un air indifférent. Mais on le sent plein de rancune contre Copeau — ce qui se comprend aisément. « Ces révélations ne sont pas tombées dans l'oreille d'un sourd », dit maman. C'est peut-être ce que voulait notre Gide. A vrai dire je ne crois pas qu'il mette de la méchanceté dans ses propos. Sa perfidie coule de source. « Qu'est-ce du reste que la méchanceté ? C'est une notion difficilement définissable », disait-il à propos de Jacques-Émile Blanche qu'il était allé voir avant de venir à la maison.

Paris, dimanche 21 novembre 1971.

Cette inoubliable odeur d'huile (de lin, de noix, d'œillette ?) jamais retrouvée, celle-là même sans doute des ateliers de Delacroix et de Manet, dans cet autre atelier, dont les hautes cloisons, sous la verrière, étaient couvertes de toiles — l'atelier où était venu, il y avait déjà longtemps, Marcel Proust — dont j'ignorais le nom et qui, dans ces « textes retrouvés », publiés par Philip Kolb, évoque cet atelier justement, et la maison, le jardin, où ils se trouvaient, disparus depuis et dont je me souviens avec exactitude, tels que les décrit Proust dans cette Préface à un livre de Blanche, *Propos de peintre. De David à Degas :*

Comme mes parents passaient le printemps et le commencement de l'été à Auteuil où Jacques Blanche habitait toute l'année, j'allais sans peine le matin poser pour mon portrait. A ce moment cette maison qui s'est construite en hauteur sur l'atelier même, comme une cathédrale sur la crypte de l'église, était étendue, en ordre dispersé, dans les beaux jardins...

Maison « en hauteur » que je revois et dont nous sommes de moins en moins nombreux à nous souvenir ; jardin hivernal, chaude maison aux chaudes odeurs. Et cet homme élégant, nonchalant, qui racontait d'interminables histoires, celui que l'on appelait Monsieur Blanche ou Jacques Blanche et qui avait connu sans que je le sache tant de peintres, d'écrivains, de beaux messieurs et de belles dames d'autrefois. Grand ami de mon père, dont il fit plusieurs portraits (et un de maman), il nous peignit tous, ses enfants, pour rien, pour le plaisir, pour faire plaisir. Et c'était et cela demeure un des endroits mystérieux de la mystérieuse enfance que cet atelier où, en lisant Proust qui y était si souvent venu, je me suis retrouvé hier hors du temps et à jamais, communiquant ainsi directement (ce que peu de Parisiens peuvent faire aujourd'hui) avec non pas exactement un des salons mais une des maisons de Paris familière à yarcel Proust aussi bien qu'à moi-même.

Je ne me souviens plus si j'ai consacré, cette année, les quelques pages de Journal qu'elle méritait à l'inauguration, rue La Fontaine, de la plaque indiquant l'endroit où se trouvait « la maison d'Auteuil » :

Cette maison que nous habitions avec mon oncle, à Auteuil, au milieu d'un grand jardin qui fut coupé en deux par le percement de la rue (depuis l'avenue) Mozart était aussi dénuée de goût que possible. Pourtant je ne peux dire le plaisir que j'éprouvais quand après avoir longé en plein soleil, dans le parfum des tilleuls, la rue La Fontaine, je montais un instant dans ma chambre où l'air onctueux d'une chaude matinée avait achevé de vernir et dans le clair-obscur nacré, etc.

Mais s'il ne l'a pas dit dans cette préface au livre de Blanche (où il le dit pourtant de son inégalable manière) il l'a exprimé dans son œuvre, où Combray, pour une grande part, est né du souvenir de ce jardin et de cette maison-là.

Paris, mardi 21 août 1973.

Nous sommes revenus à Jacques-Émile Blanche, et à la merveilleuse, salubre, angoissante odeur de térébenthine de son atelier, rue du Docteur-Blanche. Ici, bifurcation possible sur Nerval, si proche ; ou, déjà, sur l'oncle Marcel ; ou encore...

Paris, vendredi 8 octobre 1971.

... Quant au *Temps immobile*, les possibilités de montage sont innombrables, ce qui rend, à la limite, l'entreprise impossible...

Juin 1921.

Maria van Rysselberghe :

[Mes objections] se résument dans une certaine impudeur. « Oui, j'entends, dit (Gide), mais cela peut être beau, l'impudeur ! — On ne croira jamais, dis-je, que vous n'avez pas choisi de préfacer Armance. *— Tant pis, fait-il ; évidemment, j'en ai profité pour dire certaines choses qui me tiennent à cœur, mais, en somme, je ne sors pas de mon sujet. » Le soir même, il doit lire sa préface chez Mme Muhlfeld, qui a invité douze personnes (Boylesve, Jaloux, Miomandre, Valéry, Artus, Mauriac, Blanche ; j'ai oublié les autres). « C'est neuf de trop, fait-il. — Dans quelle perplexité vous allez les plonger ! dis-je. — Je suis là pour ça, répond-il. — Quoi ? ils diront : C'est très révélateur... Je les mets au défi de dire de quoi ! »* (Les Cahiers de la Petite Dame, *Gallimard, 1973, I, p. 81.)*

Ober-Gurgl (Tyrol), mardi 20 décembre 1938.

Ski le matin et l'après-midi. Lecture de la préface qu'André Gide écrivit pour *Armance*. Elle se termine par cette phrase de Tolstoï : « L'homme survit à des tremblements de terre, aux épidémies, aux horreurs de la maladie, et à toutes les agonies de l'âme : mais de tout temps la tragédie qui l'a tourmenté et qui le tourmentera le plus c'est — et ce sera — la tragédie de l'alcôve. » — « Car je songe à cette terrible phrase de Tolstoï, que Gorki nous rapporte... » Il cite. Puis, sans un mot de commentaire, il signe : André Gide (n.r.f., 1er août 1921). Nouvelle allusion à ce drame deviné que fut la vie conjugale de l'auteur de *la Porte étroite* ?

Mon père me parlait l'autre jour de la lecture que fit Gide de cette préface au roman d'un impuissant (chez Mme Muhlfeld, je crois, dite « la Sorcière » — ah ! ce nom que mes parents prononçaient si souvent devant moi et qui hanta mon enfance !). X... était là, impuissant notoire, bien qu'il s'en défendît. Mais Gide écrit avec raison : « La constante préoccupation de l'impuissant étant de cacher son secret aux yeux de tous, — à quoi le plus souvent il est habile, et d'autant plus aisément y parvient que les hommes, sur ce point, sont prompts à s'en laisser accroire, et qu'ils se plaisent à imaginer, dans toute fréquentation d'homme à femme, des intrigues et des dessous par quoi leur propre salacité se trouve encouragée et flattée, au point qu'il est toujours plus facile de faire croire qu'une femme est votre maîtresse, que, si elle l'est vraiment, de le cacher — de tout ce que dessus il ressort que les Babylans sont fort malaisés à reconnaître, et, partant, beaucoup plus nombreux qu'on ne croit. »

Pour en revenir à X..., il ne réussit jamais à faire admettre l'existence de ce mythique fils naturel qu'il aurait eu en Angleterre.

— Cette lecture fut d'une cruauté terrible, me dit mon père. Lorsqu'elle fut achevée, X... se leva et me demanda de l'accompagner. J'eus la méchanceté de refuser, trop désireux d'entendre la conversation qui suivrait immanquablement son départ, et où son impuissance serait évoquée conjointement à celle de l'amoureux d'Armance...

Je fis, l'autre soir, allusion à cette scène devant

Gide. Il eut l'air très étonné, avoua ne se souvenir de rien, puis, voulant bien admettre que cette lecture eut lieu devant X...

— Je n'y mis pourtant aucune intention cruelle...

Il vit qu'il ne m'avait pas convaincu, et, comme je lui avait parlé, quelques instants plus tôt, de la méchanceté de certaines pages de son *Journal* consacrées au trop reconnaissable X..., il n'essaya plus de feindre, soupira qu'il avait été, en effet, gratuitement bien odieux, que X... avait toujours eu, à son égard, d'excellents procédés et qu'il tâcherait de réparer, d'une manière ou d'une autre, par exemple dans une préface à son *Journal,* le tort qu'il lui avait fait.

Paris, mercredi... octobre 1946.

Au cours du premier entracte d'*Hamlet*, je tombe sur André Gide qui sort des coulisses où il s'était précipité dès la tombée du rideau. « Oui, cela marche inespérément bien », dit-il en réponse à mes félicitations. Sous son apparence banale, la formule est de celles qui permettraient à un imitateur de faire surgir Gide devant nous. Il y suffit de cet adverbe dont il sert à part chaque syllabe, détachée au préalable, puis in-es-pé-ré-ment broyée entre ses dents.

Paris, jeudi... novembre 1946.

Encore André Gide, que l'on continue décidément à voir un peu partout. Deviendrait-il futile sur ses vieux jours ? Son prestige était accru pour nous, dans les années d'autrefois, par la difficulté de l'apercevoir et j'ai du mal à m'habituer à ne plus considérer comme un événement chacune des occasions où il m'est donné de le croiser. Ce qui m'émeut surtout, c'est que sa silhouette soit la même qu'aux jours lointains de Biskra, qu'il soit coiffé d'un chapeau identique et qu'une cape semblable enroule ses épaules durablement frileuses. Et comment ne pas avoir jusqu'au vertige la sensation que le temps a été aboli lorsqu'on l'aperçoit un jour de 1946, si pareil à celui que Jules Renard évoquait dans son *Journal* un soir de décembre 1891 : « C'est un imberbe, enrhumé du nez et de la gorge, mâchoires exagérées, yeux entre deux bourrelets... »

Paris, mercredi 2 juin 1948.

Curieux déjeuner où voisinent sans éclater les éléments les plus détonants : Maurice Merleau-Ponty et Georges Izard, David Rousset et Jean Cayrol, d'autres encore sous l'œil inquiet de Jules Roy, tandis que Jean Paulhan essaie avec une louable patience et sans avoir l'air d'y toucher de mettre le feu aux poudres. Je suis placé à côté de Roger Caillois, que je ne connaissais pas et avec qui je me découvre en totale union de pensée, ce qui, dans une telle réunion, est insolite. Grâce à la présence pacificatrice de Thierry-Maulnier il ne se passe rien de regrettable et Jean Paulhan a l'air déçu.

Aux *Mains sales*, le soir, avec mes parents et lady Phipps.

Paris, vendredi 4 juin 1948.

Rencontré André Gide à la sortie des *Assassins sont parmi nous !*, film allemand présenté ce matin au Biarritz. Malgré le froid incroyable de ce jour d'été, il ne met pas son manteau et reste à parler en plein courant d'air, à l'angle des Champs-Élysées. C'est avec émotion que je le retrouve après si longtemps.

Le soir, rencontré au *Catalan* Mme X... dont le mari a été fusillé pour collaboration, en compagnie de Z... qui était un des directeurs du Cabinet de celui qui a précisément refusé la grâce de X... Tel est Paris. Ils s'assoient à ma table. Mme X... ne m'a jamais semblé plus jeune ni aussi jolie. Mais je frissonne lorsqu'elle dit de ses filles et d'elle-même qu'elles sont des femmes sans homme. Pas une plainte. Un sourire que l'on pourrait croire ironique tant sa douleur s'y déguise de pudeur.

(*Les initiales sont dans l'original. Je ne sais plus de qui il s'agit...*)

Paris, jeudi 13 février 1958.

... Dîner, hier soir, chez mes parents : Denise Bourdet, les Julliard, les Claude Rostand, Jacques Février. Ma belle-mère. Et Reine Gianoli.

Elle accepte, en fin de soirée, de se mettre au piano. Pas n'importe quel piano : le Steinway de mon enfance, le même que j'entendais de ma chambre lorsque maman y jouait cette dixième danse de Granados, source inépuisable de graves enchantements dont j'ai conservé durant près de trente ans la nostalgie — n'en retrouvant qu'en moi les rythmes et la mélodie, jamais réentendue, en vain cherchée chez les marchands de disque jusqu'à ce qu'enfin, il y a quelques semaines, j'en aie trouvé un enregistrement déjà vieux d'un an — un an de perdu ! — mais je n'en avais rien su. Disque qui me replonge dans le miracle de l'enfance chaque fois que religieusement, pieusement, je l'écoute (et un soir en présence de mes parents, eux-mêmes émus de retrouver, grâce à cette audition, d'autres souvenirs que les miens, mais des souvenirs aussi bouleversants peut-être).

Donc c'était le même piano. Non plus le salon de la rue de la Pompe, mais le même salon depuis vingt-sept ans et depuis toujours les mêmes parents bien-aimés. Vivants, vivants — et je mesurais une fois de plus, éphémèrement, ce miracle, devançant en pensée le jour où, puisque nous serions morts, rien ne subsisterait plus de ce qui fut notre complicité et notre entente — miracles indéfiniment renouvelés d'âges en âges et de familles en familles — à jamais perdus, irremplaçables — non pas même oubliés : effacés les uns après les autres comme s'ils n'avaient jamais existé.

Après quelques morceaux de Bach, Reine Gianoli joua à la demande de mon père le si ravissant *Impromptu* de Schubert puis la *Fantaisie en do majeur* de Schumann — que j'aime tant moi aussi, l'ayant en disque depuis longtemps. Je l'avais achetée pour me remémorer les Schumann joués par maman lorsque j'étais petit, non qu'elle ait jamais affronté cette partition difficile, mais Schumann se reconnaît en chacune de ses œuvres et j'y retrouvais mon enfance en même temps que lui, mon père, la sienne. J'avais peut-être su, mais je n'en gardais aucun souvenir, que mon père aimait tout particulièrement la *Fantaisie*. Il écoutait comme il le fait toujours lorsque traquant derrière des notes aimées de très anciens souvenirs, il suit les yeux fermés quelque piste ineffaçable mais secrète. Fatiguée, Reine Gianoli s'arrêta à deux reprises, et à deux reprises mon père, presque impérativement, l'obligea à continuer : « C'est maintenant qu'il va y avoir le plus beau ! » Puis : « Voilà ce que j'attendais depuis le début » (et c'était la petite phrase finale si désespérément tendre).

Maman était près de moi, appuyée contre moi. Mon père devant moi — il n'y avait que nous trois au monde.

A la maison, Marie-Claude me dit :

— Ces petits moments intolérables, lorsqu'un être vous est soudain entièrement *livré*... C'est difficile à exprimer : tous ses secrets sont là étalés devant vous. J'ai eu ce soir cette impression à deux reprises. D'abord avec ton père, lorsqu'il demandait à Reine Gianoli de continuer, ou plutôt qu'il l'exigeait, dans l'attente de quelque chose qui ne venait pas... Puis en voyant X... si seule et si démunie sur son fauteuil sous le regard sans douceur de Denise Bourdet...

Vémars, samedi 24 juillet 1937.

Permission à Vémars. Tours dans le vieux jardin si pareil à lui-même. Après dîner, Bruno et moi observons du dehors, à travers les vitres du billard, le cercle de famille qui ne nous voit pas. Le silence de la nuit. Rien ne vient de l'intérieur, si ce n'est le grondement assourdi et méconnaissable de la T.S.F. qui retransmet de Bayreuth, dans le salon, *Lohengrin*. Nous apercevons grand-mère penchée sur son éternel ouvrage : travail minutieux, continué de jour en jour dans cette invariable position. Maman dont la jeunesse m'avait merveilleusement surpris, ces jours-ci, m'apparut soudain vieillie. Oncle Roger, tante Marie-Thérèse... Papa... Là, c'est le miracle...

Debout, la tête levée, il présentait un masque transfiguré. Parfois il faisait un grand geste, ou bien ses traits prenaient une de leurs mimiques familières. Mais du jardin nocturne où nous n'entendions pas la conversation, son visage familier nous apparaissait plus *vrai* que de coutume : chacune de ses expressions était amplifiée. Cet homme, une fréquentation quotidienne nous empêchait de le voir. Il surgissait devant nous dans l'essentielle réalité que lui donnerait notre mémoire, un jour. Le souvenir ne conserve d'un être que sa vérité profonde. Il est dépouillé de tout ce dont l'heure présente le chargeait inutilement. Mêlés à cette soirée, nous aurions écouté les conversations. La part que nous y aurions pris nous aurait distrait. Nous aurions été l'un et l'autre des acteurs.

Voici que nous sommes spectateurs. La vitre, comme un écran, nous dévoile ce que nous ignorions. Ce visage d'extase, nul dans la salle de billard ne doit l'apercevoir. Mon père écoute Wagner. Les souvenirs affluent en lui. C'est en son cœur une suite d'émotions où la joie se mêle à la tristesse. Parfois il semble se réveiller ; sa figure s'anime ; il passe une main lasse sur son menton. Puis il s'envole de nouveau, retouche terre, repart. Et c'est le plein ciel : une bouche entrouverte, des yeux levés dans une stupeur radieuse.

Bruno, près de moi, est étonné de cette transfiguration. Je lui donne l'explication qui me paraît bonne. Il acquiesce, mais ajoute :

— Ainsi désintéressés nous pouvons voir ce qui est : il y a les êtres qui sentent quelque chose, et ceux qui ne sentent rien.

Et je compare l'extase que Wagner procure à papa, à la passivité laborieuse de ma grand-mère courbée sur son ouvrage.

Paris, samedi 7 août 1937.

Dîner avec mon père chez *Ledoyen*. Les Champs-Élysées sont, en cet endroit, un très calme jardin. A une table proche, Claude Dauphin et Jean-Pierre Aumont.

Édouard Bourdet a dit aujourd'hui qu'il aime beaucoup la pièce transformée. Mon père en est tout heureux. Le champagne nature ajoute à sa détente : il s'abandonne avec cette grâce charmante qui est souvent la sienne, cette fraîcheur de jeune homme, une spontanéité d'ami. Nous parlons de l'amour. Je dis n'avoir pas le sens du péché. Alors papa :

— Cette génération peut, sur ce plan, se reposer. Je l'ai eu pour deux...

Confidences à peine voilées sur son jansénisme exagéré :

— Comme je regrette cet état d'esprit. D'autant plus qu'il ne m'empêchait pas de demeurer dans le mal. Je m'y croyais installé une fois pour toutes.

Puis il parle avec confiance d'un Dieu bon. Aux entraînements de la chair, il cherche mille excuses. L'amour est béni ; nous ne sommes qu'à demi responsables des excroissances monstrueuses que notre civilisation y ajoute. Dieu tiendra compte de l'atavisme, de la race, du milieu...

— Combien nous romançons nos sentiments ! Lorsque j'évoque les drames dont ma vie sentimentale a été traversée, je découvre à quel point ils étaient artificiellement montés : toute une symbolique de la passion joue qui ne correspond à rien de réel...

Ici je l'arrête :

— Vous dites cela aujourd'hui, avec l'indifférence du recul, parce qu'est mort en votre cœur cet animal vivant qu'est l'amour, et qui se débat, qui mord... La jalousie, par exemple, n'est pas une réaction artificielle. On la trouve chez les peuplades primitives et même chez les animaux...

Mon père hoche la tête ; son regard se perd. Puis :

— La jalousie... oui... c'est une chose atroce, odieuse...

Il me regarde... Il voit sans doute en moi un garçon dévoré d'amour, engagé dans quelque aventure passionnée. Il se trompe.

La nuit tombe, les pigeons s'effacent. Il ne demeure que ce bruit de fontaine, et la chanson assourdie de l'Exposition proche. Ciel pur, feuillages abandonnés à l'air sans souffle et qui tombent comme de lourdes draperies.

Mon père me parle du roman, de l'inutilité du roman :

— Lorsque tu m'as proposé le livre du petit Mégret, tout à l'heure, l'idée de m'intéresser, ne fût-ce qu'un instant, à une « histoire » m'a accablé. Rien n'est plus vain qu'un roman... Tristesse de penser à tous ceux que j'ai écrits... De penser que ce n'est rien, rien et rien. De l'artifice, des bavardages... Je veux faire du théâtre.

— Mais c'est inutile...

— Certes, mais tout nouveau, tout beau, *Asmodée* n'est pas du tout ce que je veux faire au théâtre... Il s'agit d'un simple roman de moi dialogué... J'irai à Salzbourg, l'an prochain. Il n'est pas de plus merveilleux excitant que Mozart pour qui veut se lancer dans l'art dramatique.

Adieu, beau Jean-Pierre au visage touché. Adieu, spirituel Claude Dauphin. Nous marchons... Il fait chaud... Le métro. Bonsoir papa chéri... Au lit...

Paris, 24, quai de Béthune, dimanche 25 avril 1965.

Écouté un peu de musique, dont le *Trio en sol majeur*, op. 73, n° 2 de Haydn, joué par Cortot, Thibaud et Casals, repiquage du disque que j'entendais rue de la Pompe. L'enregistrement date du 2 juin 1927. J'ouvre mon premier agenda...

Ce jour-là, j'avais été au Cinéo (le cinéma de l'avenue Victor-Hugo ?) voir *Le Calvaire des divorcés* (?) et *Une vie de chien*. Il me semble me souvenir de la première vision de ce Charlot, donc du 2 juin 1927, d'où me viennent, aujourd'hui, fraîches comme au premier matin, ces notes pures, cette musique qui m'émeut doublement : par sa perfection présente, éternelle — et parce que je l'ai entendue, exactement la même, dans un lointain passé. Bertrand vivait. Je venais d'avoir treize ans.

Paris, 89, rue de la Pompe, 2 juin 1927.

Je vais à ma leçon de calcul mais le professeur ne vient pas. Claire va à sa leçon de piano. Après déjeuner, maman, Claire, Bruno, Pasy et moi allons au Cinéo voir Le Calvaire des divorcés et Charlot dans une vie de chien et quelques autres petits films. Bruno vient seul en autobus nous le raccompagnons au métro. Nous allons chez le patissier.

Paris, vendredi 7 mai 1965.

Je relis la note du 2 juin 1927. Étonné d'y voir le nom de Pasy qui ne m'avait pas frappé lorsque, il y a quelques jours, je me reportais à ce fragment de Journal ancien après avoir entendu le *Trio* de Haydn. Pasy pourtant, Pasy... Pasy que j'ai revue à Londres, au début de 1939, et dont j'appris depuis, il y a déjà très longtemps, à la Libération peut-être, qu'elle était morte. Pasy à qui je puis redonner la vie, que je puis faire vivre de nouveau pour ceux qui viendront après nous, lorsqu'il n'y aura pas de différence entre les morts que nous serons, elle, moi et tant d'ombres ici ressuscitées.

Londres, mardi 28 février 1939.

A vingt-trois heures trente, M. Corbin reçoit à l'ambassade de France en l'honneur de la Comédie-Française. L'ambassadeur accueille ses invités avec une courtoisie distante. On me montre Duff Cooper, ancien ministre du gouvernement Eden, et l'acteur Charles Laughton : lippu, bouffi, éléphantesque, avec une expression candide de gosse.

Coup au cœur. J'ai reconnu le peintre Josselin Bodley qui fut autrefois notre voisin de palier, rue de la Pompe.

Paris, 24, quai de Béthune, mardi 23 juin 1970.

... notre voisin de palier et de balcon. J'étais sur le point d'ajouter « et de balcon ». Mais avais-je le droit, après si longtemps, de toucher à un de mes textes ? Oui sans doute, puisqu'il s'agissait d'un souvenir aussi vivant, aussi lointain et aussi proche pour moi, en moi, le 28 février 1939 (un peu plus de dix ans s'étaient passés...) et le 23 juin 1970 (un peu plus de quarante ans...) : le temps n'enlève rien de leur fraîcheur à certaines images ineffaçables de l'enfance. Je revois donc, de mon balcon, M. Bodley, agitant sur le sien son shaker. Et je revois la blonde et rose petite Pasy, indestructible — et je la revois, détruite, ce 28 février 1939, où me revoici...

Londres, mardi 28 février 1939.

... notre voisin de palier, rue de la Pompe. Comme il paraissait vieux à l'enfant que j'étais ! C'était la folle époque de l'après-guerre. Je le revois, agitant sur le balcon de son salon un éternel shaker. Mes parents allaient souvent chez lui boire des cocktails. Oui, je le revois et, avec lui, le Mont-Valérien dans le soir d'été où la musique d'un restaurant russe mettait sa douceur. Et je revois le parc ombreux des Carnot, et je revois Pasy, la petite Pasy Bodley, avec ses yeux bleus, ses cheveux blonds coupés en frange, ses joues roses. Si M. Bodley m'apparaît aujourd'hui jeune et beau, comme un garçon de mon âge, Pasy surgit devant moi, méconnaissable.

Première rencontre avec la vieillesse. Lorsque j'avais vu Pasy pour la dernière fois, elle avait huit ans, j'en avais quatorze. C'était une enfant frêle, une toute petite fille. Et voici une femme. Elle me sourit. C'est Pasy. Je cherche en vain sur son visage un trait qui soit semblable à celui d'autrefois. Je ne retrouve rien, rien de ce que j'ai connu. Et pourtant, c'est la petite fille d'autrefois.

Nous buvons du champagne. Un couple comme tous les autres. Elle est belle. Vertige de l'enfance évoquée. Et l'on a un peu honte d'être devenu cela : un couple comme les autres.

— Vous me faisiez très peur. Vous étiez quelqu'un d'important pour une petite fille. A vrai dire vous me sembliez assez monstrueux. Je n'existais pas pour vous. Vous ne me regardiez ni me n'adressiez la parole...

Paris, vendredi 25 octobre 1968.

... relisant cela, je réentends soudain Pasy prononcer, avec son ravissant accent anglais, ce mot, *monstrueux* qui me charmait par la façon dont elle le disait, en même temps que, rétrospectivement, il me faisait de la peine, révélant dans nos relations, si douces dans ma mémoire aujourd'hui encore, quelque chose, chez elle, à mon égard, de contraint et de désagréable...

Londres, mardi 28 février 1939.

... Et pourtant, je l'aimais. Ce fut elle qui me fit éprouver pour la première fois ce que l'amour pouvait être.

Je me souviens de ma honte éblouie. Aimer une fille ! Y avait-il rien de plus grotesque pour un petit garçon ! Et puis je me savais laid, je me sentais repoussant. Sa fragilité, la pureté de son regard bleu m'intimidaient. Si j'étais désagréable avec elle, c'est que je la trouvais trop jolie.

Paris, 5 octobre 1966.

Ce regard bleu, je l'avais oublié, mais je le revois soudain grâce à cette notation de 1939 où je m'en souvenais encore.

Paris, 25 octobre 1968.

Ce regard bleu, je le revois à jamais et depuis toujours. Quand donc me trompé-je ? Peut-être les souvenirs sont-ils parfois recouverts pour resurgir, intacts, de leur plus ou moins longue plongée ?

Paris, 8 février 1967.

Premier amour, non. Avant Pasy et dans le même appartement, à côté du nôtre, il y avait eu une autre petite fille, Edith. Pas si jolie. Mais une fille. La seule fille, à l'exception de mes sœurs, que j'aie eu alors l'occasion d'approcher, non sans crainte, ni répulsion, envie aussi, parce qu'elle était plus gâtée que moi.

Paris, 25 octobre 1968.

Ici, deux pistes possibles — Pasy, Edith —, que je ne puis suivre en même temps...

Londres, mercredi 1er mars 1939.

Déjeuner avec Mr. et Mrs. Bodley et Pasy que nous avons été chercher chez Molyneux où elle travaille. « Savez-vous, m'avait-elle dit hier simplement, que je suis mannequin chez Molyneux ? »

— Travail *monstrueux*, avait-elle ajouté. (Elle aime ce mot.) Il faut dès neuf heures du matin être en robe du soir, passer et repasser devant des clientes exigeantes...

J'avais aimé la simplicité avec laquelle elle avait dit cela ; admiré cette jeune fille élégante et belle de se plier à cette nécessité.

Pendant que nous déjeunons, Pasy me dit son horreur des richissimes clients de Molyneux qui achètent pour les porter trois ou quatre fois des robes d'un prix « faramineux » (comme ce mot est joli dans la bouche d'une Anglaise !). « Elle devient communiste », me dit en riant son père. Si jeune, près d'elle, il a l'air de son mari.

Je regarde ce restaurant où des femmes élégantes et jolies déjeunent. J'évoque cette ville opulente où la souffrance est si bien dissimulée qu'on n'aperçoit que des gens riches et qui dépensent sans compter. Et je songe : « Il faudra tout de même qu'un jour vienne où il sera remédié à cette injustice, où il deviendra impossible de voir dans le même monde, dans la même nation, se côtoyer... Il serait bon d'ouvrir les écluses afin que soit étalée cette marée d'or, qu'elle recouvre également le pays humain tout entier. L'aisance et cette part de bonheur qui est compatible avec la vie deviendraient générales... »

Mais déjà je me laisse engourdir. Déjà je ne veux plus connaître de Londres que ces douces journées et ces visages heureux.

Paris, mardi 23 juin 1970.

J'ai écrit *détruite*, tout à l'heure, parce que telle je la revois : jolie, mais usée, desséchée, abîmée. Surpris de ne trouver aucune notation, ce jour-là, me donnant ce détail dont aujourd'hui je suis sûr. Peut-être l'avais-je enregistré implicitement sans oser ou pouvoir en prendre alors conscience. Première rencontre avec la vieillesse (je voulais dire : la durée), avec son âge, mais aussi avec le mien.

Paris, jeudi 27 avril 1972.

Jeunes morts ressuscités (un beau titre me disait hier Natalie, venue m'embrasser, et penchée sur mon texte...). Chapitre où il s'agit d'arracher à l'oubli de jeunes êtres à qui la vie fut volée, François de Nettancourt, Pasy Bodley, Bertrand Gay-Lussac, quelques enfants au nom de tant et tant d'autres, innombrables, dans la suite des siècles. Et d'autres grands enfants : Jacques-Philippe Le Bas (Japhi...) tué à Dunkerque le 28 mai 1940 ; Bernard Brousse, tué en Allemagne le 21 avril 1945 ; Jean Roy, journaliste tué en 1956, lors de l'expédition de Suez...

Mais pourquoi, pourquoi, à quoi bon, s'il ne s'agit pas, ici, de littérature, mais suis-je sûr qu'il ne s'agit pas, ici, de littérature ?...

Quelvezin, mercredi 25 juillet 1973.

... Chapitre dont il ne reste que ce titre, *Jeunes morts ressuscités*, et ces quelques pages sur Pasy. Parce qu'il était inachevé, inachevable, certains de ces enfants disparus étant perdus jusque dans mon Journal où je n'arrivais pas à les retrouver.

Buenos Aires, lundi 9 mars 1953.

Nous accueillons à Montevideo Alexandre Astruc à son débarquement de l'avion de Paris, que des formalités nous empêchent de prendre pour Buenos Aires comme nous l'avions prévu. Nous finissons par monter à bord d'un appareil de la K.L.M. Montevideo, poussière de lumières multicolores dans la nuit, presqu'île scintillante dessinée sur le fond noir de la mer. Soirée à Buenos Aires. Dîner et promenade dans le Corientes avec Jean-Pierre Aumont et Jean Roy.

Punta del Este, vendredi 13 mars 1953.

Impression d'étouffement de l'Argentine en débarquant du libre Uruguay ; accablante présence de la dictature, plus sensible encore à une certaine attitude de chien couchant, propre à tous les officiels que nous avons rencontrés, qu'à la multiplicité comique par son excès des photographies du général et d'Eva Perón.

Jean-Pierre Aumont, Jean Roy, Magali de Vendeuil et moi, avions quitté de façon quasi clandestine le festival de Punta del Este, afin de voir Buenos Aires : mais notre discrète arrivée n'empêcha pas, dès le lendemain, le plus officiel des accueils, au point que nous n'eûmes pas une minute à nous. Les représentants du régime ne

351

nous firent grâce d'aucun foyer modèle, d'aucune visite rituelle, d'aucune réception. Non seulement nous fûmes reçus par le ministre de l'Information, Raoul Alexandro Apold, mais encore nous eûmes une longue audience du président Perón lui-même que nous obtînmes moins que l'on ne nous l'imposa.

J'étais des plus réticents, la dictature, sous quelque forme que ce soit, ayant toujours soulevé en moi de la répulsion. Aussi bien, mes camarades et moi nous moquions-nous, le plus discrètement possible (dans la mesure où l'on peut parler de discrétion à propos du charmant et fou-fou Jean Roy), d'une propagande à grand orchestre qui avait sur nos sensibilités françaises le résultat contraire à celui que l'on en attendait. La multiplicité des photos et des inscriptions murales nous amusait plus encore qu'elle ne nous agaçait : pas une encoignure, pas un réduit, dans les bâtiments officiels, où Juan et Eva Perón ne figurent en place d'honneur (si l'on peut parler de place d'honneur en de tels endroits). Dans le bureau du ministre Apold, les lettres du nom d'Evita Perón formaient les chiffres des heures. L'agenda de la *Fundacion Eva Peron* nous était remis, distribué comme de nombreuses autres brochures luxueuses de propagande par le sous-secrétariat à l'Information : chaque page chantait la gloire d'Evita. Quant aux louanges verbales elles étaient abondantes et continues, nous obligeant à ingurgiter de gré ou de force le catéchisme officiel de la religion péroniste et de ses miracles. Les nombreux et du reste magnifiques établissements modèles que l'on nous forçait à visiter nous montraient qu'un grand effort social avait certes été accompli, mais à quel prix, sur quelle échelle ? Nous n'en savions rien, ou plutôt croyions le savoir.

Des observateurs français nous apprenaient que des réalisations importantes existaient effectivement qu'aucun régime libéral venant après celui de Perón ne pourrait abolir : là où il n'existait rien, en tant qu'organisation consacrée au bien-être du peuple et à sa défense, était né en quelques années un cadre qui restait certes le plus souvent à remplir mais dont la solidité et l'efficacité ne faisaient point question. Nous n'avions aucune raison de douter de l'objectivité de ces commentaires, jusqu'au moment où nous nous apercevions que ces Français eux-mêmes avaient subi l'influence du régime. Ce qui nous incitait à corriger chacun de leurs jugements.

Cette intoxication finit par nous atteindre nous-mêmes, le matin du troisième jour. Par les moyens les plus physiques : ceux du prestige personnel et de la séduction d'un homme. La bonhomie du général Perón, sa simplicité cordiale et sa gentillesse ne nous firent point illusion sur ce qu'elles signifiaient en réalité de la part d'un politique. Nous avions devant nous un homme dont le rayonnement, en même temps qu'il agissait directement sur notre sensibilité, nous expliquait un envoûtement dont les Français d'Argentine eux-mêmes ne nous avaient point paru défendus.

Le général Perón vient nous accueillir à la porte de son vaste bureau, où règne, en dépit des proportions, une sorte d'intimité. Nous nous asseyons avec lui et le ministre Apold autour d'une table, dont le caractère officiel (genre conseil d'administration) est racheté par la façon, aussi peu protocolaire que possible où nous y siégeons. Un café nous est servi, tandis que le président nous offre des cigarettes. Il est vêtu d'un complet clair. Seul le brassard et la cravate noirs rappellent son deuil récent. A côté de lui, Jean-Pierre Aumont songe à Maria Montez, sa femme, qui lui fut pareillement enlevée en pleine jeunesse glorieuse. Il porte, lui aussi, une cravate noire. Il fait avec une politesse exquise, dont j'admire la diplomatie et la simplicité, de belles phrases, qui séduisent l'homme dont, au moment même, nous subissons le charme.

Perón est grand, fort, jeune d'allure et de visage, beau, avec un sourire sympathique et le seul défaut d'une couperose qui enflamme ses joues. Contrairement aux autres Argentins officiels que nous avons vus, il ne chante pas indiscrètement et inconsidérément les louanges de son pays, laissant ce soin à Raoul Apold et à notre interprète, lesquels en contrepoint de l'habile objectivité présidentielle, n'oublient jamais de faire les corrections nécessaires. A Magali de Vendeuil, Perón dit que la Comédie-Française est sans égal dans le monde ; qu'il rêve de créer à Buenos Aires une compagnie théâtrale sur son modèle, mais que ce sera un dur travail, avec les éléments dont il dispose. A Jean-Pierre Aumont et à moi qui nous battons les flancs pour dire du bien des films argentins dont un redoutable échantillonnage nous a été montré la veille, il répond que presque tous les films de son pays sont aussi mal joués que réalisés et qu'il n'y a qu'un cinéma, celui des Français. [...]

Des camarades uruguayens blanchirent littéralement de colère en apprenant que j'avais vu Perón et subi son prestige. Je les remis à leur place, disant que j'étais français, et surtout journaliste, de surcroît en visite dans un pays étranger ; que je faisais, en outre, au libre Uruguay l'honneur de m'y sentir aussi à l'aise que dans la libre France, où j'aurais pareillement exprimé, à haute voix, avec le maximum d'objectivité et d'honnêteté ce que j'avais ressenti, même si j'avais le premier déploré de devoir enregistrer de telles réactions, si différentes de ce que j'aurais attendu de moi. Des sourires affectueux scellèrent la paix. Mais je comprenais d'autant mieux leurs réactions que je pensais moi-même de Perón ce qu'ils en pensaient, à cela près que les rapports de mauvais voisinages, particulièrement aigus en ce moment entre l'Uruguay et l'Argentine, rendaient les habitants de ce pays beaucoup plus sensibles que moi à tout ce qui aurait pu ressembler à une complicité avec le régime du « justicialisme », lequel comme toutes les dictatures (et tous les États forts) n'imposait ici la justice que pour la bafouer là. Au demeurant, je ne préjugeais pas de ce qui pouvait et même devait être mis à l'actif d'un système de gouvernement dont il fallait au moins reconnaître le dynamisme. [...] Ce sont là des problèmes qui ne nous concernent pas. Il est d'autres dictatures plus menaçantes pour nous que celle de Perón...

Je dois noter à ce propos que la nouvelle de la mort de Staline, lorsqu'elle nous parvint à Punta del Este, le 4 mars, fit si peu de bruit, sembla soulever un si mince intérêt que j'eus du mal à y croire. Lorsqu'il me fallut bien me rendre à l'évidence, mon indifférence m'étonna : je n'aurais pas eu ma femme, mon fils et mes parents en France que j'aurais eu tendance à me désintéresser de cet événement lunaire : la mort de Staline.

Malagard, dimanche 6 septembre 1931.

Demain ! Nous comptons coucher demain à

CARCASSONNE !!!

Encore un beau voyage en perspective.

Carcassonne, lundi 7 septembre 1931.

A neuf heures, nous sommes au pont de Langon où nous retrouvons l'autre équipage. Nous sommes ainsi répartis pendant la majeure partie du trajet : papa, maman, moi et le chauffeur Georges dans notre Renault ; oncle Pierre, tante Suzanne, Claire, Luce, Alain, Catherine et Martine dans la Citroën. Entre Marmande et Tonneins nous rencontrons des voitures du cirque Fratellini qui sera à Langon demain (hélas !). A Agen, nous perdons du temps, ne pouvant trouver le bon chemin. A midi dix, nous arrivons à Moissac (Tarn-et-Garonne) où nous déjeunons après avoir admiré le célèbre portail et l'admirable cloître. Nous repartons après le repas et arrivons à Toulouse à quatre heures moins vingt. Nous visitons Saint-Sernin, la plus belle et la plus remarquable des cathédrales romanes.

Nous sommes repartis. Le pays est maintenant différent. Il fait très chaud. A cinq heures vingt, les Pyrénées sont en vue, ligne bleue barrant l'horizon. Après avoir admiré à La Bastide-d'Anjou (un peu avant Castelnaudary) un moulin à vent avec ses ailes, nous arrivons à Carcassonne où nous descendons à l'hôtel Terminus pour le dîner et la nuit. A l'heure qu'il est (j'écris dans ma chambre, à toute allure, avant le dîner), je n'ai pas encore vu la Cité.

Après un dîner passable, nous sortons et nous trouvons près des tentes lumineuses d'un cirque de passage (Pinder). De tout mon voyage, chose curieuse, c'est là que j'ai ressenti la plus belle impression. Le charme de cette grande tente éclairée comme par enchantement, la musique de l'orchestre invisible, la foule houleuse des spectateurs entrevue quand le rideau de toile était soulevé pour laisser passer quelqu'un, la vue rapide d'une salle noyée de lumière, la sortie des artistes qui avaient quitté leurs sourires de circonstance, la petite écuyère qui pleurait en retournant dans sa roulotte (comme dans les histoires !), les enfants qui se précipitaient aux trous des toiles pour regarder, profitant des moments où on ne les surveillait pas, enfin cette atmosphère ravissante m'a enchanté bien plus que si j'étais entré dans ce cirque.

Paris, 38, avenue Théophile-Gautier,
dimanche de la Pentecôte 20 mai 1934.

J'ai quitté Vémars à une heure trente. A Paris, j'ai marché de Jaurès à la place Clichy. Rentré à la maison, je me suis reposé et j'ai revu papa avec plaisir. Je lui dis ce que doit être ma soirée.

Dîner chez Frédéric. Milieu bourgeois comme il y en a tant. Aussitôt après ce repas ennuyeux, où Fred n'ouvrit pas la bouche, nous partîmes pour *Bobino* afin d'entendre Damia.

Frédéric voulant lui faire passer un mot, nous allâmes d'abord dans les coulisses. La salle, vue de biais, avec un premier plan de décors ; le bruit des applaudissements : poésie qui me rappelle ce cirque, à Carcassonne. Puis nous entrâmes dans la salle : atmosphère surprenante, communion entre le public et les artistes. Chaque mot porte et déchaîne les applaudissements. Foule populaire et ravie ; numéros excellents, dans la meilleure tradition.

A l'entracte, nous descendons, Frédéric et moi, en parlant. Tout à coup, je m'arrête, stupéfait : une hallucination étrange ou, tout au moins, une extraordinaire ressemblance. Il y a, debout contre le guichet, droit, me fixant, un homme qui ressemblait tellement à papa que (bien que ma raison me force à repousser cette hypothèse) je dois me rendre à l'évidence : c'est bien lui. J'eus peur, d'abord, qu'il soit arrivé quelque chose. Mais, souriant, il me rassure : seul, après dîner, il avait eu envie, tout à coup, de revoir Damia. Et lorsqu'il avait appris que c'était à *Bobino,* le cher music-hall de sa jeunesse, il n'avait pas hésité, amusé aussi à la perspective de nous voir sans être vu :

— Je suis au promenoir. C'est extraordinaire ce qui s'y passe. Rien n'a changé depuis ma jeunesse : c'est le même public admirable, les mêmes numéros...

Papa était plus jeune que jamais, gai, faisant plaisir à voir. Il portait son manteau sur l'épaule gauche. (« Pour cacher ma Légion d'honneur : il s'agit ici de paraître aussi peu académicien que possible ! ») Frédéric (qui a pour lui une profonde admiration, mais qui, je dois le dire, s'est lié avec moi sans savoir qui j'étais, j'aime mieux cela) semblait pétrifié. Nous nous séparâmes, papa retournant au promenoir (« Je m'amuse comme un fou ! »), nous à nos places.

Après quelques numéros assez réussis, Damia apparaît. Je ne suis pas déçu car je m'attendais au pire. Cette femme a une voix émouvante et je comprends que l'on soit bouleversé par son humanité. Mais elle chante de telles insanités... Et puis, sans l'avoir jamais entendue, j'avais eu à en supporter trop de mauvaises imitations.

Mon père, que nous rejoignons à la sortie, nous dit l'avoir trouvée prodigieuse, bien plus belle qu'autrefois où il ne l'aimait pas. Quant à Frédéric, c'est la vénération la plus passionnée.

Nous allâmes tous les trois à *la Coupole.* Subitement, il y eut un froid : Frédéric était intimidé ; mon père semblait tout à coup ennuyé de nous avoir troublés (comme il se trompait !). La

conversation fut banale et j'en souffris.
Mon père nous quitta à une heure (nous voici arrivés au 21 mai). Nous restâmes encore quelques instants à *la Coupole* : moments pénibles où Frédéric fut sujet à l'une de ces désadaptations, de ces baisses soudaines de tension qui lui sont habituelles. (Ce garçon délicieux est peu équilibré. C'est un grand nerveux qui attribue une importance décisive à une tristesse passagère, s'accuse alors de décevoir son ami et souffre tellement à cette pensée qu'il ne peut même plus réagir. Son anxiété se traduit alors par des phrases hachées, des mouvements saccadés...) Je l'entraînai dehors et il s'apaisa.
Quelle belle nuit nous avons passée ! Dans un petit cabaret où nous échouâmes par hasard (dans notre amitié le hasard fait bien les choses), sans doute un des seuls bars de ce genre qui existe à Paris : aucun chiqué, aucun dévergondage. Pas de ces orchestres trépidants et stupides, mais seulement un piano et un violon, avec des exécutants pleins de sensibilité qui jouent de ravissants airs espagnols. (Presque tous les consommateurs sont espagnols et se connaissent.) Une femme chante, en cette langue, des chansons merveilleuses de tendresse. Dans cette atmosphère paisible où rien ne détonnait, où toutes les femmes étaient émouvantes de beauté et de charme, nous pûmes nous entretenir enfin sérieusement. Ce fut une conversation délicieuse, sans aucune gêne, tout venant spontanément aux lèvres, l'autre comprenant même les regards et, à nouveau, nous parlâmes du mystère de notre vie, de Dieu, des femmes. Tout à coup, nous nous aperçûmes que le jour était venu. Il fallut nous séparer alors que le lever du soleil donnait à la ville un charme étrange. A cinq heures, j'étais au lit.

Je dus me lever à neuf heures trente, partir pour La Villette afin de reprendre l'autobus pour Vémars. Après des aventures diverses (ratage de la voiture qui devait me mener à Vémars), je finis par arriver à Louvres. Et je fis joyeusement à pied mes six kilomètres. Trouvant à la fin, avec joie, maman venue à ma rencontre. Je suis gai, plein d'optimisme, nullement fatigué.

Quelle merveilleuse nuit ! A la beauté de nos conversations si sincères se mêlait le charme de la musique, des cigarettes, de l'alcool... et des femmes, adorables. Désirs charnels soudain dépouillés de tout ce qu'il y a d'horrible dans la chair : amour de la femme pour elle-même.

Départ de maman pour Paris à cinq heures. Nous l'accompagnons à l'autobus. Longue et charmante attente dans le village en fête.

Je me suis acheté une pipe épatante ce matin, que j'ai commencé à fumer avec un grand plaisir. C'est peut-être à elle que je dois l'euphorie de cette journée, où le sommeil pourtant aurait dû m'accabler.

Paris, 24, quai de Béthune, vendredi 10 avril 1964.

Une plongée en 1934 m'a fait revoir (image entièrement effacée et vaguement, puis de plus en plus précisément, réapparue), mon père, son manteau jeté avec élégance sur l'épaule, surgissant devant un ami et moi, dans le hall de *Bobino,* ce dimanche 20 mai, dont je gardais le souvenir pour une autre raison : la très longue nuit qui suivit, dans une boîte où cet ami et moi parlâmes avec tant de ferveur. Il m'arrive souvent encore de me souvenir de ce chaste petit jour, rue du Montparnasse, avec ce long et haut mur gris, qui n'a pas changé.

Marie-Claude me dit que mon père était peut-être venu se rendre compte par lui-même de cette amitié sur laquelle il pouvait avoir des inquiétudes. Quelle naïveté était alors la mienne, malgré mes vingt ans ! Ces filles, dont la vue m'enchantait et dont je remarquais qu'elles nous laissaient en paix, Frédéric et moi, nous prenaient, c'est certain, pour deux pédérastes.

Il m'arrive assez souvent de penser à lui, dont je ne sais plus rien, pas même s'il est encore vivant. Dont je ne sais plus rien depuis plus de vingt ans peut-être. Que de fois ai-je éprouvé des remords à ce sujet ! Me promenant (hier) sur les quais, après cette lecture de l'Agenda 1934, je me crois avec lui ; nous sommes ensemble. Et pourtant, je n'éprouve nulle envie de l'avoir vraiment près de moi. Pensant à lui *au présent*, mais sans désir de le revoir, à peine de savoir ce qu'il est devenu, parce qu'*il appartient à un autre temps* et n'aurait rien à faire dans celui d'aujourd'hui.

A *Bobino*, ce soir du 20 mai 1934, mon père, je le notais (je faisais souvent cette remarque, à cette époque), m'apparut « plus jeune que jamais » : mais c'était, je m'en souviens, par rapport à son âge réel, qui me semblait alors tel, que le prenant déjà pour un vieux monsieur, j'admirais qu'il s'accommodât si bien de cet âge écrasant.

Or, tout académicien qu'il fût déjà, il avait alors quarante-neuf ans, mon âge aujourd'hui encore (pour si peu de jours), il était plus jeune que je ne le suis aujourd'hui.

Le vertige me prend ; je me trompe dans mes calculs ; je parle avec angoisse à Marie-Claude de cette soirée lointaine : « Vingt ans, déjà, tu imagines, vingt ans ! » Et, timidement, quelques minutes après, elle vient me demander : « Ne te serais-tu point, par hasard, trompé ? N'y aurait-il pas plutôt trente ans ? » Que de précautions pour parler au grand malade que je suis — malade du temps ! Et si ! Il y a trente ans. Il y a vingt ans, c'étaient les derniers mois de l'Occupation. Le nombre d'années qui me séparait alors de cette nuit de Montparnasse était le même que celui qui s'est creusé entre 1944 et aujourd'hui...

Mais que m'arrive-t-il ? Voici de nouveau que je me trompe de dix ans, acte manqué révélateur, désir de nier le temps.

Paris, vendredi 13 juin 1969.

S'il m'arrive souvent de penser à lui, je ne sais toujours rien de ce qu'est devenu mon ami Frédéric, ni même s'il est encore vivant. Je n'ai rien tenté pour le savoir, par crainte, paresse, indifférence aussi, sans doute, hélas ! je ne suis plus le même, ni lui non plus — car si c'était lui, si c'était moi, ce n'est plus lui, ce n'est plus moi, les amitiés aussi sont fugitives. Quand l'ai-je vu pour la dernière fois ? Je ne le sais, mais trouve, aujourd'hui, en travaillant à *Une amitié contrariée* ce passage de mon Journal du 6 février 1940, qui doit figurer dans ce chapitre-ci, me semble-t-il, plutôt que dans celui consacré à Jean Cocteau. Ce fut sans doute notre dernière rencontre.

Saint-Cyr, caserne Charles-Renard, 6 février 1940.

J'ai mis, pendant ma permission, la dernière main à mon *Cocteau*, que je portai hier à une dactylographe. Je fais semblant d'attacher plus d'importance à la littérature, dans le sens enrichissant du mot, qu'à la politique. L'actualité me paraît, malgré son pathétique, moins actuelle que cette vie exigeante de l'esprit. A vrai dire, si angoissant est l'avenir, si précaire notre existence, que je n'ai pas le courage de l'imaginer et que je m'en détourne. Lâcheté qui me fit répondre par une fin de non-recevoir à Emmanuel Mounier dont une lettre me demandait de collaborer à *Esprit*, ou, plutôt, me l'offrait. Et j'avais été très touché, parce que j'admire l'effort de cette équipe et sa foi.

Hier, en quittant Fred, étendu à cause de son genou et qui part pour la campagne, je songeai au jour si lointain et hypothétique où nous nous reverrions. Je pensais que je serais peut-être tué d'ici-là. La monstrueuse accumulation d'avions, de canons, de tanks, de gaz, de part et d'autre de la frontière où deux peuples aux aguets hésitent encore à en venir aux mains, entre notre revoir et cette minute d'adieu, creusait un vide.

Après un dernier regard, je le quittai sans angoisse car j'évitais de peser le pour et le contre de notre chance future. Cette discrétion, il faut que j'en entoure chaque minute de ma vie. D'une vie d'autre part blessée mais que guérit, ici et là, mais que sauve, l'esprit.

Paris, vendredi 13 juin 1969.

Relisant les pages précédentes du 10 avril 1964, auxquelles je n'avais pas besoin de me reporter pour enchaîner sur elles, je m'aperçois que j'ai employé tout à l'heure presque les mêmes mots qu'alors : « Il m'arrive assez souvent de penser à lui, dont je ne sais plus rien, pas même s'il est encore vivant... » Je me revois écrire ceci, à cette même table de mon bureau du quai de Béthune, il y a si peu de temps, me semble-t-il ; mais les dates sont là : plus de cinq ans se sont passés, qui ont passé comme une ombre...

Paris, jeudi 16 avril 1964.

Recopié, pour *le Temps immobile*, le journal du 20 mai 1934. Récit dont la forme ne me satisfait pas : si je me résigne à y laisser un *à nouveau* fautif, je ne peux m'empêcher d'effacer quelques adjectifs. Ce texte, tel qu'il se présente, est irremplaçable et je ne devrais pas y modifier un mot dans la mesure où il me permet de retrouver, peu à peu, comme si je les revivais, des minutes qui, sans lui, auraient été à jamais effacées — minutes sans prix particulier (sauf pour moi-même), mais grâce auxquelles je puis non seulement *retrouver le temps* mais aussi réfléchir sur les mystères, peut-être sur les mécanismes, de la mémoire.

Par exemple (et surtout, quant à ce Journal-là), mon père, dans ce music-hall, mon père que je vois maintenant, non plus tel que me l'évoquent les phrases si anciennes où je le décrivais, mais vivant, présent, non par l'entremise d'un récit, mais de plein fouet, avant tout enregistrement écrit ultérieur, ce soir-là, à cette heure-là.

A moins qu'il ne s'agisse d'une illusion ? Mais je ne le crois pas : je le vois ; ou du moins, recopiant, relisant cette page, je le vis à plusieurs reprises, avec précision, se détachant, jeune, souriant, son manteau sur l'épaule, sur le fond plus vague mais encore assez net de cette entrée de music-hall.

Paris, 5 octobre 1966.

Je le vois avec netteté, dans le hall d'entrée de *Bobino*, à gauche, lorsque l'on vient de la rue, c'est-à-dire à ma droite puisque j'arrive de la salle. Avais-je noté ce détail ?

Goupillières, dimanche 27 octobre 1968.

Me préparant à recopier la note précédente, je me dis que ce n'est point la peine de vérifier, puisque je vois si bien mon père, sur ma gauche, alors que je venais de la salle... Ainsi change-t-il de place dans mon souvenir, où son image est à jamais précise.

Paris, vendredi 19 juin 1970.

Non, c'est à droite que je le vois, où je suis sûr qu'il était. Détail sans importance, auquel je ne cesse de revenir, comme s'il y allait de l'équilibre même de mon passé, menacé de sombrer si je n'en sauve pas, à mesure, autant de détails exacts, indubitables, que je le puis.

Me reportant à mon agenda de 1934, je vérifie qu'il y a écrit, le dimanche 20 mai :

... debout contre le guichet, droit, me fixant du regard, un homme qui ressemblait tellement à papa...

J'avais interprété jusqu'à présent : un homme qui se tenait droit, alors qu'il me semble que je dois comprendre : le guichet droit. Ce qui réglerait la question.

Je ne nomme pas cette boîte de nuit dont je n'ai pas pourtant oublié le nom : *le Cabaret des fleurs.* Ou *le Cabaret aux fleurs* ?

Août 1935.

Anaïs Nin :

Je ne peux demeurer tranquille à Louveciennes. La beauté ne me suffit pas. Je dois continuer à me hâter pour empêcher mon passé de me rattraper et de m'étrangler. Il faut que je vive rapidement, que je mette beaucoup de gens et d'incidents entre mon passé et moi, parce que c'est encore un fardeau et un fantôme.

Hier, soirée frivole avec des amis de New York. Lumières vives, dîner savoureux chez Maxim's, Cabaret aux Fleurs pour voir Kiki, mais ce n'est pas Kiki que j'ai trouvée séduisante, Kiki avec sa frange et sa jupe courte ajustée, mais son aide de camp, une femme si amusante et si vive qu'elle animait l'endroit entier. Je lui dis qu'elle était merveilleuse, et elle me répondit : « S'il vous plaît, dites cela à la patronne. — Où donc est la patronne ? — Elle est là, en train de compter son argent. » J'allai donc trouver la patronne et je le lui dis. Du cabaret aux Fleurs, nous nous rendîmes à la Boule blanche.

Paris, vendredi 19 juin 1970.

Temps si ancien, plus proche pourtant d'une année que cette autre nuit, dans ce même cabaret, où ce n'était pas encore Anaïs Nin, mais déjà Claude Mauriac qui se trouvait au *Cabaret aux fleurs*. Quant à Kiki, à la célèbre « Kiki de Montparnasse », je l'ai, semble-t-il, connue vers ces années-là. Mais au *Jockey*.

Paris, vendredi 28 avril 1939.

Depuis deux mois on ne parle « à Paris » que du cabaret à la mode, *Chez Agnès Capri*. Ce nom mystérieux, je l'entendis pour la première fois dans la bouche de Jean Cocteau où il revêtait je ne sais quel prestige. Depuis longtemps je désirais me rendre dans cette boîte, dont on me disait tant de bien. Ce soir, je réussis à y entraîner mes parents.

Une pièce minuscule où prélude un piano. Une place nous a été réservée. L'atmosphère est dès l'abord sympathique, on ne sait pourquoi. Mon père qui s'est fait prier pour nous suivre a déjà l'air ravi. Et maman aussi, qui s'est faite belle pour sortir avec moi (car, primitivement, papa ne devait pas venir).

Tandis que l'étroite salle achève de se combler — il est un peu plus de dix heures — une femme debout dans l'embrasure de la porte observe les arrivants. Son regard figé s'attarde avec insistance sur le jeune visage de mon père qu'elle semble avoir reconnu. (Oui, jeune, si jeune même que les dents jaunies étonnent...) J'admire la grave, l'immobile figure de cette inconnue. Elle n'est pas belle : il y a dans ses traits angulaires quelque chose d'irrégulier et d'un peu masculin. Qu'importe si elle est rejetée au-delà de la beauté par cette stupeur enfantine dont est illuminé son beau masque étonné. Je devine, à on ne sait quel signe, que c'est là Agnès Capri, la maîtresse du lieu, et je m'en réjouis. Cela m'eût peiné d'être déçu par elle...

Après qu'eurent chanté deux femmes adorables dont le timbre différent était pareillement bouleversant, Eva Busch dans des airs d'un cosmopolite étrange, Germaine Montero dans des boléros et des berceuses poignants, Agnès Capri parut.

« C'est bien la jeune femme que tu disais », murmure mon père. Et je me sens heureux.

(J'avais peur qu'il ne s'ennuie, au début du spectacle. Je le surveillais avec inquiétude du coin de l'œil — mais Eva Busch l'a tout de suite conquis et il applaudit Germaine Montero avec fougue en disant que c'était une très grande artiste. Rassuré, j'ai pu m'abandonner à ma propre joie.)

Le numéro d'Agnès Capri ? Un miracle de loufoquerie, d'intelligence, de finesse. Le triomphe de la poésie et de la drôlerie — avec des bouffées saisissantes, parfois, de tragique et de gravité. Elle chante, d'une voix délicieuse ; elle récite — et sa diction est d'un impeccable charmant. Ce n'est plus l'étrange statue figée de tout à l'heure. Je n'ai jamais vu au contraire visage si expressif — mouvements plus spirituels des lèvres et du regard. Charmé comme je ne me souviens pas de l'avoir jamais été dans une boîte de nuit, je sens déferler en moi une admiration comblée qui ressemble un peu à l'amour. J'évoque la petite bonne femme immobile du début — et je regarde cette fille déchaînée qui passe de l'humour de Jarry à celui de Max Jacob, amoncelant les rires, éloignée de toute vulgarité — si fine même, si spirituelle que bien peu de personnes, même dans ce public restreint, doivent être à même de tout comprendre. (Mme Paul Reynaud vient de s'asseoir à la table voisine de la nôtre, après avoir salué mes parents. En sortant, à minuit, nous rencontrerons, mêlée aux spectateurs de la deuxième fournée, Gaby Morlay, ratatinée, avec un petit visage fripé, qui vient de jouer. De telles présences, en un tel lieu, disent assez combien Agnès Capri est à la mode.)

C'est fini. Deux humoristes extraordinaires, avec leurs barbes cocasses, ont imité les chanteurs de genre de la fin du siècle dernier — puis Agnès Capri annonce l'entracte. Nous resterons un moment encore...

Soudain, j'aperçois, à l'autre bout de la pièce, ma jeune femme de tout à l'heure, comme tout à l'heure extatique, étrange, merveilleuse. Et l'admiration m'étreint. Comme elle est différente de l'Agnès Capri qui, sur la scène de ce guignol minuscule, chantait une valse d'Erik Satie ! Que son visage puisse tour à tour éclater comme une mer dévorée de soleil, puis retrouver ce calme d'éternité, cette indifférence sereine, m'émerveille, — et, je l'avoue, ne laisse pas de m'étonner un peu.

Le cœur serré, car l'inquiétude de plus en plus m'étreint, je vois le petit visage spirituel d'Agnès Capri apparaître dans les plis du rideau. Comment est-elle revenue si vite... Je regarde de nouveau la place où elle était tout à l'heure. Elle s'y trouve encore. Oui, à l'autre bout de la salle, cette autre femme que j'avais prise pour elle demeure dans sa pose rêveuse — fascinée, fascinante. Stupeur de les voir se faire face, elles que je croyais une !

Je m'étais trompé. Meurt aussitôt en moi ce commencement d'amour qui déjà me plongeait dans l'angoisse et la joie. Pour que je puisse aimer l'une ou l'autre de ces femmes il faudrait qu'elles soient l'une à l'autre mêlées.

Malgré cette déception et ma tristesse de partir si vite, c'est le cœur joyeux que je quittai à minuit le cabaret où mes parents ne voulaient plus rester : un spectacle aussi pur plonge le corps et l'âme dans une joie triomphante.

Telle qu'elle est, réduite à son seul visage de malice et de feu, Agnès Capri est digne d'être admirée — et peut-être d'être aimée. Mais non par moi.

Pourtant je reviendrai...

Paris, mardi 6 juin 1939.

Après avoir travaillé tout l'après-midi à mon enquête de *La Flèche* sur les étrangers, je me rends avenue Charles-Floquet où les Paul Morand donnent un porto. Je n'y vois pas grand monde car Marie-Laure dès qu'elle m'a vu est venue à moi — et je n'ai pas songé à la quitter. Serge Lifar demeure un instant avec nous, dans le jardin : d'un certain ballet de Massine il dit qu'il l'a profondément blessé ; il parle aussi d'un sensationnel et très sévère article qu'il se propose d'écrire sur Stravinski, et il ajoute, pour s'excuser, avec une candeur dont la naïve conviction désarme :

— Ce n'est pas de ma faute si je suis très intelligent : je vois toujours clairement la vérité, grâce à mon intelligence. Ainsi jugerai-je de Stravinski en toute impartialité...

J'aperçois aussi un moment Benjamin Crémieux qui me dit avoir parlé de mon livre à la T.S.F. Il s'excuse de la note désagréable qui a paru sur mon compte à la n.r.f. : le pseudonyme collectif qui la signait (Pierre Guérin) eût pu me faire croire qu'elle était de lui ; bien au contraire il s'était élevé contre sa parution, etc.

Je serais bien resté, mais Marie-Laure m'enleva : il faisait une chaleur écrasante et nous serions mieux au Bois. Dans sa voiture je retrouvai Diego, le ravissant petit chien blanc aux allures de brebis. Au *Pavillon royal,* sous les arbres, devant le lac, une promesse de fraîcheur nous détendait. Les couples étaient élégants que déposaient de somptueuses voitures. Ils étaient suivis de beaux chiens, eux aussi... Je n'étais pas à mon aise parce que la tromperie était trop profonde. Marie-Laure parlait du merveilleux avenir qui s'ouvrait devant moi et je m'apercevais, à mon détachement teinté d'ironie, que je n'avais aucun espoir.

Les gens qui nous voyaient devaient pourtant me croire heureux...

Quelques heures ont passé et ce jeune homme au visage tiré qui erre à Montmartre, regardant les filles, entrant dans les boîtes pour en ressortir presque aussitôt, désœuvré, seul — abominablement seul et desséché, est le même que le garçon plein d'aisance de tout à l'heure... Il a retrouvé ses plus anciens démons. Cela non plus, ce n'est pas mon vrai visage. Que de fois pourtant j'ai été affublé malgré moi de ce masque.

Comment expliquer cela ? La même soirée devait me faire connaître de nouveau ce monde si rarement retrouvé de la poésie. A la faveur d'une rencontre des plus banales, des plus prosaïques et qui n'eût normalement dû m'apporter qu'un surcroît de détresse.

J'avais quitté Montmartre pour Montparnasse. J'étais entré au *Jockey*. Non plus celui de mon adolescence ; cela aussi — avec tant d'autres choses — est à jamais fini : depuis un mois le *Jockey* a été agrandi. Je n'en reconnais plus l'atmosphère ni le charme. C'est un autre endroit — où je m'étonne de retrouver d'anciens visages, et sur les murs de ce qui demeure du vieux *Jockey*, des traces familières...

Cette belle et grande jeune femme qui surgit de l'escalier, je ne l'ai jamais vue encore. On a dû l'apporter avec les meubles neufs ; une entraîneuse. Elle s'appelle Olga.

Nous bûmes ; nous dansâmes : la nuit passa ; j'étais presque heureux ; sans me permettre spontanément aucune privauté, beaucoup plus respectueux avec cette fille que je ne l'eusse été avec une duchesse (je ne fais du reste qu'une différence : c'est que la duchesse n'eût pas été payée pour me plaire), mais répondant à chacune de ses invitées, gravissant à sa suite la même pente...

Il fallut partir ; il n'y avait plus de client dans le bar déserté où le personnel bâillait. Nous sortîmes. Elle avait faim : nous nous dirigeâmes vers la terrasse de *la Coupole*.

C'est alors que je m'entendis appeler. « Claude... » Ce cri libéra la poésie qui jusqu'alors s'était refusée. Qui dira pourquoi et comment ? Mais c'est un fait : sans la présence de ces amis, je n'aurais pas été sensible au charme de cette nuit finissante ; je n'aurais pas retrouvé les secrets de la vie.

Je m'étais dirigé sans reconnaître personne vers le groupe d'où mon nom avait jailli : il n'y avait sur la terrasse que cette table de jeunes gens où je n'avais pu identifier encore un seul visage et d'où cependant plusieurs voix m'avaient appelé. Et soudain la lumière s'était faite : j'avais vu le visage rieur de Patrice de la Tour du Pin —, le visage railleur d'Anne de Biéville — et la petite figure ratatinée d'André Germain... Quel rite mystérieux venait-il de s'accomplir ? Couronné de ridicule — mais d'un ridicule plus poétique que méchant — André Germain laissait se nouer et se dénouer autour de lui tous ces rires frais de jeunes hommes — ils étaient bien encore six ou sept que je ne connaissais pas — : plusieurs paires de bretelles entouraient sa veste d'étranges bandages ; des feuillages et des fleurs y étaient emmêlés...

Mon inconnue me sourit que je crois soudain si bien connaître. Nous nous sommes assis un peu en retrait de la table joyeuse où je sais que mes amis m'observent. Olga me dit que Sonia est son vrai nom. Elle me parle avec humilité, tendresse, recueillement : une tristesse la porte à se déconsidérer à mes yeux : elle me montre avec insistance les défauts de son visage ; elle me parle de mes beaux amis ; elle dit que je dois m'ennuyer en sa compagnie. Je la regarde avec étonnement : je la trouve belle, toujours, mais non pas de cette beauté qui m'avait séduit lorsque je lui avais demandé de boire quelque chose en ma compagnie : cette jeune femme intimidante et un peu lointaine a fait place à une petite fille dont le visage certes n'est pas sans imperfections ; mais ces défauts eux-mêmes me charment. De la vamp de tout à l'heure je ne reconnais rien, rien que ce mouvement gourmand et tendre et ironique des lèvres.

J'entends le rire clair d'Anne. Je le vois se dresser : il se penche vers André Germain qu'il décore peut-être d'une distinction nouvelle ; le beau profil de Patrice s'incline... La coupure de la rue Vavin s'ouvre sur le ciel qui blanchit.

Nous remontâmes à pied la rue Delambre, puis la rue de la Gaîté. Les réverbères éclairaient encore les feuillages mais le ciel, de plus en plus, s'illuminait. Maintenant il faut se taire : je ne saurai jamais dire l'allégresse de mon cœur...

... Mon taxi au toit ouvert filait entre les murailles noires des maisons : cette entaille sombre couronnée d'un ciel clair m'évoqua, pour la première fois sans doute depuis que je le vis, le canal de Corinthe où l'*Hellas*, notre bateau, glissait, une nuit que je n'oublierai pas.

Tous les oiseaux chantaient lorsque je me mis au lit.

Paris, jeudi 16 avril 1964.

Retour à *Bobino*, en 1934. Maintenant, et parce que mon regard intérieur s'est fait trop insistant, cette vision s'est de nouveau légèrement brouillée.

J'avais commencé, en recopiant ce Journal d'autrefois, par y faire des coupures. Mais j'ai rétabli les passages supprimés, prenant conscience de l'importance de tel détail insignifiant, — par exemple, l'achat d'une pipe, acquisition dont j'ai conservé le souvenir, parce qu'il s'agissait de ma première pipe — et je pourrais encore désigner le bureau de tabac, proche de l'endroit baptisé aujourd'hui Stalingrad d'où partaient (et d'où partent toujours) les cars pour Vémars, où j'ai choisi cette pipe — affreuse (je dois l'avoir encore quelque part ; et j'ai encore dans la bouche l'âcre senteur du tabac gris avec lequel je l'inaugurai).

Petit point d'histoire personnel, qui n'a d'intérêt que pour moi. Ce qui, en revanche, peut avoir une valeur générale, ce n'est pas tant la survivance d'un tel souvenir (qui ne m'a jamais quitté, qu'il m'arrive souvent encore d'évoquer), que les conditions de réapparition de certains autres, que j'avais oubliés et que, grâce à des notes de journal, je retrouve, d'abord vaguement, puis avec plus de netteté.

C'est ainsi qu'il me semble me revoir faisant « joyeusement » à pied la route de Louvres à Vémars. A cette correction près, pourtant, que je puis confondre, ayant fait assez souvent ce trajet sous l'Occupation, et, l'un d'eux, un lendemain de réveillon (ou, de toute façon, déjà, de nuit blanche), dans le même bonheur. Il me serait sans doute possible d'en retrouver trace ici. *Ici* se référant à un carnet sans ressemblance avec ce cahier, mais faisant partie de ce même ensemble, auquel appartient déjà mon premier agenda de 1927, mon cahier de 1925, mon carnet de 1922 : mon Journal.

Paris, lundi 4 janvier 1943.

Le 31 décembre, chez Jean Voilier. Repas debout mais somptueux. Guindé au début : les Pommereux, Madeleine Le Chevrel, les Valéry, Léon-Paul Fargue. Peu à peu, le champagne aidant, le réveillon s'anime. Paul Valéry vient s'asseoir près de nous, dans le coin du salon où nous dînons, Christian Mégret, Edith Mégret, Francis Poulenc, moi. Les disques de Piaf nous enchantent d'autant mieux que le champagne, déjà, est intervenu. Nous essayons de convertir Paul Valéry à cette musique populaire qui rejoint, selon nous, l'art le plus noble. *On n'en connaît pas la fin* et *C'est lui que mon cœur a choisi* nous initient à la poésie par excellence. Mais Valéry hoche la tête, il comprend difficilement nos démonstrations. Lui aussi, il a bu, mais comment nous suivrait-il, lui qui est vieux déjà et à qui l'habitude de la méditation a fait prendre plus de hauteur encore ? Je le considère avec tristesse : dans un visage ébloui, de petits yeux hagards clignotent. D'autres jeunes gens nous ont rejoints, tous superficiels et vains, comme nous. Et notre condamnation m'est rendue sensible à la vue de cette incompréhension du plus intelligent des Français vivants. Que dans ce salon il n'y ait qu'une personne qui ait l'air stupide, et que ce soit Paul Valéry, n'est pas à notre honneur. Un moment, il me regarde avec ses pauvres yeux éperdus, et j'ai honte, soudain, de ce que j'ai dit, — bien que je l'aie dit en toute sincérité et que le champagne n'y soit pour rien. *Mais d'l'aimer comme je l'aime, un homme est toujours beau...* Ces mots, que je trouve admirables, ne touchent pas Paul Valéry, qui murmure :

— Je préfère *Bérénice*...

J'ai la bêtise de répondre :

— Mais c'est la même chose, *Bérénice*...

Sous la boutade, il y a assez de persuasion encore pour me perdre aux yeux de cet homme, qui de tous les vivants est celui que j'admire le plus et qui, au début de la soirée, m'avait accordé quelque attention.

Après avoir toussoté et crachoté pendant deux heures, Valéry s'en alla. La plupart des invités âgés quittaient au même moment Mme Voilier pour prendre le dernier métro. D'autres arrivaient, jeunes et beaux. Alors commença cette longue ivresse, si douce et légère, qui devait me conduire jusqu'au matin. [...]

Sète, lundi 25 octobre 1971.

Paul Valéry, si présent, si proche dans ma mémoire — et cette tombe, noble et belle, mais où est déjà presque effacée l'inscription :

*O récompense après une pensée
Qu'un long regard sur le calme des dieux...*

Jour de brume, hier, lors de cette visite au cimetière marin. Trompe de brume. Je suis Laurent de tombe en tombe et nous finissons par trouver celle, discrète, de Jean Vilar...

Paris, lundi 4 janvier 1943.

A sept heures, je me couchai et me réveillai à huit car il me fallait partir pour Vémars y rejoindre mon père et Bruno, arrivés la veille. Exténué, mais possédé encore par le charme de cette nuit, je fis le voyage dans une sorte de rêve. De Survilliers à Vémars sous une pluie glacée, le cœur débordant d'allégresse et de reconnaissance, puis à Vémars près de grand-mère, je continuai d'être heureux et plongé dans la même alacrité. Fatigué, certes, à cause du manque de sommeil, mais le cœur solide, la bouche fraîche. J'avais bu juste assez pour oublier le poids qui m'accable et qui accable tous les hommes de sang-froid.

Quelvezin, jeudi 26 juillet 1973.

Le temps pur dans sa gangue impure. Détachons un nouveau bloc.

Malagar, vendredi 23 septembre 1932.

En essayant de trouver le lièvre, ce soir, dans les vignes, par une fin de journée radieuse de lumière et de pureté, je sens obscurément les merveilleuses sensations que cette vue me procure. Si je pouvais les rendre, j'écrirais un chef-d'œuvre. Mais, hélas ! elles me fuient. C'est à peine si elles me laissent sentir qu'elles sont une clef qui, si je l'avais en ma possession, m'ouvrirait bien des mystères. Quel calme, ce soir de début d'automne... Quelle couleur prend chaque chose... Mais ma langue est trop pauvre pour exprimer cela et puis j'ai peur d'être trop banal.

Ce soir, en écrivant *Méthylène*, où je rappelais le souvenir des prières de mon enfance, que je citais, je retrouve, un moment, la foi brûlante d'autrefois. Mais, maintenant, c'est de nouveau le vide. Paroles troublantes de papa au sujet des péchés.

J'ai noté fidèlement dans *Méthylène*, à mesure qu'il se produisait, mon enthousiasme religieux de ce soir :

... Quand j'évoque mon enfance, je la vois transfigurée par la continuelle présence de ce Petit Jésus dont mes parents m'avaient appris la destinée si belle. Lorsque j'étais tout petit, maman m'avait donné l'habitude de dormir les bras en croix sur ma poitrine et, quand elle montait se coucher, elle me joignait de nouveau les mains sur mon cœur si, en dormant, je les avais inconsciemment changées de position. Nous faisions quelquefois la prière en commun, surtout à l'époque où j'étais à Vémars. Grand-mère s'agenouillait devant le Sacré-Cœur, accroché à son cadre doré, dans un coin du salon, et Bertrand et moi prenions place à ses côtés. Je me souviens que si je ne suivais pas toujours avec soin les litanies, si j'essayais de faire rire Bertrand et me laissais à mon tour distraire par lui, certaines prières me remplissaient d'émotion. Ainsi, lorsque grand-mère récitait d'une voix différente de celle que nous lui connaissions, plus voilée, plus chantonnante, empreinte d'une immense bonté, cette oraison qui, aujourd'hui encore, me trouble :

Répandez Seigneur vos bénédictions sur mes parents, mes bienfaiteurs, mes amis, mes ennemis. Protégez tous ceux que vous m'avez donnés pour maîtres, tant spirituels que temporels. Secourez les pauvres, les prisonniers, les affligés, les voyageurs, les malades, les agonisants. Convertissez les hérétiques et les pécheurs et éclairez les infidèles.

Toute ma foi d'enfant, si belle et si pure, est contenue dans ces quelques mots. Je sens en moi cette même joie irraisonnée dont mon cœur s'emplissait pendant cette invocation et je pense tout naturellement à un bonheur semblable qui m'envahissait le Vendredi saint quand maman nous réunissait dans sa chambre pour nous lire la Passion. Elle aussi avait une voix particulièrement émouvante en disant :

En ce temps-là, Jésus dit à ses disciples : vous savez que la Pâque a lieu dans deux jours et que le fils de l'homme va être livré et crucifié...

Je sens l'impérieux besoin de lire cet Évangile, lentement, très lentement, pour en savourer tous les mots, tant chacun d'eux me cause de bonheur, tant ils m'assurent que Dieu ne m'a jamais abandonné, n'a jamais pu m'abandonner. Je revois le Chemin de croix que nous faisions à l'église, après cette lecture. Je crois entendre la voix nette et grave de grand-mère résonner sous la voûte :

Jésus tombe pour la seconde fois... Considérez l'homme-Dieu succombant encore une fois. Contemplons cette Sainte Victime étendue par terre, sous le faix horrible du bois de son sacrifice, exposée de nouveau à la cruauté des soldats et de ses meurtriers.

A ce souvenir, mon cœur se serre. Je voudrais pouvoir aimer en même temps toutes ces prières, les embrasser d'un seul regard, les posséder toutes à la fois, et je m'imagine les genoux nus sur les dalles, contemplant les peintures bigarrées où un artiste naïf avait représenté l'agonie de Jésus. Je me revois, un peu plus tard, le même jour, jouant dans le jardin avec Bertrand, je crois entendre trois heures sonner au clocher. Dans l'air calme et léger d'un jour de printemps, les trois coups retentissent lentement. Nous nous arrêtons, émus. Bertrand murmure :

— Le Petit Jésus est mort...

Et une voix appelle, du côté de la maison :

— Vite, les enfants ! Venez ! Nous partons pour l'église...

Langon, mercredi 24 décembre 1873. 11 h. Soir.

J'entends sonner les cloches de Noël.

Il y a ce soir douze ans (c'était en 1861. J'avais alors la moitié à peine de l'âge que j'ai aujourd'hui). Je ne dormis guère la nuit de Noël. J'étais entré au collège depuis moins de deux mois, et je devais à la messe de minuit remplir pour la première fois les fonctions de porte-flambeau ! Porte-flambeau ! Être dans le chœur revêtu d'une soutane rouge, avec bas rouges et calotte rouge, et souliers et surplis blancs, et cela pour la première fois... quelle émotion ! et comme je tremblais à l'idée que je pouvais commettre quelque balourdise, et troubler par mon étourderie l'ordre solennel de la cérémonie. [...]

Paris, 89, rue de la Pompe, ... 1929.

Noël... En rang, nous allons vers la petite chapelle. La nuit est claire. Il gèle fort. Un vent glacé souffle par intermittence. Mais nous n'avons pas froid.

Nous pensons aux trois messes, au réveillon et surtout aux longues vacances qui commencent demain.

Nous nous engouffrons dans la chapelle chaude où brûle un poêle qui ronfle doucement. L'église sent déjà l'encens. D'innombrables cierges grésillent et leurs flammes, par moments, se penchent, scintillent, semblent s'éteindre : c'est une rafale du dehors qui pénètre sous la porte pourtant close.

Des voix douces et pures commencent à s'élever [*barré* : Bertrand et moi nous taisons. Nous chantons faux, nous le savons] et la chapelle entière vibre de ce chant divin. Les trois messes se succèdent très vite, trop vite même. Nous communions dans un recueillement admirable. [Jamais, je crois, je n'ai été si près de Dieu.] Je regarde Bertrand qui prie, je regarde sa figure illuminée [de joie] et je m'étonne de le voir si pieux. [J'oublie, un instant, de prier.] Je pense à Bertrand tel que je le connais, à Bertrand gavroche, grossier même et, pour la première fois, je découvre qu'il est pieux. Je songe encore [à son cœur d'or], à notre amitié, [à l'amour que nous avons l'un pour l'autre, plutôt], et sans m'en rendre compte, je commence l'Ave maria.

C'est fini. Dans le réfectoire illuminé, le réveillon est préparé. J'oublie l'horreur que cette pièce m'inspire généralement, j'oublie les poireaux et la morue du vendredi mangés sur ces mêmes tables crasseuses, et il me semble que cette vaste salle que j'ai toujours connue silencieuse m'est devenue familière maintenant qu'y résonnent cent voix d'enfants, cent voix joyeuses et bruyantes et qu'un air de fête règne partout.

L'auto nous ramène à Vémars. Cette nuit de Noël, si douce, si belle, est terminée.

Mais demain commencent les vacances.

*Paris, 24, quai de Béthune,
samedi 20 octobre 1973.*

Les événements du Chili, la guerre israélo-arabe frappent ces pages — et leur montage — de stérilité. Et pourtant, dans cette phrase barrée par son auteur (moi) au moment de sa composition, je découvre mon secret : « ... à l'amour que nous avons l'un pour l'autre... »

Je n'ai découvert, recopié, inséré ici cette page que ce matin. Hier, j'avais eu cette autre révélation : jamais frère ne fut aimé autant que Bertrand, jamais frères ne s'aimèrent autant que Bertrand et Claude. Bertrand, mon frère.

Je renonce à utiliser ici le reste de ces *Souvenirs*. Où se trouvent, pourtant, des pages pour moi (et pour Claire, pour Luce, pour Bruno) précieuses, irremplaçables. Par exemple, au chapitre II, que je n'ai pas reproduit : « Dans la maison, grand-mère circule. Sa robe de chambre violette se voit partout à la fois. Soit dans le cabinet de toilette où la pharmacie aux odeurs mystérieuses et complexes est ouverte, soit au chevet de Bertrand enfin réveillé et qui, bien calé dans ses oreillers, n'a pas l'air très malade... »

Langon, mercredi 1ᵉʳ octobre 1873.

J'arrive de Malagar. Vendanges sont faites. Nous venons d'y passer deux jours. Firmin croit que nous aurons près de trente tonneaux ; pour une année où la vigne a été gelée il n'y a pas trop à se plaindre, et c'est plus que nous n'espérions. Le temps a été très favorable dans ces derniers jours, et on croit que le vin sera bon.

Le vendangeur armé de ciseaux coupe le raisin, et en remplit son panier dont il verse le contenu dans une comporte. Le bouvier vient avec sa charrette prendre les comportes pleines. La machine à fouler est installée au-dessus de la cuve, et le raisin, écrasé entre les deux cylindres de la machine, tombe dans la cuve. Le soir venu, les hommes, les jambes et les pieds nus, passent sur la vendange dans laquelle ils s'enfoncent plus ou moins, suivant le degré de fermentation. Une nuée de petites mouches microscopiques s'envolent ; le jus du raisin bout avec un petit bruit, en dégageant de l'acide carbonique, et une odeur agréable et pénétrante.

Langon, samedi 4 octobre 1873.

Toute la matinée, temps très lourd ; pas un atome de brise ; il y avait de l'électricité dans l'air. Vers trois heures des nuages denses et noirs ont rempli le ciel, et se sont abaissés vers la terre. Grande obscurité, à tel point, qu'au comptoir, nous n'y voyions plus pour écrire. Pluie torrentielle pendant un quart d'heure. Je suis sorti dans le jardin : pas un souffle n'agitait les feuilles des arbres, pas un cri d'oiseau, pas un frôlement d'aile. Dans le bleu de l'atmosphère quelques nuages humides erraient, et, des arbres, quelques gouttes de pluie tombaient sur les feuilles qui déjà jonchent le sol. C'est l'automne... Combien cette vieille terre a-t-elle vu d'automnes ? Combien en verra-t-elle encore ? — Mais qu'importe à cette feuille jaunie que foule mon pied — Elle a vécu. Et que m'importe à moi, puisque je passe comme cette feuille ? Et vous, générations ! ne passez-vous pas sur la terre comme passe au front du chêne, chaque année, sa verte parure ?...

Langon, mardi 7 octobre 1873.

Hier je me suis promené avec M. Boyancé dans le jardin public à Bordeaux. Nous prenions un vermouth devant le café de Bordeaux, et j'ai vu passer Mary Hamilton. Je lui ai écrit aujourd'hui. M. Boyancé m'a mené dîner à la pension des captains. Au théâtre on jouait *le Barbier de Séville* et les chanteurs ont récolté plus de sifflets que d'applaudissements.

Langon, mercredi 8 octobre 1873.

Nous avons conduit M. et Mme Adrien Boyancé à Verdelais. Nous leur avons fait visiter dans tous les détails l'église et le calvaire. Déjeuner à Malagar. Carambolage. Visite du chai et du cuvier. On écoulait le vin, et on mettait la grappe sous le pressoir pour en exprimer le jus.

Langon, jeudi 16 octobre 1873.

A cheval à 9 heures, pour arriver à 9 h 30 chez M. Ferbos à Roaillan. J'y suis allé pour leur dire que je suis prêt à porter demain M. et Mme Adrien Boyancé à Pieuchon, où je dois leur montrer une chasse aux palombes. A mon arrivée, Laure et

Mme Adrien qui étaient encore dans le simple appareil du matin se sont enfuies dans leurs chambres, pour procéder à leur toilette. Puis on est allé visiter le château de Roquetaillade et on est monté au donjon. Puis on est allé dîner. Puis on est allé voir la grotte de la Lorette, sorte d'excavation sous le rocher des ruines du vieux Roquetaillade, et qui, dit-on, servait de refuge jadis à un anachorète féminin. Puis on est parti à travers champs, chantant, riant, criant, courant, folâtrant. A sept heures moins le quart je sellais mon cheval, et bientôt après le bruit du sabot de Coco frappant le sol au trot, résonnait dans l'obscurité sur la route de Roaillan à Langon. En vingt minutes j'ai été rendu.

François Mauriac :

Mon jeune père, mort quinze années plus tôt, en 1887, et que je n'avais pas connu, je n'ignorais pas qu'il avait été républicain (je me souviens d'une lettre de lui datée de 1870 et signée Jean-Paul Mauriac, soldat de la République...), et était, cela allait de soi, anticlérical, peut-être même antireligieux. Cet absent bien-aimé dut faire contrepoids, au-dedans de moi, à tout ce qui m'était inculqué par ma mère et par mes maîtres. Notre tuteur, le frère de mon père, un magistrat irréligieux lui aussi, républicain et dreyfusard, bien qu'il se gardât de toute intervention (notre mère ne l'eût pas souffert), dut agir sur moi par son opposition muette à tout ce qui relevait de l'Église. Quelle part de cet héritage était liée à mon sang et l'avais-je reçue en venant au monde, ou est-ce la réflexion que je fis à partir de ce que je savais ou de ce que je devinais des « Mauriac » dont ma mère parlait toujours avec une arrière-pensée critique, sinon hostile ? Le certain, c'est que les lectures sub-

versives intervinrent et agirent sur moi, à peine sorti de l'enfance. (Mémoires politiques. *Préface.*)

Langon, mercredi 22 octobre 1873.

Lundi matin j'ai fait le voyage en chemin de fer avec MM. Fourcassiés père et fils, et avec mon père. M. Fourcassiés père tenait absolument à me démontrer la vérité de la religion, et pour cela il m'a raconté toutes les prophéties des livres saints, et comment elles se sont accomplies. De mon côté je lui ai fait quelques objections, et comme il insistait j'en suis venu à lui dire que je crois la science supérieure à la religion, attendu que la science peut aller de l'avant sans avoir à s'inquiéter de la religion, tandis que la religion doit, à chaque fois que la science fait un pas de plus, s'arranger de manière à ne pas rester en contradiction avec elle, sous peine de se voir abandonnée par tous les hommes sincères et éclairés. Alors M. Fourcassiés fils m'a dit que je dois croire à la vérité de la religion, s'il m'est impossible d'en démontrer la fausseté ! — Hé quoi ! M. Fourcassiés ! Si je vous disais que, dans la lune, les montagnes sont de diamant, les fleuves de lait et les fruits de sucre candi, je pourrais donc vous mettre dans l'alternative d'y croire ou de me démontrer le contraire ?...

Langon, samedi 25 octobre 1873.

Papa avait pris ses grosses bottes, car il pleut et il y a de la boue, et était parti pour Malagar immédiatement après dîner. Maman, à un coin de la cheminée, lisait le journal, et moi, à l'autre coin, fumant une cigarette, je lisais le feuilleton du

Graphic quand des voix de dames se font entendre. « Nous ne les dérangeons pas ? Ils sont seuls ? » Et la voix de Clara : « Oui, ils sont seuls, vous pouvez entrer, Mme Castaing. Entrez. » « Bonjour, madame. » « Bonjour, madame... » [coupure dans le manuscrit].

Paris, dimanche 21 octobre 1973.

En passant tout naturellement, sans changer de caractères typographiques, ni mettre de guillemets, du Journal de Jean-Paul Mauriac (octobre 1873) au mien (octobre 1973), j'applique, sans en avoir d'abord pris conscience, l'idée de roman que j'avais eue à Megève, le 19 août 1962, et que je croyais abandonnée : « Ce que je voudrais rendre, voyez-vous, c'est la vie de plusieurs générations de Carnéjoux... » (... de Mauriac...) « ... s'enchaînant dans une continuité... ». Idée à laquelle François Mauriac, mon père, ne croyait pas, et que Jean-Paul Mauriac, son père, me permet de réaliser partiellement aujourd'hui.

Il y a toujours à Bordeaux un Jean-Paul Mauriac, l'aîné de mes cousins, et à Paris, second lui aussi du nom, un Bertrand Gay-Lussac, le fils aîné de Bruno...

Langon, samedi 6 décembre 1873.

Le vieux Charlot, le bouvier de Malagar, est mort. Nous en parlions ce soir à souper. « Le pauvre homme ! a dit Clara, lui qui venait quelquefois nous voir à la cuisine. Il ne viendra plus. » « Non, a dit Papa, c'est nous qui irons le voir... »

Malagar, samedi 24 septembre 1932.

Après dîner, promenade nocturne très agréable, sur la route, avec Claire. Nous allons jusqu'à Saint-Macaire et nous faisons une visite à la laveuse Adrienne, une brave femme s'il en fut, enchantée de nous voir. Elle nous fait visiter toute sa maison. Charme de ces grandes pièces éclairées par une lampe. Poésie du train qui passe dans la nuit, de la vieille armoire que j'admire, des tasses qu'Adrienne nous montre avec orgueil. Calme de cet intérieur paysan. Nous revenons dans le noir. Plus d'étoiles. Le ciel s'est brusquement couvert. Nous chantons.

Malagar, dimanche 25 septembre 1932.

... *Méthylène* m'énerve. Je l'abandonne à la 99ᵉ page. J'ai envie d'écrire des incohérences. Je comprends les surréalistes. Cette vie m'assomme. Il faut chercher plus loin. Que c'est bête, la jeunesse ! Je me traiterai d'idiot, plus tard...

Paris, lundi 25 septembre 1972.

Passer sur l'inanité. En tenir compte dans la seule mesure où cette constante entre dans mon sujet. Le dégoût une fois surmonté, reste l'insaisissable objet de ma recherche : le temps dans son inexistence fondamentale et sa fondamentale existence. Contradiction dont je ne puis que prendre note. La décomposition des concepts commencerait ici, où je m'arrête.

Ces pages, interchangeables, n'ont d'autre intérêt que d'être des pièges éventuels à prendre le Temps. A la limite, elles pourront être supprimées, tels les échafaudages d'une construction achevée. Mais que construirais-je de solide, de palpable, de saisissable, de visible avec l'évanescence, le fugitif, l'impalpable, l'insaisissable mêmes ?

L'ineffaçable et perdurable présent, à plusieurs niveaux. Le plus profond : l'enfance. Ce que j'écris, le 23 septembre 1932 sur mes souvenirs religieux (et c'est tout naturellement que j'emploie ici le temps présent *puisqu'il s'agit du présent)*, je pourrais, dans les mêmes termes, puisque la réalité à reproduire est la même, le noter ici le 25 septembre 1972, ou, si c'était possible, le 25 septembre 2072. Grâce au Journal d'autrefois, le peu qui s'est atténué réapparaît. Cette prière, à laquelle je ne pensais plus jamais, mais dont je conservais la connaissance virtuelle, je m'en souvenais suffisamment encore en 1932 pour la retrouver immédiatement dans un paroissien (ou, moins probablement, dans ma mémoire ?). Maintenant que je la relis, chaque mot m'en est familier. Quant à la voix de ma grand-mère la récitant, je ne l'ai plus tout à fait dans l'oreille, mais il s'en faut de peu, et l'écho ne s'en est pas effacé. Voix feutrée, engloutie, inaudible, dont je retrouve le rythme et, oserai-je dire dans ce silence, le ton ?

Certains faits d'autrefois demeurent inoubliés, présents, alors qu'ils ne se distinguent par aucun intérêt particulier. Telle reste vivante en moi, on ne sait pourquoi, cette visite du 24 septembre 1932 à la « laveuse » Adrienne. J'y repense chaque fois que je passe devant sa maison, avant le passage à niveau de Saint-Macaire, et il y a quelques semaines encore, lors de mon dernier séjour à Malagar. Quarante ans après, la chaleur de cet accueil rayonne toujours, si actuel, tellement physique, que je ne l'éprouve point comme passé.

Présence du souvenir, retrouvé inchangé, à dix, vingt, trente, quarante années de distance. L'épaisseur du temps ne déforme ni ne grossit ce qui a été une fois pour toutes photographié. Car il s'agit de clichés plus que de films : plans immobiles, en noir et blanc, me semble-t-il, et le plus souvent muets — sauf lorsque c'est sur les paroles mêmes, par exemple sur cette prière, ou sur l'Évangile de la Passion, lu par maman, que s'est cristallisé le souvenir.

La lumière de septembre m'a blessé, par l'impossibilité où j'étais de l'exprimer, hier après-midi, dans le jardin des Tuileries, comme à Malagar le 23 septembre 1932. Seule différence (mais récente), j'étais plus près sans doute il y a trois ans encore de ce que j'étais en 1932 que de ce que je suis en 1972 : je ne m'attendris plus, je me refuse à la tristesse, au vertige, à la joie même de la lumière, n'ayant plus d'espoir en rien ni en personne. Surtout pas en moi-même. Étant désespéré ? Non, ce serait marquer encore de la sensibilité, du regret, et ne fût-ce qu'en creux, de l'espérance. Avec Marie-Claude et Gilles, hier, aux Tuileries, dans la douce et rousse lumière de septembre, devant les rousses et douces fleurs, j'étais absent. Tout au plus, pensais-je que l'on trouverait sans doute dans mon Journal, en des temps divers, la même lumière, sur ce même jardin. Une fois de plus, j'essayai de repérer l'endroit où s'élevait le bâtiment de la Convention. Ombres moins effacées que moi-même et qui m'intéressaient davantage.

Livre trompeur. A voir tant de pages de Journal rassemblées, on croira, si je le publie, que je m'intéresse au personnage qui les a vécues et écrites. Pour capter le temps, il me faut bien me servir du seul instrument d'enregistrement dont je dispose : moi-même.

« Si je pouvais rendre cette lumière j'écrirais un chef-d'œuvre », notais-je déjà en 1932. Autre constante : je n'ose plus parler de chef-d'œuvre, connaissant mes limites. Mais dans mon (dés)espoir il me reste un espoir : que *le Temps immobile*, faute d'être un chef-d'œuvre, soit *mon* chef-d'œuvre, au sens artisanal du mot.

D'un côté, il y a une permanence qui fige le temps ; de l'autre, des flux de rythmes différents. Entre 1932 et 1942, il y a un siècle (qui me paraissait et qui demeure tel). Mais si peu de temps, à en frémir, entre 1962 et 1972. Quant à 1942-1952, 1952-1962, ce ne sont plus pour moi que des périodes vagues, indéterminées et pour lesquelles, à la Libération et à mon mariage près, je ne dispose d'aucun repère.

Paris, 23 septembre 1942.

Rencontré Georges Duhamel, avenue de l'Opéra. Il est rentré hier de Valmondois, la préparation des prix Cognacq l'appelant à Paris. Très cordial et affectueux, il s'étonne de mon long silence. Comme je le félicite d'un article de lui paru dans *Le Figaro* (en zone libre) et que j'ai aimé *(L'Insomnie)*, il me dit :

— Et pourtant je suis comme les animaux du Jardin des plantes : je ne me reproduis pas en cage.

Il m'apprend que les Allemands empêchent le dernier *Pasquier* de sortir :

— Ils veulent un gage... *(large geste des bras).* Un gage ! Les malheureux qui ont cru habile de donner un gage, le pauvre Morand par exemple, sauront un jour ce qui leur en coûtera. Les Allemands ont déchaîné dans le monde un tel désir de vengeance que la réaction dépassera son objectif : atroce, injuste à force d'excès. Et nous devrons intervenir alors pour prêcher l'indulgence, la sagesse, et nous devrons défendre nos durs maîtres d'aujourd'hui...

Malagar, dimanche 4 septembre 1932.

Je continue *Du côté de chez Swann*. Cet ouvrage m'enthousiasme ; il m'ouvre à chaque instant d'immenses horizons nouveaux. Bien souvent, il me fait voir clair en moi-même et me rappelle des souvenirs oubliés. Proust montre la beauté mystérieuse de l'atmosphère du passé retrouvé. Une odeur, un son me rappellent ainsi souvent, comme la madeleine et la tasse de thé, de magnifiques impressions d'enfance presque insaisissables. Cet Agenda ne pourra hélas ! recréer l'*atmosphère* de ma vie passée, mais il m'aidera peut-être à la retrouver. En effet, cette brève chronologie quotidienne ne saurait faire mention de sensations que j'enregistre à mon insu. Il est certain que le Journal que j'aurais pu tenir pendant les longs hivers de Vémars, dont je garde un si merveilleux souvenir, n'aurait rien apporté que des faits banals. Ce n'est pourtant pas à eux que je pense quand j'évoque cette époque qui me semble déjà si lointaine, mais bien à l'atmosphère mystérieuse de ces jours d'enfance. J'enveloppe d'une étrange poésie un geste que je n'aurais même pas pensé à noter. Je puis du reste faire la même remarque pour des faits plus rapprochés puisqu'ils ont trouvé place dans cet Agenda : des nombreuses chasses à courre auxquelles j'ai assisté, je ne me souviens pas de tel ou tel incident propre à l'une d'elles et que je rapportais avec soin, le soir, dans mon Journal. Je revois seulement ces bois de l'Ile-de-France embrumés et déserts, où, loin du reste de la chasse, j'épiais le passage du cerf. Je les revois, ces forêts, par ces jours cotonneux de novembre, où l'appel lointain du cor se mêlait aux aboiements de la meute et aux coups cadencés de quelque hache lointaine. Je revois ces grands étangs calmes et gris, à l'eau opaque et noire hérissée de roseaux. J'ai dans les yeux l'habit rouge du piqueur qui sert l'animal. Et puis je me resouviens de ces retours en auto dans la nuit, où, blotti sous les couvertures, je considérais la forêt déserte qu'illuminaient les phares, puis la grande plaine abandonnée bordée de pommiers noirs et tourmentés. Je revois les villages que nous traversions, l'auto sautait sur les pavés et j'entrevoyais des hommes dans les cabarets éclairés. Si, d'aventure, je relis dans cet Agenda les nombreuses pages que j'ai consacrées à ces jours de chasse, je verrai peut-être quelque description de forêt, quelque indication brève d'un paysage remarqué, je trouverai mention des corbeaux voletant parmi les arbres, des feux de bûcherons dans les clairières, du lapin affolé qui fuit dans les faisceaux des phares, mais rien ne m'en indiquera l'immense poésie. J'aurai enregistré à mon insu des impressions que, plus tard, un rien me fera peut-être retrouver.

Pourquoi ne pas penser que ce « rien » pourrait être tel mot de mon Agenda en apparence insignifiant ? Pourquoi, à lui seul, ne jouerait-il pas le rôle que put assumer une tasse de thé ? Si je persévère à écrire ce Journal, si ennuyeux dans son ensemble, si mal rédigé faute de temps, c'est que j'espère qu'il sera pour l'avenir un précieux rappel du passé, c'est que je pense que je saurai lire entre les lignes, deviner tout ce que je n'ai pas noté par insouciance ou par ignorance, c'est que je suis persuadé que je retrouverai ma mère là où je n'en fais pas mention, que je reverrai mon père dans ses occupations habituelles, mes sœurs et mon frère jeunes, moi-même adolescent heureux et un peu tourmenté. Vieux monsieur, la faute de français ou d'orthographe que je trouverai dans la lecture de mes anciens Agendas ne m'arrêtera pas, j'en suis certain. Aussi vais-je continuer à griffonner, le soir, mes impressions, même si comme d'habitude je n'ai le temps ni de les rédiger, ni de les ordonner. Je serai récompensé, plus tard, de ma peine.

Paris, 24, quai de Béthune,
dimanche 24 septembre 1972.

A mon regard d'alors, je suis certes le *vieux monsieur* que j'évoquais, mais j'ai du mal à m'en convaincre. « Plus tard », c'est maintenant ou jamais. Mais la récompense est décevante. Je dois de nouveau l'attendre d'un nouveau travail et le remettre à « plus tard », à jamais.

Rédiger, ordonner. Les mêmes mots, toujours.

Hier, quai d'Orléans, entendant un guide nommer Jean de La Ville de Mirmont, devant sa maison, je songeais à ce que m'avait raconté, un jour, mon père, en ce même endroit. Et je pensais : « Si je disais à ces jeunes filles, à ces touristes inconnus : " C'est là, qu'au témoignage de François Mauriac, Jean de La Ville de Mirmont, dont on vous parle, avait jeté sa maîtresse par la fenêtre, mais cette fenêtre, regardez-la, elle se trouvait, elle se trouve, au rez-de-chaussée... " »

Paris, dimanche 24 août 1952.

Après cette relecture de Proust (même, parfois, première lecture, notamment pour la *Correspondance*, et, je l'ai découvert avec surprise, pour *Albertine disparue* et une partie du *Temps retrouvé*), j'ai repris les *Mémoires d'outre-tombe* où j'en étais resté (début du second tome de la Pléiade) : ces grandes orgues me font du bien ; c'est la détente d'une admiration oubliée.

Toutes les cloches de Notre-Dame dans un matin de soleil déjà automnal. Je songe une fois de plus que la joie la plus puissante de ma vie, je l'ai éprouvée à la Libération de Paris dont la cathédrale sonne l'anniversaire. Ces cloches qui fêtèrent au moment même l'événement et qu'il entendit à la radio de Vémars occupé, mon père (que j'ai été chercher avenue Théophile-Gautier) en parle avec la même émotion alors que nous passons devant l'Hôtel de Ville rajeuni et comme élevé à une sorte d'éphémère beauté par ses drapeaux :

— Ce fut un moment merveilleux — où tout aurait pu être si simple, si facile... Que n'aurait pu dire et faire de Gaulle s'il n'avait pas été de Gaulle lorsqu'il arriva et parla ici...

« Et si de Gaulle n'était pas de Gaulle, quelle carte il aurait encore à jouer ! » ajoute mon père, faisant allusion à cette insolite résurrection de la Résistance, il y a peu de semaines, non seulement moribonde mais déconsidérée, et que ranimèrent les maladroites attaques de Maurras à peine sorti de prison :

— Ce sont des brutes autant que des idiots. Ils avaient la chance d'être au pouvoir — car Pinay c'est Vichy... Il leur aurait suffi d'être un peu politiques... et voici à cause d'eux ce numéro de *l'Observateur* où, pour commémorer la Libération, R.P.F. et communistes voisinent — avec tout l'entre-deux, ce qui est à peine croyable — et ne profite qu'aux communistes dont les vœux sont comblés. Maurras, une fois de plus, ressuscite les morts ! Quand on pense qu'il avait réussi à faire marcher la main dans la main à travers Paris Daladier, Blum et Thorez ! Mais ce qui m'a également frappé, dans ce numéro de *l'Observateur* auquel je consacrerai sans doute mon prochain article du *Figaro*, c'est le manque d'enthousiasme et d'élan des participants qui ne rendent visiblement hommage à la — à leur — Résistance que par devoir et sur commande...

Voici l'île Saint-Louis. Je montre à mon père la plaque apposée sur la maison qu'habita Jean de La Ville de Mirmont. Il me dit :

— Je ne suis jamais venu ici... Nous nous voyions souvent, puis il a déménagé, il est venu s'installer dans l'île Saint-Louis — c'était au rez-de-chaussée — et, comme il arrive souvent à Paris, lorsque l'on change de quartier ou de vie, nous avons cessé de nous voir... C'est là qu'il jeta sa maîtresse par la fenêtre — sans grand risque, comme tu vois...

Nous arrivons quai de Béthune où mon père s'extasie sur Gérard — qu'il avait voulu voir avant de partir pour Vémars. Tandis que sonnent à toutes volées les cloches de Saint-Louis-en-l'île — et peut-être celles de Notre-Dame — et que mon père s'enchante à leur carillon —, Gérard regarde son grand-père avec gravité, suivant des yeux ses moindres gestes, dans les bras de Jeanne — dont mon père dira qu'elle semble descendue d'un portail de la proche cathédrale —, tellement femme du Moyen Age, mais du peuple des statues.

Depuis quelques jours notre petit Gérard sourit d'une façon adorable. Son air intelligent m'émerveille plus encore que ce côté « achevé » qu'il a déjà — et que je n'avais jamais remarqué chez les tout petits bébés, faute de les observer avec assez d'attention. Penser qu'il n'a pas encore deux mois et qu'il a déjà non seulement son physique bien à lui (qui change perceptiblement de jour en jour) mais encore une amorce de personnalité.

A Vémars, son grand-père dit :

— Gérard réfléchit déjà tellement qu'il a l'air de retrouver les unes après les autres toutes les propositions d'Euclide. Il a déjà un côté membre de l'Institut. Ce n'est pas du tout le genre gros bébé à rubans...

Donc nous avions pris Marie-Claude quai de

Béthune et avions gagné Vémars dans la petite Renault. Grand-mère, un peu fatiguée — mais tout à fait réveillée et remise après son somme de l'après-midi — nous y accueillit, ainsi que maman. En arrivant avenue Théophile-Gautier, ce matin, j'avais aperçu de la rue mon père qui, me guettant à la fenêtre, me faisait signe qu'il descendait. De le voir si semblable à lui-même dans cette avenue inchangée, de penser que j'allais partir pour Vémars avec lui — où j'allais trouver non seulement maman, mais ma grand-mère vivante, j'avais eu l'impression délicieuse mais inquiète d'un bonheur miraculeusement préservé au-delà de toutes les limites permises — autre bonheur à côté du bonheur d'avoir une femme (ma femme) et un enfant (mon enfant) : le bonheur de l'enfance pourtant si lointaine et que je retrouvais au détour de chacune des allées de Vémars, dans l'odeur humide du jardin, la vue du village groupé autour de sa chère église, avec les fumées épandues sur les toits roux — et déjà cette brume dorée et ces parfums d'automne.

Paris, jeudi 20 novembre 1952.

— Quand un Prix Nobel parle à un autre Prix Nobel...

Ainsi mon père accueillit-il ce soir Roger Martin du Gard. Celui-ci, toujours compliqué, avait refusé de venir dîner, sous prétexte que « cela ne servirait à rien de se regarder manger ». Mon père nous avait demandé, à Marie-Claude et à moi, d'être là pour faciliter les contacts. Je me sentais intimidé à l'avance, mais à aucun moment il n'y eut entre nous la moindre gêne.

Si Martin du Gard et moi n'avons jamais cessé d'être en correspondance, je ne l'ai guère vu que deux ou trois fois dans ma vie — et jamais depuis l'avant-guerre. Je le trouvai épaissi, blanchi, alourdi. C'est un vieux monsieur charmant, qui fit notre conquête, principalement celle de ma mère et de Marie-Claude. Ainsi sont les femmes : facilement émues par les hommes âgés, lorsqu'ils sont, comme celui-ci, propres, soignés et qu'elles les devinent solitaires. Martin du Gard a perdu sa femme :

— J'ai scandalisé mes amis... Seul, le cinéma, où je suis retourné très vite, m'arrachait à mon chagrin, me laissant souffler quelques heures...

La raison de cette rencontre (extraordinaire et donnée comme telle, car Martin du Gard continue de défendre farouchement sa tranquillité) était le prochain voyage de mes parents en Suède. Mon père voulait savoir d'un de ses prédécesseurs immédiats ce qu'il aurait à faire et comment il faudrait le faire au moment de la remise solennelle de ce prix Nobel de littérature que, pour notre joie et notre orgueil, il reçut le jeudi 6 novembre dernier.

Roger Martin du Gard donna force détails. Il était encore sous le coup, plus de dix ans après, de ce que sa timidité (sinon sa modestie) avaient eu à subir. Il avait commencé par fuir les journalistes, descendant à la gare qui précédait celle où on l'attendait. Mais on lui avait fait comprendre qu'il ne pouvait indéfiniment les éviter. Une conférence de presse avait eu lieu :

— J'entrai, comme le taureau dans l'arène. La salle était bondée. Je dus affronter les questions les plus indiscrètes. Et même celle-ci : « Comment se faisait-il que l'auteur de *Jean Barois* ait eu une fille élevée dans la religion catholique ? » Je répondis que ma fille était aussi l'enfant de ma femme, qui, elle, était catholique, et qu'il m'avait fallu en tenir compte, ce qui était du reste naturel. C'est pour vous donner une idée de l'indiscrétion de ces gens...

Mon père, étonné de la façon, somme toute pleine de sympathie, dont Roger Martin du Gard avait parlé devant nous du catholicisme, devait me dire par la suite que si le Diable continuait d'être présent dans sa vie par l'entremise de Pierre Herbart, qu'il voyait beaucoup, Dieu était là, grâce à l'influence d'un révérend père dont j'ai oublié le nom, devenu de ses familiers.

Je passe sur le récit minutieux du déroulement des diverses cérémonies de Stockholm.

— Pour vous, ce sera beaucoup plus facile, car vous avez l'habitude des honneurs. Mais je vous préviens, c'est une épreuve...

Mon père n'a pas l'air le moins du monde inquiet. La plus ennuyée est encore maman lorsqu'elle apprend que, le fameux jour de la remise du prix, il lui faudra se mettre en robe du soir dès quatre heures de l'après-midi...

Un million de francs lorsque Martin du Gard reçut le prix. Plus de onze millions aujourd'hui :

— Mais il faut en laisser beaucoup en route...

Mon père s'enquiert des œuvres suédoises à ne pas oublier. Quant aux françaises : « Je renvoyais tous les solliciteurs à l'œuvre à qui j'avais remis une somme », dit Martin du Gard qui rappelle incidemment que c'est avec l'argent reçu lors de son Prix Nobel qu'il fonda l'œuvre, toujours vivante, de la lecture au sanatorium.

Mon père dit :

— Je venais à peine d'apprendre que j'étais couronné, que les demandes d'argent affluèrent, émanant *toutes* de prêtres ou de religieuses. (Je sais bien qu'ils ne réclament pas pour eux...) Les plus modestes sont des curés qui me demandent un vélomoteur... Mais le vélomoteur n'est pas du tout la forme de charité vers laquelle je me sens incliné.

Mon père félicita Martin du Gard d'avoir su préserver sa paix créatrice.

— Je brouille sans cesse les pistes, dit ce dernier, partageant mon temps entre Paris, Nice et Bellême — et feignant toujours d'être ailleurs que là où je me trouve : faisant poster mes lettres à Nice lorsque je suis à Paris, etc.

Il assure qu'il vendrait volontiers Bellême, lourd à entretenir et où il ne va guère plus que deux mois par an, — mais sa fille tient trop à cette propriété pour qu'il puisse songer à s'en séparer. Mon père lui dit à quel point il serait souhaitable que des écrivains comme lui acceptent d'entrer à l'Académie (il se porterait garant de son succès) :

— Mais non, vous n'auriez même pas besoin d'y aller une fois élu. Certains de nos confrères n'y mettent jamais les pieds. Bien sûr, cela ne vous apporterait rien, mais cela serait d'un grand prix pour cette vieille institution — dont j'ai fort tendance à me désintéresser, moi aussi — et que je regrette tout de même de voir négligée des vrais écrivains.

— Ce serait une trop grande rupture avec ce que j'ai toujours pensé, dit et fait, répond Martin du Gard. Je ne puis, à mon âge, rompre avec l'attitude de toute une existence...

Et de suggérer qu'un André Chamson, ma foi, ce serait très honorable pour l'Académie.

Mon père n'insiste pas. Aussi bien, Martin du Gard est-il déjà en train de quitter difficultueusement son fauteuil :

— Une crise de goutte... Comme le jour où j'appris à Nice que j'avais reçu le Prix Nobel alors que je ne m'y attendais pas du tout...

Il a quelques paroles gentilles pour moi (et

même, prétend mon père par la suite, d'une certaine considération — ce qui est exagéré ; mais il est vrai qu'il m'a toujours marqué un intérêt dont je n'ai pas cessé d'être étonné) :

— Nous ne nous voyons pas, me dit-il, mais nous nous écrivons...

Et le voilà parti. Il n'est guère resté avenue Théophile-Gautier plus d'une heure.

Paris, vendredi 19 décembre 1952.

Emmanuel Berl parle de Marcel Proust d'une façon peu convenue. Je venais de lui dire que le Proust que nous montrait *Sylvia* différait grandement, dans sa brutalité, de celui que nous croyons connaître :

— Il ne devait pas être le même selon les personnes. J'étais tout à fait en dehors du « monde ». C'est un fait qu'il se comporta avec moi d'une façon qui ne ressemble pas à ce qu'on nous raconte en général. Les repas du Ritz, vous savez... Moi, je veux bien, mais j'ai passé des nuits près de lui et il ne m'a jamais rien offert, pas un verre d'eau... J'ai hélas ! perdu au front toutes ses lettres, ayant été enterré avec elles — et je dois dire qu'au moment même je me fis une raison. Eh bien, c'étaient des brouillons de son livre : longs monologues sur l'amitié, la jalousie, l'amour...

Paris, samedi 20 décembre 1952.

— Bonjour Mme Proust... Comment va Mme Proust ?...

En entendant, ce matin, la femme de chambre de ma belle-mère accueillir ainsi Mamy (Mme Robert Proust, née Marthe Dubois-Amiot), qui venait déjeuner, je songeais qu'après elle c'en serait fini de ce grand nom, ainsi tout simplement mêlé à la vie. Au moment du café, Mamy dit incidemment de son mari et de son beau-frère :

— Je vous en raconterais des histoires !

Il s'agissait de Robert et de Marcel Proust. Et ces « histoires » qui devaient avoir leur importance, nul n'en saurait plus rien lorsqu'elle aurait quitté ce monde. Pauvre Mamy, que nous regardons souffrir avec une impuissante pitié, si désespérée. Tandis que je la conduis chez son médecin, le docteur Karl Jonard, rue Greuze, elle me parle de Marcel Proust :

— La mère de Marcel et de Robert n'était pas facile, vous savez. Volontaire, oui, et masculine. Suzy est un peu comme cela, pour le meilleur : raisonnant comme un homme, parlant politique ou conduisant sa voiture aussi bien qu'un homme. C'était de Mme Proust que venait cette originalité... Mon beau-père me racontait qu'elle avait l'habitude de déjeuner à quatre heures quand elle faisait ses courses. Ce qui ne plaisait guère à son cocher. « Eh bien, mon ami, allez donc déjeuner ! » lui disait-elle. Et elle l'attendait dans la voiture devant le bistrot. Des originaux, je vous dis. J'ai vu un jour Marcel au lit avec des gants. Le professeur Adrien Proust, lui, était le sérieux, la mesure, le normal même. Il avait voulu d'abord être prêtre, figurez-vous, et il avait fait sa théologie. Montrant ses mains, qu'il avait très belles, il avait coutume de dire que c'étaient des mains d'archevêque. Tant qu'il vécut, Marcel mena une vie à peu près normale.

Je songe que s'il y avait eu l'abbé Adrien Proust, nous eussions été privés de Marcel Proust. Et je dis, répondant aux derniers mots de Mamy :

— Mais enfin, il était malade !

— Il avait de l'asthme, bien sûr. Mais l'asthme

n'a jamais empêché personne de vivre. Je sais de quoi je parle : quatre personnes de mon entourage le plus proche dont mon frère furent asthmatiques. Le professeur Adrien Proust fit en sorte que Marcel fasse son « volontariat ». Il y tenait absolument. De même exigea-t-il que son fils se levât pour les repas. Ce fut un malheur pour Marcel de perdre son père avant sa mère. Je me souviens que la première fois que Robert et moi allâmes prendre un repas chez ma belle-mère, après la mort de mon beau-père, elle était derrière la porte pour nous empêcher de sonner afin de ne pas réveiller Marcel qui dormait — lequel Marcel ne prit plus jamais la peine, depuis lors, de se lever pour manger...

J'écoute, avidement, conduisant avec le plus de lenteur possible, me réjouissant pour une fois des encombrements, prenant par le plus long.

— Lorsque ma belle-mère tomba malade — de ce mal qui devait l'emporter — Robert tint à venir habiter près d'elle, rue de Courcelles. Je me dis aussitôt que cela allait faire du vilain avec Marcel. Je ne me trompais pas. Dès le lendemain de notre installation, nous trouvâmes, au réveil, les premiers petits papiers de Marcel : « Robert, tu as fumé un cigare et l'odeur est parvenue jusqu'à ma chambre... Marthe a heurté le lavabo en faisant sa toilette, ce qui m'a réveillé, etc. »

— Saviez-vous, au moins, vous rendiez-vous compte qu'il écrivait (ou allait écrire) une œuvre si importante ?

— Robert a toujours eu confiance en son frère. Son père aussi, qui disait souvent que « Marcel serait un jour de l'Académie ». Ce qui ne l'empêchait pas de se désoler — et ma belle-mère également — de la vie déplorable qu'il menait. Déplorable quant à l'hygiène. Mais mon beau-père était assez fier des belles relations de son fils. En dehors des repas organisés par Marcel, les Adrien Proust faisaient surtout des dîners d'hommes — sans doute en raison de ce caractère masculin de ma belle-mère dont je vous parlais.

Mamy me raconta ensuite que, pendant la Grande Guerre, Marcel craignait d'être mobilisé. Et comme je disais, une fois encore : « Mais il était malade ! »

— Il est vrai qu'on se demande comment ce pauvre Marcel aurait fait, avec son habitude de mettre ses chandails au chaud dans le four. Et sa terrible exigence qui lui faisait enfermer ses domestiques, lesquels devaient être aussi silencieux que s'ils n'étaient pas là mais accourir au premier coup de sonnette. Il prétendait toujours qu'on avait laissé une fenêtre ouverte au bout de l'appartement. Exigeait et (là est le miracle) obtenait de ses voisins le plus complet silence. Boulevard Haussmann, il était arrivé à ce que son voisin, qui était dentiste, ne fît pas le moindre bruit, renonçât le matin à faire faire son ménage, etc. Tout aurait peut-être changé s'il s'était marié...

— Ces projets de mariage ne furent jamais très sérieux...

— Détrompez-vous... Il y en eut plusieurs, dont un avec une dame (que je ne vous nommerai pas) qui épousa par la suite un autre écrivain... Robert décida un jour d'aller à Cabourg voir son frère et « profiter un peu de lui ». Il en revint exténué après deux jours : il lui avait fallu rester debout à parler toutes les nuits, jusqu'à sept heures du matin. Le mariage aurait-il changé cela ? Si on respectait ses manies, il n'était pas si difficile. Têtu, pourtant mon mari disait toujours *non*, mais on arrivait à le faire revenir sur ses décisions. Marcel disait toujours *oui*, mais n'en faisait jamais qu'à sa tête. « Mais oui, chère Marthe, me disait-il, la barbe ne me va pas. Je vais la faire couper. » Mais il ne tenait pas sa promesse.

— La barbe... ?

— Oui, il l'a portée à plusieurs reprises... Si tout cela vous intéresse, je verrai à rassembler d'autres souvenirs...

Si tout cela m'intéresse...

Paris, jeudi 29 janvier 1953.

Mamy est morte le mardi 20 janvier, à trois heures de l'après-midi, après une agonie de deux jours, sans trop souffrir relativement et sans se douter, semble-t-il, du danger dans lequel elle était. Marie-Claude et moi, en l'absence de Patrice et des Puységur, avons seuls assisté, les premiers jours, la pauvre Suzy. Je n'avais jamais vu la mort de si près — ni vécu si longtemps dans l'intimité d'un mort. (Ma seule expérience, jusque-là, inoubliable et brève, si lointaine : la mère de mon père, bonne-maman Claire, avec ce masque de cire, dans cette chambre de Taussat entourée des oiseaux du mois de juin...) L'enterrement eut lieu vendredi à Saint-Augustin, puis au Père-Lachaise.

J'ai traversé ces dernières semaines une crise morale, qu'aggrava, bien sûr, ce face à face avec la mort, mais qui lui avait préexisté. Marie-Claude assista, impuissante, à ce désespoir silencieux. C'était, me semble-t-il, la prise de conscience, pour la première fois avec cette intensité (un peu tard, sans doute), de l'agonie de ma jeunesse — avec ce que ma jeunesse emporte avec elle d'espoirs déçus, d'illusions, de fantaisie, de bonheur... A quoi la mort de Mamy ajouta comme un signe. Comme si le charme se dissipait qui, depuis de si longues années, avait mis à l'abri ceux que j'aime — et moi-même. Comme si cette mort (qui ne peut être que la première avant toutes les autres — et la mienne) ouvrait à la Mort les portes si longtemps fermées qui nous en défendaient... Tout cela naïf, mais si profondément vécu qu'on n'en saurait rire. Il me faut faire un effort pour l'avouer. J'ai, en effet, tendance à croire que ce qui est nommé revêt du fait même de cette désignation plus de réalité. Pouvoir magique des mots, vieille hantise de l'humanité et qui a peut-être un sens...

J'étouffais de ne pouvoir exprimer ce vertige de l'âge. Il aurait été mal d'en parler à ma femme — vingt ans encore, vingt ans seulement ! Et m'aurait-elle compris ? Parfois, je ne pouvais taire une plainte. C'était laid, c'était lâche. Mon fils lui-même ne m'était plus d'aucun recours que je submergeais d'un amour farouche et vain. Et puis, un soir, peu d'heures après la mort de Mamy que je venais de quitter, sur son lit de parade, avec son visage effrayant d'Infante de la Mort, un coup de téléphone à Jean Davray, que je ne vois presque jamais, à qui je ne me confie plus jamais (aurait-il le temps de m'écouter ?), m'a donné l'occasion dont je fus le premier surpris d'une sorte de rapide *débondage* qui me soulagea. En quelques secondes et avec l'impression réconfortante d'être d'autant mieux compris que mon ami avait fait, qu'il faisait peut-être ces jours mêmes, une semblable expérience, je lui avouai tout de ce qui m'oppressait : la jeunesse finissante, le charme rompu, la mort menaçante et déjà présente...

Depuis la fatigue physique a relayé cette fatigue morale. Paix qui n'est sans doute pas celle de la seule lassitude. J'ai senti la nécessité de l'acceptation (comme disait Martin du Gard à propos de Gide) des lois de l'espèce. Ce qui me fit le plus souffrir, pendant l'agonie de Mamy et devant son cadavre, ce ne fut pas la pensée de ma propre agonie et de mon propre cadavre, mais celle de l'agonie et de la mort des êtres que j'aime et qui mourront peut-être avant moi. Pensée intolérable. Et intolérable présence de ma mère devant Mamy morte, de mon père devant la fosse où on la descendait aux côtés des frères Proust...

Et puis il y a Marie-Claude et l'amour désespéré que je me suis découvert pour elle — qui m'aime désespérément. Mais cela est trop grave pour que j'en parle. Je sais maintenant que cette jeune femme est ma dernière grâce et je remercie... qui ?

J'ai eu bien souvent envie de prier, ces jours-ci — et mon silence fut, bien souvent ces jours-ci, une sorte de prière. Parfois même, maladroitement formulée, lancée sans espoir dans le néant... Lorsque le R.P. Couturier vint administrer Mamy, je sentis un moment une présence qui n'était peut-être que celle de ce mystère, la mort, mais dont le caractère sacré me troubla. Le père m'émut. J'aurais voulu lui parler. Mais nos silences ou nos paroles banales n'empêchèrent pas entre nous une sorte de dialogue pathétique. Il y aurait trop à dire.

Paris, jeudi 24 février 1955.

Mon père signale, au début de l'article qu'il consacre à Claudel, sa mort au matin du mercredi des Cendres. Il a raison d'écrire que la mort ne lui prend pas Claudel, qu'elle le lui restitue au contraire. J'ai moi-même l'impression de ne pouvoir véritablement entrer en communication avec lui que maintenant qu'il m'est impossible de le joindre physiquement. Oserais-je avouer que je me suis même surpris à attendre un signe de lui ? Mais oui, un miracle, tout simplement.

Reçu le tome VI du *Journal* de Julien Green. J'y

lis ceci — non sans une certaine tristesse, mais qui confirme ce que j'avais cru comprendre le jour de mon mariage, à savoir que le R.P. Couturier s'adressait vraiment à moi :

Au mariage de Claude M., le Père Couturier a pris la parole et a dit ceci que je trouve beau : « Nous sommes sauvés dans la nuit. » Il m'explique ensuite qu'il a dit cela à cause de l'incroyance de l'époux, qu'il a voulu indiquer que tout se fait ici-bas dans la confusion et que Dieu nous tire d'affaire à sa façon...

J'avais justement reçu ces jours derniers le texte de cette allocution. J'avais été déçu en en trouvant les termes plus généraux, je veux dire ne me concernant point personnellement comme je l'avais cru — et comme le témoignage de Julien Green vient de me prouver que j'avais eu raison de le croire. Ce qui m'avait touché, c'est cette confidence si intime faite en présence de centaines de personnes indifférentes et frivoles (plus quelques-unes, comme Julien Green, qui écoutaient et comprenaient). En dépit de la discrète (mais transparente) initiale, me cause aujourd'hui de la gêne et même de la tristesse cette *publication* de mon « incroyance ».

Paris, dimanche 4 janvier 1953.

Revu hier Emmanuel Berl, en fin de journée, pour lui faire corriger ses épreuves. J'ai l'esprit ailleurs et l'écoute à peine — lui qui s'écoute penser. Intéressé pourtant (surtout à la réflexion) par ce qu'il me répète et qu'il m'avait déjà dit lors de notre première rencontre, quant à l'impossibilité où il est de dire la vérité (ou de s'en approcher) lors d'une première rédaction. Il m'avait cité et il me redit la phrase de Proust, notant à peu près : « On écrit d'abord : *Cette femme est ravissante.* Puis, plus exactement : *j'ai envie de l'embrasser.* » Il m'avait dit et il me répète qu'il travaille aussi difficilement que Drieu dont les premiers jets étaient mous, informes, qu'il raturait indéfiniment pour en faire quelque chose de passable. Hier soir, comme lors de notre première entrevue, je protestais, en appelant à l'expérience de mon Journal. Mon assurance restait la même :

— Je ne dis peut-être pas la vérité, dans la mesure où elle me demeure inconnue, mais je suis, chaque jour, aussi sincère, parce qu'aussi exact que possible. C'est le Journal du lendemain ou du surlendemain qui corrige, s'il y a lieu, non par suppressions mais par additions...

— Oui, me répondit Berl, j'ai repensé avec intérêt à ce que vous m'avez dit : que ce *Drieu* que je n'arrive pas à écrire de peur de ne pas savoir m'exprimer, je n'ai qu'à le rédiger par fragment de Journal, par chapitres datés. Mais je ne suis pas entièrement convaincu...

Confortable dans la bure de son pyjama, il enchaîne sur Drieu — sur son remords. Je n'écoute plus. Je songe que je lui avais dit, sans doute un peu légèrement, la fois précédente, que je ne pensais pas que la psychanalyse pût vraiment m'apprendre sur moi quelque chose. En vérité, ce sont les psychanalystes qui ont désenchanté pour moi la psychanalyse. Quelle assurance que la mienne ! Il n'y a pas si longtemps que j'avais éprouvé un sentiment inconnu de moi, qui était, je le découvris, de la jalousie à l'état pur — et je n'en avais rien su. D'un bout à l'autre de ma vie sentimentale, sauf au départ, j'avais persisté à ne pas me croire amoureux faute de savoir identifier l'amour sous ses formes toujours différentes. Bien sûr, j'avais eu raison de dire à Berl que, pour l'essentiel, nous ne changions pas, réagissant de la même façon devant les mêmes événements à vingt ans et à quarante — et sans doute à soixante (à cela près que l'expérience nous aide à corriger notre premier mouvement). Mais il n'en découlait pas que je connaisse à quarante ou que j'aie connu à vingt les vraies motivations de ces réponses inchangées. Y repensant ce matin, j'ai eu honte, rétrospectivement, d'avoir pu paraître aussi borné à un être d'une telle intelligence. Berl avait sûrement raison : le premier jet est un premier coup de pioche qui fait sauter la première couche d'humus. Mais le trésor est enfoui si profondément qu'il faut travailler longtemps pour le mettre à jour. En voici un exemple : tout ce que j'avais estimé important d'exprimer aujourd'hui est passé entre les mailles de ce filet trop vite jeté : cette page de Journal écrite au courant de la machine.

(Il est vrai que je ne prétendais pas à la vérité mais à la sincérité.)

Paris, jeudi 18 juin 1953.

Dîner chez ma belle-mère avec Emmanuel Berl et sa femme, Mireille — celle-là même dont m'enchantaient il y a vingt et un ans, à Saint-Symphorien, au cours de vacances pascales inoubliables, les chansons. Étonnement de la trouver si jeune. Elle a découvert dans un guide Michelin une longue lettre de Proust à son mari qu'elle a failli détruire avant de l'identifier. Berl nous lit cette intéressante mise au point sur l'amitié d'un Proust appliqué à convaincre et dont le ton n'est à aucun moment superficiel comme souvent chez lui dans ce genre d'écrit. Cette lettre subsiste seule d'une importante correspondance. Il la date approximativement de 1916.

Mireille, je ne sais pourquoi, appelle Berl, Théodore. [...]

Berl semble avoir été frappé du refus, dûment expliqué, que j'ai opposé, lors de notre dernière entrevue (qui fut exténuante), à ses démonstrations quant à la valeur des lettres selon la Cabale :

— Il m'accusa de paralogisme ! De paralogisme ! J'ai repris tous mes raisonnements les uns après les autres et suis assuré n'avoir commis aucune erreur. Le résultat est que, par votre faute, mon étude aura cent pages au lieu de vingt !

Paris, jeudi 21 mai 1953.

Passant non loin de l'avenue Théophile-Gautier, ces jours derniers, j'ai songé avec déchirement qu'un jour, s'ils mouraient avant moi, mes parents n'y seraient plus et qu'ils ne seraient plus nulle part. Il m'a soudain semblé miraculeux de penser que si je voulais, je pourrais à l'instant même m'arrêter, prendre l'ascenseur, entrer dans l'appartement, et les voir, les toucher, les embrasser. Le temps existe si peu que, pendant quelques secondes, j'avais véritablement vécu cet avenir où ils ne seraient plus vivants. De ce miracle qui les avait ressuscités, je ne profitai pas et continuai mon chemin...

Ce matin, inauguration devant le 44 de la rue Hamelin de la plaque commémorant les dernières années de sa vie que Marcel Proust passa en cet endroit. Ayant identifié Odilon Albaret (Céleste dont je fis connaissance, avec une telle émotion, au moment de mon mariage a déjà perdu pour moi son prestige et c'est à peine si je l'ai regardée), j'échangeai quelques mots avec lui, tandis que les paroles des officiels se perdaient dans la rumeur de la ville.

— Si je l'ai connu, monsieur ! Mais j'étais son chauffeur !

Il m'apprit que tout le cinquième étage (celui où il y a un balcon) avait été loué par son maître, qui habitait la dernière chambre, tout à droite — où il mourut. Mon père (que j'avais été chercher en voiture pour qu'il assistât à la cérémonie) m'avait dit :

— C'est là que je l'ai vu vivant, et c'est là que je l'ai vu mort. Mais l'entrée a-t-elle été changée ? Je ne reconnais rien.

Alors que parlent Gérard Bauër, Jacques de Lacretelle, le ministre M. Cornu, un adolescent équivoque, au teint pâle et aux mains inquiétantes, regarde d'un air indifférent la cérémonie, de sa chambre qui est un peu en dessous de celle de Proust. Dans son chandail blanc à col montant, avec ses yeux cernés et sa beauté usée, il ressemble à Chéri et, plus encore, au Prisonnier, tel que nous pouvons l'imaginer, l'imaginons, qu'il ne fut sans doute pas, et qu'il se pencha peut-être, un peu plus haut, à ces mêmes fenêtres...

Un tout jeune homme se présente. Matthieu Galey, fils de Louis-Émile Galey. Je le vis autrefois à Rome, chez ses parents. Je suis touché d'apprendre qu'il est là par amour de Proust. Et je pense qu'à son âge, Jean Davray et moi aurions été capables de ce genre de discret et anonyme pèlerinage, où nous nous serions ainsi rendus, nos cahiers sous le bras. Me fait plus encore d'impression sa ressemblance non seulement avec son père, mais avec ses deux oncles, qui étaient en classe avec moi au lycée Janson, à l'âge qu'il a aujourd'hui. C'était le même œil frisé, le même contentement de soi apparent. Mieux : *c'était le même garçon.* Vérification d'une certitude, banale, mais de plus en plus comprise par moi de l'intérieur : la mort n'existe pas pour l'espèce.

Et justement, à la terrasse du *Flore*, à côté de Jacques Prévert, j'aperçus, quelques quarts d'heures plus tard, son père qui ne me vit pas (et que je n'avais rencontré depuis des années).

Suzy (à propos de l'inauguration de ce matin) : « C'était bien, tout autour de nous, ces bruits de la ville dont Marcel a si bien parlé... »

Mon père : « Ce fut simple, émouvant. Il aurait aimé cela... »

Déjeuner chez *Lipp* avec les amis du jeudi. Bien-être auprès d'eux. Repos de l'esprit et du cœur. Détente. Jules Roy, Robert Kanters, Gilbert Sigaux, toujours mieux aimés. Jean Cayrol, auquel je m'attache de plus en plus. Le charmant Pierre Moinot. Aperçu Jean-Paul Sartre solitaire dans un coin du café.

Paris, lundi 10 août 1953.

A l'occasion d'une invitation à Deauville de l'ambassadeur de Colombie, petit pèlerinage proustien, à Cabourg, avec ma belle-mère et ma femme. Nous arrivâmes hier soir au *Grand Hôtel* (celui où vécut Marcel Proust), décidés à y passer la nuit. Encore cela faillit-il rater au dernier moment, le prix des chambres proposées paraissant exagéré. Si bien que Suzy marchanda (ce qui est contraire à ses habitudes), recommençant instinctivement la scène de l'arrivée du narrateur à Balbec, lorsque sa grand-mère, « sans souci d'accroître l'hostilité et le mépris des étrangers au milieu desquels nous allions vivre, discutait les *conditions* avec le directeur ». Lequel directeur d'aujourd'hui, semblable en cela encore à son prédécesseur qui « prenait généralement les grands seigneurs pour des râleux et les rats d'hôtel pour des grands seigneurs », ne réagissait pas au nom de Proust dont Suzy Mante faisait suivre le sien.

Cependant, Marie-Claude et moi reconnaissions, non sans émotion, les baies de la salle à manger ouvertes sur la mer. Bien que le *Grand Hôtel* ait été en partie reconstruit depuis la dernière guerre, nous retrouvions le décor d'*A l'ombre des jeunes filles en fleurs* inchangé.

Les pourparlers de ma belle-mère ayant abouti, nous montâmes dans nos chambres, les plus belles de l'hôtel, au premier. A défaut des bibliothèques en acajou dont les vitrines reflétaient la mer au fond de la chambre du narrateur, une haute glace, remplissant le même office, trouait d'une fenêtre supplémentaire le mur de la pièce.

Surprise, depuis la terrasse, en présence de la *digue*. Sur la foi de ce mot que nous étions je ne sais pourquoi accoutumés de prendre dans une autre acception, Marie-Claude et moi avions fait en lisant Proust le même contresens, imaginant une jetée, s'avançant loin dans la mer au lieu de cette longue promenade parallèle à la plage. Si bien que la mise en scène que nous avions intérieurement esquissée des *Jeunes filles en fleurs* se trouvait en partie sans rapport avec ce qu'avait voulu nous faire voir l'auteur :

Seul, je restai simplement devant le Grand Hôtel à attendre le moment d'aller retrouver ma grand-mère, quand, presque encore à l'extrémité de la digue où elles faisaient mouvoir une tache singulière, je vis s'avancer cinq ou six fillettes...

Cette inoubliable apparition d'Albertine et de ses compagnes était, me semble-t-il, plus insolite et d'une poésie plus émouvante, dans l'interprétation que je lui avais donnée, qui faisait en quelque sorte surgir les jeunes filles en fleurs de la mer. Mais nous n'étions plus libres maintenant de laisser aller notre imagination. A cela près, le texte (ou plutôt le souvenir que nous en gardions) coïncidait à peu près parfaitement avec cette réalité vivante et réelle de Cabourg d'où il était né. Le *Casino* était là, jouxtant le *Grand Hôtel*, ce *Casino* dont le narrateur avait souvent parlé. Gustave Roussy disait à Suzy qu'il y avait parfois rencontré Proust donnant de l'argent aux petites poules malchanceuses au jeu.

— Car, commente Suzy Mante-Proust, il avait beau avoir les goûts que nous savons, il fut toujours sensible à ce qu'on pourrait appeler la poésie de la prostitution féminine...

Suzy ajoute que l'oncle Marcel mêla aux souvenirs de Cabourg ceux d'Évian pour former Balbec :

— Ce qu'il aimait à Cabourg, c'était l'absence d'arbres (vous voyez la différence avec Deauville) grâce à quoi il évitait autant que possible le rhume des foins. Aussi bien, ne sortait-il le plus souvent que tout à fait en fin de journée. La vérité est qu'il travaillait à son livre.

Je songe alors à un nouveau contresens que je faisais, mêlant dans mon esprit le narrateur et l'auteur, confusion qui me faisait imaginer un Proust adolescent dans cet hôtel et sur cette digue, alors que ce n'était plus un jeune homme qui y passa ses étés de 1907 à 1914.

Il y a quelques jours, je ne sais plus quel jury fantaisiste décernait ici même un prix de la « qualité française » à Céleste Albaret. Une grande publicité fut faite par la presse à cet événement, « beaucoup plus grande, dit ironiquement Suzy, qu'à l'occasion de l'inauguration à Cabourg, il y a quelques années, d'une place Marcel Proust ». Ma belle-mère fut en revanche mécontente de l'assertion de je ne sais plus quel journaliste faisant dire à Céleste que Marcel était mort seul, alors que Robert Proust fit l'impossible pour le sauver :

— La vérité c'est que Céleste obéissant aux ordres de Marcel (je sais bien qu'il lui était difficile d'y contrevenir) ne prévint pas mon père. Il aurait échappé à la mort si on l'avait soigné à temps, car ce fut après des semaines de rhume — où il refusait de se soigner — que se déclara cette pneumonie qui l'emporta en trois jours...

Après nous être promenés sur la digue et avoir assisté, pieusement depuis nos terrasses voisines, à un coucher de soleil des plus proustiens dans la mer, du côté de Riva-Bella (devenue Rivebelle dans la *Recherche*), nous voulûmes aller dîner au restaurant du *Grand Hôtel*. Las ! une odeur de pension de famille nous y accueillit, fort peu compatible avec celles dont nous avions rêvé à la lecture des *Jeunes filles en fleurs* !

— *Aimé, cela me semble tout à fait recommandable ce petit poisson que vous avez là-bas : vous allez nous apporter de cela, Aimé, et à discrétion...*

Un maître d'hôtel négligent et sans classe a succédé au cher Aimé. Quant au bâtonnier, au premier président, à la marquise de Villeparisis, à Mlle de Stermaria, quant à Charlus, à Saint-Loup, à la princesse de Luxembourg, ils sont remplacés par les estivants des *Vacances de M. Hulot*, nous-mêmes nous découvrant un snobisme inattendu que nous ne nous connaissions pas et des plus proustiens, lui aussi.

Découragés par ce menu imposé (où devaient figurer les inévitables darnes de colin) et par le mauvais accueil que nous avait réservé le successeur d'Aimé, nous voulûmes aller dîner au *Casino* :

— Mais oui, madame, par ici le restaurant...

Et après une longue promenade dans des salles sinistrement vides, nous retombâmes dans la salle à manger du *Grand Hôtel*...

Le lendemain matin, je reconnus ce « soleil venant de derrière l'hôtel, découvrant devant moi les grèves illuminées, jusqu'aux premiers contreforts de la mer ». Nous voulûmes visiter (au quatrième étage, se souvenait Suzy) ce qui restait de la chambre occupée par Marcel Proust. Mais le directeur (ou celui qui le remplaçait) n'avait, semblait-il, jamais entendu prononcer ce nom-là. C'est d'un air plein de commisération qu'il regardait cette dame si mécontente de ne pouvoir être renseignée, plus de quarante ans après, sur la chambre qu'habitait, paraît-il, son oncle. Céleste, là encore, avait eu plus de chance. Mais comment se faisait-il qu'à défaut de son maître, le directeur de l'hôtel ne se soit pas souvenu de cette servante au grand cœur, fêtée à grand orchestre il y a si peu de jours ? Nous repartîmes découragés pour Paris où nous voilà.

Lors de l'inauguration à Cabourg de la place Marcel Proust, Suzy Mante fut mise en rapport par Jacques de Lacretelle avec un plombier qui avait travaillé pour son oncle dont il se souvenait. Il lui montra l'endroit du toit où il plaçait un tapis lorsqu'il devait y marcher, la chambre de Proust étant au-dessous. Et s'il y travaillait c'est qu'il s'y trouvait un réservoir dont le glou-glou gênait parfois Marcel. C'est à ce plombier que Suzy dut ce détail curieux qui implique peut-être l'existence à Cabourg même d'un « prisonnier ». Proust avait deux chambres voisines et, dans l'une d'elle, il avait fait installer un billard pour son ami (ou son valet de chambre ?), « car il allait jouer à Cabourg et cela l'ennuyait d'être si souvent privé de lui ». Le brave plombier n'y voyait du reste aucun mal.

Dans la boutique de « souvenirs », nous en cherchons un marqué *Balbec*. « De quoi ? » Le marchand et sa fille eurent l'air stupéfaits. En fait de souvenir, j'ai rapporté un cendrier moderne, mais qui porte l'inscription prestigieuse : *Grand Hôtel, Cabourg*.

Paris, mercredi 20 janvier 1954.

Messe anniversaire de la mort de Mamy, dans une affreuse chapelle de l'affreux Saint-Augustin. Désagréablement impressionné par le côté primitif dans l'inspiration et bureaucratique dans l'exécution de la cérémonie. Aucune élévation, aucun désintéressement dans les prières où il ne s'agit que d'assurances sur la (vraie) vie données au mort pour la consolation et la tranquillité des vivants. Somptuosité gênante : on sent que le moindre chant a été payé et qu'aucun pauvre, jamais, n'aura droit à une messe de ce genre — qui, toute chère qu'elle ait été, est expédiée mécaniquement par un pauvre prêtre dont c'est peut-être la croix que d'avoir à assumer son sacerdoce de cette façon. Je pense surtout à Bertrand — mort depuis si longtemps et dont je suis un des seuls vivants à me souvenir. Au Père-Lachaise où nous nous rendons ensuite en famille, c'est à lui encore que je songe, les yeux attachés machinalement à cette pierre tombale qui porte le nom de Marcel Proust. (Et, au même moment, je suis étonné à neuf d'être devant un tel monument funéraire — celui-là et pas un autre, celui de Proust tant aimé et depuis si longtemps — pour des raisons de famille !) Bertrand, lui, n'est pas loin, comme j'ai pu vérifier récemment : parti de la tombe de Mamy, j'allai, presque sans hésitation, jusqu'à la sienne où je n'étais pas retourné depuis vingt ans.

Paris, mardi 26 janvier 1954.

Dîner familial chez Suzy pour des fiançailles. Le genre de famille éloigné que l'on ne voit qu'autour des lits de morts et des cercueils — si bien que la table blanche, et ses flambeaux et ses fleurs ont un petit air funèbre.

Suzy raconte des souvenirs de l'oncle Marcel, que je ne connaissais pas :

— Un soir, je devais aller au bal et j'étais en robe du soir, Odilon arrive et nous dit que M. Marcel se sent bien et qu'il peut recevoir monsieur le professeur, madame et mademoiselle. Papa était à Londres — je me rendis donc seule avec Mamy chez Marcel. Nous le trouvâmes debout, avec un feu d'enfer dans sa chambre bien que l'on fût au mois de juin. Il y avait là Sydney Schiff, un Anglais, qui bientôt n'y put plus tenir et accepta, tout britannique qu'il était, de tomber la veste lorsque Marcel le lui proposa...

André Villebœuf rappelle qu'il vit Marcel Proust — déjà bien fatigué — au bal donné pour Suzy. Il y avait aussi le général Mangin. Suzy, qui s'en souvient, confirme.

Paris, jeudi 29 avril 1954.

Suzy a encore des choses à m'apprendre sur l'oncle Marcel. C'est d'habitude — comme hier encore — à l'occasion d'un dîner chez elle, lorsqu'elle « raconte » Proust pour ses invités. Hier soir, Mrs. Hughes, femme de l'ambassadeur du N.A.T.O., Pierre Brisson et les Lacretelle.

— Marcel fit des études très irrégulières. Il manquait souvent les classes, étant malade, et mon grand-père lui-même jugeait qu'il était en effet plus prudent qu'il restât à la maison. C'est à se demander comment il arriva néanmoins à finir ses études. Mon père, à côté de Marcel, était un gros garçon costaud et plein de vie...

Ce matin à huit heures et demie, Dominique de Puységur a eu un second fils, Robert.

Une vieille idée de roman s'est précisée hier soir, lors de la soirée chez Suzy. Titre : *Un dîner en ville*.

Paris, mercredi 31 janvier 1962.

Le 11 janvier alors que s'achevait l'émission de télévision consacrée par Roger Stéphane à Marcel Proust (où mon père avait été si émouvant — et où Céleste Albaret nous aurait peut-être fait pleurer si elle n'avait pleuré un peu trop elle-même — en cela très proche de la Françoise de la *Recherche*, devait me dire mon père), Suzy, qui était avec nous se mit à monologuer, continuant, prolongeant l'émission à laquelle elle avait refusé de participer (et avec raison car elle n'y aurait pas montré cette spontanéité, cette simplicité), pensant tout haut devant nous et sur un ton plus naturel que celui qui est habituellement le sien. Le récit de Céleste était bien beau, disait-elle, mais arrangé. Rien ne s'était passé aussi simplement, ni aussi rapidement. En réalité la maladie qui devait emporter Marcel avait duré des semaines.

— Nous arrivions de Vichy, maman et moi, et j'entends encore mon père me dire, sur le quai de la gare : « Marcel m'inquiète... » Mon père l'avait trouvé assez malade pour lui dire qu'il ne pourrait vraiment le soigner qu'en clinique. Mais Marcel avait les épreuves de *La Prisonnière* à corriger. Il avait refusé et, devant l'insistance de son frère, fait fermer sa porte par Céleste. Non seulement mon père ne put venir voir son frère, mais encore ceux de ses amis qui auraient pu s'occuper de lui, jusqu'au docteur Bize son médecin traitant et à Reynaldo Hahn lui-même, ne parvenaient jusqu'à lui que difficilement...

Paris, dimanche 13 janvier 1974.

... Suzy Mante-Proust interrompt ici la lecture des épreuves de ce livre pour me communiquer cette lettre inédite de Reynaldo Hahn à Marcel Proust. Bernard Gavoty, exécuteur testamentaire de Reynaldo Hahn, l'a autorisée, le 13 décembre 1973, à la rendre publique et elle me fait la joie de choisir *le Temps immobile* pour cela...

Mon cher petit

Je vous écris à la machine parce que je suis fatigué de tenir la plume et que mon écriture est peu lisible.
J'ai, hier soir, rencontré Robert qui sortait de chez vous et il m'a demandé de causer avec lui à votre sujet. Bien entendu, je ne lui ai pas dit que je vous avais vu et il ne se doute pas que vous m'avez parlé de lui. Voici exactement ce qu'il m'a dit : « Marcel n'a pas quelque chose de grave, il s'agit de pneumocoque, c'est-à-dire d'une chose qui se soigne et se guérit facilement. Encore faut-il le soigner et Marcel ne veut pas se laisser soigner. L'autre jour, je lui ai parlé trop en médecin et je sens bien que j'ai eu tort et que je l'ai agité. J'ai prononcé le mot de clinique, parce que je ne songeais qu'aux avantages d'une clinique pour la commodité des soins à lui donner, mais j'ai eu tort, et j'ai eu tort aussi de parler d'infirmière; mais que

voulez-vous, cette brave Céleste (sic) est peut-être une très bonne fille, mais elle ne peut pas vraiment soigner un malade. En tout cas, je ne lui parlerai plus de clinique, ni de garde, ni de rien qui puisse l'agiter et je ne reviendrai pas avant qu'il me fasse appeler; mais vous comprenez qu'il est très pénible pour moi de le voir refuser de se laisser soigner alors que rien ne serait plus facile. S'il se cassait une jambe, il faudrait bien, malgré tout ce que pourrait coûter à sa sensibilité nerveuse l'effort de supporter qu'on la lui mît dans du plâtre, qu'il y consentît. Le cas est le même, avec la différence qu'il ne s'agit pas ici d'opération ou de traitement douloureux ou pénible. Je serais bien heureux si vous pouviez le persuader de réfléchir à cela et lui faire comprendre que ce qui n'est pas dangereux peut le devenir. Si, faisant une tournée dans un hôpital, je rencontrais un malade dans l'état où se trouve Marcel, je dirais : C'est un malade qui n'est pas soigné. Voilà la formule exacte. Il ne sera plus question d'infirmière ni de rien qui puisse l'ennuyer; je viendrais moi-même faire l'infirmier et me tiendrais où cela ne gênerait pas Marcel, ou bien nous chercherions ensemble quelque autre combinaison, mais enfin il n'est pas naturel que je le laisse malade, sans soins, alors qu'il en a grand besoin et que lui-même, mis en confiance par un bon résultat que j'ai obtenu avec Marie Laurencin, semble penser que je pourrais le soigner avec profit. »

Je lui ai répondu : « Vous savez, Robert, que Marcel est difficile à convaincre surtout quand il s'agit de sa santé et que pour ma part je ne me hasarde jamais à lui en parler, étant trop ignorant de la médecine et surtout trop persuadé de l'inutilité de mes exhortations. Je suis certain qu'il ne me recevra pas ce soir, mais je lui écrirai ce que vous m'avez dit. Je crois en effet qu'il faut ne pas le contrarier, le fatiguer, ou l'agiter et j'espère qu'il ne me recevra pas ce soir non plus, mais je suis venu moi-même aux nouvelles parce que j'aurai plus de détails que par le téléphone. » Il m'a dit que Céleste ne voulait pas le laisser entrer, probablement par crainte de vous déplaire, mais que ne vous ayant pas vu depuis très longtemps, il trouvait absolument nécessaire de se rendre compte de votre état. Il trouve que vous êtes la même chose et le déplore. Voilà, mon petit Buncht, la conversation que nous avons eue.

Je n'ai pas besoin de vous dire combien je regrette de n'avoir pas la moindre petite influence sur vous ; cela me fait beaucoup de peine de penser que vous n'avez même pas voulu essayer de manger un peu de purée, comme vous me l'aviez promis et que vous persistez à observer un régime de jeûne qui ne peut pas être bon en ce moment. Je sais que personne n'a de poids sur vos décisions et que je ne puis rien pour ce que je considère comme raisonnable et souhaitable pour mon ami le plus cher, pour une des personnes que j'aurais le plus aimées dans ma vie. Mais je veux surtout que vous ne puissiez pas m'accuser d'ajouter à votre maladie par mon insistance et mes ennuyeux conseils. Je ferai ce que vous voulez et je me résigne, puisqu'il le faut, à ne rien obtenir.

Mille tendresses de

Votre

REYNALDO

Paris, mercredi 31 janvier 1962.

... Suzy poursuivit :

— Or il faisait particulièrement froid dans la chambre de Marcel...

(Céleste l'avait rappelé à plusieurs reprises au cours de l'émission, mais sans dire pourquoi.)

— En effet Marcel ne supportait pas le calorifère qui était toujours fermé : il s'agissait d'un système de souffleur à air chaud, ce qu'il pouvait y avoir de plus redoutable pour lui. Mais il se trouvait que sa cheminée était fissurée, non encore réparée et qu'on ne pouvait y faire du feu. L'état de Marcel empira à ce point que Céleste prit peur et appela mon père qui diagnostiqua une double pneumonie — ce qui était, en effet, une considérable aggravation du mal. Il lui dit : « Mon chéri, je veux savoir d'abord : est-ce que tu acceptes enfin que je te soigne ? » Son frère acquiesça. Parmi les médicaments qu'il lui prescrivit, mon père lui indiqua « de l'adrénaline, pour le remonter ». Et c'est alors que Marcel lui récita des passages entiers de sa thèse sur l'adrénaline qu'il n'avait pourtant lue qu'une fois et très longtemps auparavant. Telle était sa mémoire... Mon père, lorsque tout fut perdu, voulut que je voie Marcel encore vivant. Il ne mourut pas aussi doucement que le dit Céleste. Lorsque je le vis, le matin même de sa mort, comment l'oublierais-je ? il n'avait plus sa connaissance et il râlait... Mon père ne pleura pas, non, ce n'était pas son genre. Seulement la cicatrice qu'il gardait d'un ancien accident de guerre (sa voiture était entrée dans une ambulance, il avait eu la veine temporale ouverte), cette vieille cicatrice, si ancienne qu'on ne la remarquait plus, était soudain devenue, après la mort de son frère, comment l'oublierais-je, *ponceau*.

Goupillières, mercredi 7 juillet 1965.

— Mon père faisait parfois allusion à un « tombereau » dont on lui avait souvent raconté qu'il « le prêtait ou ne le prêtait pas » lorsqu'il était petit — et dont il ne gardait aucun souvenir... Et j'ai eu la surprise, l'émotion de le redécouvrir, accompagné d'un chevreau, attendez, je vais vous lire ces pages, du *Contre Sainte-Beuve*, l'un des seuls, peut-être le seul passage où Marcel évoque directement, sans transposition romanesque aucune, son frère...

Ainsi nous parle Suzy, à la veille de son départ pour le Brésil — et ce fragment de Proust qu'elle nous lit m'émeut comme elle pour des raisons extra-littéraires, familiales, différentes pourtant, car si je suis attendri, touché d'y trouver évoqué par Marcel « son petit frère », de l'y voir le « regarder avec le sourire d'un enfant plus âgé pour un frère qu'il aime, sourire où l'on ne sait pas trop s'il y a plus d'admiration, de supériorité ironique ou de tendresse », ce n'est pas, comme Suzy, parce que cet enfant de cinq ans et demi, « sa grosse figure entourée d'un casque de cheveux noirs bouffants avec des grands nœuds plantés comme les papillons d'une infante de Vélasquez » (pp. 347 et suiv.) était une image retrouvée de son père, mais parce qu'elle préfigurait celle de mes fils.

(... mes fils... N'est-ce pas la première fois que, tout naturellement, je suis amené à écrire cette phrase extraordinaire, banale et magnifique ?)

Gérard était encore tout bébé que je le regardais avidement, fièrement, me disant : « La grand-mère, la mère du narrateur, furent aussi les aïeuls de mon fils... » Ce qui m'était une nouvelle façon, plus intime, vertigineuse, d'entrer dans la familiarité de cette œuvre tant admirée et aimée — et me rendait compréhensible l'orgueil des aristocrates, où les étrangers ne voient que du snobisme, alors qu'il s'agit pour eux, en renouant avec des ancêtres dont ils connaissent les prénoms, les biographies et les visages, d'arrêter le temps, et de vaincre la mort.

Et voici qu'ayant repris, moi aussi, le *Contre Sainte-Beuve* dans la nouvelle édition de poche qui vient de paraître j'y pars à la fois à la recherche des sources d'*A la recherche du temps perdu*, et de détails familiaux qui enchanteront mes fils lorsqu'ils seront en âge de les apprécier — retrouvant le temps, moi aussi, un temps qui, en quelque sorte est, par personnes interposées, le mien, puisqu'il est celui d'une des familles auxquelles appartiennent mes enfants.

(Par quel abandon aux habitudes périmées d'autrefois, où les filles ne comptaient pas, ai-je passé sous silence Natalie dans cette évocation, elle qui compte pour moi, si belle, si intelligente — et qui, de mes enfants, sera peut-être la plus digne de son grand-oncle Marcel Proust ?)

Liés plus lointainement à Marcel, mes enfants le sont directement à Robert, donc aux parents et aux grands-parents de Marcel et Robert, c'est-à-dire à la source même d'où est né le plus grand de tous les livres. Marcel, qui n'a pas encore écrit l'œuvre qui l'immortalisera, qu'il croit avoir commencée, qu'il abandonnera pour la reprendre, cette fois définitivement, magnifiquement, évoque dans sa préface du *Contre Sainte-Beuve* les souvenirs proches mais fugitifs, disparus pour toujours, si on n'a pas su les saisir au passage et « l'angoisse de tourner le dos pour jamais à un passé que je ne reverrais plus, de renier des morts qui me tendaient des bras impuissants et tendres, et semblaient dire : Ressuscite-nous ». Et lisant ces lignes (p. 61), dans le petit jardin, après quelques jours, déjà familier de Goupillières (maison louée où j'ai tant de souvenirs déjà), j'eus soudain l'impression que c'était à moi, personnellement, que s'adressait Marcel Proust, qu'il me disait, à son tour : « Ressuscite-moi » — et que je le pouvais par l'entremise de mes fils où il revivait. Et, certes, son œuvre le ressuscitait mieux et plus merveilleusement que ne pourraient le faire aucun de ceux qui, l'ayant connu, lui survivent encore, et que je ne pourrais le faire, moi qui n'ai appris à l'aimer que dans cette œuvre : mais, grâce à ma femme, je suis entré en communication avec Marcel autrement que par la littérature — bien que ce soit littérairement encore que je puisse seulement l'exprimer.

Et là, sur cette minuscule prairie, je vois comme s'il était là Gérard, auquel je pense avec un si violent amour, et Gérard me met en liaison avec Marcel. Je ne suis pas dans le secret, je n'en ai pas le droit, je ne suis de la famille que par alliance, mais du bord de l'infranchissable et invisible abîme de l'autre côté duquel se trouvent Gérard et Marcel, je les vois communiquer directement, sang à sang et je me dis : « Quel livre je ferais, si j'étais Gérard ou Natalie ou Gilles, si j'étais Marie-Claude ! Alors il me serait possible de retrouver le passé autrement qu'en allant le traquer dans de vieux documents ou à un ancien carrefour de Paris. Je n'aurais qu'à écrire l'histoire de ma famille. »

Puis : « Mais ce livre, pourquoi ne l'écrirais-je pas, de ma place, voyant ce que je vois — de cette place malgré tout privilégiée ? »

Relisant *Contre Sainte-Beuve* où tous les thèmes de la *Recherche* sont déjà là, encore rudimentaires, élémentaires (du moins, tout est relatif, comparés à ce qu'ils allaient devenir dans l'orchestration définitive), j'ai l'impression de voir à nu les mécanismes de la création proustienne. J'ai en main l'instrument — il ne me manque « que » le génie : mais employé avec intelligence cet instrument est encore utilisable, il peut aider à défricher l'inconnu. Spontanément, je me surprends à penser au rythme de Proust, à placer *sa* grille sur les paysages du dehors ou intérieurs, ce qui ne donne rien d'original mais renouvelle ma vision, me donne l'impression (l'illusion ?) d'un enrichissement.

Goupillières, samedi 10 juillet 1965.

Je suis entré en communication avec Marcel Proust, plus intimement, plus profondément, hier soir, que si je l'avais rencontré vivant, — ce fut même une fusion totale, à partir d'impressions pareillement vécues et que son art me faisait revivre. Ceci que j'avais ressenti dans un passé indéterminé, en plusieurs rencontres, et de façon aussi intense :

C'est après de telles nuits, que, tandis que le train m'emportait à toute vitesse vers les pays désirés, j'apercevais au carreau de la fenêtre le ciel rose au-dessus des bois. Puis la voie tournait, il était remplacé par un ciel nocturne d'étoiles, au-dessus d'un village dont les rues étaient encore pleines de la lumière bleuâtre de la nuit. (p. 115.)

Et ceci encore :

A ce moment, je vis palpiter sur l'appui de la fenêtre une pulsation sans couleur ni lumière, mais à tout moment enflée et grandissante, qu'on sentait qui allait devenir un rayon de soleil. Et en effet au bout d'un instant l'appui de la fenêtre fut à demi envahi, puis après une courte hésitation, un timide recul, entièrement inondé d'une lumière pâle sur laquelle flottaient les ombres un peu frustes du treillis de fer ouvragé du balcon. (p. 123.)

Ce n'est pas seulement Marcel Proust que je rejoins, mais à travers lui l'humaine expérience, commune à tous les hommes, en tous temps. Grâce au génie d'un artiste, il y a eu dialogue, entente, communion. C'est mon passé, c'est le passé d'hommes qui ne naîtront pas avant des siècles, des millénaires, que ressuscite Marcel Proust vers 1908, alors que nous ne sommes pas nés, en pensant à ses propres années révolues.

Goupillières, samedi 7 août 1965.

... Et puis nous existons individuellement d'une façon aussi illusoire qu'éphémère. Ce qui est sans prix en nous appartient à tous les vivants et ne mourra pas. Tout au plus avons-nous personnellement, si nous sommes doués pour nous exprimer, plus ou moins de talent, — les artistes représentant ceux qui ne savent pas témoigner, au nom de tous, d'une expérience commune : la vie. Les dernières pages de *Contre Sainte-Beuve* m'ont donné, il y a une quinzaine de jours, jusqu'au vertige, l'illusion non pas de lire Marcel Proust, mais d'être Marcel Proust lui-même — et ce n'est pas être suffisamment exact encore : d'être celui qu'était Marcel Proust, et celui que je suis, l'un et l'autre participant à la même expérience, connaissant les mêmes secrets, que l'un, Marcel Proust, savait infiniment mieux dire, mais qu'il ne possédait ni plus ni moins que moi et que la foule innombrable des hommes qui ont vécu, qui vivent ou qui vivront. Si bien que j'avais d'abord l'impression grisante de connaître Marcel Proust plus intimement, plus parfaitement, plus personnellement, que si je l'avais approché de son vivant, avais été de ses amis et avais reçu ses confidences. Approche littéraire et humaine dont seuls peuvent avoir le bonheur, l'enrichissement et l'émotion ceux qui comme moi, et tout insuffisants que soient leurs dons, leur talent, sont eux-mêmes des écrivains, des artistes, des créateurs, — car seuls ils retrouvent leurs propres préoccupations et leurs propres certitudes dans ce que, bien mieux qu'eux, expriment les romanciers de génie. Mais, de façon presque décevante (car Marcel Proust lui-même s'effaçait devant l'Homme sans âge, sans visage et sans nom), en un autre sens pourtant plus enrichissante, plus illuminatrice, j'entrais en communication, au-delà de Marcel Proust et de ce qui, en moi, sent, pense, réagit comme Marcel Proust (dans la mesure où, comme Marcel Proust, je suis un être pensant et sentant) avec une réalité humaine impérissable.

Tous les témoignages, tous les documents de première main sur Marcel Proust sont, de toute façon, dépassés, rendus inutiles pour qui a donné, comme moi, son adhésion à la moindre de ses notations qui si exactement recoupent ce qu'ils ont éprouvé, si bien que le temps de la lecture ils sont eux-mêmes Marcel Proust — et beaucoup plus que Marcel Proust. Je puis dire, en toute exactitude, non pas que j'ai connu, mais, ce qui est mieux encore, *que je connais* Marcel Proust. Nous sommes l'un et l'autre hors du temps. L'un et l'autre délivrés de la mort.

Goupillières, dimanche 8 août 1965.

Je continue à me prendre pour Marcel Proust, mais pas tout à fait comme d'autres se prennent pour Napoléon...

Paris, jeudi 9 décembre 1965.

Deux lettres autographes de mon père. L'une, jaunie, ancienne, que ma belle-mère s'est procurée chez un collectionneur et qu'elle vient de m'offrir : elle est adressée à Marcel Proust, au lendemain de la dernière visite qu'il lui fit ; il le remercie de l'exemplaire qu'il lui a offert, aujourd'hui en ma possession, du *Plaisir et les Jours* ; elle est belle, l'admiration y éclate ; mon père la lit devant moi, il la trouve bien écrite; il se réjouit que Marcel Proust l'ait conservée...

L'autre, toute fraîche, qu'il vient juste d'écrire, à la suggestion de Jean qui lui a rapporté que, dans son chagrin, de Gaulle est encouragé par les lettres de ses fidèles, qu'il les montre, qu'elles l'incitent à combattre au lendemain de ce ballottage qui lui a fait tant de mal — et à nous. Lettre qui passera peut-être en vente dans l'avenir, ou sera conservée dans des archives et que nous lisons, à tour de rôle. François Mauriac y supplie le général de Gaulle de ne pas douter des Français, de ne point leur en vouloir pour leur ingratitude... Rien n'est perdu. Ce n'est point parce que « le petit renard démocrate-chrétien a été lâché une fois de plus dans votre vigne » (formule que je retrouve, à peu de mots près, dans le *Bloc-Notes* de ce matin) qu'il faut désespérer de la France...

Vendredi, 10 décembre 1965.

Temps immobile. Temps retrouvé. Du 1er mars 1921 arrive jusqu'à moi, par cette lettre, la voix de mon père s'adressant à Marcel Proust :

... Je pense à cette soirée d'hier. Vous reverrai-je quelquefois ? L'ennui avec des êtres aussi gentils et bienveillants que vous l'êtes, c'est qu'on risque de les assommer sans qu'ils en laissent rien paraître. Je suis capable de liberté d'esprit et d'une espèce de fantaisie avec les gens que je n'admire pas. Mais l'admiration rend insociable. On voudrait pouvoir se taire et relire ensemble certaines pages. On voudrait être sûr de n'avoir pas laissé de soi une image médiocre — non par orgueil, mais c'est plutôt de l'ordre du cœur... Cher ami, vous me prouverez votre amitié en ne répondant pas à cette lettre puérile qui est elle-même

une réponse au don merveilleux que vous m'avez fait hier soir de votre présence, de votre esprit et de votre charmant génie...

J'ouvre un dossier, je tourne une page et, merveilleusement, la réponse de Marcel Proust me parvient, dans un présent qui n'a pas de fin :

Cher ami, vous avez deviné n'est-ce pas que depuis votre visite j'ai été gravement malade. Sans cela comment aurais-je pu, malgré votre demande, ne pas vous répondre, et, même sans attendre cette lettre, ne pas vous écrire. Ce mot-ci, je vous l'envoie à un moment où je souffre plus encore. Mais je ne veux pas que le prolongement du silence ait pu vous faire croire que j'avais songé à vous obéir. Quand nous nous reverrons si nous nous revoyons, je vous en prie soyez tel que vous me dites que vous êtes d'habitude. Je ne peux comprendre que l'« admiration » (!) que vous me dites trop gentiment avoir pour moi puisse rien modifier, puisque vous savez qu'il y a de ma part pour vous une admiration égale et réciproque. Elles se neutralisent donc et nous devons nous voir comme deux hommes gais et aimant la vie (même celui qui est à moitié dans la mort)...

Hier soir, lorsque j'ai relu la lettre de mon père et cherché si par hasard, dans celles de Marcel Proust qu'il m'a offertes (le 23 novembre 1959, jour de mon Médicis, la date est là de sa main sur une enveloppe orange), il ne s'y trouvait pas la réponse et que je suis, presque immédiatement, tombé juste, j'ai éprouvé une émotion d'une sorte particulière. Marcel Proust était vivant, mon père était jeune, le temps n'était pas mort.

Paris, jeudi 27 avril 1972.

Comme je rappelle à Marie-Claude ce que sa grand-mère, Mme Robert Proust, m'avait dit, un jour, de son beau-frère, Marcel, elle me raconte qu'elle se souvient très bien d'avoir entendu dire à Mme Dubois-Amiot, son arrière-grand-mère, mère de Mamy, à propos de Marcel Proust :
— La vérité, c'est que c'était un paresseux.

Paris, vendredi 28 avril 1972.

Marie-Claude évoquant deux pages admirables de Proust sur Dostoïevski, Suzy, chez qui nous dînons, raconte :
— Je me souviens du jour où Marcel m'a dit — il admirait en effet énormément Dostoïevski : « Lis *Crime et Châtiment*. Mais n'en commence pas la lecture le soir, car tu ne dormirais pas que tu ne l'aies achevée. »
C'est la première fois que ma belle-mère raconte cela. Je le lui dis :
— Vous parlez toujours de l'histoire des flamants roses...
— C'est qu'elle est très significative de ce que Marcel représentait pour moi : un magicien. Je n'aurais jamais demandé un flamant rose à mes parents. Avec lui, je sentais que je pouvais. Il m'avait demandé ce que je voulais qu'il me donne...
— Mais il ne vous l'a pas donné !
— Parce qu'on est entré. Sans cela, il se serait arrangé pour me trouver un flamant rose... un peu déplumé, peut-être, mais je l'aurais eu...
— Cette histoire m'est familière. Mais je ne me souviens pas que vous nous ayez jamais parlé de

Proust et de Dostoïevski. Vous devriez écrire vos souvenirs.

— C'est ce que m'a toujours dit Bernard de Fallois. Mais je suis paralysée dès qu'il s'agit d'écrire. Devant un magnétophone, comme Bernard me disait toujours, je parlerais sans doute, je raconterais. Il me disait : « Suzy, un jour que j'aurai le temps, je viendrai avec un magnétophone... »

— Vous devriez noter, comme les souvenirs vous reviennent.

— Un magicien, oui, un homme qui ne ressemblait pas aux autres. Beau, — je le trouvais très beau. Arrivant très tard le soir, dans une odeur, une odeur qui ajoutait à son prestige pour la petite fille que j'étais, celle de la poudre Legras.

— La poudre Legras ?

— Une poudre que l'on faisait brûler dans des coupes de cuivre. Elle dégageait une épaisse fumée qui entrait dans les bronches, où le poison, car en somme c'était du poison, du datura, agissait. Il n'y avait pas alors d'autre remède pour soulager les asthmatiques... Je me souviens qu'après la mort de Marcel, lorsque les manuscrits sont arrivés chez papa, la pièce où on les mit sentit pendant plus d'un mois la poudre Legras.

Suzy dit qu'il faut écouter Céleste, mais que si on l'interroge, on n'en tire rien :

— Par exemple, au sujet de cette lettre que je possède où mon père écrit, en substance, à Marcel : « Mon petit chéri, ainsi que tu le souhaites, je viendrai te remettre la Légion d'honneur, au nom des pouvoirs qui me sont conférés, tel soir, sans que personne ne soit là... », j'aurais voulu savoir si cette cérémonie intime avait au moins eu Céleste comme témoin. Or elle ne se souvenait de rien...

Goupillières, lundi 29 mai 1972.

Essayant de faire ma sieste, dans ce salon, tout à l'heure, j'ai pensé, comme chaque fois où j'y suis couché, que ce divan, donné par Suzy, et transformé, recouvert par ses soins, est le lit où est morte, et où j'ai vu morte, Mme Robert Proust, Mamy, la grand-mère de Marie-Claude, la mère de Suzy, la belle-sœur de Marcel Proust, l'arrière-grand-mère de mes enfants, — dont la trisaïeule, de l'autre côté, « du côté de chez Proust », — et cela m'a toujours fait rêver —, est à jamais la mère de Marcel Proust, dont la mère elle-même joue aussi dans *A la recherche du temps perdu* un beau et grand rôle. Gérard était à peine né que, lui dédiant ainsi qu'à sa mère et à sa grand-mère mon *Marcel Proust par lui-même* (à Suzy « ma nièce en qui je me plais à penser qu'un peu de maman et de papa subsiste »), je le reliais à ce grand passé littéraire, auquel j'étais uni par le cœur et l'esprit, avec lui par le sang, ce dont je n'ai pas cessé de m'étonner, ce dont je n'ai cessé de l'envier, cette émotion-là, où il entre peut-être aussi du snobisme, mais justifié, légitime, m'aidant à comprendre l'importance accordée à leurs « ancêtres » par ceux qui en ont.

On me voit, en une autre page de ce Journal, datée du 21 janvier 1952, dormir dans la pièce où étaient posés à même le sol, dans un coin, en un tas impressionnant, tous les manuscrits de la *Recherche*, tels exactement que Marcel Proust les avait laissés — et qu'ils ne sont plus depuis qu'ils se trouvent à la Bibliothèque nationale, reliés, conservés, embaumés, dans de grands cahiers. Appartenant à la seule histoire littéraire, alors que de la chambre de Marcel Proust à la mienne, une certaine continuité familiale, intime, n'avait pas été rompue. Qu'ils étaient plus proches — et pas seulement dans le temps — de Marcel Proust, dans notre chambre, qu'ils ne le sont de lui aujourd'hui, malgré le culte qui leur est rendu.

Je m'interroge sur cette page, un peu ridicule. Je vois ce dont inconsciemment il s'agissait pour moi : de ramasser ici (dans ce Journal) quelques miettes de cette œuvre gigantesque (donc d'essayer, follement, de faire profiter *le Temps immobile* du *Temps perdu* et du *Temps retrouvé*) ; de tenter de me mettre directement en communication, non plus littérairement, mais charnellement (la chair de mes enfants) avec un écrivain admiré entre tous.

Paris, mardi 14 novembre 1972.

Gilles, découvrant avec sa maman la nouvelle *Allée Marcel Proust,* aux Champs-Élysées :
— Peut-être qu'un jour je serai aussi le grand-oncle de quelqu'un...

Il y a au moins deux ans, il avait donc moins de six ans, il dit à sa maman :
— Peut-être sommes-nous les robots de quelqu'un...

Et en 1970, encore, redécouvrant la métempsycose :
— Lorsque l'on est mort, est-ce que l'on reste au ciel, ou bien est-ce que l'on redevient un bébé ?

Quelvezin, samedi 28 juillet 1973.

Au musée de Sainte-Anne-d'Auray, Gilles, devant une poupée qui a un chapelet dans les mains :
— Tiens, des menottes catholiques...

Paris, dimanche 5 août 1973.

Sur la tombe de Marcel Proust, avec Marie-Claude, cet après-midi, au Père-Lachaise. Cinq noms, une famille de nouveau réunie : le professeur Adrien Proust et sa femme, née Jeanne Weil. Le professeur Robert Proust, et sa femme née Marthe Dubois-Amiot (1878-1953). Mamy, à côté de celui dont elle me parlait, si peu de temps avant de le rejoindre, et dont le nom, Marcel Proust, figure, comme il se doit, en place d'honneur.

Cherchant et ne trouvant pas, ne trouvant plus, la tombe de Bertrand, nous découvrons celle de Balzac.

Paris, vendredi 31 juillet 1953.

Sur la tombe de Stendhal, avec Marie-Claude, au cimetière Montmartre. Plus que de curiosité, il s'agissait pour nous d'un acte de piété. J'émis, sans y attacher d'importance, l'idée d'apporter des fleurs au pauvre Beyle. Mettre ce projet à exécution m'aurait paru pouvoir être (et à nos propres yeux) mal interprété : geste suspect non pas tant de ridicule que de prétention. Mais ma femme fit sien ce projet, tint à le réaliser, acheta un pot de petits chrysanthèmes rouges. Et nous voilà, nos fleurs à la main, en quête du tombeau de Stendhal, où j'étais venu en pèlerinage après la Libération, et dont je croyais connaître l'emplacement. Ma mémoire m'avait trompé. Nous errâmes longtemps entre les sépultures, sous une pluie de plus en plus forte, nous perdant parfois de vue. (Et j'éprouvai même une brève angoisse en ne voyant plus Marie-Claude et en ne recevant aucune réponse à mes appels, comme si elle avait pu être happée par la mâchoire soudain béante d'un de ces tombeaux, comme si jamais plus je ne devais la revoir. Panique de quelques dixièmes de seconde, assez forte pour que je m'en souvienne.) Nous finîmes par avoir recours au gardien, repartîmes sur ses indications là où nous avions erré en vain, ne fûmes pas plus heureux dans notre quête, revînmes à l'entrée du cimetière et, sous la direction d'un employé, fûmes enfin menés devant la sépulture de Stendhal, près de laquelle nous avions passé maintes fois sans la voir. A l'abri du pont de la rue qui enjambe le cimetière, elle n'est jamais lavée par la pluie et nous apparut couverte de poussière. Trois ou quatre petits bouquets desséchés montraient que nous n'étions pas les seuls à avoir la pensée de lui témoigner, par quelques fleurs, notre affection. Nous déposâmes gauchement notre pot, ne sûmes que dire ni que faire et nous en fûmes voir, au proche Gaumont-Palace, le film qui devait me servir de sujet pour mon article.

A la porte du cimetière, je vis, comme pour la première fois, Marie-Claude, non seulement jeune, fraîche et jolie, mais *vivante* et en éprouvai un profond sentiment de gratitude.

*Paris, 14, Rond-Point des Champs-Élysées,
samedi 17 mai 1969, 3 heures du matin.*

Je lis Tallemant des Réaux et m'en enchante, tard dans la nuit, dans la salle du service politique du *Figaro* en grève. Paris, dans les ténèbres, sous nos fenêtres, le même Paris, avec sa coulée de verdure jusqu'au Louvre, tel que je le vis hier soir, Paris de tous les temps, échappant au temps dans la lumière rose du couchant — ces pierres du Louvre étant elles-mêmes devenues lumière à peine moins transparente, tout juste solidifiée, en son point de congélation, et les arbres, dont les cimes ne s'interrompaient pas jusqu'au vieux palais, sans que rien de moderne n'en surgisse, si ce n'est de loin en loin un point lumineux dont la source restait invisible, les arbres, les feuillages étaient eux-mêmes un moutonnement vert, des vagues un peu plus vertes que la verte lumière — vert et rose impalpables, indicibles — et qui nous laissaient muets, mes camarades et moi.

Et maintenant ils veillent en silence; quelques-uns jouent encore aux cartes; et moi j'écris. Paris, silencieux autour de nous, devient celui où j'ai vécu, un mois durant, qui dure encore, dans la compagnie de Tallemant des Réaux. J'éprouve la présence de ces milliers de Parisiens endormis, mais il ne s'agit plus de mes contemporains, ce ne sont pas eux qui sont venus à moi en imagination, mais moi-même qui ait été projeté réellement au milieu d'eux. Peuple innombrable dont j'ai, une fois de plus mais pour la première fois à ce degré, une connaissance autre que livresque. Et si je ne les vois pas, je sais, je sens qu'ils sont là, dans la nuit, qui dorment ou qui aiment, innombrables, non plus réduits, comme lors de mes approches littéraires ou historiques, à quelques personnages ou personnalités privilégiés, qui ont un nom, parfois modeste, que Tallemant ou un autre a retenu, mais dans leur masse anonyme, faites d'hommes, de femmes, d'enfants, de toutes conditions et de tous âges — dont je réapprends presque aussitôt qu'ils habitent depuis des siècles le Paris souterrain des cimetières, réduits en cendres ou à quelques vestiges, comme tant et tant d'autres populations de tant et tant d'autres époques, avant et après la leur. Expérience fugitive. Révélation d'un moment. Une fois de plus j'échappe au temps. Le Paris de Tallemant des Réaux est là, dans la nuit, j'y suis soudain plongé, j'y ai plongé, enfermé dans la coquille rassurante de cette salle familière et dépaysée, sous-marin des âges, *Nautilus* des profondeurs du temps, capsule intemporelle qui aborde la lointaine planète du XVIIᵉ siècle français. Impossible de sortir. Mais Madame Pilou, Mademoiselle Paulet, Croisilles et ses sœurs, Madame Barillon sont là. Et des Bazin, des Bouchard, des Bordier, des Charpentier, des Girard, qui, s'ils ne sont pas seulement ceux dont Tallemant a parlé, sont pareillement présents : non plus dans les ténèbres du temps, mais dans cette nuit bien réelle d'un mois de juin un peu froid, 1969 pour ceux-ci, pour ceux-là 16..., je ne puis savoir le millésime, je n'en suis pas encore, dans mes voyages intertemporels, à pouvoir calculer avec précision mes points de chute, sauf lorsque l'auteur date ses textes et que, non plus éveillé en pleine nuit, rêvant debout et faisant entre deux portes un voyage dans la durée, mais reprenant un livre, ce livre, les *Historiettes*, je pars, traverse les siècles et arrive, ici ou là, auprès de celui-ci ou de celle-là, en un moment du temps à jamais immobilisé.

IV

LA RUMEUR
DES DISTANCES TRAVERSÉES

Paris, dimanche 27 octobre 1963.

Acheté au Marché suisse un objet sacré, miraculeux, inoublié, que je ne me lasse pas de regarder et dont la vue me surprend et m'émerveille à neuf chaque fois que mes yeux tombent sur lui : le téléphone de bois verni de la rue de la Pompe, celui qui était dans le couloir, face au coffre à linge sale, avant que l'on installe un appareil moderne noir dans la chambre de maman. J'aurais aimé que l'on me demandât ou que je me demande à moi-même de le décrire, ce matin, avant que je l'aie revu : bien des petits détails qui me paraissent inoubliables étaient sans doute oubliés, mais je retrouve, je reconnais la moindre vis — et mon enfance tout entière cristallise autour de cet objet acajou, absurde, prodigieux...

Paris, lundi 28 octobre 1963.

Je tapais, comme chaque matin, mon ancien Journal sur Cocteau, j'en étais au milieu de la quatrième page du dimanche 26 mars 1939, lorsque, en fin de matinée, maman m'apprend au téléphone qu'oncle Pierre a eu hier une attaque, qu'il est paralysé d'un côté et ne peut plus parler. Profonde émotion que suit la vague profonde d'un profond chagrin.

L'après-midi, je vais voir mon père que je trouve, serein, mais d'une sérénité conquise. Il me dit que, la veille au soir, en apprenant ce drame, il fut terriblement frappé ; mais qu'il avala une drogue, dormit, alla ce matin à la messe :

— ...et je me suis repris puisque j'ai la chance d'avoir la foi, ce n'est pas pareil, l'éclairage n'est pas le même. Oncle Pierre a eu une vie d'une totale honnêteté, une belle vie, il faut savoir s'en aller, tout est bien ainsi, tout est bien, nous nous révoltons, mais quoi, il faut partir, il a quatre-vingts ans, et moi, moi, mais quoi, dans cent ans il n'y aura plus sur cette terre aucun de ceux qui s'y trouvent aujourd'hui, c'est la loi, terrible, scandaleuse, et pourtant, pourtant, tu vois je suis calme, comme le clown qui doit faire son numéro quoi qu'il advienne, je vais me mettre à la préface que je suis obligé d'écrire...

Passé dans l'appartement voisin, chez les Wiazemski...

Maman me remet un fragment de lettre, signé Bruno mais de l'écriture de grand-mère, où il est question d'un petit mouton noir que Bertrand et moi avions acheté et de son prix, que je n'ai pas oublié, que j'aurais pu redire : 5 francs. Document sans prix pour moi et qui, après moi, ne sera qu'un vieux petit bout de papier.

Paris, mardi 29 octobre 1963.

Catherine Cazenave au téléphone. Aucun changement, peu d'espoir et la crainte qu'il ne reste dans cet état léthargique, avec ces moments de conscience affreuse où il serre très fort la main des siens.

Paris, mercredi 30 octobre 1963.

État stationnaire aux lisières du coma. Mon père, vu en fin d'après-midi. A passé hier une journée terrible. « C'est, me dit maman, qu'il n'y avait malgré tout pas cru, qu'il espérait que son frère se remettrait, comme cela arrive, en effet, parfois. Mais hier, on le crut entré en agonie... »

Papa (comme j'aime écrire ce petit mot, dont, en général, depuis quelques années, je me prive, ici, par pudeur...), papa reprend, presque mot pour mot, ce qu'il me disait l'autre après-midi. Épreuve surmontée. Apaisement :

— Hier, ce fut très dur, et puis aujourd'hui j'ai atteint... la sérénité, oui c'est ça... Cela nous paraît, cela est scandaleux, la mort, mais à quatre-vingts ans, il faut mourir, c'est une belle mort, je n'en souhaite pas d'autre. Il avait communié le matin... Lorsque l'on a le bonheur d'être chrétien... Tout est bien ainsi. C'est affreux, bien sûr, surtout pour ses enfants, mais quand on compare à ce qui se passe à côté...

Car la mort aussi, est « à côté », dans l'appartement voisin. La mort...

Maman m'aide à chercher et je trouve dans un des premiers albums la photo où je suis debout sur une chaise, durant la Grande Guerre et vêtu des lainages d'un poilu, faisant semblant de téléphoner, le fameux cornet à l'oreille, l'appareil lui-même, non cadré, est invisible, à l'exception de sa base, qui est bien celle de l'objet que je viens de trouver et d'acquérir.

Téléphone qui disparut bien avant que nous quittions la rue de la Pompe, lorsqu'un appareil noir, peut-être déjà automatique (mais je ne le crois pas) le remplaça, dans la chambre de maman, et non plus à sa place primitive, dans la petite entrée, sur une étagère. Téléphone dont l'image fidèle reposait en moi, engloutie comme une amphore au fond de l'océan.

Je ne sais s'il m'arriva souvent d'y penser, depuis plus de trente ans que je ne le voyais plus — et que je n'en vis nulle part ailleurs de semblable, dans mes fréquentes pérégrinations, autrefois, à la Salle des ventes et aux Puces, aujourd'hui au Marché suisse. Je ne le sais et ne puis le savoir, son apparition réelle (mon père avait d'abord cru que c'était *le même*, mais c'est le même, bien qu'il s'agisse, comme c'est certain, d'un autre), son brusque surgissement devant mes yeux, ayant coïncidé avec la forme qui dormait dans mon souvenir.

De très loin, je l'avais au premier regard reconnu et salué parmi tant d'autres épaves, sans aucune possibilité d'erreur, si étonné d'abord que je n'attachai pas à cette découverte l'importance qu'elle prit peu après à mes yeux, et qui me semble de jour en jour plus grande — absurde sans doute au regard d'autrui —, pour moi essentielle, comme si c'était une part vivante de mon enfance que j'avais retrouvée. Par la suite, j'eus peur, vaguement, de m'être trompé. C'était trop beau. Rien ne me prouvait que c'était le modèle exact. Peut-être avais-je fait erreur ? Mais ayant interrogé Claire (qui ne l'a pas encore vu mais me le décrivit avec précision), puis maman (mon père, lui, s'en souvenait mal, ce n'était pas pour lui un objet sacré de l'enfance), ayant vérifié, sur la photo, je me suis trouvé d'autant plus assuré de ma chance qu'au fond je n'avais jamais cru à une erreur possible.

Il est impressionnant de penser que j'ai découvert et acheté cet objet au moment même où était frappé mon oncle, le professeur Pierre Mauriac. Lors de ma pleurésie, il appelait chaque soir, de Bordeaux, la rue de la Pompe, Passy 40-42, et c'est dans le cornet de cet appareil que maman, chaque soir, lui donnait avec angoisse de mes nouvelles.

Paris, 15 février 1924.

François Mauriac :

Avec Genitrix, je connais la célébrité. Les jeunes gens viennent me voir et m'appellent maître. Les éditeurs, les revues, les journaux se disputent ma copie : l'argent arrive. J'ai eu quelques semaines de griserie ; et voici cette maladie de Claude qui refoule toute cette pauvreté et la ramène à rien ; ce qui compte seul depuis huit jours : la vie menacée de mon petit garçon. Comment sortira-t-il de cette pneumonie ? Souffrance, angoisse de mes vieilles idées chrétiennes : l'enfant paie-t-il pour moi ? Cela ne tient pas debout... Et cet artiste en moi que tout enrichit, ce monstre qui de toute douleur s'engraisse. Je frémis à la pensée des jours qui pourraient venir. Indifférence du monde, sauf de Pierre venu exprès de Bordeaux ; ne jamais l'oublier. Chère âme fraternelle, impuissante à rien livrer de sa douceur, et pourtant si douce. (Journal d'un homme de trente ans.)

Marcel Schneider :

J'enfonçai la main dans la poche et j'en tirai une pierre grise où se dessinaient comme des plumes. On aurait dit le fragment d'une aile sculptée, une aile d'ange comme il s'en trouve à la cathédrale de Strasbourg. La pierre montrait une cassure nette et qui par sa couleur plus claire semblait récente. Quand ma mère revint auprès de nous quelques minutes plus tard, notre turbulence n'avait pas encore repris. Elle me parla à voix basse.

— *Montre-moi ce que tu as reçu.*
Je lui tendis la pierre. Elle la tourna et retourna dans ses doigts.
— *Cela signifie qu'il faut croire à l'invisible. Nos yeux ne distinguent pas les anges, ils existent pourtant. Ils ont des ailes de pierre. La Dame de Noël a voulu t'avertir. Elle t'aime beaucoup, sans doute.* (Déjà la neige...)

Paris, mercredi 30 octobre 1963.

... Mes enfants trouvèrent ce téléphone suranné on ne peut plus divertissant, avec son système d'accrochage, son cornet démodé et son petit bouton qui me fascinait, moi aussi, à leur âge. Je songeai avec émotion que ce même objet, ou plutôt son image, ferait aussi partie de leurs souvenirs d'enfance. Par jeu, je décrochai, disant :
— Je vais appeler mon enfance...
Et je fis semblant de parler au petit garçon que j'avais été. Le lendemain, Natalie fit le même geste, disant :
— Je vais appeler l'enfance de papa.
Et il se trouva qu'un livre de Georges Poulet sur Proust, que je lisais, me renvoya à une page de *Jean Santeuil*, où les pouvoirs de la mémoire sont rapprochés de ceux du téléphone. D'un vieux téléphone, comme celui-ci à cornet. M. Sandré, traversant par le souvenir ce long espace d'un demi-siècle et ses innombrables moments, se retrouvait lui-même dans le passé :

Le génie de la mémoire qui, plus rapidement que l'électricité, fait le tour de la terre, et qui fait aussi rapidement le tour du temps, l'y avait déposé sans qu'il pût s'apercevoir même si une seconde avait passé. L'électricité ne met pas moins de temps à conduire à notre oreille penchée sur un cornet téléphonique une voix pourtant bien éloignée, que la mémoire, cet autre élément puissant de la nature qui, comme la lumière ou l'électricité, dans un mouvement si vertigineux qu'il nous semble un repos immense, une sorte d'omniprésence, est à la fois partout autour de la terre, aux quatre coins du monde où palpitent sans cesse ses ailes gigantesques, comme un de ces anges que le Moyen Age imaginait. Mais au moment où cette voix aimée s'adresse à nous dans le cornet téléphonique, il nous semble sentir comme cet éloignement que nous franchissons sans avoir le temps de le sentir. [...] Ainsi les yeux de M. Sandré regardaient instantanément ces images éloignées, mais le sentiment de cette atmosphère si longue de jours instantanément traversés était tout de même entre ces choses et lui. Et il y avait dans son regard, comme dans ces voix entendues dans le téléphone, comme la fatigue de l'ombre traversée.

Dans aucun appareil, jamais, je n'entendrai plus la chaude et belle voix de mon oncle Pierre Mauriac. Mais dans cet autrefois, rejeté par hasard sur mon rivage, je crois surprendre, tous fils coupés, ce que Proust encore appelait, dans *Swann*, « la rumeur des distances traversées ».

Toussaint 1963.

A peine venions-nous de rentrer que maman m'apprend la mort d'oncle Pierre, survenue à cinq heures...

Paris, dimanche 10 novembre 1963.

Il y a aujourd'hui huit jours, dans un compartiment du Sud-Express, la famille au complet (à l'exception de Jean, déjà à Bordeaux) : je veux dire les parents et les trois aînés (plus Marie-Claude). Réunion improbable. Indubitable pourtant, mais sans vraisemblance ni résonance. Nous aurions été presque joyeux d'être ensemble si ce n'avait été (et bien que ce fût) pour cette triste raison — si mon père ne nous était apparu à ce point malheureux, tendu, absent.

Nous étions réunis et nous nous sentions seuls. Nous étions éveillés et nous avions l'impression de rêver. Claire me faisait remarquer l'aspect étrange du quai pourtant familier, des voyageurs semblables à tous les voyageurs mais *suspects*, et elle me disait que l'on aurait pu se croire dans un film de Cocteau.

Impression qui se confirma lorsque, peu après notre arrivée à l'hôtel *Splendid*, nous traversâmes les Quinconces et sa foire, déjà à moitié démolie, à moitié ouverte au public encore, pour nous rendre rue Vauban où nous retrouvâmes, vieillis et déchirés de douleur, les cousins de l'enfance, réunis pour l'avant-dernière fois dans ce cabinet de travail qui était le centre de leur existence.

Et, le lendemain, lorsque nous gagnâmes à pied l'église Saint-Louis, retraversant les Quinconces et sa foire, longeant, en face de la maison d'oncle Pierre, les ruines de ce qui avait été l'entrepôt aux odeurs de vanille, nous eûmes de nouveau la sensation bizarre de vivre un film de Cocteau — ce qui prouve que son art (qui tant me bouleversa lorsque je revis, ces jours-ci, *Le Testament d'Orphée*) n'est point si artificiel qu'on l'a dit.

Sur la cérémonie, sur la longue marche à travers la ville engloutie du cimetière, j'aime mieux me taire.

Nous déjeunâmes chez Marie-Georges (comme la veille nous avions dîné chez les Daniel Mauriac, les familles bordelaises s'étant partagées la nôtre). Puis nous allâmes rue Rolland rendre visite à tante Germaine, tassée, réduite, que j'avais déjà embrassée au cimetière. Et c'est ici que nous changeons de sujet et que j'aimerais m'attarder, si les souvenirs d'enfance, sans prix pour chacun de nous, ne perdaient au regard d'autrui toute valeur — à moins que n'agisse la catalyse d'une littérature à laquelle je n'ai ni le temps ni le goût de m'essayer. Et pourquoi, pour qui, noter cette chasse solitaire sur les chemins aux empreintes effacées, aux odeurs disparues ?

Certes, Claire et Luce aussi étaient émues de retrouver « la rue Rolland », mais nos souvenirs n'étaient pas les mêmes, à l'exception de la mémoire virtuelle des senteurs très particulières de ce rez-de-chaussée ténébreux et humide, malheureusement depuis peu repeint, c'est-à-dire sentant la térébenthine sans qu'aucun effluve d'autrefois ne demeure perceptible.

Rez-de-chaussée loué à un médecin, donc interdit. Je n'en ouvris pas moins une porte et trouvai un couloir ripoliné à la place de la grande pièce mystérieuse que j'attendais. Elle subsistait un peu plus loin mais sans mystère — ouvrant, comment l'aurais-je oublié, sur un jardin obscur, noir et merveilleux.

Ce dut être en 1917 que je vécus ici. Je me souviens des marins américains dans les rues. Peut-être au début de 18...

Arrivé à l'étage des André Barraud, j'allai tout droit là où avait été ma chambre d'enfant, mais on m'arrêta. J'habitais bien, alors, au dernier étage, mais ce n'était pas celui-ci, en ce temps-là réservé aux greniers, depuis transformé en appartement...

Mon domaine était au-dessous et j'y descendis après avoir fait ma visite à tante Germaine. Les

Jacques Fieux, qui logent dans cet appartement, m'y accueillirent. Je leur demandai de me laisser faire et je partis, comme un vieux chien sur une vieille piste, le long d'un couloir (où je me souvenais qu'il y avait autrefois dans une bibliothèque les prestigieux albums de *Buster Brown*), hésitai, au bout du corridor entre deux chambres, celle de droite que l'on m'assura avoir été la mienne ayant été dédoublée par une cloison. Je ne reconnus rien, sinon les vieux toits de Bordeaux. Mais ce jardin, en bas, si clair, si net, plus large que dans mon souvenir, sans mystère, ni laideur — de cette laideur plus troublante et plus belle pour mes trois ans qu'un jardin de délices, je n'en retrouvai rien. On m'ouvrit une porte : les cabinets d'aisance, eux, étaient demeurés intacts, avec leur boiserie surannée.

En somme il n'y a rien à raconter car il ne se passa presque rien. Ce n'était pas moi qui avais tant changé, que les lieux, plus présents dans ma mémoire (où je ne revois pourtant d'eux qu'une image brouillée) que devant moi, tels qu'ils m'apparurent dans la pleine, dans la décevante lumière d'une réalité adultérée et saccagée.

Paris, 38, avenue Théophile-Gautier,
jeudi 2 février 1939.

19, place de la Madeleine, au premier étage, vingt et une heures. « M. Jean Cocteau ? » Presque aussitôt il apparaît dans la petite antichambre ombreuse. Parce qu'il ne doit pas me reconnaître — il ne m'a vu qu'une seule fois, il y a longtemps — (j'oubliais l'interview que je pris de lui, enfant, pour mon journal *L'Aviateur*), je me présente...

Paris, 24, quai de Béthune, mercredi 25 juin 1969.

Plus de trente ans déjà, depuis cette page de journal du 2 février 1939. Plus de quarante, depuis l'interview rappelée. Aucun souvenir de cette autre rencontre ainsi évoquée alors que je me la rappelais encore : « ... il ne m'a vu qu'une seule fois, il y a longtemps... » Je revois en revanche Jean Cocteau dans ce que nous appelions, au 89, rue de la Pompe, le « cagibi » de mon père...

Paris, 24, quai de Béthune, mercredi 26 avril 1972.

Ainsi commençait *Une amitié contrariée*. Il me faut continuer cet autre mouvement de la symphonie à jamais inachevée du *Temps immobile* sur les mêmes mesures. En effet, quelques pages plus loin, dans *Une amitié contrariée*, à la même date...

Paris, 24, quai de Béthune, mercredi 25 juin 1969.

Datant cette page, il me semble, déjà, par comparaison avec celles qui suivent, la voir sombrer dans le passé. Ce jour est là, pourtant, jeune, frais, vivant, présent. Il n'est point encore englouti comme tous ceux parmi lesquels il prend sa place, si proche déjà du naufrage définitif — où le voilà déjà...

Dans ce chapitre du *Temps immobile* qu'est *Une amitié contrariée*, Jean Cocteau n'est pas seulement présent parce qu'il fut et demeure célèbre. Sujet de mes souvenirs, il m'intéresse moins, parfois, que ces souvenirs eux-mêmes ; ou plutôt que leur marge de nuit : l'oubli qui de tous côtés les cerne. Par exemple, je fais allusion dans le journal précédent à une rencontre avec Jean Cocteau, chez mon père, dont je me souvenais très bien en 1939 et dont ma mémoire a perdu en 1969 la plus légère trace. Rien ne demeure en moi de ce « vieux visage de poupée ocre qui m'avait choqué naguère » (savais-je en 1939 que *naguère* signifie : *il y a quelque temps*, c'est-à-dire : *il n'y a pas très longtemps* ?) « Rien ne subsiste de ce personnage que j'avais vu autrefois chez mon père » — « Il ne m'a vu qu'une seule fois, il y a longtemps » — la preuve est faite : je ne connaissais pas le sens de *naguère*. Mais soudain, me semble-t-il (mais comment être sûr de ne pas me tromper ? de ne pas interpoler d'un temps à un autre — car je devais, par la suite, le revoir fardé), oui, je crois le revoir, avec ce teint ocre, et je le situe tout à coup avec tant de précision que je ne puis faire erreur : là, rue de la Pompe, dans la salle à manger, et pas n'importe où dans cette pièce : à gauche en entrant. Mais la preuve, jamais, ne pourra être apportée...

Paris, 24, quai de Béthune, mercredi 26 avril 1972.

... preuve que voici pourtant. Faisant, ce matin, pour *Jeunes morts ressuscités*, des recherches sur François de Nettancourt dans mes vieux Agendas, c'est Jean Cocteau que, soudain, j'y trouve, à gauche, en entrant dans la salle à manger, oui, mais pas rue de la Pompe...

Paris, 38, avenue Théophile-Gautier,
mercredi 13 mars 1935.

Cocteau dîne « pour faire la connaissance des enfants de François ». Les Bourdet sont avec lui : Édouard, beau et silencieux (il me donne deux places pour la reprise de *la Prisonnière*). Denise, belle, avec un visage apaisé et jeune.

Jean Cocteau : un personnage inouï, qui a l'air de faire, devant vous, un numéro. Une taille de gosse

— et ce visage de vieil enfant. Son fond de teint — masque de brique qui s'arrête aux cheveux — et la peau, brusquement, devient blafarde. Une certaine pose devant la vie : les vieux trucs, panégyrique des mauvais films, etc. Mais ses brillants récits furent passionnants (anecdotes sur les Rostand, Catulle Mendès, le théâtre, ses impôts). Il parle de tous les acteurs en vogue qu'il connaît, demande à Édouard Bourdet :

— Vous me permettez de prendre Jamois si Baty la prête ? Vous n'en avez pas besoin...

C'était brillant et ça faisait de l'effet. Et dans la chambre de mon frère Jean, où nous lui montrions la « jungle » que mes sœurs ont installée avec des animaux de plomb et des arbres de papier, il se révéla vrai poète, l'animant par sa seule présence et à l'aide d'une lampe électrique qu'il promenait devant le paysage.

Il feuilleta *La Famille Fenouillard*. Il en garde le même souvenir ébloui que moi.

Il parle sans arrêt, ne laissant pas aux autres le temps de placer un mot, bondit comme un gosse, donne des coups à ses interlocuteurs, les appelle « mon chéri » ou « ma chérie », mime admirablement, imite. Un vrai feu d'artifice, très éblouissant, mais qui deviendrait rapidement fatigant.

Paris, 24, quai de Béthune, mercredi 26 avril 1972.

Découvrant ces lignes, après si longtemps, je revois soudain Jean Cocteau transfigurant cette ménagerie d'enfant, à l'aide d'une lampe électrique et d'une autre lumière encore, plus secrète. Arraché à l'oubli et présent. Je le revois, oui, je le vois dans la chambre de mon frère Jean et pas ailleurs, mais celle de la rue de la Pompe, ailleurs donc où il n'alla sans doute jamais. Illusion tenace, trompeuse précision d'une mémoire à demi réveillée.

Mercredi, 13 mars 1935 : ... *pour faire la connaissance des enfants de François*...

Jeudi, 3 mars 1955 : ... *Il me dit tenir à faire la connaissance de mon fils*...

Un mercredi et un jeudi de mars, à vingt ans de distance. Avec la constance de cette orientation, à la boussole de l'amitié. Vingt ans, une éternité en 1955, ni plus ni moins qu'aujourd'hui, où ça en fait trente-sept. Mais le temps qui me sépare de ce jour de 1955 où Jean Cocteau vint voir Gérard Mauriac ne peut être compté en années de même durée.

Paris, jeudi 27 avril 1972.

L'important, pour moi, aujourd'hui, n'est point cette constance dans la gentillesse, la répétition, à vingt ans de distance, du même réflexe amical, mais, une fois de plus, l'expérience qu'il m'est permis de faire ainsi à vif sur les contractions et les dilatations du temps.

« Le temps des enfants, on le sait, s'écoule avec lenteur », rappelle Jorge Luis Borges (*Le Rapport de Brodie*, p. 45). On le sait. Ce que l'on sait moins c'est qu'une fois écoulé il conserve son rythme dans notre mémoire d'adulte. Aussi bien, n'étais-je plus (malgré les retards de mon épanouissement intellectuel) un enfant en 1935 où j'avais, c'est à peine croyable, vingt et un ans déjà. Le temps de la jeunesse s'écoule avec lenteur ; cette lenteur demeure inscrite dans la mémoire. Le rythme, s'il accélère un peu, reste lent, des années et des années encore. En 1952, 1932 me paraissait beaucoup plus éloigné que ne me le semble aujourd'hui

1952 de 1972. Ce qui ne signifie point que 1952 me soit proche...

1935 est, une fois pour toutes, hors de portée, j'oserais presque penser : hors du temps tel que j'en ai l'expérience. C'est ce que je voulais dire dans mon Journal d'hier lorsque j'écrivais : « Vingt ans, une éternité en 1935, ni plus ni moins qu'aujourd'hui, où ça en fait trente-sept... »

... Ainsi, Jean Cocteau, dont je croyais n'avoir plus rien à apprendre dans ce Journal, m'y réservait encore cette surprise. Je l'y retrouverai de nouveau, qui sait, peut-être, étant entendu qu'il ne saurait être question pour moi de dépouiller méthodiquement les nombrables mais trop nombreuses pages de mon Journal dont je ne tolère l'absorption qu'à très petites doses : il est difficilement supportable de se voir longtemps face à face en des temps différents.

Drieu La Rochelle peut-il, lui aussi, me surprendre, me réapparaître, que j'ai à peine connu, sur lequel il existe peu de Journal et dont j'ai essayé ici, naguère, de retrouver les traces ?

Taussat, vendredi 15 août 1930.

Je vais à la messe de huit heures et communie. Nous allons faire un tour en pinasse. J'ai une conversation très intéressante avec Guiguite. Mon républicanisme l'énerve et elle veut me convertir. Quant à Georges Brousse, il dédaigne mes opinions et dit que je raisonne comme un champ de navets. Je n'ai que seize ans, c'est excusable, mais la folie de « parti » l'a peut-être fait exagérer ma nullité de raisonnement.

Au retour, nous trouvons papa et nous allons avec lui souhaiter la fête de sa marraine, tante Germaine.

Après déjeuner, papa, maman, tante Marie-Thérèse et Guiguite partent dans notre auto. Je monte dans celle de Georges avec Jaja, André et Laure. Nous allons au cap Ferret. Je rejoins mes parents et nous nous séparons de l'autre groupe que nous ne revoyons pas de la promenade.

Nous entrons à *la Forestière*, petit et élégant restaurant où papa retrouve les Drieu La Rochelle, les Peignot, Jean-Michel Frank et les Ulmann. Nous y goûtons. Dans quatre autos, après que Drieu eut réparé son pneu crevé, nous partons vers leur villa...

Paris, 24, quai de Béthune, jeudi 24 octobre 1968.

... recopiant cet ancien Agenda, à dix heures trente, je m'interromps pour aller ouvrir la fenêtre et vois Georges Pompidou, amaigri, monter la cigarette aux lèvres, dans sa voiture. Mes parents qui ont déjeuné avec lui m'ont raconté qu'il n'avait point parlé politique, avait l'air « battu de l'oiseau » et leur avait tout de même dit que, lors des derniers jours de mai, le téléphone ne sonnait plus jamais chez lui, que c'était la solitude absolue — et que le jour de la disparition du général à Colombey, le 29 mai, il était resté, lui le premier ministre, plusieurs heures sans savoir où était de Gaulle ni ce qu'il avait décidé. Mais c'est sur une piste beaucoup plus ancienne que je suis parti, celle de Drieu La Rochelle. Reprenons-la...

Taussat, vendredi 15 août 1930.

... A une centaine de mètres, nous sommes obligés de descendre. Je monte avec deux jeunes femmes, Mme Ulmann et Mme Drieu, je crois, sur le marchepied de l'auto de Peignot qui, seul, a le culot de s'élancer à toute vitesse dans le chemin sablonneux et accidenté. Cramponné sur le marchepied, des brandes m'égratignent au passage. Je rase des arbres. Nous rions beaucoup de ces montagnes russes d'un nouveau genre. La vitesse seule nous sauve de l'enlisement.

Dans la villa des Drieu, nous restons vingt minutes. Jean-Michel Frank imite merveilleusement Jacques-Émile Blanche et André Germain. Quant à Drieu La Rochelle, il signe un livre pour Marie-Thérèse. Sa femme joue avec un magnifique chat siamois, Gaspard. Admirable soleil couchant sur le bassin et les dunes du Pyla. Nous repartons enfin et nous arrêtons au Claouey pour voir si les Brousse y sont encore. Arrivés à Taussat, nous voyons avec désespoir que le manège qui vient de s'installer marche. En musique, naturellement.

Je me couche assez tôt, en prévision d'une chasse que je dois faire demain, avec Claire.

J'ai passé aujourd'hui une bien bonne journée qui m'a un peu sorti du calme et de la vie morte de Taussat. J'aime beaucoup le monde et l'animation quand j'y suis en simple spectateur, que je n'y ai d'autre part que celle d'écouter. En un mot, j'aime que l'on ne s'occupe pas trop de moi. Je suis le mouvement et j'écoute. Vive l'anonymat...

Paris, jeudi 24 octobre 1968.

Je savais que cette page d'agenda existait — sans en connaître l'année. Je n'ai pourtant tâtonné que quelques secondes. Rien ne passe dans ce compte rendu encore enfantin des émotions ressenties en ce jour inoubliable pour l'enfant que je n'étais plus. Homme non accompli et qui doutait l'être jamais. Émerveillé par cet homme beau et dans la force de l'âge, Drieu La Rochelle. Envieux de son charme et de son prestige. Maintenant que j'ai relu cette page, j'ai un vague souvenir de ce pneu changé. Mais, sans doute, j'invente. Je ne revois aucune de ces jeunes femmes avec précision, mais je revis l'émotion où leur beauté me mit. De ce chat caressé, je ne me rappelle pas. Tout me fut, cet après-midi-là, comme une grande caresse refusée. Aux lisières de la vie, sur les bords défendus de l'amour, j'admirais, j'étais ému, je souffrais. (Laisserai-je à la place où je viens de le mettre cet intermède Pompidou ? Petite goutte de présent dans le passé retrouvé ?)

Paris, dimanche 27 avril 1969.
Matin du référendum sur la régionalisation et le Sénat.

Vision non plus vague mais très nette de Drieu La Rochelle, penché sur le sable, le long d'une auto, — ou plutôt, réapparition d'une silhouette d'homme que je sais être la sienne, devant une silhouette d'auto.

Paris, lundi 28 avril 1969.

J'en étais là, hier matin, lorsque le téléphone sonna. Je décrochai, agacé d'être interrompu, alors que je m'apprêtais à décrire, autour de cette ombre d'homme et de cette ombre d'auto, exactement situées, le sable, tout ce sable, revu soudain avec acuité, dans une lumière précise. C'était maman qui m'annonçait la chute de mon père, déjà si faible et mal remis de la récente maladie qui lui valut d'être hospitalisé à Pasteur. Au moment de sortir pour aller à la messe et voter, il était tombé, on ne pouvait le relever, l'ambulance allait arriver...

Je le trouvai, à la clinique du professeur Judet, fortement commotionné encore et très pâle, une double ou triple fracture à la tête de l'humérus. Assez vite, il récupérait, nous retrouvions l'espoir, on croyait pouvoir éviter l'opération, nous allions voter, Marie-Claude et moi. Et, à huit heures, nous apprenions dans la tristesse et la détresse la victoire des *non*, c'est-à-dire la démission de de Gaulle. Mon chagrin n'est point de nature politique. A peine plus historique. Ou alors il s'agit de ma petite histoire en marge de la grande histoire de cet homme de l'Histoire. C'est spirituellement, charnellement que je me sens atteint. « Tu l'as voulu, Georges Dandin », commente brièvement mon père sur son lit, où Judet, sept heures après son hospitalisation, vient d'arriver et de lui faire un pansement qui le soulage. Ce matin... mais à quoi bon à quoi bon...

Paris, jeudi 1er mai 1969.

Premier matin où je ne vais pas à la clinique, — mais l'angoisse demeure et ce n'est pas sans remords que je me suis remis au *Temps immobile*. Relisant ces premières pages sur Drieu, je revis, soudain, je revois, ce parcours dans un étroit chemin de sable, sur un marchepied que je ne vois pas — mais je me revois agrippé à l'auto et je sens le contact (sec ? épineux ?) — la caresse des fougères, le frottement des brandes (sinon la griffure des ajoncs) — et ce style heurté, ces répétitions témoignent de mon effort pour enregistrer de façon exacte ce qui a tout à coup émergé des profondeurs. Ne pas corriger, laisser les mots qui viennent, comme ils viennent, ne préciser que par addition.

Et puis il y a ce sable, tout ce sable, dont j'ai eu une vision blanche et fulgurante, le matin du 27 avril — la vision de cette auto noire, haute, dressée sur le ciel et dont je revois la position par rapport à l'océan et au bassin d'Arcachon.

Il est évident qu'il ne s'agit ici qu'accessoirement de Drieu La Rochelle ; à peine davantage de l'adolescent que je fus — et moins de ces souvenirs précis que du souvenir en soi, de ses pertes, ses résurgences, ses mécanismes.

Paris, 38, avenue Théophile-Gautier,
mardi 10 mars 1936.

A la Chambre des députés, l'après-midi. C'est la première fois que l'Assemblée se réunit depuis que l'Allemagne a violé le pacte de Locarno en remilitarisant la zone interdite. Séance terne. Discours de Sarraut, beaucoup moins violent que celui de l'autre jour. La droite est très froide (et ne pardonne pas à Sarraut ses encouragements au Front populaire).

Chez les Paul Brach à huit heures. J'y retrouve Drieu La Rochelle. Nous allons au Marignan à la présentation de *Tarass Boulba,* un film de Granowsky, auquel Paul Brach collabora et qu'interprètent Harry Baur, Danièle Darrieux et Jean-Pierre Aumont. Film médiocre. Parlé avec Lilian (Brachette...) et Drieu (passionnantes confidences sur sa vie sentimentale, les surréalistes, etc.). Il est beau.

Souper agréable chez Mme Wera Gutmann-Herzfeld, avenue Henri-Martin, Allemande richissime, amie de Granowsky. J'étais entre la duchesse d'Harcourt et Lilian. Il y avait aussi Marc Chadourne (et son amie actuelle). Et Drieu.

Je fais, enfin, la connaissance de Jean-Pierre Aumont. Nous parlons assez longuement : il est charmant et très simple. Beau. Il a l'air *fin.*

Paris, jeudi 24 octobre 1968.

Rien d'autre sur Drieu. Pas un mot de plus sur ces confidences qui durent être passionnantes, en effet. Mon vrai Journal n'a commencé qu'à la fin de cette même année 1936. Beau, Drieu. Beau, Jean-Pierre Aumont. Oui, je me souviens. C'est au charme de Lilian Brach, pourtant, que j'étais sensible. Non point belle, au-delà de la beauté. La femme même. Elle devait se donner la mort peu après, un soir où elle m'avait fixé rendez-vous chez la comtesse Pecci-Blunt, à un souper où je gardai en vain sa place auprès de la mienne. Ce fut pour Frédéric Sieburg qu'elle mourut. Mon agenda de l'époque en conserve trace. Mais c'est d'un autre disparu, et mort, lui aussi, volontairement qu'il s'agit. Pour le film que je lui dédie ici, je ne dispose, à cette date, que de ce plan décevant, le seul authentique que je puisse monter, à sa place, en attendant des temps et surtout des sujets meilleurs : car sur Pierre Drieu La Rochelle, on ne trouvera dans mon Journal aucun document de première main. Il n'y prendra jamais la parole.

Quelvezin, samedi 28 juillet 1973.

Je revois ce salon de la comtesse Pecci-Blunt, un soir d'été, j'y suis, avec cette place vide à côté de moi, des nuages d'orage dans le ciel, un jardin, la détresse au cœur...

Paris, 38, avenue Théophile-Gautier,
samedi 4 mars 1939.

Je passe ma soirée à lire un des premiers livres de Pierre Drieu La Rochelle, *État Civil* (1921). En aucune sorte remarquable ni nécessaire, mais intéressant. Il y raconte sa jeunesse. Et de le connaître enfin un peu m'est une raison de l'aimer. Je me souviens de mon imbécile méfiance qui me fit le saluer avec tant de distance les dernières fois où je l'ai rencontré, simplement parce qu'il était membre du parti de Doriot. Stupidité ! Car son adhésion au P.P.F. ne signifiait en aucune sorte qu'il n'avait pas une conception politique proche de la mienne. (Il voyait Doriot avec d'autres yeux.) Et même aurait-il des idées diamétralement opposées aux miennes (ce qui est aussi possible), de quel droit le mépriserais-je ? De quel droit le jugerais-je inintéressant ? Il faut m'obliger à connaître les hommes selon leur vrai visage sans me laisser influencer par des instincts grégaires de haine ou d'amitié. (Ne connaissais-je pas la relativité, la fragilité de mes propres conceptions politiques ?)

La dernière fois que je le rencontrai ce fut à un porto chez les Bernard Barbey. Je le vois encore s'affronter avec mon père dans un petit salon désert. Ils tournaient l'un autour de l'autre, ils se reniflaient, avec une méfiance de fauves. Là encore la politique faisait ses ravages...

Mais je me souviens de ce jour d'été de ma dernière enfance. Au cap Ferret, Drieu m'apparut jeune et beau, avec un prestige de dieu. Sa femme le regardait avec une humble et patiente adoration. Il se laissait aimer. Chacun de ses gestes était noble et son rire me paraissait le signe d'une force et d'un bonheur surhumains...

Je le revis aussi à je ne sais plus quelle première de je ne sais plus quel film, où Lilian Brach m'avait emmené. Je me souviens qu'il lui avait fallu un seul regard pour attirer sur lui l'attention de cette femme, pour me priver de son regard auquel j'attachais un tel prix. (Je ne me suis jamais avoué que je l'aimais un peu, sans le savoir moi-même.) Alors j'admirais une fois de plus Drieu. Il était éblouissant de jeunesse et de force. Et pourtant il avait fait toute la guerre. Cette guerre qui se perdait pour moi dans l'infini du passé. N'était-il pas immortel ? J'avais près de moi un héros initié aux dangers des combats, aux triomphes de l'amour...

Je l'ai approché à nouveau ce soir dans ce livre où il se racontait. Je le lus d'une traite et il m'a fait réfléchir.

J'ai souvent remarqué ce fait curieux : un livre, pris au hasard, m'apporte toujours des échos de mes plus actuelles préoccupations. Serait-ce qu'il y a tout dans un livre, même dans un mauvais livre ? Ou bien le hasard n'existe-t-il pas et notre choix est-il, sans le savoir, guidé ?

L'autre jour, à Hampton-Court, je vis soudain mon père qui me précédait. Je le vis. C'est-à-dire que l'aveuglement de l'habitude pour un instant s'évanouit. Il me précédait. Sa haute silhouette se découpait sous l'arche d'une porte. Le palais grouillait d'ombres. Mes amis semblaient escorter un roi. Et le roi n'était-ce pas cet homme qui était mon père ?

Si François Mauriac, dans sa réalité physiologique et spirituelle unique, telle que je la connais, était né ici, fils de roi, roi lui-même, au temps d'Henri VIII, quelles modifications essentielles ces nouvelles conditions de vie eussent-elles apportées à son personnage ? Demeurerait-il un seul trait de ceux que j'aime en lui ? Peut-être aurait-il encore la même expression, les mêmes réflexes. Mais aucune de ses pensées ne serait plus sans doute la même. Tout en lui serait autre parce qu'aurait été autre l'éducation qu'il aurait reçue. Vertige. Où est la liberté ? Où, la responsabilité ?

Or, Drieu écrit :

Si j'avais été un enfant abandonné à un poteau frontière, quelle eût été ma patrie, ma religion, ma classe ? Des crapules peut-être auraient changé mon sexe...

Autre rencontre. En quittant Londres, un journal français m'apprit l'arrestation d'un homme qui accumulait les crimes depuis le jour où il avait, par sa faute mais sans le vouloir, causé la mort de deux innocents. Des marins, ses camarades. Quelques fragments du naïf et terrible journal de cet homme étaient publiés. J'étais ému de le voir s'abandonner à toutes les déchéances et à tous les crimes à cause de l'accident qui avait fait de lui un meurtrier. Croyance dans le destin. Idées de damnation et de chute : par désespoir il préférait désormais se souiller plus encore. La justice verrait sans doute dans cet homme un fou. Pour moi sa folie me paraissait engager la métaphysique tout entière. J'y retrouvais le fatum et je ne sais quelle angoisse personnelle.

Or Drieu raconte comment, étant enfant, il tua sans le vouloir une poule avec laquelle il jouait :

Mon père avait les mains derrière le dos. Il jeta sur une table le cadavre de Bigarette. Je ne savais pas qu'elle était morte, mais tout d'un coup je compris que je l'avais tuée. Je ne soupçonnais pas encore toute la noirceur de ma conduite. Mon père me promena dans les détours de mon crime. Ce fut une grande nouveauté. Tout l'univers était contre moi et m'accablait, je connus l'isolement effaré et superbe de l'assassin. Je me pliais naturellement à l'opinion du monde, et pourtant il y avait au fond de moi-même une retraite sombre où quelque chose ne se rendait pas. Mais la source de ma vie était troublée... et je m'éloignai de ce mauvais jour avec une plaie imperceptible qui pouvait s'agrandir...

Et à l'occasion d'une fugue : « J'étais atterré. Roulé par ce flot de paroles, je m'abandonnais au désespoir. J'étais perdu à jamais. Je me sentais marqué par la fatalité du crime. Brusquement l'abominable profondeur que j'avais aperçue lors du meurtre de Bigarette se rouvrait. »

*Paris, 38, avenue Théophile-Gautier,
dimanche 5 mars 1939.*

Hasard, — mais comment après cela croire au hasard ! — je lis dans le cahier de cuir, mon premier vrai Journal et que je ne reprends jamais (je me demande ce qui m'a poussé à aller le chercher aujourd'hui) ces lignes, à la date du 7 mars 1929 :

Je pense que j'ai presque quinze ans ! Beaucoup de choses inconnues me sont révélées ; j'ai peur de vivre les dix ans qui vont suivre... j'ai de vagues notions de tout ce qui m'attend et je frémis.

J'écris à la suite, à la date d'aujourd'hui, 5 mars 1939 :

« J'ai peur de vivre les dix ans qui vont suivre », écrivais-je ici, il y a presque dix ans, jour pour jour... Ces dix ans ne m'ont rien apporté de décisif. La peur reste.

Ou plutôt : la peur a duré dix ans mais son règne finit. Cette jeunesse de mon visage qui trompe autrui est aussi celle de mon cœur, de ma chair. L'enfant a toujours honte de son âge et je commets une fois encore l'erreur de l'enfance.

Je lis dans l'après-midi les deux premières nouvelles d'un livre de Drieu qui en contient trois : *Plainte contre inconnu.* J'en tire un certain enrichissement bien que, littérairement, l'ouvrage ne me satisfasse pas.

Paris, 24, quai de Béthune, jeudi 24 octobre 1968.

Les souvenirs s'usent. J'étais encore suffisamment proche le 4 mars 1939 du 15 août 1930 (date alors, pourtant, si lointaine déjà, surtout si l'on songe à l'âge que j'avais) pour conserver de cette journée passée au cap Ferret, sur le bassin d'Arcachon, des images dont seules quelques traces demeurent en moi aujourd'hui. (L'adoration que sa femme portait à Drieu...) Le 10 mars 1936 me demeurait, à plus forte raison, plus proche le 4 mars 1939 qu'aujourd'hui, où si je conserve un souvenir précis de cette soirée (et puis affirmer que je m'y trouvais en habit), je ne me rappelle plus avoir souffert de l'attention que montra Lilian Brach à Drieu...

Quelvezin, samedi 28 juillet 1973.

Incroyable! Cinq ans après, je ne garde plus *aucun* souvenir de cette *adoration*, ni de cet *habit*...

Paris, jeudi 24 octobre 1968.

... Ainsi me suis-je trompé en écrivant il y a quelques jours, à propos de *Présent passé, passé présent* d'Eugène Ionesco, que « plus nous vieillissons, plus notre enfance nous redevient présente... ». Je parlais de l'enfance, il est vrai, et je n'étais plus un enfant en 1930.

Cet article, paru dans *le Figaro* du 14 octobre 1968, doit être évoqué ici pour une autre raison encore. C'est en l'écrivant (après avoir lu Ionesco) que mon ancien projet de composer *le Temps immobile* s'est de nouveau imposé à moi et de façon telle que j'en ai vraiment commencé la réalisation. J'espère, cette fois, non le mener à son terme (il s'agit d'une entreprise *interminable*) mais le conduire assez loin si le temps m'en est laissé.

Et voici que je mesure ma chance : j'ai noté, moi, sinon tout, du moins beaucoup de ce que, de jour en jour, a perdu Eugène Ionesco, et depuis tellement longtemps que je dispose de matériaux si considérables qu'ils m'écrasent. Moins long de la moitié, mon Journal serait moitié plus utilisable.

Paris, jeudi 1er mai 1969.

Cet article sur *Présent passé...* d'Eugène Ionesco a depuis été repris pp. 205-207 de la réédition de *l'Alittérature contemporaine* dont je viens de signer le service de presse. J'y lis ceci qui montre à quel point et avec quelle continuité le même thème me hante :

Aussi bien, n'est-ce pas la politique qui nous a le plus intéressé dans cette recherche passionnée et désespérée du temps perdu. De l'ouvrage analogue que je souhaite composer un jour, comme un film, en montant des fragments de journal, éloignés les uns des autres dans la durée mais proches par leurs thèmes, il n'existe que la matière première et le titre — qui pourrait être celui de ce livre-ci d'Eugène Ionesco : le Temps immobile. *(Mais, j'ai publié deux autres œuvres qui pourraient, elles aussi, s'intituler* le Temps immobile *: l'une, romanesque,* le Dialogue intérieur *; l'autre, critique,* De la littérature à l'alittérature.*)*

Paris, lundi 22 juin 1970.

Cette odeur de mort, autour de moi ? Celle de ces roses que je finis par ôter de ma table de travail. Et une promesse de paix, soudain (pas encore la paix : sa proche présence devinée) : puisque je dois mourir, que je vais de toute façon et quoi qu'il en soit vers la mort, mieux vaut l'accepter, me solidariser avec l'inéluctable, prendre la mort comme sujet de mes méditations, la regarder en face — et, dans mon livre, la vaincre.

(... Mais je ne m'arrangerai pas aussi facilement de la mort des autres. De certains autres...)

Je trouve par hasard ce matin quelques pages de mon Journal antérieures à celles d'octobre 1968 où je croyais être parti pour la première fois à la recherche de Drieu sur les chemins de la mer...

Paris, mercredi 27 juillet 1960.

Oui, j'ai toujours à peu près tenu ici registre de mes rencontres essentielles. Deux seules omissions que je regrette. Je n'ai pas noté l'incroyable discours que me tint Jean Schlumberger, à qui j'avais cru devoir soumettre le texte ou les épreuves de mes *Conversations avec André Gide* : incroyable de perfidie, de méchanceté à l'égard de son ami qu'il avait une façon bien à lui de défendre, insinuant d'un ton papelard le pire et dans tous les ordres, notamment sur le genre d'intérêt qu'il pouvait me porter.

L'autre scène, bien antérieure, se situe au début de l'Occupation, dans un restaurant marché noir de la rue du Colisée, qui s'appelait quelque chose comme *le Père Jean.* Je dîne avec mon père. Drieu La Rochelle, qui est là, vient à notre table. La n.r.f., si je me souviens bien, a reparu ou va reparaître sous sa direction ; c'est entre eux une conversation, passionnante, sur la collaboration — on peut imaginer laquelle, mais les détails en sont perdus car je ne crois pas avoir parlé de cette rencontre.

A propos de Drieu, justement, lisant mon Agenda de 1930, je l'ai soudain revu, à la date du vendredi 15 août, en train de changer un pneu à sa voiture. Revu est bien le mot : car cette scène, dont je ne gardais aucun souvenir, me fut de nouveau présente avec une extraordinaire précision.

Certes, je n'avais jamais perdu tout à fait la mémoire de cette rencontre (à *la Forestière*?), et il me semble même revoir Drieu La Rochelle, prestigieux et beau, près d'une table, ou à une table servie dehors. *(Cette table vue avec intensité, aujourd'hui, lundi 22 juin 1970, alors qu'elle avait, me semble-t-il, disparu et que je ne l'avais pas retrouvée lors de mes recherches d'octobre 1968.)* Mais de cet incident du pneu crevé, plus rien ne demeurait, et rien non plus de la scène dont la relation suit : Charles Peignot, que j'ignorais avoir rencontré si tôt dans ma vie, s'élançant avec moi sur le marchepied, dans un chemin de sable, la vitesse nous sauvant de l'enlisement. Ces deux images, surgies dans leur fraîcheur d'on ne sait où, il a suffi des dix lignes anciennes où elles sont rapportées pour me les rendre présentes. Non pas au premier moment. Ces quelques mots furent d'abord réduits à eux-mêmes : scène aussi sèche et abstraite que le compte rendu maladroit et rapide qui la rapportait. Et puis vingt minutes après, tout à coup, j'ai vu avec intensité, comme si je les avais enregistrées hier, ces deux images : Drieu, accroupi auprès de sa voiture et changeant un pneu ; moi, sur le marchepied (un marchepied, c'est préhistorique !) d'une voiture découverte... (découverte *m'est une découverte, c'est la première fois, me semble-t-il, qu'apparaît ce détail — mais ma mémoire est, pour l'immédiat même, si fragile ! 22 juin 1970*)... égratigné de brandes au passage, détail qui était dans mon Agenda, mais privé de la moindre vie, alors qu'il me semble soudain sentir, au passage, les gifles de ces arbustes effleurés...

Paris, lundi 22 juin 1970.

Manque de mémoire auquel s'ajoute un manque de recul qui permettront à des chercheurs éventuels de tirer de ces textes ce que je n'y ai pas vu, poussant peut-être plus loin non pas mes découvertes sur le temps (je n'ai pas cette ambition) mais ma découverte du temps. Le temps découvert. Saisi dans son évanescence et dans ses renaissances.

Seule excuse à cet acharnement maniaque qui me fait indéfiniment revenir sur les mêmes images effacées, au risque de me répéter plus encore sans doute que je ne le crois moi-même.

Paris, mardi 8 octobre 1963.

De cette rencontre avec Drieu La Rochelle, dans un restaurant de la rue du Colisée, et de cette conversation si tendue entre mon père et lui, je savais que mon Journal ne conservait aucune trace sérieuse. Ayant à tout hasard recherché si ma mémoire ne me trahissait point (mais je n'osais pas trop l'espérer), je trouve trois lignes à la date du 7 mars 1941...

Paris, 7 mars 1941.

... Je viens d'accompagner à la gare mon père qui a passé une quinzaine de jours ici.

Bulgarie envahie... Suite de victoires anglaises en

Afrique. Le monde halète, à la veille d'on ne sait quel coup de théâtre.

Rencontré par hasard, avec mon père, Drieu La Rochelle, l'air traqué, la conscience mauvaise, et se cherchant des excuses...

Paris, jeudi 24 octobre 1968.

Traqué, mon père l'était plutôt, à cette date, ou il allait l'être. Voulais-je simplement dire que la rencontre de François Mauriac suffisant à donner mauvaise conscience à Drieu, abolissait — ou devançait le temps ?...

Paris, mardi 8 octobre 1963.

... Sans intérêt, en effet, et ne donnant aucune précision sur ce dont je me souviens à la fois confusément et très bien — comme si je revoyais derrière une vitre embuée l'élégant, le nonchalant Drieu, qui, en plaidant pour sa cause qui n'était pas la nôtre, avait l'air gêné, mon père attaquant plus qu'il ne se défendait, si bien que le malaise s'était peu à peu épaissi. Mais j'en dis peut-être plus que je ne me souviens vraiment. Peut-être superposais-je plusieurs images de Drieu — que je n'ai guère vu plus de trois ou quatre fois dans ma vie — et que je ne crois pas avoir revu depuis cette soirée dans un restaurant de marché noir du Paris fatidique d'alors.

Et parce qu'il a payé, très cher, ses erreurs ou ses fautes, il n'est plus coupable à nos yeux et nous avons cessé de nous croire innocents.

Cette descente dans un puits de vingt-quatre années (car j'ai lu, ici et là, quelques pages de ce carnet bleu) me rend sensible de façon physique ma cinquantaine proche. J'étais alors presque aussi éloigné de ma naissance que je le suis aujourd'hui de ce présent englouti, encore si intensément *présent* pour moi, avec son poids de solitude, d'angoisse et de malheur qui, pour l'essentiel, ne venait pas de la détresse des temps. Dénuement moral si profond qu'il me faisait connaître, bien malgré moi, une sorte d'ascèse, ce qui me rend (malgré mes faiblesses) moins antipathique que je ne m'apparais lorsque je lis mon Journal de ces années-là.

Paris, 17 mars 1945.

Mon père est revenu, hier, assez frappé, d'un déjeuner qui réunissait chez Seydoux, Saillant, président du C.N.R., et André Siegfried. Une profonde hostilité s'y révéla contre le Général, ouverte chez Louis Saillant et Seydoux, plus hypocrite chez Siegfried. Mais dans les trois cas, virulente. L'objet de ce déjeuner échappe à mon père qui se demande pourquoi il y fut convié. Naturellement on continue de le croire très lié avec le Général — et ceci explique peut-être cela. Il se défendit une fois de plus de l'influence qu'on lui supposait, disant qu'il n'avait, en tout et pour tout, vu de Gaulle que trois ou quatre fois. A quoi Saillant répondit, l'air mauvais : « Mais il y a très peu de Français qui ont vu quatre fois de Gaulle. »

— Ce qui ressortait de tout cela, dit mon père, c'est que j'avais affaire à des hommes que le Général avait humiliés et blessés. Seydoux lui en veut de n'avoir pas obtenu les responsabilités qu'il souhaitait. Saillant, de la façon désinvolte dont il a traité le C.N.R. dès son arrivée à Paris (ne s'en faisant même pas présenter les membres), attitude il est vrai indéfendable, apparemment, mais qu'une politique concertée légitime aux yeux de celui qui l'a sans doute choisie délibérément. Le perfide Siegfried orchestrait en sourdine ... président du C.N.R., disant, par e... de vieille femme : « Ainsi donc, ... bien, M. Saillant, le Général en vou... ministère voulait surtout vous dét... camarades... ? » et autres insinuation... genre. Et les autres, plus francs, de par... ment du successeur possible (étant en ... ... certain, selon eux, qu'il y aurait à brève ... éance un successeur), allant jusqu'à en appeler à l'aide des U.S.A. et à nommer Edouard Herriot, ce qui est vraiment une trouvaille et récompenserait la France de ses efforts !...

« Il n'y a qu'un malheur, M. Saillant, dit froidement mon père, c'est qu'il y a encore des Français — et innombrables — qui se souviennent que le général de Gaulle, quoi qu'on puisse avoir à reprocher à sa politique, a sauvé la France... »

Saillant saisit l'occasion que lui offrait François Mauriac en lui rappelant qu'il y avait « un mythe Pétain », pour accuser de Gaulle de le continuer et de l'utiliser. Selon lui (j'avais déjà lu cet argument dans la presse), le Maréchal aurait pu signer la déclaration de l'autre jour, à l'Assemblée, sur la politique intérieure... « Peu m'importe l'Assemblée consultative, elle n'existe pas, elle ne compte pas, ajouta Saillant, mais je représente la Résistance, mais je représente la C.G.T. et à ces deux titres j'estime avoir mon mot à dire... »

« — Soyez en tout cas assuré, répondit mon père, que si vous réussissez à vous débarrasser du général de Gaulle, ce ne sont pas ceux au nom de qui vous parlez, ce n'est pas le peuple qui en bénéficiera, mais les trusts. »

Il y eut alors un silence, chargé de gêne chez Seydoux et Siegfried qui représentaient peut-être, eux, les profiteurs de cette éventuelle chute du

Gaulle. Commentaires de François Mau-

— La véritable raison de l'incompréhensible conduite du Général, dont ce n'est pas assez dire qu'il ne désire pas la popularité, puisqu'il semble délibérément chercher à se rendre impopulaire, c'est peut-être surtout qu'il ne souhaite pas demeurer chef de l'État. Ou bien que, maurrassien de formation, il méprise le personnel et les méthodes politiques de la Troisième République et n'entend pas sauver la France par d'autres méthodes que les siennes. Comme ce personnage de Shakespeare, il dira : « Je préfère servir à ma manière que gouverner à la leur... »

Tard dans la soirée, nous parlâmes de ces choses en famille, évoquant la prodigieuse espérance des premiers jours de la Libération. « Mais en relisant mes articles, pour leur éventuelle publication, je me suis aperçu que l'inquiétude est vite venue : dès mon troisième papier je poussais des cris de putois », dit mon père. Et moi, deux images me hantent : celle de notre allégresse le matin du 11 novembre, tandis que nous nous rendions aux Champs-Élysées, mon père, Claire, Luce, Jean et moi, dans un Paris transporté de fierté et de bonheur ; et celle d'un tour de jardin à Vémars, aux côtés de mon père, quelques jours à peine avant cette libération dont le souffle commençait de nous effleurer. A mon père déjà transfiguré par la proche présence de la liberté et qui disait : « Avoue, mais avoue donc que ce que de Gaulle nous apporte ne peut pas être jugé du point de vue de Sirius. Avoue qu'une chance merveilleuse est donnée à la France, et que notre bonheur est immense d'être les témoins de cette rédemption ! » je répondais en moi-même : « Bien sûr... et déjà me gonfle cet espoir insensé... Mais je sais aussi que cette espérance est folle, que tout cela est éphémère, illusoire, relatif, que dans l'absolu il n'y a ni vérité, ni justice, ni liberté. Je sais surtout qu'il n'y a pas de domaine où la perfection soit à la fois plus désirée et moins accessible qu'en politique... »

J'ai été pris par ce tourbillon. J'ai connu une fraîcheur d'âme, une innocence, une confiance dont la pureté approcha sans doute celle des candides révolutionnaires de 1789. Mais la triste et grave sagesse reparut bientôt et c'est en vain que j'ai voulu l'ignorer.

La nouvelle du suicide de Drieu La Rochelle venait de nous parvenir. Drieu, le beau, le prestigieux Drieu des années mortes... Comme nous le comprenions de s'être dérobé devant une inculpation soudain rendue publique. Cette paresse, cette lassitude à la pensée d'avoir à s'expliquer, à rendre des comptes... « Le traître s'était suicidé », commente *l'Humanité*... La trahison, bien sûr... Mais quelle notion, dans le domaine politique, est plus relative ! L'obsession du « danger bolcheviste », il suffisait qu'elle existât pour expliquer la politique de collaboration et laver ceux qui s'y résignaient du soupçon de vilenie. Trahir pour n'avoir pas voulu trahir... Tout le monde est innocent puisque tout le monde est coupable. La réussite juge en dernier ressort et départage traîtres et héros. J'ai sur le cœur la mort de Suarez, la mort de Brasillach, la mort de Drieu, qui, politiquement bien sûr, n'ont pas à être justifiées. Mais que m'importe la politique !

Ce que, moi, je reproche à de Gaulle, puisque tous il nous a par quelque côté déçus (et comment eût-il pu en aller autrement, si personne n'attendait de lui la même chose !), c'est de n'avoir pas pour la première fois dans l'histoire de l'humanité rompu cette chaîne de crimes commis au nom d'un absolu qui n'est jamais le même. Utopie ? Je n'en doute pas. Mais si le désespoir nous empêchait d'espérer, comment trouverions-nous la force de vivre ?

Paris, mercredi 15 octobre 1969.

Ce même jour, 17 mars 1945, je fus reçu par le général de Gaulle pour une de nos séances de travail. Mais c'est une autre histoire, un autre livre...

Paris, vendredi 28 avril 1972.

... *Un autre de Gaulle [Aimer de Gaulle]*, publié depuis, mais où je n'ai pas pu insérer ce que mon Journal du 17 mars 1945 rapporte que j'ai dit à de Gaulle et qu'il m'a répondu.

Paris, lundi 22 juin 1970.

A chaque instant, toutes ces bifurcations virtuelles, ces façons possibles d'orchestrer *le Temps immobile*, qui sans cesse se détruit dans mon esprit pour se recomposer autrement. Robert Brasillach se glisse ici, où je me demande si je dois l'accueillir...

Paris, samedi 20 décembre 1952.

Emmanuel Berl parle, depuis la première minute, avec la même abondance, passant sans ordre d'un sujet à l'autre, étant entendu qu'il est au centre de tous ces sujets. La Cabale — son essentielle préoccupation du moment. L'inexistence du temps (je connais cela !). Dieu (je ne connais pas cela...). Et *Sylvia*, surtout, son dernier livre, dont il est si reconnaissant à mon père d'avoir parlé avec admiration dans *le Figaro* :

— A part lui, personne n'a rien fait pour moi. Vous entendez : personne. Drieu n'a pas été remplacé. Lui, il m'aurait aidé, sur le manuscrit, à faire de ce livre une œuvre aussi parfaite que possible. Plus elle aurait été bonne, plus content il aurait été. Il se serait intéressé à son sort, comme à celui de tant d'autres ouvrages... Qui donc aujourd'hui se donnerait cette peine, allant chez les éditeurs, les forçant à lire, à admirer ?

Je réponds qu'un bon manuscrit de jeune, si nous en découvrions un, nous enchanterait. Mais il rétorque que *La Table Ronde* a refusé *Sylvia*, — de nouveau, il ne me parle que de *Sylvia*.

Oublie-t-il, vraiment, qu'il a cinquante-neuf ans ? Que les éditeurs et les critiques (peut-être à tort, il est vrai) savent ce qu'Emmanuel Berl fera et surtout ce qu'il ne fera pas. Il est bien vrai que le temps n'existe pas pour lui...

Paris, jeudi 24 octobre 1968.

De même continué-je d'espérer, à mon âge, une inespérable réussite littéraire — ce que, moi, j'appelle une réussite, sans penser qu'éditeurs et critiques savent (peut-être à tort, il est vrai) ce qu'ils peuvent et ne peuvent plus espérer de moi qui suis, moi aussi, maintenant, à plus de cinquante-quatre ans comme lui à plus de cinquante-neuf, « un vieux jeune homme », à mes propres yeux, un vieux aux yeux des jeunes hommes.

(D'un *peut-être à tort, il est vrai* à l'autre, près de seize années. L'insaisissable fuite du temps a-t-elle été ici fugitivement saisie ?)

Paris, 24, quai de Béthune, mardi 31 juillet 1973.

A mon tour d'avoir cinquante-neuf ans et (littérairement) de ne pas désespérer...

Paris, 14, rue Saint-Dominique, 27 juin 1945.

Je découvre depuis quelque temps de curieuses choses sur moi-même, presque inavouables tant elles sont absurdes ; mais il n'y a pas à en douter : je vis depuis dix ans comme si le temps n'avait de véritables conséquences que pour autrui. Je sais que je n'échappe pas à la loi, mais une certitude plus profonde ne m'abandonne jamais quant à ma jeunesse que j'ai la naïveté de croire intangible. Quelques cheveux blancs apparus depuis peu sur mes tempes m'ont étonné. J'eus tendance à y voir, non un avertissement, mais une erreur, quelque chose qui pourrait être réparé, et qui, de toute façon, ne pouvait s'aggraver. J'exprime mal ces choses indicibles. Ceci surtout m'inquiète qu'une catastrophe intime doit être, tôt ou tard, la suite logique de cet état d'esprit qui me porte, non pas même à refuser le destin commun, mais à n'en pas même accepter la seule idée. Comme s'il était inconcevable pour moi que je sois jamais autre chose qu'un jeune homme, ce qu'évidemment je suis sur le point de ne plus être, bien que j'aie l'air moins âgé que mes trente et un ans ; et c'est surtout parce que l'on ne me donne pas mon âge, que je me puis croire préservé. Je ne parais plus les vingt ans que l'on a longtemps continué à me donner. C'est cela qu'il m'est impossible d'admettre.

Sans chercher à revenir sur la longue interruption de ce Journal, je noterai un bref séjour solitaire à Londres où je me rendis en mission (aller et retour en avion), du dimanche 10 au vendredi 15 juin. Si proche était la fin des hostilités, que c'est encore un Londres de guerre que j'ai pu voir, avec ses abris, les grilles rognées de ses parcs, ses dévastations parfois toutes fraîches, son black-out à peine atténué, et les traces vivantes, jusque dans ma chambre d'hôtel où il n'y avait plus de carreaux, des encore récents bombardements de V 1 et de V 2.

Paris, jeudi... août 1946.

Cinq ans d'exil américain n'ont pas usé ce roc de constance française qu'est Fernand Léger, avec qui nous déjeunons ce matin, Jacques Laval et moi, dans un bistrot de Saint-Sulpice. S'il se range, non sans orgueil, au nombre des irréductibles qui, à l'exemple de Masson ou de Breton, n'ont pas jugé utile de profiter d'un aussi long séjour aux U.S.A. pour apprendre l'anglais, nous n'avons certes pas envie d'en sourire. La solide bonhomie de sa parole donne une impression de *nécessité* que, seul parmi les peintres, Braque m'avait fait éprouver à ce degré. Ce verbe dru chante avec un lyrisme paysan les mérites de la patrie retrouvée :

— C'est encore ici, croyez-moi, c'est toujours à Paris et à Paris seulement que *ça se passe*...

En fait, à cette minute, dans ce petit restaurant, il se passe vraiment quelque chose d'important. Et quelle leçon que celle de Léger ! Recourant à un exemple familier proposé par sa Normandie, il s'écrie :

— Notre époque a de plus en plus tendance à oublier que tout ce qui se fait de vrai et de durable marche à la vitesse de la vache. Oui, c'est bien à 3 kilomètres à l'heure que se construit un beau tableau, un grand livre, n'importe quoi d'authentique et de neuf. Et rien ne sert de vouloir forcer la sagesse de ce train : la viande serait mauvaise et le lait tourné. Chez moi, les chiens sont dressés à pousser du museau les bêtes du troupeau, mais sans mordre, surtout, sans mordre jamais !

Les 3 kilomètres à l'heure des génisses ou la vitesse du génie...

Mardi... novembre 1946.

On procède à l'accrochage, galerie Carré, des œuvres de Calder. Sous la pression légère de la main ou dans le frais sillage d'un ventilateur, elles s'animent lentement, puis tournent avec une élégance dont la précision rend sensible l'harmonieux et glissant tournoiement des planètes, l'équilibre compliqué des mondes et jusqu'à la musique des sphères. Mais il pourrait tout aussi bien s'agir d'autres équivalents stylisés : bruissement doux des saules, lente chute des feuilles au plus profond des eaux mortes, vol mou des flocons neigeux... En bras de chemise, Calder, géant enfantin dont miroite le regard doré, fait semblant de présider au déballage de ces mystérieux objets venus de son atelier américain. Mais il s'est en réalité déchargé de toute responsabilité sur un mince homme noir, gambadant et sans âge, qui tient du prestidigitateur en exercice et de l'acrobate retraité. C'est Marcel Duchamp, celui-là même en qui André Breton reconnaît l'esprit le plus gênant de notre époque, à la pointe directrice de laquelle il se trouve depuis trente ans. Ne connaissant que sa légende ce n'est pas sans émotion que je lui serre la main.

Paris, lundi... novembre 1946.

Alexandre Calder traîne en ce désert d'un Paris dont les journaux le fêtent mais qui l'abandonnent ce soir à sa solitude d'homme déraciné. Il jette un mélancolique regard à l'intérieur du *Café de Flore* où aucun visage ne s'éclaire et s'en va, comme un pauvre. Quelques minutes plus tard, je le revois tristement assis devant un grog, à la *Rhumerie Martiniquaise*. N'a-t-il donc pas aperçu comme moi, en passant, les larges épaules et la nuque grisonnante de son ami André Breton, entouré, derrière la vitre embuée des *Deux-Magots*, de la glorieuse fumée de sa pipe ?

Paris, samedi... décembre 1946.

On ne trouve décidément plus, au *Café de Flore*, que des gens venus dans l'espérance d'apercevoir des fauves dont les empreintes elles-mêmes ont depuis longtemps disparu de cette tanière repérée. Il est amusant d'observer ces curieux s'entre-regarder avec une avidité déçue. Le refuge du *Pont-Royal* est lui-même sur le point d'être abandonné par l'ex-faune du *Flore* dont les espèces les plus sauvages ont déjà émigré pour deux estaminets du quartier. Le plus amusant (celui où ne va point Sartre) s'appelle le *Bar Vert*. Une table rouge et une table noire en recueillent chaque soir les clients qui s'observent d'un groupe à l'autre sans aménité. Communistes et trotskistes (qu'a chassés une peu discrète bourgeoisie, fascinée par qui veut la dévorer) ont dû, en effet, bon gré mal gré, se résigner à se tolérer réciproquement au sein du même asile. Ils y continuent de part et d'autre des conversations commencées avant la guerre. Antonin Artaud dont les grognements solitaires ne s'adressent à personne est seul indifféremment accepté à une table ou à l'autre.

Paris, lundi... janvier 1947.

Introduite par Louise de Vilmorin, entre une dame que l'on n'attendait pas. C'est Rosamond Lehmann, belle comme on n'aurait osé l'espérer et dont les cheveux blancs font paraître encore plus jeune le lisse et frais visage. Il faudrait les couleurs de *Poussière* — ces roses de clairs matins et ces bleus de glace — pour peindre une si douce figure et la lumière de ce regard.

Paris, samedi... mars 1947.

Passer sans transition de la grave piété d'un concert Bach à la cohue bigarrée du bal nègre est une chute assez vertigineuse. Mais nos cœurs sont accoutumés à ces acrobaties, Albert Camus écoutait, non loin de moi, les cantates tragiques que dirigeait Jean de Rohozinski ; non loin de moi, Francis Picabia écoutait, rue Blomet, ces rumbas démentes...

Paris, samedi 20 décembre 1952.

... De Drieu La Rochelle, son ami Emmanuel Berl me parla longuement. On sent son remords de l'avoir laissé mourir. De n'avoir pas su être là au bon moment — pour le cacher, le sauver. Scrupule maladif, tel celui qui, dans *Sylvia*, le porte à se croire responsable de la mort d'un enfant.

— Lorsque l'on réfléchit à son cas, on s'aperçoit que son compte est toujours créditeur...

Suit une défense minutieuse de Drieu : il a sauvé Paulhan du poteau d'exécution ; arraché sa femme à un camp. Il a su dès 1942 qu'il avait misé sur la mauvaise carte, mais il a persévéré pour continuer à sauver, en attendant, ce que de la France, étant là où il était et ce qu'il était, il pouvait sauver :

— Son antisémitisme pourtant... Son inconcevable antisémitisme, lui qui jamais auparavant...

C'est lui qui pense tout haut, les yeux perdus dans le vague. Je dis qu'il est sans doute bon pour sa mémoire que Drieu soit mort et de cette mort volontaire. Que sans cette mort, le compte n'aurait peut-être pas été créditeur. Qu'il écrivit tout de même des choses impardonnables — ou plutôt que seule la noblesse de sa mort, ennoblissant rétrospectivement sa vie, pouvait pardonner. Je pousse ma pensée jusqu'au paradoxe, retrouvant ma jeunesse perdue aux côtés de ce jeune vieillard.

Il me promet pour *Liberté de l'esprit* des pages sur Drieu (si ces notes lui paraissent acceptables en les relisant, s'il arrive à en faire quelque chose, si je lui jure de lui dire franchement ce que j'en pense). Continue la conversation jusque dans le couloir, la poursuit sur le palier, où il demeure longuement, penché sur la rampe. Morand ? Vraiment je n'y attache pas une si grande importance ? Il a pourtant inventé un style — dont personnellement il a eu du mal à se délivrer : *la Route n° 10* est un livre plein de « morandismes », et sur le manuscrit de *Sylvia* il y en avait encore de nombreux qu'il a dû effacer...

Paris, jeudi 24 octobre 1968.

Tant et tant de pages de Journal, et longues, denses, complètes... Et ce sont celles que je n'ai pas écrites, que j'aurais dû écrire, que je cherche à reconstituer, plus de vingt-sept ans après... Manques à jamais irrémédiables, failles dans le tissu serré des années, trous dans le filet dont je les ai recouvertes, un parmi d'innombrables autres, mais dont, parti sur les traces effacées de Drieu La Rochelle, je souffre plus, en ce moment, que d'aucun autre.

Avec le peu que j'ai conservé et retrouvé de Drieu est venu beaucoup de moi-même. Tout se tient — Berl et Drieu, Drieu et moi — leur œuvre et celle que j'ai tentée, moi aussi. A la limite, à partir du seul Drieu que j'ai si rarement rencontré et à peine connu, c'est ma vie tout entière qui d'un seul tenant viendrait. Ce Journal qui en est le reflet, autour de Drieu La Rochelle, la recomposerait, œuvres et hommes, joies et douleurs. Reconstruction souvent ébauchée et à laquelle je me suis de nouveau mis aujourd'hui, avec l'espoir de ne plus l'abandonner. Œuvre aussi subtilement agencée qu'un roman, mais dont tous les matériaux sont authentiques. Aussi bien, ma personnalité n'a-t-elle pas plus d'importance que celle d'un personnage de roman, qui peut être médiocre, comme Frédéric Moreau, sans moins nous intéresser et nous enchanter. Ce n'est pas le héros qui importe, c'est le romancier. Mais ici héros et auteur du roman, une fois encore, ne font qu'un.

Paris, lundi 22 décembre 1952.

Francis Ponge, comme Emmanuel Berl et à la suite d'une démarche similaire, m'avait demandé de venir le voir. Je vais à pied, rue Lhomond, très tôt après déjeuner. Boutiques fermées, rues vides. L'heure exceptionnelle accuse l'antiquité de ce vieux quartier. Je ne me sens pas hors du temps, mais hors de mon temps. Sur le premier palier d'une masure d'un autre âge, au 34 de la rue

Lhomond, et après que j'eus tiré la corde noircie d'une sonnette balzacienne, Ponge lui-même, cordial et simple, vient m'ouvrir. Nous ne nous étions rencontrés qu'une fois, il y a quelques années, chez Lise Deharme. Me frappe tout de suite la pauvreté du bureau dans lequel il m'a introduit. Presque pas de tableaux sur le mur de plâtre éraillé ; une table modeste, deux fauteuils ; des rideaux sans âge. Un petit jardinet entre des murs nus :

— C'est la province ici et même le Moyen Age... Aucun bruit, si ce n'est la rumeur d'une cour de récréation, parfois. Mais les enfants, c'est gai, cela ne me gêne pas...

Ainsi parle Francis Ponge, tout en me servant une tasse de café. Il est vêtu avec soin, sinon avec recherche, d'un joli gilet de peau vert qui étonne dans cette cellule. Tout de suite il me demande si *Liberté de l'esprit* est ou non un organe officiel du R.P.F. Je le rassure sans lui dissimuler le caractère gaulliste de la revue. Mais de Gaulle ne lui fait pas peur. Il aura même, incidemment, au cours de notre conversation (comme Berl l'autre jour) quelques mots d'admirative sympathie pour lui. (Tout me semble se passer comme si son échec actuel avec le R.P.F. rapprochait de nouveau le général de Gaulle d'esprits difficiles et purs que ses succès populaires des premiers temps du Rassemblement avaient effarouchés. Comme si les meilleurs esprits lui redonnaient leur confiance au moment où les masses cessaient de croire en lui.) Cependant, Francis Ponge m'explique sa position :

— Je me suis si gravement trompé (j'ai été longtemps communiste, vous le savez) que j'éprouve actuellement et sans doute définitivement une sorte d'inhibition — et de désintéressement fondamental. Je crois de plus en plus que, pour des hommes comme moi, le devoir est ailleurs, en dehors de toute politique. Qu'il doit y avoir quelques hommes pour élever au-dessus de leurs têtes les corbeilles de fruits, comme dans le *Déluge* de Michel-Ange, vous savez...

Il m'explique que la politique l'a longtemps passionné. A dix-sept ans, il faisait le pied de grue devant l'Élysée, lors des crises ministérielles, pensant naïvement que c'était là que les événements les plus importants se passaient et qu'il convenait de s'y trouver. Il fut longtemps sympathisant communiste, avant d'adhérer au P.C. vers les années 37. Il était alors « presque totalement prolétarisé », travaillant dans des conditions très dures chez Hachette. S'il est venu au communisme, c'est par le syndicalisme, non par la maison de la culture (où il ne mit presque jamais les pieds) :

— Je me suis aperçu que seuls les communistes étaient efficaces lorsqu'il s'agissait d'obtenir sur des points précis l'amélioration des conditions de travail. Obtenir, par exemple, que les secrétaires n'aient pas obligatoirement tant de feuilles dactylographiées à faire (car on en était encore là !) ; qu'un statut soit donné aux cadres (car on pouvait nous renvoyer d'un jour à l'autre !). Lorsque j'eus fondé ce syndicat des cadres, nous fûmes presque tout de suite 250. Puis vint la Résistance... Ce n'était pas le moment de s'en aller, à cause du danger. J'ai toujours eu tendance à me forcer à faire ce qui m'était le plus difficile. C'est mon vieux côté protestant... C'était dur, dès avant la guerre, de militer au P.C., mais cela me paraissait mériter des sacrifices... Dans la Résistance ce fut plus dur encore, mais différemment. Remarquez qu'on ne me demanda jamais alors, au Parti, de faire des poèmes patriotiques... Veuillez m'excuser de la comparaison : mais quoi ! toutes proportions gardées, on ne demande pas à un Cézanne, qui peint des pommes ou des coquillages, de faire du Detaille ou du Meissonier, et on a raison...

Ce fut après la Libération, ajoute-t-il, que l'atmosphère devint pour lui et pour des milliers d'autres, intellectuels ou ouvriers, irrespirable :

— On peut plier sa nature, l'obliger à la discipline, mais pas *toute* une vie. Il y a un moment où ce qui était sacrifice pour une cause devient trahison pure et simple. « Bien sûr, X... est un mauvais peintre... Mais la grève des mineurs... Mais la guerre d'Indochine nous font un devoir, etc. » On cède une fois de plus, jusqu'au moment où l'on n'en peut plus de toujours aller à contre-courant de ce que l'on sent, de ce que l'on sait, de ce que l'on croit. Il vient un moment où quelques recoupements apportent la preuve que ce n'est pas dans tel cas particulier (celui qui nous a d'abord frappé), mais dans tous les domaines, que la politique dite de la fin et des moyens est une erreur, se trompe et trompe... De proche en proche, c'est le système entier que j'ai condamné. J'ai prévenu Hervé qu'il en viendrait à siéger dans un Tribunal révolutionnaire et à réclamer des têtes. Façon comme une autre de s'exprimer. Mais pas la mienne. Je tiens à rester *honnête*, vous me comprenez. J'ai un métier qui me suffit. Comment croire ceux qui prétendent me l'apprendre et en en bafouant les règles fondamentales ?

Ce qui ne l'empêche pas d'écrire à *Preuves* et, maintenant, à *Liberté de l'esprit*, revue à laquelle il est reconnaissant, après quatre ans, d'une courte note d'éloge de Nimier à lui consacrée ! Il me confie un long texte inédit en France (paru en japonais) sur Braque, ce qui me remplit de joie.

De même que, l'autre jour, Berl m'interrogea avec une passion qui m'étonna sur l'Europe à faire (et que l'on fait si mal), Ponge me demande ce que je pensais des vieilles civilisations — dont la nôtre — les seules en qui il garde confiance, entre les deux monstres de l'Est et de l'Ouest. Mon pessimisme l'étonne :

— Plus je vais, me dit-il, plus je pense qu'il n'y a que cela qui doit compter vraiment pour nous : cette civilisation miraculeuse qui a abouti à Rimbaud et à Braque... Entre les deux falaises démesurées, la petite Europe reste seule précieuse, demeure notre seule raison d'être...

— Mais les falaises se rapprochent de plus en plus, monsieur. Il n'y aura bientôt plus de place pour nous... Tout sera fini à jamais de cette civilisation merveilleuse... Ce qui n'empêche pas qu'une autre ne puisse naître, comme on a souvent vu...

— Bien sûr... Mais alors encore tous les espoirs sont permis pour l'homme. Ce retour aux sources de l'art actuel (retour à l'art nègre, etc.) a un sens réconfortant...

— La boucle est fermée...

— J'y vois surtout la preuve qu'il demeurera toujours des germes vivants pour assurer la création humaine, rendre possible la grandeur de l'homme, son honneur. Des germes grâce auxquels tout pourra recommencer, autrement.

C'est alors, je ne sais plus par quel biais, qu'il en vint à de Gaulle. Je dis :

— Lui aussi, sur le plan national, marque sans doute une sorte de point final à la perfection française. Il aura été l'ultime épanouissement d'une grandeur millénaire, avant l'anéantissement définitif...

Il sourit, comme un enfant :

— Vous êtes bien pessimiste...

Et des enfants justement se mettent à crier dans la cour de récréation proche. Francis Ponge a été chercher un exemplaire d'un de ses derniers ouvrages, l'*Araignée*. Il écrit pour moi sur la page de garde : « *A Claude Mauriac, avec mes excuses pour ce que ce livre a d'incomplet et beaucoup de sympathie déjà.* » (Il manque quelques reproductions de son écriture dans cet exemplaire.) Et je m'en vais, ravi d'emporter un si beau texte de lui pour ma revue.

Paris, 17 mars 1945.

Mon père revenait avec maman d'un concert où avaient été donnés les concertos brandebourgeois. Jamais, disait-il, musique ne l'avait plus ému que celle-là :

— Tandis que cet océan se retirait et de nouveau montait, tandis que s'emparait de moi cette mer profonde, je songeais à cette petite presqu'île de l'Europe, à ce qu'elle avait donné au monde, à ce monde dément...

Paris, samedi 21 décembre 1963.

Georges Mucha me dit qu'*il sait* que ses derniers ennuis vont s'arranger comme *il a su*, autrefois, en avoir pour vingt ans de vie difficile et quasiment perdue, vingt ans dont il lui reste deux à courir. Ses dons de voyance que lui reconnaissent mes amis Michelle Maurois, Jean Davray, Jean Bassan, il les avoue pour la première fois devant moi, dans un domaine autre que la graphologie. Ou bien ai-je oublié d'anciennes confidences ? Il m'assure (et le curieux est que moi, sceptique en général pour ce genre de choses, non seulement je l'écoute avec attention, mais je le crois, je ne mets pas en doute ses paroles), il me dit *avoir su* dès juillet 1939 que la guerre serait pour septembre — il en fit état devant les services allemands de Prague, avec lesquels il avait déjà des difficultés de visas, précisant : le 1er septembre — et se trompant de peu ; et *avoir vu*, en février 1940, sur la place de la Concorde, des blindés allemands défiler, vision intérieure mais si péremptoire qu'il en conclut à l'arrivée prochaine des nazis à Paris, qu'il annonça à ses amis, les prévenant d'avoir à déménager leurs affaires et à se tenir prêts à s'en aller — mais oubliant de tenir compte lui-même de cet avertissement, si bien qu'il lui fallut abandonner à Paris, lorsque sa prédiction se réalisa, tout ce qu'il y possédait.

Tandis qu'il rappelle son emprisonnement de trois années (sous Staline), auquel il doit de pouvoir vivre aujourd'hui sans avoir honte de lui (il aurait pu l'éviter, mais il tint à demeurer spirituellement libre et fut pour cela choisi comme exemple, « voilà ce que vous arrivera si... »), je retrouve en lui le garçon fascinant qui fut et qui demeure mon ami : d'une intelligence vive et aiguë sous la lenteur des rythmes de surface. Quant à sa voyance, je songe à ce passage de *La Prisonnière* :

Je sais que je prononçai alors le mot « mort » comme si Albertine allait mourir. Il semble que les événements soient plus vastes que le moment où ils ont lieu et ne peuvent y tenir tout entiers. Certes, ils débordent sur l'avenir par la mémoire que nous en gardons, mais ils demandent une place aussi au temps qui les précède. Certes, on dira que nous ne les voyons pas alors tels qu'ils seront, mais dans le souvenir ne sont-ils pas aussi modifiés ?

Je ne sais pas pourquoi je note ces prédictions. Peut-être pour donner du prix à ce que Jiri Mucha assure de mes romans, disant de *la Marquise* « ... qu'on y sent de façon impressionnante la présence de la mort, non seulement sa hantise, mais sa connaissance ».

Prague, lundi 4 juillet 1938.

... Dans cette boîte, de nombreux Roumains ; deux femmes charmantes. Mon nom m'ouvre tous les cœurs. J'ai été ému lorsque j'ai entendu, au fond de cette nuit d'Europe centrale, dans la ville en paix la plus menacée du monde :
— Buvons à Maria Cross...

Il y a là le grand journaliste tchèque Ripka, avec son étonnant visage ravagé, brûlant. Un grand cœur. De sa noblesse, on ne peut douter une minute. Il est socialiste, mais pas de ce socialisme lénitif où s'endorment tant de gens. Il s'affirme, il se donne, il se refuse par chacun de ses regards.
— Vous ne pouvez savoir quel écho l'article de votre père sur Franco [celui du 30 juin] a trouvé ici...

Dans l'estime où il tient mon père réside probablement la raison de sa gentillesse à mon égard. Il me parle avec une ferveur pleine de sauvage tendresse.

... Dans la salle presque vide, le doux Emile Henriot se livre à des derniers entrechats. Ripka se dresse, méprisant, en face d'un Espagnol qui lui explique, dans sa langue, qu'il est pour Franco. Ah ! étrange Ripka, si dédaigneux, si distant devant cet homme qu'il repousse et à qui il dit, sans desserrer les dents, qu'il ne veut pas l'entendre davantage.

Dehors, il fait jour. Henriot rentre à pied. Seul, dans un taxi, avec Ripka qui répète :
— N'oubliez pas, jeudi, à l'heure convenue...

Il me dit au revoir, devant le *Palace*, avec une longue et vibrante poignée de main. Comment peut-on, avec si peu de paroles, se sentir ainsi de la même race, du même sang ?

Prague, jeudi 7 juillet 1938.

Déjeuner avec Emile Henriot, Ripka et Palivec, traducteur de Valéry et fonctionnaire au ministère des Affaires étrangères. Intéressantes mises au point de Ripka sur « la révolution trahie » (d'après Trotski sur Staline). Et de Palivec sur la question des Sudètes et leurs revendications. [...]

A dix-sept heures, le président Benes nous reçoit au Belvédère. Garden-party, dans un ravissant jardin qui domine les cent clochers de Prague. Le soleil du soir dore les hautes murailles du Hradcany. La cathédrale, cernée de martinets, surgit au milieu de la verdure.

Le président Benes, habillé de blanc, à son habitude (et fort élégamment habillé) serre, ave un sourire pareillement aimable, des milliers de mains.

Paris, mercredi 15 octobre 1969.

Malraux est debout, appuyé au mur gauche, à peu près au milieu de cette petite salle qui existe toujours, où il m'arrive encore d'assister à des projections privées, 44, avenue des Champs-Elysées. Il est là, mince, droit, immobile, regardant l'écran, il y a trente ans et je le vois plus que je ne le revois, en ce jour où je le rencontrais pour la première fois, à jamais présent dans ma mémoire, *au présent*. Peu de détails dans mon Journal d'alors.

Paris, vendredi 11 août 1939.

Dans une salle minuscule des Champs-Elysées, devant dix personnes, dont les Roland Tual qui m'ont invité, présentation du film que Malraux et Corniglion-Molinier ont rapporté de la guerre d'Espagne. Maladroit, bien sûr (Malraux n'est pas du métier), mais quelles bouffées magnifiques ! Il y a des images d'une poésie grave et pure (ainsi, celle du paysan dépaysé, dans l'avion d'où il regarde sa terre méconnaissable).

Roland Tual nous emmène chez Corniglion-Molinier. L'aviateur qui, dans mon enfance, me semblait grand, immensément grand, me vient à l'épaule. Il est simple, cordial, presque trop simple et trop cordial. Il parle du génie de Malraux, « Pic de la Mirandole moderne qui apprend aussi vite la science de l'avion que celle du cinéma ». Le film fut, paraît-il, tourné et monté dans des conditions difficiles. A la fin, on n'avait plus qu'un quart d'heure de courant par jour. Mais on continuait, en pleine guerre...

André Malraux est là. Je le vois pour la première fois. Correct, froid, étonnamment dissemblable de ce que j'imaginais. Rien de débraillé. Figé, distant, presque homme du monde. Et sur son visage boucané, aucun des tics dont Gide parlait. Les traits sont énergiques, mais le regard glisse sur eux sans trouver où se fixer, je sens que je vais oublier ce visage, je l'ai déjà oublié.

Il raconte :

— Ces figures levées vers les avions, nous les filmions. Mais, dans notre histoire, il s'agissait d'escadrilles amies. Dans la réalité, c'était l'arrivée des avions franquistes qui nous offrait l'occasion de tourner la scène. Qu'arrivait-il, immanquablement ? Les visages se tendaient, se durcissaient, au lieu de montrer la joie que nous souhaitions. Ils reconnaissaient l'Ennemi... Rien n'eût pu empêcher leurs traits de s'assombrir. Il nous fut très difficile de les obliger à simuler l'espoir et, en place de la haine, l'amour...

Après dîner, je revois pour la troisième fois et avec un plaisir plus vif que jamais le merveilleux film de Jean Renoir, *La Règle du jeu*. Merveilleux d'esprit, de grâce, de poésie, d'observation, d'émotion.

Paris, mercredi 15 octobre 1969.

Trompeuse mémoire et d'autant plus mensongère qu'elle est plus précise ? Je vois Malraux dans cette salle, à un endroit que je pourrais désigner. Or je lis dans ces notes prises le jour même que je le rencontrai pour la première fois, quelques minutes après, chez Corniglion-Molinier. Comment vérifier ? C'est à ma mémoire que je me fie, d'autant plus qu'il n'y a pas là obligatoirement contradiction.

Edouard Corniglion-Molinier, je le revois, de taille si haute — la grandeur même ! — en un coin, lui aussi précis, de notre salle à manger, 89, rue de la Pompe, lors d'un « porto » donné par mes parents. Puis à notre table, nous racontant comment il avait, durant la guerre de 14, été descendu par un avion allemand et était resté longtemps évanoui sur une plage. A moins que ce ne soit mon père qui ne me raconte cette histoire merveilleuse, à laquelle il ne semble alors pas trop croire.

Maladroit, *Espoir* ? C'est justement parce que Malraux n'était pas du métier qu'il fit ce film admirable et qui ne vieillira pas. Ce que l'on appelle, aujourd'hui encore, le « métier » : des recettes vaines, un formalisme vide, un cinéma sans âme et sans vie.

Effaçable, ce visage ? Boucané ? Premières impressions souvent les plus fausses, mais je n'ai le droit de rien changer. A l'égard de mes propres textes, datés, il me faut être aussi respectueux qu'un archiviste. Paléographe de moi-même.

Samedi, 12 août 1939.

Le Bourget, midi. En avance sur le rendez-vous que m'a fixé hier Corniglion-Molinier, je regarde, de la terrasse de l'aéroport, les arrivées et les départs qui se succèdent : beaux avions de Londres ou de Rome déversant des passagers ou en prenant, tandis que le bruit des moteurs et l'animation de l'aérogare ensoleillée me remplissent le cœur d'une vague nostalgie.

13 h 30. Au restaurant de l'aérodrome. Déjeuner avec Corniglion et une ravissante Hollandaise (« mâtinée de javanais », me dit Corniglion).

Départ sur son Farman vers deux heures. En rase-mottes presque jusqu'à Deauville. Le bétail fuit, affolé (les vaches, aux lents réflexes, avec quelque retard), les hommes saluent. Le chien de la Hollandaise-Javanaise dort sagement, sans se douter qu'il vole.

Elbeuf. Tous ces bois, ces sous-bois, ces clairières que je ne reverrai plus. L'estuaire de la Seine, Honfleur. « Rase-sable » sur la plage, où les baigneurs saluent. Deauville. Le paysage dérangé se met soudain à la verticale. Perspectives inconnues. Ni malade, ni inquiet. Emerveillé. Attentif aux moindres détails du paysage que borne la mer. Le golf et ses petits joueurs. Atterrissage.

Départ d'un avion ami. Ils seront à Cannes dans quatre heures. Je quitte Corniglion. Une heure, seul, à Deauville. Que ces joies luxueuses sont tristes ! Dépaysé par ces femmes dénudées, ces gosses en vacances. Le train, à 4 h 48. A Paris à 8 heures. Le retour est plus long. Je dîne seul au Rond-Point.

Nous frôlions les moissons. Et les paysans interrompaient un instant leur travail pour nous saluer.

Virage. Le paysage glissait et se dressait verticalement. A droite, un mur de petites maisons, d'arbres minuscules, à gauche une muraille de ciel vierge.

Nous suivions les méandres de la Seine, virions autour d'un château fort en ruine sur son promontoire, foncions sur les maisons. Il fallait sauter les lignes de fils télégraphiques. Ces brusques remontées me chaviraient doucement le cœur.

Parfois, l'avion se cabrait. Il franchissait brutalement des obstacles invisibles.

Corniglion-Molinier pilotait avec une désinvolture sans apprêt.

Il me cite innocemment ce mot de mon père, qui va loin :

— Vos récits ? On pense à des histoires marseillaises qui seraient vraies.

La Hollandaise le traite de menteur. En vérité, son nez remue. S'il ment, c'est à partir d'un certain point de vérité et qui suffit à sa gloire.

De François Mauriac de l'après-guerre, il me dit :

— Il doutait de lui, terriblement. Disait avoir raté sa vie. « C'est Barrès que j'aurais dû être et je ne suis rien ! »

Je ne sais pourquoi ces souvenirs me redonnent courage.

Paris, mardi 10 novembre 1953.

Week-end d'amoureux. Départ pour la Bretagne décidé brusquement samedi matin 7 novembre. Nous partons au début de l'après-midi dans notre nouvelle 4 CV dont le rodage s'achève, heureux d'être seuls et de quitter Paris.

Soirée, dîner, coucher à Alençon. Le lendemain, surprise du Mont-Saint-Michel, aussi insolite dans le lointain des terres qu'un château de conte féerique brusquement surgi. Déception lorsque nous le visitons. J'y étais venu une fois, sans y pénétrer, au cours de ce voyage en Bretagne où j'étais allé chercher avec Claude Guy, juste après la Libération, les affaires personnelles que le général de Gaulle avait confiées à une sympathique et courageuse famille bretonne avant de quitter la France en juin 1940. Ai-je parlé de cette mission, à l'époque, dans ce Journal ? Tout cela est déjà si loin, perdu dans des brumes prestigieuses. Je me souviens de cette campagne alors dévastée par les combats récents. De ce port encaissé, surmonté d'un pont gigantesque, rempli de soldats noirs américains qui conduisaient à toute allure d'énormes camions. Je me souviens du voyage en avion, à l'aller. Un avion de guerre. Il y avait avec nous un personnage mince, blafard, un peu inquiétant, silencieux. Vêtu d'une veste de cuir. Accompagné de deux gardes du corps. C'était le général X... Claude Guy, avec cet air de mystère qu'il a pour vous confier les plus anodins secrets mais qui pour une fois semblait justifié, me disait à l'oreille dans le vacarme des moteurs :

— Nous avons la preuve de la trahison de cet homme et pourrions le faire passer en conseil de guerre...

... Ce qui, à cette époque, et à propos d'un F.T.P.

ne signifiait rien. J'étais revenu, sans Claude, en voiture, avec les papiers du Général. C'est au cours de ce retour que le chauffeur avait fait un crochet pour me montrer le Mont-Saint-Michel.

Paris, lundi ... octobre 1946.

André Malraux m'explique que les deux derniers numéros du *Littéraire* lui ont paru revêtir une importance quasi historique, l'interview de Breton par Jean Duché apportant la preuve définitive qu'il n'y a plus de poètes maudits. Sur le ton vertigineux qui est le sien (dix idées à la seconde et dont aucune n'a encore jamais servi), il entreprend une longue démonstration qui, partant, je me demande encore pourquoi, de Giotto, aboutit précisément à Breton, en passant par Vélasquez, Rembrandt, Baudelaire et Manet. Il m'est impossible, à une telle vitesse, de suivre autrement que de très loin. Mais mon petit moteur à moi s'est sagement mis en route et je pense que s'il n'y a plus de poètes maudits c'est peut-être tout simplement que nous aimons trop la malédiction. Comme il n'est rien de pire pour un auteur désentravé (ou se voulant tel) que le préjugé favorable de ses contemporains, les poètes de demain se présenteront devant nous sous un aspect tellement inattendu que notre bienveillance n'aura pas le temps de les stériliser. Oui, l'avant-garde est désormais trop à la mode pour que le vrai combat ait lieu ailleurs que sur les plus lointains arrières... Là-dessus je fais de nouveau une plongée dans les flots tumultueux du fleuve Malraux, et ses rapides tournoyants se ressaisissant de moi m'emmènent on ne sait où, le long de paysages sans cesse renouvelés, à la vitesse d'un avion-fusée.

Paris, jeudi 21 octobre 1937.

Rendez-vous à 6 h 30 avec Anne de Biéville aux *Deux-Magots*. Une cour étrange l'entoure : un sculpteur italien qui ressemble à un Cocteau costaud avec un masque de clown un peu gras (Giacometti). Un Espagnol franquiste dont le raffinement, l'air confortable et heureux m'exaspèrent. (Que ne se bat-il ! S'il se réjouit ainsi de la prise de Gijón par Franco, pourquoi ne va-t-il pas l'aider ?) Un jeune peintre, Balthus, avec un visage étrange, assez beau, dévoré. Un sculpteur d'origine russe, dont Anne dit qu'il est fort célèbre (Zadkine) [...].

Nous entrions au Rond-Point, après la séance, lorsque Jean Davray me désigna un homme assis seul à une petite table et murmura : « C'est André Gide... » Je le reconnus aussitôt. Il y avait deux places, séparées de lui par le seul couloir de passage et nous nous y assîmes.

Je considérais cet homme avec joie. Si souvent j'avais voulu le voir ! Il était là, frileux (il avait gardé son manteau et un gros chandail de laine, passant sous son veston marron, couvrait le haut du poignet...).

Je me levai :

— M. Gide, n'est-ce pas ?

Ses yeux s'abaissèrent. Tout s'éteignit sur son visage...

(Conversations avec André Gide, p. 11)

Paris, dimanche 24 octobre 1937.

La foule encombre les couloirs à la sortie du cinéma. Un homme hâve se faufile, qui entraîne une petite femme effacée. Un feutre rabattu cache à demi le visage noirci de barbe. Détresse de ce couple. J'ai pourtant reconnu Charles Boyer. Et ce doit être là Pat Paterson, sa femme, dont tous les journaux du monde ont reproduit la radieuse image.

Charles Boyer — l'acteur de cinéma qui connaît la gloire aux États-Unis aussi bien qu'en Europe. La presse annonça il y a quelques jours son retour d'Hollywood : il venait à Paris tourner *Le Venin* de Bernstein... Cet homme riche, adulé et dont rêvent les femmes, c'était celui que je voyais fuir avec un visage traqué vers une auto de louage démodée. Il avait eu beau s'habiller de la façon la plus neutre, on le reconnaissait, on chuchotait son nom...

Combien mon père avait raison de parler du charme de ces rencontres parisiennes ! En l'espace de quelques jours, en ce même point de la ville, les Champs-Élysées, ces deux visages inoubliables d'êtres pour qui a sonné l'hallali de la gloire : André Gide, offrant un masque d'assassiné ; Charles Boyer, accablé, entraînant une créature comme lui abandonnée et triste, sa femme... Solitudes de Gide et de Boyer, devinées l'espace d'un instant, au hasard d'une rencontre. Détresse de ces deux regards...

Paris, lundi 22 novembre 1937.

Atmosphère frémissante, à la maison, ce matin, qui rappelle l'époque où mon père fut reçu à l'Académie. Très maître de lui, mais on devine fragile ce calme énervé... Le téléphone n'arrête pas de sonner ; les journalistes se succèdent. On enregistre deux interviews. Par deux fois, un long fil rejoint une voiture imposante en station rue François-Gérard. La première interview, nous allons l'entendre, deux minutes après l'enregistrement, dans l'auto capitonnée... Mon père est effrayé par cette voix inconnue et qui lui semble morte. Nous, qu'elle n'étonne plus, nous savons combien elle est vivante, nuancée... Un peu plus tard, au *Poste parisien*, c'est le miracle renouvelé de cette conversation figée pour l'éternité relative des choses, avec ses hésitations, son débit appliqué. Elle fait revivre pour nous notre père dont nous apercevons pourtant à nos côtés l'image vivante et stupéfaite.

Nous nous déplaçons dans un nuage de gloire heureuse...

Répétition générale d'*Asmodée*. Le Théâtre-Français bondé, où le rideau se lève dans un silence agité de toux. Angoisse du dialogue désincarné qui coule dans un silence mortel. Puis c'est le premier frémissement, le premier rire. Et l'on se sent peu à peu rassuré. Cette banquise impressionnante qui s'arrêtait au ras de la scène, l'emprisonnant de sa glace, a fondu. Le courant passe, l'émotion grandit. Au troisième acte les applaudissements confirment la réussite.

Entracte. Les félicitations m'entourent, comme si j'étais l'auteur.

Puis cela a moins bien marché. Dans la loge où nous étions seuls tous les trois, mon père et Edouard Bourdet s'inquiétaient. Le public réagissait avec moins de chaleur.

Déception, parce que le troisième acte s'était achevé sur une impression de victoire. C'est de nouveau l'incertitude. Bourdet dit :

— L'imprévu du théâtre qui défie tout pronostic... Nous craignions pour les premiers actes, mais étions certains du succès pour les autres. C'est le contraire qui se produit. Remarquez que nous pouvons voir dans la salle de ce soir des réactions toutes différentes. Il suffit d'un rien, d'une simple toux pour changer le sort d'une scène. Samedi, les critiques auraient emporté une autre impression des quatrième et cinquième actes. Et notez ce fait curieux : samedi, ces mêmes personnes qui n'ont pas bronché aujourd'hui eussent été émues...

Dans les coulisses, Germaine Rouer, le visage exténué. Encore essoufflée, les yeux embués d'une dernière larme, elle sourit. Yvon Delbos traverse les petites salles bondées. Il félicite Gisèle Casadesus, frémissante, heureuse (à la fin du troisième acte, elle était tombée — à un moment où ce n'avait guère d'importance puisqu'on parlait de son exubérance — et dans sa loge elle avait pleuré...).

Ledoux et Bourdet parlent avec Copeau et mon père des raisons de cette chute d'intérêt aux derniers actes. Quelques minutes auparavant j'avais entendu le président Léon Blum dire à mon père et à Edouard :

— Il me semble que la véritable cause de ce refroidissement est que nous atteignons avec les dernières scènes aux limites du supportable... M. Couture est si odieux que nous nous sentons atterrés...

Blum me paraît assez beau et sympathique à l'extrême. Quelle intelligence dans son regard, quelle sensibilité dans sa voix... Je songe que la moitié de la France couvre cet homme d'ignominie et voit en lui un monstre. Mon père, à la sortie explique :

— Le vice-président du Conseil, tout de même... Lorsque je l'ai vu filer comme un voleur j'ai été me présenter à lui. C'était la moindre des choses...

J'avais assisté à la manœuvre et l'avais trouvée opportune.

Fernand Ledoux a l'air d'un jeune homme. Comment la scène le vieillit-elle ainsi ! Il dit avoir senti, au quatrième acte, le courant passer. On accuse sa tenue par trop sinistre. Edouard Bourdet enlève sa veste, la lui tend :

— Mais cela va très bien... je vais vous faire porter un costume gris foncé pour ce soir...

La principale critique que j'ai entendu formuler est celle-ci : « Ledoux est trop antipathique et laid pour que soit acceptable l'idée qu'il ait pu prendre sur Mme de Barthas cette influence. » Lors de l'entracte, je le dis à Edmond Jaloux. Il croit que c'est une remarque que j'ai faite. Alors il sourit avec fatuité.

— C'est ce que j'appelle l'incompréhension de la jeunesse...

J'entends bien ce dont il s'agit, monsieur le quinquagénaire ! A travers M. Couture c'est vous-même que vous aimez. Vous espérez être l'illustration de la vraisemblance du personnage... Du reste moi qui ne suis pas, comme vous, intéressé à la question, je dis aussi : un Blaise Couture peut plaire. Lorsque vous comprenez que ce n'est pas de moi qu'il s'agissait, abandonnant votre inutile prudence, vous dites :

— Il faut être stupide pour prétendre que Ledoux ne saurait être aimé...

Quelle suffisance, alors, dans le visage blanchâtre et gras d'Edmond Jaloux !

« Ce qui m'inquiète, me dit mon père, alors que nous marchons tous les deux, seuls, vers les Champs-Élysées, ce sont les compliments de Bernstein... » Ce fut, en effet, la joie d'un requin... Ses critiques portèrent uniquement sur la mise en scène de Copeau qu'il juge exécrable. N'espère-t-il pas la défaite ?

A la maison, nous avons juste le temps d'enfiler nos habits, de dîner, et c'est de nouveau le Théâtre-Français.

Je suis dans une loge avec oncle Pierre, tante Germaine, Marie-Georges, Claire et Luce. Salle brillante et très chaude. Petite défaillance d'émotion à la fin du quatrième acte mais triomphe au baisser définitif du rideau. Vingt rappels enthousiastes. Notre père est traîné sur la scène. Il s'échappe bientôt (nous avons vu quelques secondes, dans la rumeur des ovations, sa mince silhouette élégante. Comme il semblait intimidé et heureux !). Tous les propos que je surprends à la sortie sont unanimes : une grande et forte pièce.

A la maison, le salon est plein déjà. Champagne. Souper léger. Charles Boyer et sa femme Pat Paterson, les Georges Duhamel, les Maurois, les Vaudoyer, mes amis : Michelle, Bassan, Troyat, Claude Guy, Jean Davray, Bruno, Jacques Vallery-Radot.

Gisèle Casadesus simple dans son bonheur, bavarde et rieuse. Son mari (l'acteur Pascal de l'Odéon) et son charmant frère Christian, éblouis. Pierre Bertin, Georges Poupet, Madeleine Le Chevrel, Bob Delloye, Louis-Gabriel Clayeux, les Roger Gay-Lussac, Edouard et Denise Bourdet...

Joyeuse assemblée, jusqu'à deux heures vingt... Je fus fêté d'une universelle phrase : « Comme le fils doit être heureux... » Joie secrète de n'être rien que cela : le fils d'un grand homme comblé. Je me prends à penser à mon Journal et aux pauvres préoccupations qui s'y montrent. Comme si ma personne avait quelque intérêt ! Sentiment d'inexistence dont mon orgueil est touché quoi que je feigne de penser. A demain la prise de conscience, encore une fois recommencée, de mon visage particulier.

Grand-mère assista aux deux représentations de la journée. Cet après-midi, à l'entracte, elle me dit : « Je nage en pleine gloire... » Maman était belle et jeune, dans une ravissante robe.

J'évoque l'entrée de Gisèle Casadesus, chez nous, cette nuit, au milieu des applaudissements de toute l'assemblée. Sa confusion charmante. Sa timidité comblée. Sur son visage, la joie de la gloire.

Paris, samedi 12 décembre 1942.

Agréable dîner, hier soir, dans le bistrot du *Catalan*, rue des Grands-Augustins, avec Anne de Biéville, de retour à Paris. Picasso, Dora Mar, Fenossa, André Dubois et Lucien Sablé sont, par hasard, à notre table.

Il y a quinze jours, j'avais déjeuné avec Picasso et mon père chez André Dubois. Vieux lion magnifique, oui, formidable, et attirant (et dangereux), avec sa vision des êtres et des choses, dans son discours autant que dans son art, déroutante.

A d'autres tables, Jacques Février, des acteurs connus, etc. Nous finissons la soirée, André, Lucien, Fenossa et moi chez Anne, rue des Saints-Pères. Tant de jolies choses, dans cet appartement de vieux garçon...

Goupillières, lundi 1er mai 1972.

Chapitre de l'oubli. Je ne savais plus que j'avais approché Picasso. Je n'ai cessé de le revoir, au *Catalan*, avec Dora Mar, mais jamais, dans mon souvenir, à ma table. Bien que j'eusse sans doute relu à plusieurs reprises cette page du 12 décembre 1942, et qu'en tout cas je l'eusse photocopiée, j'en avais tout oublié lorsque j'en repris hier connaissance. Non seulement cette présence, « par hasard », de Picasso à notre table, mais ce déjeuner, chez André Dubois, de Pablo Picasso et de François Mauriac.

Cette couche d'oubli a été grattée. Je me suis peu à peu souvenu (comme peu à peu réapparaissent ainsi les contours d'un portrait effacé sous le vernis des restaurateurs et celui du temps) non d'avoir photocopié ce journal du 12 décembre 1942, ni même de l'avoir écrit, mais de l'avoir vécu, et, pareillement, pour ce déjeuner chez André Dubois, avec Picasso et mon père, que je revois confusément, mais que je revois.

Paris, mardi 2 mai 1972.

Je descends la rue Royale, après déjeuner, avec Charles Boyer, lorsque, à la hauteur de *Maxim's*, surgit un homme que je reconnais à sa voix, puis à sa silhouette, avant de vérifier qu'il s'agit bien, en effet, de Salvador Dali, vêtu à son habitude avec une extravagante élégance — gilet printanier, constellé de fleurs à la Botticelli, canne au pommeau serti de pierres —, et la moustache cirée et le teint cireux :
— Je ne pouvais vous voir passer sans venir vous saluer !
Charles Boyer me nomme. Dali me tend une main réticente.
Nous avions déjeuné place de la Madeleine, dans un restaurant encore proustien, avec la cohorte inutile des jeunes garçons oisifs. Charles Boyer avait évoqué, une fois de plus, notre lointaine rencontre, un jour où il tournait *Liliom* (qui sera présenté en septembre à la télévision et c'est pour enregistrer à cet effet une interview qu'il est à Paris).
Il n'est pas oublié, on le reconnaît autour de nous ; mais c'en est fini pour lui de la gloire. Sa belle voix inchangée ; son beau visage.

*Paris, 38, avenue Théophile-Gautier,
samedi 25 novembre 1933.*

La matinée se passe à la Sorbonne où j'entends un très beau cours de Sagnac.

A 2 heures, je retrouve Claude Guy à la gare de la Bastille. Il y a plusieurs jours qu'il m'avait invité à l'accompagner aux studios de Joinville où Bernard Zimmer, qu'il connaît, est l'auteur du scénario du film en cours de tournage, ce qui lui permet d'entrer à la Paramount.

Nous sommes cordialement accueillis par Bernard Zimmer. Le merveilleux Charles Boyer, qui tient le principal rôle dans le film *Liliom*, dont j'ai vu cet après-midi tourner quelques passages, se montre charmant avec moi. Il connaît et admire papa. Il n'en faut pas plus pour que ce grand acteur, déjà connu pour sa simplicité, se fasse plus gentil encore.

Avec Florelle, il joue devant moi, sous la direction du grand cinéaste allemand Fritz Lang, chassé par Hitler comme Juif, quelques scènes. Le studio illuminé de tous côtés par des sunlights, où d'admirables décors, très réalistes, de Paul Colin ont été montés, est d'une animation extraordinaire. Acteurs, machinistes, accessoiristes, électriciens, photographes y parlent en maints idiomes, jusqu'à ce que la voix de Fritz Lang : « Silence ! On tourne... » fasse tomber les conversations, retenir les bruits.

Fritz Lang fait inlassablement recommencer les plus petites scènes. Il veille aux moindres détails, généralement patient et jovial, quelquefois amer ou irrité. Les acteurs se prêtent avec bonne humeur à ses exigences. Florelle rit et fait de l'esprit. Boyer joue avec un art et un feu admirables, étudiant son rôle et sa physionomie, proposant à Bernard Zimmer et à Fritz Lang des changements dans le dialogue :

— Il me semble qu'on n'a pas assez éclairé cet aspect de mon personnage. Il faudrait peut-être que je dise ceci... Du reste c'est ainsi que je le sens...

Affable, tendre, son merveilleux regard étincelant sur sa figure maquillée couleur de brique, il me fait grande impression. J'avais déjà admiré son jeu dans deux films, *Tumultes* et *I.N.F. 1 ne répond plus*, mais n'ayant pas eu l'occasion de l'aller voir au théâtre, c'était la première fois que je le voyais en chair et en os. J'étais heureux et fier qu'il me parlât, qu'il sût qui j'étais, qu'il me donnât, à moi, un peu de ce charme et de ce prestige qui se dégagent de sa voix, de son regard...

Florelle, qu'il me souvient avoir admirée dans *Tumultes* et, aussi, aux Folies-Bergère, me séduisit moins. Mais, tout de même, elle avait du prestige à mes yeux et j'étais content de la voir parler, jouer, plaisanter, rire, à deux pas de moi.

Il y avait aussi une jeune actrice de vingt ans, Madeleine Ozeray, un visage pur, aux grands yeux bleus, ressemblant à une Vierge de Memling, mais avec un air ennuyé et las.

A 8 h 30, je quittai le studio et me réintégrai dans le réel avec Claude Guy. J'étais encore ému par les adieux de Charles Boyer, par la splendeur du studio, son mystère, et, à la gare de Joinville, les palissades, les murs, me paraissaient être encore des décors de Paul Colin, comme cette roulotte, ce mur de brique, ce terrain vague du studio, avec ses détritus, son herbe, ce feu, trop poétiques pour être vrais.

Évidemment cette merveilleuse journée qui m'enthousiasma aurait été digne d'une longue relation ; et ces deux pages gribouillées directement sur mon Agenda, sans ordre ni style, ne rendent pas, j'en suis certain, l'atmosphère du studio. Plus ma vie devient intéressante, moins j'ai le temps et l'envie de la rapporter dans mon Journal. Mais ces quelques notes griffonnées à mon retour, ce soir, suffiront à me faire souvenir, je l'espère, de la grâce de Charles Boyer, dont j'aurais dû pourtant rapporter les passionnantes conversations, les souvenirs communs à papa et à lui, en particulier cette visite, rue de la Pompe, après un article enthousiaste de mon père sur lui...

Elles me rappelleront aussi le gros Zimmer, plein de bonhomie et de foi en son art ; l'intimidant Fritz Lang, sorte de Napoléon du cinéma, auguste, solennel, avec un regard trouble, une physionomie attachante mais inquiète ; Florelle, la blonde fille à la figure ronde, à la petite bouche ; Madeleine Ozeray, la pure jeune fille...

Paris, 24, quai de Béthune, mardi 28 août 1973.

... que je n'ai cessé de revoir, pensive, ennuyée, assise sur les marches de sa roulotte (ce n'était pas à elle de tourner), tandis qu'au bout de son filin Liliom montait vers le ciel d'où on le redescendait pour l'y hisser de nouveau. Et Charles Boyer, corseté, se laissait avec prestance enlever dans les airs où il demeurait suspendu. Souvenirs si frais que mes notes du jour même ne leur ajoutent rien, postérieures déjà comme le sont celles d'aujourd'hui, ni plus ni moins fidèles à d'ineffaçables images. De même que je réentends mon père évoquer si souvent cette visite, 89, rue de la Pompe, du jeune Charles Boyer inconnu, se trompant d'entrée, montant à pied par l'escalier de service, sonnant à la porte de la cuisine, ce dont dix, vingt, trente ans après, François Mauriac n'avait cessé d'être confus... Il s'agissait d'une pièce de Gabriel Marcel, dont mon père avait rendu compte, et qui, cela va faciliter mes recherches, a été reprise dans *Dramaturges* (recueil peu connu de ses articles, parus, je crois, à *la Revue hebdomadaire*)... voilà... *La Grâce*... *pièce en cinq actes, Théâtre de la Grimace*...

3 décembre 1921.

... Demeuré seul, il se regarde dans la glace, voit sa face ravagée, ses mains amaigries et soudain pleure... Ici s'est révélé un acteur extraordinaire, M. Charles Boyer. Car feindre les passions de l'amour ou toute autre passion humaine, cela est aisé; mais exprimer sans éclat, sans élever la voix, grâce au jeu le plus sobre et le plus contenu, les débats d'une âme possédée de Dieu et sollicitée par la chair, cela est proprement invraisemblable quoique nous l'ayons vu.

Mercredi, 5 janvier 1955.

A propos du journal de Kafka, André Billy cite dans *le Figaro* de ce matin une étude sur les *journaux intimes* de Michèle Leleu. Parmi les traits particuliers reconnus aux *diaristes*, je trouve *l'attachement au passé* et « la secondarité qui est la tendance à se détourner du présent pour essayer de dominer le temps ». Telle est bien, du moins dans la période actuelle et sans doute définitive de ma vie (puisque ma jeunesse est finie), la raison d'être de ce Journal. Mais attachement au passé ne signifie pas regret des joies que ce passé a pu m'apporter. Seul le présent existe pour moi. Ma nostalgie du passé est regret d'un moi qui m'échappe dans le présent et que je vois, comme de l'extérieur, au cinéma de ma mémoire. Illusion, puisque aussi loin que je remonte dans mes souvenirs, j'avais un passé déjà et qui me semblait plus vrai (quoique perdu) que mon présent. Notre condition est de cesser de croire en nous dès que nous essayons de nous voir. L'attention tue l'existence. Nous ne pouvons vivre qu'innocemment et sans y penser. Avec notre présence d'esprit cesse notre présence au monde. Seul le recul du temps nous permet de nous former une idée certaine de ce que nous sommes : ce que nous avons fait, vu, senti, témoigne pour nous-même tout en suscitant une poésie qui manque à notre présent. C'est pourquoi ceux-là mêmes qui n'ont jamais été heureux songent à leur passé comme à une époque de bonheur. Il s'agit bien en conséquence dans le journal intime d'une tentative pour dominer le temps. Le temps que nous ne pouvons nous approprier que lorsque nous l'avons perdu. Le seul intérêt que peut présenter mon Journal pour d'autres que pour moi réside dans son étendue même : un lecteur attentif pourrait s'y former comme une impression physique de l'écoulement de la durée — qui détruit un homme en le laissant pourtant inchangé et comme intact à l'intérieur jusqu'à la dernière seconde de conscience. (Je sais que l'on se modifie et je pourrais bien dire moi-même en quoi je ne suis plus le même : mais il s'agit de détails, du choix des *distractions*, par exemple, au sens étymologique du mot.)

Longtemps, le monde est immuable autour de nous. La merveille (mais au moment même angoissante) de l'enfance c'est que tout change si lentement que rien n'a l'air de bouger. Avec la mutation de l'adolescence, la vie se met en marche, mais point assez rapidement encore à notre gré. Et puis les ans prennent de la vitesse jusqu'aux jours où tout va à une telle allure, que le moins mobile lui-même, ce qui semble en apparence fixe (le foyer, le décor quotidien) entre déjà insidieusement dans la danse. Si bien qu'au « cela ne finira-t-il donc jamais ! » de l'enfant a succédé un angoissé : « Cela finira-t-il donc si tôt ! »

Invités à déjeuner chez notre grand-mère Mante-Rostand, nous avons l'heureuse surprise d'y trouver les Jean Rostand, plus deux cousines, l'air à la fois ennuyé et moqueur, trouvant évidement sans intérêt sinon même ridicule la conversation de ces deux messieurs d'âge. Jean Rostand a le compliment facile. Ses louanges ont, dans leur outrance, quelque chose de méridional. C'est pourquoi je ne ferai ici qu'allusion à ce qu'il me dit de mes articles avant, pendant et après le repas, avec une telle conviction apparente que j'en étais ravi encore qu'un peu gêné à l'égard des tiers (sauf de Marie-Claude que j'étais si heureux de voir laper ce petit lait qui lui faisait encore plus plaisir qu'à moi). Ce sont surtout mes papiers de *Preuves* que lit Jean Rostand et qu'il assure goûter. Lui plaît particulièrement l'équilibre qu'à l'en croire je sais garder, grâce à une certaine honnêteté intellectuelle, dans un sujet aussi difficile que les rapports avec le communisme : faisant la part juste et belle à ce qu'il y a dans le communisme de noble sans céder sur les crimes du stalinisme.

Il m'assure que ce grand drame de notre époque, il l'a vécu douloureusement dans son esprit et dans sa chair, au point d'en avoir encore des cauchemars. S'il est devenu antimarxiste (il précise qu'il n'est point anticommuniste) c'est en raison de la position toujours mensongère des Soviets dans le domaine scientifique :

— Quand les Américains annoncent une découverte, on est sûr qu'ils disent vrai. Au contraire, il n'y a point d'exemple que les Russes ne truquent leurs pseudo-découvertes. Par exemple, ces jours-ci encore, leur soi-disant victoire sur le cancer :

mélange de vérités connues depuis longtemps et de tromperies. Aussi bien, avec une telle méthode, n'inventent-ils plus rien sauf en mathématique, m'assure François...

Au bout de la table, François Rostand, qui n'ouvre pas la bouche de tout le repas, mais participe à notre dialogue par l'acuité d'une attention sans défaillance, acquiesce en silence.

Les positions de Jean Rostand quant au problème social m'apparaissent un peu sentimentales et vaines. Je lui explique pourquoi. Il en convient, disant :

— Mais c'est alors que vous êtes plus marxiste que moi, plus tenté que moi par le communisme...

J'avoue cette tentation, de plus en plus violente chez moi, mais à laquelle je sais que je ne céderai jamais, les empêchements intellectuels m'apparaissant aussi irréductibles qu'à lui. Seulement, lorsque je me mets par la pensée dans le système communiste (ce qui a pour effet de laisser à l'extérieur mes propres références spirituelles), je comprends la façon d'être et de paraître de ces hommes. J'admets même que leur foi en l'avenir les autorise à faire si bon marché du présent. Je l'admets sans l'approuver, parce que je ne puis tout de même faire entièrement abstraction de ce que je suis. Mais ce que je suis a été fabriqué par d'autres que par moi. L'on aurait pu me construire différemment et, par exemple, me bâtir socialiste-léniniste. Je n'aurais alors que mépris pour le bourgeois dégénéré que je suis. Mis en confiance par Jean Rostand, je reconnais les failles de mon anticommunisme. Par grand dégoût d'abord des impostures capitalistes (sur ce point Jean Rostand est entièrement d'accord avec moi), par nostalgie d'un absolu (et puisque le Christ se dérobe...). Mais il faudrait être sûr du paradis soviétique pour accepter tant de reniements. Non point dans le présent, ne soyons pas injustes, ne demandons pas l'impossible, il faut du temps pour de telles révolutions. Mais dans l'avenir. Or, je doute qu'avec la tyrannie et la police on mette jamais debout un régime de liberté.

— Pas de doute, vous êtes beaucoup plus proche du communisme que moi, beaucoup plus proche...

Ainsi Jean Rostand se répète-t-il, m'écoutant avec attention, m'opposant son refus devant des crimes ou des imbécillités inexpiables. Et je lui confirme que je joue avec la tentation sans qu'il soit pour moi vraiment question d'y céder. Ce malaise qui est le mien, ce sentiment de culpabilité sinon même de honte, ne pourraient être qu'aggravés si je changeais de camp. Tout en écoutant Jean Rostand qui revient sur la malhonnêteté impardonnable des savants soviétiques, je songe à ce déjeuner du *Figaro*, chez *Laurent*, l'autre jour. J'étais à côté de Raymond Aron. Et comme il m'avait demandé abruptement les raisons de mes réticences à l'égard d'Albert Camus et que je lui avais répondu en toute franchise, je voulus être payé de retour en lui posant, moi aussi, une question indiscrète :

— Est-ce qu'il ne vous arrive jamais de regretter votre choix, je veux dire d'avoir pris une position aussi éclatante contre le communisme, ce qui vous a séparé d'amis chers, de jeunes pleins de confiance et qui étaient tout de même d'une autre qualité que ceux réunis ici par Pierre Brisson sous prétexte qu'ils représentent leur génération...

Il eut l'air agacé, répondit sans hésiter qu'il ne pouvait regretter un choix aussi peu contestable, m'en expliqua brièvement les raisons que je connaissais aussi bien que lui.

— Un jour viendra, disait cependant Jean Rostand, où l'on s'apercevra de l'importance de ce que vous écrivez et de la place que vous tenez dans la critique d'idées. Il faudra peut-être que vous attendiez la soixantaine. Mais moi, si j'ouvre *Preuves* au hasard, je reconnais vos papiers rien qu'en en lisant deux phrases. Votre ton...

Et, de nouveau, je me sentais flatté et gêné.

Cela se passait dans le bel hôtel de la rue du Bac, jouxtant celui où vécut et mourut Chateaubriand, dans un cadre pas si différent de celui qu'il dut avoir sous les yeux, avec ce beau jardin hivernal, le dôme discret des Invalides et le seul anachronisme de la Tour Eiffel, qui m'est en général si chère mais qui me paraît ici moins défendable. Enfermée dans sa surdité inavouée, Mout (Juliette Mante-Rostand) nous couve d'un regard attendri. Elle rit lorsque je lui dis, comme conclusion à nos discussions sur le communisme, qu'elle a nourri des vipères dans son sein. Elle semble heureuse des compliments que je reçois ; évoque l'ennui pour moi, dans mon métier, d'avoir un tel père. Jean Rostand se récrie. Je dis :

— Les pères glorieux, nous savons l'un et l'autre ce que c'est !

Et l'ombre du grand Rostand pénètre dans ce salon où sa sœur, comme si souvent autrefois, l'accueille d'un sourire.

New York, samedi 7 mai 1955.

Soirée avec les Jules Romains qui s'étaient gentiment proposés de nous guider dans certains quartiers de New York. Nous allons les chercher à leur hôtel, l'*Algonquin*, fréquenté, nous dit-il, par les écrivains et les artistes (si bien que le personnel

« habitué, a naturellement certains égards ») et où il vient lui-même, dans la même « suite », depuis vingt ans. Surprise de ce Jules Romains insoupçonné, découvert peu à peu tout au long de cette longue promenade, dans le métro d'abord, puis dans le quartier juif et portoricain de East-Side, enfin dans le quartier chinois où il nous offre un dîner tout aussi dépaysant et poétique que le spectacle que nous venons d'y voir — un peu trop pour touristes bien sûr, mais authentiquement chinois, presque plus chinois que nature et n'étant pas si différent, nous dit-il, de ce que l'on voit à Canton. Je connaissais un homme fermé sur lui-même et sur ce que je croyais être son orgueil. L'autre soir encore, ici, à New York, chez les Lagarde, j'avais confondu cette réserve avec du mépris. Et voici un homme simple, détendu, drôle, dont le sourire est charmant, le rire franc, l'intelligence sans prétention et pétillante comme une brassée de sarments enflammée. Sa femme et lui ne cachent pas que nous leur avons plu, Marie-Claude et moi. Ils sont en confiance, nous aussi. La différence d'âge et de condition est abolie.

Surpris d'apprendre que ces fumées n'ont rien d'infernales, qu'exhalent sur les chaussées des bouches d'égout que nous avions crues telluriques sur la foi de témoignages erronés ou mal compris. Nous traversons un quartier plein de synagogues, croisons des rabbins, passons devant des imprimeries d'où sortent en gros paquets des journaux en yiddish. Traversons le Bowery et son « elevated » suranné, où ne passent plus et pour peu de jours que de rares métros. Bientôt ce premier métro aérien de New York va être détruit. Il ressemble avec ses étages multiples et ses poutrelles de fer démodées à une anticipation du XXe siècle imaginé au XIXe. Aussi bien représentait-il en 1878 (date donnée par Jules Romains comme étant celle de sa construction) une avant-garde qui devait autant émerveiller les Européens que les plus modernes *sky scrapers* d'aujourd'hui. Voici bientôt cent ans que New York est en avance de cent ans sur nous.

Il fait un temps radieux. L'air est léger. Cette douceur de vivre donne la nostalgie d'une impossible ubiquité. Vivre à New York sans être obligé de renoncer à Paris. Jules Romains me dit que j'ai raison de penser que New York est la seule capitale qui puisse être comparée à Paris. Il connaît bien des villes de par le monde. Mais c'est ici tout naturellement qu'il est venu en 1940, se disant : « Si je dois finir mes jours loin de France, New York est le seul endroit de la terre où j'estime possible d'achever ma vie sans trop de désagrément. » Je voudrais arrêter ces minutes où il ne se passe rien d'extraordinaire, sinon le fait insolite de ma présence, à côté de ma femme, dans ces lieux dont nous concevions difficilement la réalité à force d'y rêver. Je m'avise que dans notre désir à tous de photographier tout ce qui nous frappe dans nos voyages, il y a le désir insensé d'immobiliser le temps. Une photo, mieux encore un film, nous donnent l'impression de nous rendre maîtres de la durée. Exprimée ainsi maladroitement (et hâtivement, comme toutes ces notes que je préfère imparfaites plutôt qu'inexistantes) il ne demeure que la banalité de cette pensée. Elle vaudrait pourtant je crois d'être revue et corrigée, notamment dans l'optique de la critique de cinéma ou plutôt de son esthétique (si ce n'est même de sa métaphysique).

Paris, vendredi 13 juin 1958.

M'ayant demandé un « profile » sur André Malraux, le *New York Times* avait souhaité que je le rencontre. Malraux m'avait donc invité à déjeuner, ce matin, en demandant que j'aille le chercher à son ministère, 58, rue de Varenne.

Car le voici de nouveau ministre, délégué à la présidence du Conseil, avec des attributions aussi vastes qu'imprécises, dont l'Information.

Son bureau donne sur l'hôtel Matignon qui est juste en face, de l'autre côté de la rue. Ses premiers mots tandis qu'il me demande la permission de signer un dernier papier :

— Alors ! Tout arrive...

Il y a longtemps que je ne l'ai rencontré. Je lui trouve le visage plus plein et comme reposé.

— Vous avez rajeuni...

— Et pourtant je suis accablé d'un travail qui ne me laisse aucun repos. J'ai toujours vécu sur mes nerfs, depuis des années et des années. Je croyais impossible d'aller plus loin dans la tension. Et puis ce fut le contraire : ce nouvel effort fourni m'a donné un coup de fouet...

— Il faut pourtant récupérer, dormir un minimum...

— Impossible dans les circonstances actuelles. Nous menons une vie de fous. En dehors de mon travail proprement dit, je ne puis me dérober à maintes entrevues qui prennent sur mon temps. Tenez, Guy Mollet est mon voisin. Oui, dans ce même hôtel... Il siège dans l'ancien appartement des domestiques. Je suis, moi, dans celui des Mousquetaires. Et en face...

(Montrant Matignon par la fenêtre) :

— ... Celui du maître. Eh bien, j'ai beaucoup d'estime pour Mollet. De toute façon, lorsqu'il demande à me voir je ne puis lui dire « Un peu plus tard, Monsieur le Président », je le reçois et c'est une demi-heure de perdue. Ou bien le représentant d'*Associated Press* souhaite m'interviewer. Ce n'est pas au moment où les Américains, pour la première fois, sont favorablement disposés à notre égard, et ne demandent, encore un peu inquiets, qu'à comprendre, qu'à nous comprendre, que je vais refuser une telle entrevue. Je lui ai dit : premièrement nous préparons un régime présidentiel sur le modèle du vôtre, deuxièmement nous allons mettre en train un *new deal*. Il a semblé ravi. Enfin la France allait être gouvernée. Enfin il se confirmait que nous ne songions plus à nous définir par rapport au communisme ou contre les États-Unis. Il était enchanté.

André Malraux cherche vainement un stylo :

— Vous voyez, lorsque l'on est à l'extrême bout de la fatigue, c'est pour les petites choses que la machine cafouille. Quant aux affaires importantes, la lucidité, l'efficacité sont totales. C'est un gag, ce stylo. Un gag de Chaplin. Un grand traité a été négocié, réussi, tout est au point... Mais on ne peut le signer faute de stylo. Ah ! voilà...

Je le remercie de m'avoir reçu dans ces conditions.

— Vous ce n'est pas la même chose... Les amis... Les vieux gaullistes...

Nous nous préparons à quitter son bureau. Il me parle de l'attitude hostile de *l'Express* où François Mauriac, heureusement, fait contrepoids.

— Il faut que je rencontre votre père. Il y a des choses qu'il ignore...

Nous sommes passés devant l'huissier solitaire, avons descendu le grand escalier vide. Personne. Il est une heure quinze et il y a un quart d'heure que je suis arrivé. Nous montons dans la voiture à cocarde. Assez longue route : nous allons chez *Taillevent*, près de l'avenue de Friedland.

Il est assis, dans l'auto, à ma gauche, volubile, s'appuyant sur moi, m'écrasant. Je retrouve cette voix hachée de hoquets et de sifflements.

Comme je lui fais part de notre inquiétude quant aux comités de Salut public algériens, il assure que la question ne se pose même pas. Massu est entièrement dans les mains du Général, l'armée tout entière derrière lui :

— Pierre Brisson affolé m'a téléphoné longuement le soir où est arrivé la fameuse motion du comité de Salut public. Je l'ai conjuré de se rassurer et d'interrompre dans *le Figaro* cette campagne. Il voudrait agir sur le Général pour lui faire donner l'ordre aux officiers de quitter les comités. De Gaulle ne se laissera pas plus forcer la main par les ultras d'Alger que par la Métropole. Ce sont les officiers, au contraire, qui garantissent l'inocuité des comités de Salut public, grâce à eux que nous les contrôlons. Sans leur présence, tous les services secrets qui s'y trouvent représentés vibrillonneraient plus encore. En somme ce sont nos comités de Libération. Les meilleurs et les pires s'y trouvent mêlés. Les pires : ceux que commanditent les producteurs de vin, lesquels, tenez-vous bien, nous en avons la preuve, alimentent aussi largement les caisses des fellaghas...

— Pour réserver l'avenir ?

— Oui, pour prendre date.

Mais cela se passait avant le 13 mai. Depuis il y a eu « le phénomène entièrement imprévisible de la fraternisation ». Malraux assure qu'il continue à se manifester au-delà de toute espérance :

— Et puis quoi, vous avez vu les photos : à Philippeville il y avait plus d'Algériens pour applaudir de Gaulle que de fellaghas dans toute l'Algérie.

Nous sommes sur plusieurs phénomènes qui assurent l'avenir, un avenir irréversible. Il y a la fraternisation. Il y a aussi des inconnues... De toute façon soyez sûr que les choses ne recommenceront pas comme avant, que de Gaulle ne retournera pas à Colombey, et que je ne reviendrai pas, moi, à ma *Métamorphose*, tout au moins avant qu'il soit confirmé que le régime des partis a été une fois pour toutes balayé...

Il est lyrique, enthousiaste. Craint des grèves. D'où la remise à plus tard de toute action sérieuse :

— La grève générale, cela ne me regarde pas, et l'Intérieur assure qu'elle est impossible. La grève de la Radio et de la Télévision, c'est autre chose. La R.T.F. est entièrement noyautée par les communistes.

Ainsi, alors qu'à gauche (notamment à *l'Express*, ainsi qu'en témoigne un article affolé de J.-J. Servan-Schreiber) on vit dans la terreur de l'extrême droite (jugée inoffensive par les gaullistes), au gouvernement on s'avoue inquiet sinon paralysé par les possibles réactions de l'extrême gauche.

Je dis qu'un test sera la manifestation du 18 juin. Si les parachutistes défilent, alors la gauche pourra à juste titre croire à une provocation. Mais Malraux :

— Il n'en est pas question. Il n'y aura pas de défilé militaire. A peine quelques compagnies...

Pendant ce temps, nous sommes arrivés au restaurant. Curiosité des clients. Accueil empressé des maîtres d'hôtel. On donne à Malraux du « maître », non du « M. le Ministre » : prééminence de la littérature. Nous sommes isolés dans un coin discret, l'un en face de l'autre :

— Moi ce que j'aurais souhaité, c'est que de Gaulle aille place de la République et qu'il y convie le peuple. Il n'a pas voulu. Je l'ai supplié. Vous savez que je regarde rarement les gens dans les yeux...

Je cherche son regard et en soutiens le dur éclat.

— ... Parce qu'ils ne le supportent pas. Mais, là, j'ai regardé le Général bien en face. J'ai dit que j'aimerais le fléchir. Il a mal compris ; il a dit : « Eh bien je vous le promets : je réfléchirai. » Mais le lendemain la réponse a été non.

Je lui dis qu'il est dommage que personne ne puisse assister à leur tête-à-tête, que cette confrontation n'ait aucun témoin, ne puisse en avoir sous peine d'être autre. J'ajoute :

— Ils aimeraient bien au *New York Times* que je traite l'inconnue de vos rapports. Mais (et ici j'emprunte tout naturellement le vocabulaire de Malraux)... mais nous sommes dans le romanesque, réduits aux conjectures. Je sais ce que vous pensez du Général, vous en avez souvent parlé devant moi... Mais de Gaulle, jamais, ne parle vraiment de vous...

— Je ne sais qu'*il* a un peu d'amitié pour moi que depuis quelques jours... J'étais à Venise durant la crise. Les journaux disaient des bêtises sur mon attitude. Je lui ai simplement adressé un télégramme pour *lui* rappeler que j'étais à sa disposition. Lorsque je me suis trouvé à l'hôtel *La Pérouse*, il a commandé du whisky... C'était la première fois qu'*il* me conviait à boire un verre avec lui. Sauf à Colombey, bien sûr, mais nous n'y étions pas seuls.

Il renifle, siffle, hoquette, et je retrouve sous ces bruits fusants la basse et les intonations nuancées de sa voix des grands jours et des grands moments.

— Croyez-moi, il ne s'agissait pas pour lui de m'offrir un portefeuille...

— Bien sûr, c'était l'accessoire. Vous êtes à l'égard l'un de l'autre sur un plan tout différent, celui d'une fascination mutuelle. La vérité est probablement que vous êtes le seul homme de son entourage qui épate le Général, à qui il peut parler en égal. Car il y a un point, au moins, sur lequel il sait que vous le dépassez, un point qui a un prestige particulier à ses yeux : la littérature. La littérature qui tellement compte pour lui...

J'aurais pu ajouter : Et il y a ceci encore de commun entre vous que vous concevez l'un et l'autre votre vie comme une œuvre d'art, que vous la voulez belle dans l'action pour qu'elle soit belle dans l'écriture. Composée déjà, en quelque sorte, avant même non seulement d'avoir été racontée mais d'avoir été vécue. Choisie.

André Malraux acquiesce. Des éructations ponctuent une phrase étonnante, qu'il profère comme en passant :

— De Gaulle et moi derrière lui, car, en définitive, nous ne sommes que deux...

De Gaulle et lui préparent de grandes choses. Le premier avec lucidité et volonté. Le second d'une façon romantique, désordonnée mais exaltante. Parfois farfelue.

Il fourmille d'idées. Une utilisation rationnelle de la radio et de la télévision — avec conférences de presse, malheureusement pas en direct (ce n'est pas son métier). La mise sur pied d'une...

— ... le mot est un peu gênant, mais enfin c'est cela, une légion de combattants musulmans. Nous comptions sur 120 000 volontaires...

— Vous allez faire cela !

— Bien sûr. Autrement je ne serais pas là. Remarquez que nous n'aurons même pas besoin, pour leur plus grand nombre, de les faire combattre. Nous avons ce qu'il faut avec les troupes métropolitaines. Ils assureront le quadrillage à l'intérieur. Nous prévoyons même de leur laisser assurer seuls le contrôle d'une région-témoin. Alors nous ferons venir les Américains, l'O.N.U., et nous leur dirons : « Qui fait mieux ? Qui aurait pu faire cela ? » Pour la première fois, avec l'égalité des droits, la France dépasse le fait colonial autrement que par l'abandon et la fuite. C'est un événement historique, d'une portée insoupçonnée.

Et il me reparle de l'armée qui croit à la fraternisation, qui en a créé les conditions, et qui la voit réussir au-delà de toute prévision.

— Et puis il y a le personnage Massu. On a tort de juger de tels hommes sur leurs apparences. Massu est beaucoup plus compliqué qu'on ne le croit à voir ses photos. C'est un personnage dostoïevskien. Tenez, la torture... Connaissez-vous les rapports de Massu et de la torture ? Je les tiens de première main... Il ne faut pas en parler, mais il importe que vous le sachiez. Bien sûr, Massu a accepté de faire torturer. Mais non sans s'être fait torturer lui-même ainsi que les quatre ou cinq officiers qui devaient être appelés à torturer...

— Mais pourquoi ?

— Sans doute pour payer le prix aux yeux de Dieu...

— Il est chrétien ?

— Passionnément chrétien. Un prêtre admirable est l'un de ses familiers... Et, nous ne quittons pas Dostoïevski, il a auprès de lui un véritable Aliocha, un de ses jeunes aides de camp, un garçon très jeune et assez fascinant...

— Ils ne doivent pas avoir été jusqu'à la vraie torture...

— C'est ce que je pense : ils n'ont pas dû aller jusqu'à se faire torturer sur les yeux et sur les parties génitales. Manque aussi la dimension de l'humiliation. Mais ne vous y trompez pas : Massu a dû aller très loin, prévoir ses défaillances, charger un copain de passer outre, ce que j'ai fait moi-même lors de mes premiers sauts en parachute. Je ne savais pas comment je réagirais devant le vide. J'avais demandé à celui qui me suivait de me donner un coup sur les deux poignets à la moindre hésitation de ma part...

Nous mangeons sans nous en apercevoir, ou si peu.

— C'est comme Lacheroy, l'homme des comités de Salut public. C'est un Méridional, porté sur la parole — ici nous ne sommes plus sur Dostoïevski mais sur Balzac. C'est parce qu'il aime faire des discours qu'il a demandé à être le porte-parole du Comité d'Alger auprès de la presse. Et ce sont des discours qu'il fait : emphatiques, verbeux, dans le genre politicien du Midi. Les journalistes concluent que c'est un con. Or ils se trompent.

Silence. Puis :

— Pour en revenir à l'essentiel (ce que nous allons faire), souvenez-vous de cette conversation. Après tout il est possible que je me trompe du tout au tout : nous sommes bien retombés dans la IIIe (car la IVe République n'était guère autre chose que la IIIe) après la Libération. Qui l'eût imaginé ? Mais cette fois-ci, je crois vraiment qu'il n'en sera plus ainsi...

— Cette conversation ne sera pas oubliée. J'en prendrai note. Ce qui m'intéresse le plus, vous savez, dans ce genre d'événements ce sont moins leurs immédiates incidences politiques que leur résonance historique. Je me veux avant tout témoin. Vous avez lu mon Gide. Vous savez donc ce que je puis faire de mon Journal avec de Gaulle et avec vous. [...]

— Puisque vous êtes ce témoin... Des images à

527

conserver, il y en a... Tenez, j'arrive au ministère de l'Information et je tombe sur les secrétaires de mon prédécesseur Gazier en train de faire du tricot en regardant la télévision... Ou bien, vous savez qu'il est d'usage, après saisie, de communiquer au ministre le journal incriminé en même temps que les télégrammes de protestation. Or un huissier apporta un matin en grande pompe *Le Canard enchaîné* sur un plateau d'argent...

Je ne trouve pas le fait aussi amusant et significatif que Malraux le prétend. Je murmure :

— C'est de l'anecdote. Rien de plus...

Il a l'air décontenancé :

— De l'anecdote, de l'anecdote. *Le Canard enchaîné*, tout de même, sur un plateau d'argent.

Puis, se reprenant :

— Regardez le Journal des Goncourt, l'anecdote a son intérêt, sa signification : elle donne sa coloration à l'époque.

Suivent des considérations sur Théophile Gautier, tel qu'il apparaît dans le Journal des Goncourt et qu'on ne le trouve nulle part ailleurs — ce qui est vrai et qui m'avait moi-même frappé. Puis nous parlons de son travail interrompu (il était à Venise pour cela), la *Métamorphose*, la vierge qui devient une fée à partir de Delacroix... Je me repose, mettant mon esprit en veilleuse, n'écoutant plus. Il me conseille de lire, avant de faire mon article, un livre écrit sur lui par un jésuite américain, le R. P. Gannon : « ... uniquement dans un éclairage métaphysique. Il n'y a que les dix dernières pages d'inutiles. Vous pouvez les imaginer : Malraux se pose des questions, s'il avait trouvé il ne s'en poserait plus. Bien sûr. » Me recommande également le « profile » écrit pour le *New Yorker* par Janet Flanner. (Je l'ai.) Je lui apprends que j'ai reçu la visite d'un jeune professeur d'Harvard qui fait une thèse sur de Gaulle et le R.P.F., Nicolas Whal : il m'a dit qu'un de ses assistants est chargé d'étudier *Liberté de l'esprit* qu'il possède, lui, en totalité, à deux numéros épuisés près : « Mais nous pouvons consulter heureusement la collection complète à l'Université d'Harvard », ce qui ne laissa pas de m'étonner et me fait rétrospectivement éprouver une certaine satisfaction.

Malraux a l'air enchanté :

— Vous voyez que nous travaillons dans le sérieux... Cela apparaît avec le recul.

Revenant à l'actualité, il me dit avoir en vain essayé de trouver dans les livres comment Hoche a techniquement pacifié la Vendée. Reparle de ses projets : mettre en valeur les parachutistes civils français à l'occasion des championnats mondiaux :

— Ils sont de classe internationale. Malheureusement impossible d'espérer surclasser les Finlandais...

Nous sommes de nouveau en voiture et regagnons la rue de Varenne. Il me dit que le Général a changé, qu'il est hanté par son âge.

— Et puis voici plus de douze ans qu'*il* ne commande plus militairement... Vous voyez ce que je veux dire. Du reste vous le connaissez mieux que moi, l'ayant beaucoup plus vu...

— Il me semble qu'il a toujours commandé... Sa formation... C'est indélébile.

— Oui. Mais cette réaction qui intervenait dans les dix secondes, il n'y a pas si longtemps, ne se produit maintenant qu'après deux heures. Il a appris la patience. Et puis *il* vieillit...

....

C'est aussi ce que me dit Georges Pompidou, quelques instants après. Me faisant visiter les bureaux de l'Hôtel Matignon, il m'introduit dans celui du Général, qu'il croit absent et qui est là, en civil, marchant de long en large, l'air préoccupé, se récitant probablement le discours qu'il va enregistrer pour la radio et la télévision, peu de minutes après. Georges Pompidou me nomme (je ne le remarque pas, tout d'abord). Affable mais lointain, de Gaulle prend de mes nouvelles, demande : « Comment va Mme Claude Mariac ? Et les enfants ? » Ajoute : « Venez me voir. » Fort intimidé, je balbutie je ne sais quoi et sors.

Alors, Georges m'explique. Et je prends alors seulement conscience que le Général ne m'avait sans doute pas reconnu. Il était assez éloigné de la porte dans l'embrasure de laquelle je me tenais, pétrifié :

— Il voit de plus en plus mal. Ne reconnaît personne d'un peu loin. Se sent vieillir et en est obsédé. Il n'en reste pas moins l'homme que vous avez connu. Un grand homme. [...]

....

Avant de quitter Matignon, je vais dire bonjour à mon successeur, Xavier de Beaulaincourt, chef discret du secrétariat particulier. Il me dit avoir déjeuné déjà deux ou trois fois, à Matignon même, avec le Général. Celui-ci, très décontracté, lui a fait remarquer l'inamovible présence du même vieux maître d'hôtel qui servait sous la Troisième puis qui présentait les plats à Laval avec la même indifférence officielle et polie qu'à lui, aujourd'hui, de Gaulle.

Dans la cour, la voix du Général grésille au fond d'un camion-son : derrière ces volets clos, ceux du bureau de Pompidou (qui m'avait reçu ailleurs), au moment même, il parle. Je le verrai le soir, à la T.V. : fatigué, oui, vieilli, ébloui par les sunlights malgré ses lunettes teintées aux verres épais, n'osant ou ne pouvant regarder les caméras en face, lisant (sauf tout à la fin), ce qu'il ne fait jamais. (Pompidou m'a dit qu'il n'avait pas eu le temps d'apprendre par cœur son texte ainsi qu'il en a l'habitude.) [...]

Vu, en fin de journée, mes parents avenue Théophile-Gautier. Mon père, réconforté par ce que je lui apprends des comités de Salut public me dit : « Il n'empêche que la Constitution que le Général prépare peut justement inquiéter. Sartre croit que nous en avons pour dix ans... » [...]

Voilà. Il y a plus de deux heures et demie que je tape. Je me sens un peu fatigué mais crois n'avoir rien oublié. Si, pourtant, ce mot admirable et significatif du général de Gaulle, entendu par Malraux lors d'un Conseil. A un ministre, Mollet ou Pflimlin, qui avouait être moins enthousiaste pour la réunification immédiate de l'Allemagne, le Général répondit d'une voix superbe :

— Je suis heureux, M. le Ministre d'Etat, de vous voir dans ces sentiments. Moi, cela fait plus de mille ans que je suis contre l'unification de l'Allemagne...

Moscou, mardi 11 juillet 1961.

Ce temps soudain gelé — et qui ne coule plus — c'est ce que de tels voyages apportent de plus précieux. L'année avait passé si vite qu'entre octobre et juillet quelques mois seulement et très courts avaient semblé vécus. Et voici qu'il me semble être ici depuis des semaines, alors que nous sommes arrivés seulement samedi dernier. (Pareillement émergent du torrent égal et monotone des heures, des jours, des semaines, des années, les brefs et pourtant si longs séjours du Brésil et de New York...)

Moscou, lorsque l'on y arrive ainsi et que l'on s'y trouve depuis peu de jours, frappe par ses contrastes. Le dimanche 9 juillet, nous trouvant en avance pour aller déjeuner chez Emmanuel et Hélène de Margerie, nous entrâmes pour la visiter dans l'église qui fait face à l'ambassade, rue Oulitsa Dimitrova, dont ils nous avaient dit qu'elle « travaillait ». Une femme en larmes en sortait. Sur la gauche, en entrant, dans le fond, un groupe de femmes entourait un cercueil ouvert : une très vieille femme reposait, le teint cireux, le profil marqué, aigu, noble. Et soudain, tout ce que nous avions rêvé de la Russie était là. Nous étions malheureusement arrivés après la cérémonie, mais il y avait encore les parents de la morte — dont une femme, sa fille probablement, qui se mit soudain à gémir, très fort, sans que personne semble s'en apercevoir. D'autres vieilles se signaient devant des icônes.

Une image bien plus puissante de la foi de toujours dans la Russie d'aujourd'hui m'a frappé depuis — je vais la décrire bientôt — si bien que je ne vois déjà plus le détail de ce premier contact avec la religion intuable, vivante, de ce peuple. Mais ce que je voulais noter c'était le contraste entre ces vestiges de la Russie d'autrefois (dont je commence à croire qu'elle restera la Russie de toujours) et ce que je devais voir à la fin du même jour dans le Palais des Sports bondé d'une multitude d'hommes et de femmes vêtus de clair, applaudissant discrètement l'arrivée de leur maître, le jovial et inquiétant Khrouchtchev, osant à peine regarder dans la direction de la tribune où il se trouvait avec les autres membres du Praesidium du Soviet suprême, Mikoyan et Koslov, ce Khrouchtchev qui alarme en ce moment l'Occident entier et qui, la veille, devant les jeunes officiers de la dernière promotion des Académies militaires, avait déclaré : « Le gouvernement soviétique a été contraint de donner l'ordre au ministère de la Défense de suspendre la réduction des forces armées prévue pour 1961 et cela jusqu'à nouvel ordre. » Khrouchtchev qui, lorsque je le regardais ainsi, dans sa tribune, revenait d'assister à un meeting aérien où des avions et des fusées jamais encore montrées avaient été présentés, toujours dans le même esprit d'intimidation lié à la relance du problème de Berlin. L'envoyé de *l'Humanité* (seul journal français que l'on peut se procurer ici) commente : « A en juger par les mines de nombreux diplomates, ils ne s'attendaient pas à une telle variété, ni à une telle puissance de feu. » Le « héros du Cosmos », Gagarine, était présent à ce meeting, comme il l'était maintenant sur l'écran et je me disais qu'il s'agissait dans cette salle et dans l'église où je m'étais trouvé le matin du même peuple...

Mais hier, quel choc... Une des émotions religieuses les plus vives de ma vie. Nous avions été visiter, avec Jean de Baroncelli, le couvent de Novo-Diévitchy. En vain nous avions cherché dans l'un des deux cimetières, celui qui se trouve à l'intérieur des remparts et le nouveau qui est au-dehors, la tombe de Tchekhov, que nous savions là, ce qui suffisait à nous émouvoir. Là, dans cet enclos paisible, ou derrière ces murailles, parmi toutes ces tombes dont les plus simples étaient les plus belles, avec les petits bancs installés à l'intérieur des modestes enclos, et parfois une femme y regardait, l'air perdu, ses amours ensevelies. (Plus paisible et plus beau encore nous était apparu dimanche le cimetière campagnard de Kolomenskoie, avec ses tombes herbeuses cachées dans les feuillages.) Donc, nous étions là, regardant des hommes et surtout des femmes d'un autre âge, assis sur des bancs, dont l'un circulaire faisait le tour d'un gros chêne. Des vieilles se signaient en passant devant la tombe d'un pope. Nous entrâmes, avec ce peuple enfin mis en mouvement, dans une église, et nous pénétrâmes au même moment, nous nous enfonçâmes au plus lointain et au plus profond de la vieille Russie, celle dont on nous avait dit qu'elle subsistait, mais nous ne pouvions croire que ce pût être aussi intégralement, aussi totalement. Un narthex où des femmes se signent interminablement devant des icônes qu'elles baisent. Nous sommes stupéfaits, mais ce n'est rien, nous avançons, et sur la droite découvrons l'église proprement dite, une vaste salle rectangulaire du XVIIe siècle, aux murs couverts d'icônes, remplie de femmes dont nous ne voyons en ce moment que les fichus blancs, des femmes à genoux, des femmes qui se signent, des femmes qui pressent leurs lèvres sur les icônes. Et puis nous découvrons les hommes, beaucoup d'hommes, d'abord nous ne voyons que les vieux et leurs barbes à la Tolstoï, lorsque ce n'est pas à la Dostoïevski ou à la Tchekhov. Et puis quelques hommes plus jeunes, un ouvrier, des enfants, beaucoup de jeunes filles : de quoi ensemencer tout l'avenir. Et c'est en tant que chrétiens que nous nous sentons bouleversés par cette ferveur. Non pas seulement parce qu'elle vient du fond des âges et qu'un passé prestigieux dont nous n'avions jamais espéré que nous pourrions avoir un jour une expérience autre que livresque, littéraire, ressuscitait devant nous ; mais aussi et tout autant par ce que cette ferveur, si totale, si simple, si spontanée, sans rien de donné à l'affectation ou à la pose, appartenait à un présent qui était aussi celui des hommes de peu de foi que nous étions. Ce peu de foi était encore de la Foi et c'était la même foi, et la séparation des Eglises nous semblait aussi aberrante que criminelle. Seuls touristes, nous nous sentions un peu gênés d'être là, et surtout indignes, mais pourtant chez nous, appartenant à la même croyance, au même troupeau.

Apparurent deux popes — beaux et très jeunes, ce qui nous étonna, car nous étions habitués aux vieux prêtres exilés de la rue Daru. Jean de Baroncelli nous assura que deux séminaires étaient ouverts en U.R.S.S. et que leur recrutement était abondant.

Et la cérémonie commença. Elle se déroula en trois endroits : celui des fidèles au milieu desquels l'un des popes vint encenser les icônes, celui où il officiait, puis dans le saint des saints, derrière la porte, où nous aperçûmes les deux prêtres, dans leurs vêtements de cérémonie d'un rose admirable, avant que se referme la grille sur le mystère, tandis que chantait un chœur aux belles voix pourtant décevantes. Et cette légère désillusion annonçait déjà la fin du miracle : la pureté d'une émotion où rien ne venait du pittoresque et du spectaculaire, tout au moins rien d'essentiel. Nous nous entendîmes d'un regard et sortîmes.

Nous nous assîmes devant l'église, nous sentant accordés au silence et au mystère de ces lieux sacrés, éprouvant le besoin d'une dernière halte avant de retrouver le rythme si différent d'une vie que nous redécouvrîmes avec tristesse en quittant l'enceinte de Novo-Diévitchy : le Moscou moderne était là, devant nous, annoncé par ces immeubles neufs, impersonnels, tous pareils.

Et ce fut l'hôtel avec sa cohue de tous les pays de l'univers (dont une délégation d'on ne sait quelle République soviétique des steppes). Et ce fut un film, il le fallait bien, une sorte de prêche antiraciste, bons sentiments, exécrable cinéma, envoyé par la République démocratique allemande. Et le public écoutait avec ferveur ces banalités, cela encore c'était de la foi, et respectable. Et nous n'osions pas nous lever et quitter la salle, personne ne bougeant, et notre départ pouvant être interprété non comme la conséquence de notre jugement de critiques cinématographiques estimant en avoir assez vu, mais comme le signe d'une réprobation qui aux yeux de ces croyants auraient fait de nous des infidèles.

Paris, lundi 20 janvier 1964.

Nous avons vécu avec un mort, pendant les nombreuses et si belles cérémonies dont le rite orthodoxe accompagne le départ d'un des siens.

Puis nous avons vécu avec la mort, hantés par ce que nous avions vu, depuis le matin du 8 janvier, jour du décès d'Ivan Wiazemski, le mari de Claire, mon beau-frère, jusqu'à ses obsèques dans l'église russe de la rue Daru et au cimetière de Sainte-Geneviève-des-Bois, le vendredi 10 janvier, jour anniversaire de la mort de grand-mère, dont la messe dite à son intention et prévue pour ce jour-là, à Vémars, fut repoussée de huit jours.

Émergeant à peine de cette épreuve, je n'ai pas le courage d'en rien dire ici. Sinon l'émotion que nous eûmes, Marie-Claude et moi, de nous retrouver en Russie — le visage de ce mort couché dans son cercueil n'étant pas, comme là-bas, exposé dans l'église, mais chez lui, autour duquel des popes venus du fond des âges et des steppes priaient et chantaient tandis que nous étions là avec nos petits cierges allumés, et que le prêtre aidait cette âme à quitter sa dépouille terrestre, lui donnant encore, au début, tous ses titres, insistant sur la noblesse, l'ancienneté et le rôle historique de sa famille.

Et dans ce petit morceau de Russie détaché avec ses bouleaux sous le ciel de l'Ile-de-France, à Sainte-Geneviève-des-Bois, au moment où le corps fut descendu du fourgon, les chants, jusque-là paisibles, pacifiants, se firent soudain oppressés, pathétiques, haletants, tout alla très vite — un arrachement et qui fut atroce, sous la pluie et devant un haut tas de glaise jaune.

J'ai eu depuis, lisant la chronique de télévision de mon père, alors que je ne m'y attendais pas, l'émotion de trouver soudain ces lignes qui me firent monter les larmes aux yeux :

Nous avons pu observer à loisir le patriarche Athénagoras [lors de sa rencontre avec Paul VI en Terre sainte]. *Le peu qu'il a dit importait moins que son regard, qu'un certain accent... Merveilleuse espérance !...*

(Là encore, je lisais avec détachement. Et puis ce fut tout à coup :)

Il s'est trouvé qu'en ces jours-là un des miens entrait dans l'éternité, qui appartenait à l'Église orthodoxe. J'ai donc vécu durant trois jours dans cette odeur d'aromates, attentif à ces tendres plaintes avec lesquelles l'Église orthodoxe berce ses mourants et endort ses morts. Je ressentais dans mon chagrin un obscur bonheur de ce qui naguère m'eût paru être une séparation et qui maintenant me faisait puiser à toutes ces richesses de la primitive Église que d'autres ont peut-être mieux gardées que nous.

Lorsqu'il était encore là, si changé, son visage révélant combien il avait souffert, et que sur le balcon, l'arbre de Noël, son dernier arbre de Noël, nous rappelait la soirée si proche encore où il avait eu le courage de se lever et de faire bonne figure, de sembler heureux des cadeaux qu'il recevait (dont ces admirables estampes de Saint-Pétersbourg, où il n'était pas retourné depuis son enfance), et que Claire, stoïque et merveilleuse jusqu'à la dernière minute, Anne bouleversée, blessée à vie, Pierre...

Ce fut un de ces jours-là que mon père regretta devant moi la décision qu'avait prise Claire d'éviter à son fils la vue de son père mort. Disant qu'il fallait regarder la mort en face, affronter dès l'enfance ce que la vie apportait de dramatique, que l'on devait armer les enfants, les préparer, les endurcir et que Claire faisait tout le contraire avec Pierre. Et je disais qu'il fallait le ménager. Mais je me sentais apaisé, pacifié par ce que j'avais entendu mon père dire de la mort, moi qui manquais par trop de courage lorsque je pensais à la sienne...

... comme pensent à la mienne mon petit garçon et ma petite fille. Ainsi sont tous les enfants. Le regard de Natalie sur moi, le jour où je lui annonçai la mort de l'oncle Ivan, tant de pitié pour moi, redécouvert mortel (comme au moment de la mort de grand-mère). Pierre : Gérard et Natalie, intimidés, surent de façon délicieuse marquer leur sympathie : Gérard l'embrassant, pour la première fois de sa vie (telle est la pudeur des petits garçons) et allant lui acheter un livre ; Natalie, le voyant chez nous (où il coucha le premier soir) se précipitant joyeusement dans ses bras, se rappelant tout à coup pourquoi il était là, freinant son élan et lui donnant doucement, maladroitement son baiser...

Et hier, encore, en fin de journée, chez mon père légèrement grippé, mais détendu, heureux de me voir, nous parlâmes de la mort, à propos d'Ivan et d'une concession que mes parents viennent d'acheter dans le cimetière de Vémars. Et il dit ceci, après les considérations d'usage :

— ... oui, mais on n'est plus là. Il n'y a plus personne...

Il parlait du tombeau. Il pensait à une vie *ailleurs*. Et je me sentais inexplicablement serein, bien que sans foi aucune. Et nous parlâmes d'Ivan avec naturel, presque avec détachement, pauvres cerfs, pourchassés, affolés, puis reprenant paisiblement leurs occupations, se serrant les uns contre les autres et jouant entre eux lorsqu'ils se sont aperçus que ce n'étaient pas eux, cette fois-ci encore, pour qui avait sonné l'hallali.

Mézières, mardi 28 mars 1939.

Par la fenêtre du bureau où le poêle ronfle, je regarde ce paysage d'hiver. De hauts troncs se dressent et je suis à mi-course de leur élan rectiligne, au même niveau que des corbeaux méfiants que mon ombre fait fuir. Quelques bouleaux marquent d'un blanc d'argent le sous-bois brumeux et le ciel gris. On devine la ville, à peine. Jacques Laval dit que, l'été, il se croit revenu au temps de l'enfance, lorsqu'il construisait des maisons dans les arbres. Et je pense au peintre que je ne connais pas, qui n'existe peut-être pas encore, qui surprendra le secret des cimes, l'hiver, et que j'aimerais d'un amour particulier.

Après déjeuner, j'accompagne Jacques. Le long de la Meuse, dans un univers plus silencieux que le silence et qui semble figé dans une immobilité végétale. Les passants rencontrés ont eux-mêmes une lente démarche de sommeil. Il a un peu plu d'abord, puis tout est redevenu du même calme effrayant.

Nous sommes arrivés en avance à l'hôpital où

mon ami doit célébrer un office pour un mort. Un pauvre mort à qui la dernière aumône est faite d'un enterrement de charité. Devant la porte de la petite chapelle et tandis que les croque-morts rient autour du corbillard — une belle auto vernissée : la municipalité fait bien les choses ! — Jacques me parle. Encore une fois la confidence s'enraie. [...]

Cérémonie brève, émouvante. Neuf hommes, trois femmes. La voix fraîche de quelques religieuses sans âge. Et mon ami, en surplis, devant le cercueil recouvert d'un drap noir. Quatre cierges entourent le corps et cernent en même temps le visage de Jacques en prière. Il chante le *Dies irae*. Puis la pauvre assistance se lève d'un mouvement gauche et il fait le tour du cercueil, en le bénissant.

Voici qu'apparaît une simple boîte de planches et que, par la porte ouverte sur la campagne grise, on l'emmène. Une femme pleure dans son crêpe, mais d'une façon trop discrète, trop décantée, je dirais presque : trop pure, pour que ce soit la mère du mort ou son enfant ou sa femme. Elle pleure comme je pourrais pleurer moi aussi : simplement parce qu'un être de plus a connu la nuit, parce qu'un vivant n'est plus et qu'on l'emporte en terre par un sinistre jour.

Jacques, en surplis, marche très loin en avant de la voiture qui roule doucement sur cette route de banlieue. Je suis derrière, trop éloigné pour entendre s'il chante. La tête nue, blonde, marquée d'une tonsure pâle, il va seul, sans le moindre enfant de chœur, d'un pas hautain, étrange et noble. Seul, terriblement seul, il entre au cimetière et le mort le suit de loin, et les neuf hommes accablés et les trois pauvres femmes.

Le cimetière de Mézières n'est pas éloigné de l'hôpital — heureux hasard, sans doute prévu. De lointaines collines l'entourent et un ciel immense. De hauts sapins lui donnent une beauté classique. Quelques arbres, dont les branches torturées, méticuleusement étêtées, rognées, sciées, ont des airs de potences.

Le cercueil de bois est devant la fosse et Jacques le bénit — et moi je pense avec déchirement à ceux que j'aime.

*Paris, 38, avenue Théophile-Gautier,
mercredi 9 août 1939.*

Enterrement de Charles Du Bos. Dans le train qui va vers Vaucresson, nous rencontrons Jean Schlumberger et Jenny de Margerie. Mon père me disait :

— Lorsque l'on arrive à mon âge, et que l'on voit mourir ses amis (je parle d'amitiés intellectuelles), une impression prédomine : celui qui s'en va avait accompli sa tâche, il ne lui restait que cela à faire, mourir. Je n'éprouve aucunement le besoin de dire : « Pauvre Charlie... » Ce passage de la mort, je sens que le moment s'en approche pour moi avec une telle rapidité... Non, je ne le plains pas.

Jean Schlumberger, réduit, ratatiné, avec son clair regard d'enfant.

— Devant la mort, dit-il, ou plutôt devant le mort, je n'ai jamais eu qu'un désir : qu'on l'ôte vite de mes yeux. Rien, dans le cadavre, ne me rappelle celui que j'ai aimé. Il vit en moi... ou ailleurs. Ce corps n'a plus rien de commun avec lui.

— Impression que j'ai toujours eue moi-même, interrompt mon père. Elle me semble à la fois consolante et terrible. Les deux interprétations sont possibles en présence de ce qui n'est vraiment plus qu'une dépouille...

La petite église de La Celle-Saint-Cloud. Quelques

amis. Les intimes. Seul mon père a fait 600 kilomètres pour venir. Gide n'est pas là, ni Maurois. Je dévore des yeux ce pâle visage translucide, grave, doux, enfantin, nimbé de lumière : celui de Jacques Maritain, que je n'avais encore jamais vu. Sa piété sereine, si simple et digne, me touche. Je me sens encore plus loin, plus absent de moi-même que je ne l'étais ces jours derniers où je touchais pourtant aux limites d'une indifférence désespérée. Ces chants funèbres me paraissent destinés à la génération entière des hommes vivants. Qu'importe l'homme qui repose dans ce cercueil... Je pense à ce que Jenny de Margerie disait, tout à l'heure : Geneviève Tabouis, qu'elle vient de voir, assure que nous n'éviterons pas la guerre. Avant la fin du mois, disait-elle... Est-ce possible... J'ai l'impression de vivre les derniers jours de mon existence. Tout s'explique : c'est parce que je vais mourir que la vie, depuis quinze jours, me paraît désertique, incolore, mystérieuse. D'un pauvre mystère qui ne m'intéresse pas. Dans cette assemblée, la mort, dans les trente jours qui viennent, risque de faire des coupes sombres.

Retour en taxi avec Jenny de Margerie, mon père, Schlumberger, Daniel Halévy, Jean-Louis Vaudoyer.

Le Mas, Camp-Long, dimanche 16 août 1964.

Messes au Dramont hier matin et ce matin. Papa, maman, mes enfants, moi occupons tout un rang. La voix de mon père, mêlée à celle plus chaude des fidèles, cette voix brisée mais si vivante, réentendue une fois encore :

Laudamus te, Benedicimus te, Adoramus te, Glorificamus te...

... tu solus Sanctus. Tu solus Dominus. Tu solus Altissimus...

Je suis très avancé dans la lecture, la correction, l'établissement du texte des *Approximations* de Charles Du Bos, pour leur réédition. Deux seuls de ses auteurs (et que j'ignorais presque totalement) m'ont, par son entremise, enrichi : Walter Pater et, surtout, Hofmannsthal. Et chez Hofmannsthal cette notion, si mienne (comme il dirait !) d'un « Présent d'une façon tout indescriptible entrelacé au Passé : dans les pores de son être même il (le poète) ressent tout ce qui fut vécu aux jours anciens, par de lointains ancêtres jamais connus, par des peuples évanouis, en des temps révolus... » :

Les morts ressuscitent pour lui, non point quand il le veut, mais quand il leur plaît, et ils ressuscitent sans cesse. Son cerveau est l'unique lieu où les morts, pour l'espace d'un instant, ont encore licence de vivre et où à eux, qui peut-être séjournent dans une solitude figée, il échoit de participer à l'insondable bonheur des vivants, ce bonheur de se rencontrer avec tout ce qui vit.

Et surtout ceci :

Aux yeux de toute pensée élevée, le miracle a toujours résidé dans la communauté du présent avec le passé, dans la survie des morts en nous : à elle seule nous sommes redevables de ce que les époques, au sein de leur changement, détiennent un contenu réel, de ce qu'elles ne nous apparaissent pas la perpétuelle et monotone résonance de mesures sans cesse répétées et dépourvues de signification.

Du Bos, critique, arrive par ferveur et enthousiasme à la négation de toute critique, l'exaltation, l'admiration ne trouvant à s'exprimer que par la citation textuelle, continuée de page en page — cinq, dix pages à la suite —, comme si aucun commentaire ne pouvait donner une « approximation » de ce qu'il préfère alors reproduire.

Paris, lundi 12 octobre 1970.

Il m'arriva de mettre sur certains exemplaires d'*Une amitié contrariée* une dédicace, à quelques variantes près ainsi rédigée :

Le secret du Temps immobile, *le voici : François Mauriac est vivant et je suis déjà mort...*

Par quoi j'entendais que, sans littérature ni tricherie (avec le minimum de littérature et de tricherie), je me considère déjà hors du temps.
Enregistrement pour la radio. Visages attentifs de Roger Vrigny et de Jacques Brenner.
— Seule une illusion d'optique nous fait privilégier notre fugitif présent. Aujourd'hui, 12 octobre 1970, sera demain aussi passé que le 12 octobre 1930, dont je pourrais vous donner, à l'aide de mon Journal, l'emploi du temps. Ce n'est donc pas d'une façon arbitraire que je saute d'un jour présent (aussitôt passé) à un jour passé (redevenu présent) : je suis hors de ce temps qui n'aurait pas de réalité s'il ne me détruisait et les êtres que j'aime, en commençant par me défigurer. Plus tard, lorsqu'on lira mon Journal, si on le lit, le 12 octobre 1970 ne sera ni plus ni moins actuel que le 12 octobre 1930 ou le 12 octobre 1976 au cas où je vivrais encore, à cette date.

Vémars, dimanche 12 octobre 1930.

Cette nuit, j'ai rêvé de Bertrand. Il y avait longtemps que je n'avais rêvé de lui. Toujours le même rêve : un Bertrand malade, pâle, l'intelligence affaiblie, mais *vivant*. Il était à Vémars avec nous. J'étais joyeux et triste à la fois. Il était avec nous, il riait, mais ce n'était plus son rire franc et gai. Il était morne. Mais il vivait. Nous soignions son pauvre petit être amaigri, nous le dorlotions et nous étions pleins de joie :

— Dire qu'il aurait pu mourir...

Le réveil, l'incertitude, le doute, et puis l'horrible vérité. J'ai souvent rêvé cela. Ces jours-ci, seul à Vémars avec grand-mère, l'ombre de Bertrand m'obsède. Je le revois seul avec grand-mère et moi. Chaque pièce, chaque meuble, chaque arbre du jardin me le rappelle.

Les souvenirs m'obsèdent. Je veux les noter sans ordre, tels qu'ils me viennent, je veux revivre avec Bertrand. Je vais lui parler. J'en sens l'impérieux besoin. Ah ! comme il me manque, que je l'aimais. Il était tout pour moi.

Je souffre plus que jamais de ta disparition, Bertrand. Te souviens-tu, Bertrand, de nos jeudis à Vémars ? Sous le ciel chargé, nous travaillions à notre jardin. Le groseillier que tu as sauvé pousse. Il est grand, maintenant. Te rappelles-tu ? Il était déraciné sur le « bourrier ». On l'avait cru mort.

Et la serre que nous avions faite avec deux briques et des débris de verre. Nous y mettions des fraisiers à demi gelés. Le matin, avant de partir, nous courions à notre jardin, nous soulevions la vitre glacée, nos doigts s'enfonçaient dans la couche de givre. Et notre joie lorsque nous voyions que nos petites plantes n'étaient pas gelées, t'en souviens-tu, Bertrand ?

Une fois, nous avions enterré un trésor. Tu étais dans la classe au-dessus de la mienne. Tu faisais du grec. Je t'admirais quand, sur la pierre qui recouvrait notre trésor, tu gravais des lettres grecques qui me paraissaient mystérieuses. J'étais jaloux, car ma suprématie d'aîné avait diminué depuis que tu étais en 6e et moi en 7e. Quand je voulais quelque chose qui ne te plaisait pas, je disais :

— Si, je le veux... Je suis l'aîné.
— Mais je suis en 6e, répondais-tu.

J'étais humilié, mais je m'inclinais.

Je me rappelle aussi le jour où tu redescendis en 7e. Je jubilais. Tu fis le pitre devant le tableau, en face de la classe enchantée et du professeur ravi.

Dis, tu t'en souviens, de cette classe qui était en même temps une serre ? Te rappelles-tu les pots multicolores des géraniums ? On les rangeait là, l'hiver. Et les vacances à Vémars ? Nous jouions au train. J'étais l'express, car j'avais une bicyclette. Bruno faisait le chef de gare aux « petits arbres ». Tu te souviens, il me fallait ton aide pour monter sur la bicyclette. Quand nous étions brouillés, tu ne voulais pas me pousser au départ.

Et nos petits goûters, certains jours d'automne. J'allais entrer au lycée. Cela me donnait du prestige à tes yeux. Ah ! qu'ils étaient bons, les marrons bouillis et les pommes cuites de ces goûters. Et notre « Trou », ce buisson que nous avions nettoyé et au milieu duquel nous avions creusé un grand trou qui existe toujours. Nous l'avions recouvert de planches et de branches, dis, te rappelles-tu, Bertrand ?

Ah ! ces vacances de Pâques ensoleillées, ces courses aux nids. Et le dimanche, tu te souviens. Pendant l'Évangile, nous dessinions sur les paroissiens. Il y a encore ta signature sur l'un de ces vieux manuels. J'y écrivais aussi. Il y a une date... combien horrible... 1er juillet 1928...

Bertrand je t'adore...

Et ces soirées de congé dans le salon sombre.

Nous jouions à l'avion sous la table. Quel prestige avait cette table à nos yeux. C'était l'univers.

Je n'ai pas seize ans et je pleure déjà le passé. Ah! ce passé... cette petite enfance délicieuse...

Je pleure, maintenant...

J'ai oublié...

Et puis Vémars me rappelle.

Il y a ta place...

Partout, une place vide...

Ah! ta chambre vide... Le radiateur où tu aimais t'asseoir, le soir, en chemise de nuit et qui porte encore la trace de tes coups de pied. Et nos « Festivals », la nuit. Nos collations. Dis, t'en souviens-tu? Et le téléphone que nous avions installé d'une chambre à l'autre. Et nos bains dans l'étroite et sonore baignoire. Bertrand, t'en souviens-tu?

Bertrand tu as été mon seul vrai ami. Tu étais un autre moi-même. Je t'en prie, protège-nous. Ah! je ne peux penser à ton corps. A ce que j'ai connu de toi. Ton corps. Tout ton pauvre être. Mais tu es heureux au ciel. Je ne peux le réaliser. Bertrand, prie le bon Dieu de m'envoyer des rêves où je te reverrai tel que tu étais. Plus jamais je ne te reverrai. Jamais. Ah! que ne donnerais-je pas pour te revoir, ne fût-ce qu'une seconde. Une seule.

Bertrand protège-nous.

Je t'adore.

... J'ai écrit les lignes précédentes à 6 h 30 du soir, en proie à un désespoir nerveux peu ordinaire. M. Corrard et sa mère déjeunent. Après dîner, nous avons, à la T.S.F., *l'Affaire de la rue de Lourcine*, de Labiche. C'est très amusant et fort bien joué. Je me remets un peu de ma douleur de tout à l'heure. J'ai écrit en pleine crise. J'aimais tant Bertrand. Et ces soirées d'automne avec grand-miche me le rappellent tant. Papa me dit dans sa lettre de bien belles choses. Et aussi : « Tu es à un âge où on trouve plaisir à la tristesse... » Il se trompe... Je suis très, très, très triste...

Paris, 12 octobre 1870.

Victor Hugo :

Barbieux, qui commande un bataillon, nous a apporté le casque d'un soldat prussien tué par ses hommes. Ce casque a beaucoup étonné Petite Jeanne. Ces anges ne savent rien de la terre.

Paris, 12 octobre 1770.

Diderot :

... Quelques jours auparavant, j'étois allé faire visite à Mme Bouchard ; j'y passai la soirée fort gaiement ; nous fîmes là, elle, l'abbé je ne scais plus son nom, de La Chaux et moi, de la philosophie très-folle et très-solide. Je lui trouvai bon visage. [...] J'ai été à la Briche, où M. Grimm et Mme d'Epinai se sont réfugiés contre les maçons qui démolissent le pignon sur la rue de la maison qu'occupe ou qu'occupoit rue Sainte-Anne Mme d'Epinai. [...] Pour vous, mademoiselle Voland, rendez-vous justice vous-même, et tout sera dit. [...]

Bonjour, mes bonnes, mes tendres amies ; bonjour.

Au Grandval, le 2 novembre 1770.

Quelques jours après la Saint-Denis, je suis parti pour le Grandval, où j'ai apporté une besogne immense. [...] J'en suis encore à vivre de régime, chose difficile ici, où les repas sont énormes, et où l'on désoblige sérieusement la maîtresse de la maison quand on n'use pas de la bonne chère qu'elle vous fait d'aussi bonne grâce qu'elle y en met. J'ai profité de l'extrême liberté de cette indisposition qui m'a affranchi de toutes les petites servitudes de bienséance, pour me renfermer davantage dans mon appartement, et pour travailler davantage. [...] Bonjour, mademoiselle Volland; mon cœur est le même; je vous l'ai dit, et je ne mens pas.

DIDEROT.

Paris, 2 novembre 1870.

Victor Hugo :

Le gouvernement demande un Oui *ou un* Non. *Louis Blanc et mes fils sont venus en causer.*

Paris, 3 novembre 1870.

Les frappements recommencent. Cette nuit, triple coup très fort à mon chevet. (Ma chambre est tout à fait isolée à un rez-de-chaussée sur un petit jardin clos de toutes parts.)
On dément le bruit de la mort d'Alexandre Dumas.
— Visite de Mlle Séphar, actrice; voudrait jouer Marion de Lorme.
— Sec. à Mme Jullian, n. 5 frs.

Paris, mercredi 30 octobre 1968.

Pèlerinage dans le temps avec les Jacques Debuisson. Ils souhaitaient connaître Vémars où, la lumière étant belle, je me décide à les conduire enfin cet après-midi. Moi qui ai passé ma vie à voir des admirateurs de mon père venir à Malagar ou à Saint-Symphorien sur les lieux que son génie a célébrés, j'ai pour la première fois la surprise et l'émotion de voir deux de mes lecteurs vérifier, livre en main *(La Conversation)*, si ce que j'ai chanté (le grand tour, le petit tour, la porte normande...) est bien tel qu'ils l'imaginaient. Le merveilleux est qu'ils ne sont pas déçus, si moi, une fois de plus, je le suis sur ces lieux sanctifiés, dont l'esprit, les dieux, se sont presque entièrement retirés.

La Michelette, bois sacré d'autrefois, désenchanté, lui aussi, les émeut parce que c'est le nom de la propriété du héros de ma pièce. Loisy, hameau-fantôme d'où les fantômes de *Sylvie* ont fui. Senlis, où les miens vaguement réapparaissent. La plus belle de toutes les cathédrales européennes, parce qu'elle est celle de mon enfance. Abordée par son chevet, peut-être pour la première fois. Traversée. Retrouvée. Vue alors objectivement — c'est-à-dire dans ses disparités et son imperfection. Mais, tout près, jouxtant une église désaffectée, bombardée en 1914, une maison dont Jacques Debuisson a raison de signaler le caractère balzacien. On se croirait à Saumur. Eugénie Grandet est derrière les rideaux. Les environs immédiats de la cathédrale semblent eux aussi échapper au temps, enfermés dans une goutte de temps, sous globe de temps, en 1968, mais aussi bien en 1838.

Roxane, fervente. Je me sens gêné, ne méritant pas d'être ainsi pris au sérieux. Mais cela est si exaltant de pouvoir raconter son enfance sans être ridicule, ennuyeux, que je me laisse aller, évoquant et Bertrand et grand-mère et ces humbles, ces rayonnants souvenirs dont il est vrai, j'essaie, dans *le Temps immobile*, de capter le mystère afin de le rendre accessible à quelques autres lecteurs encore.

Aux Jardies, fin octobre 1838.

Honoré de Balzac à Laure Surville :

Je travaille jour et nuit ; la condition de ces travaux est l'oubli de tout, et il y a des cœurs qui ne conçoivent pas ces oublis momentanés. Mme de B[erny] mettait son bonheur à être oubliée pendant des heures de travail, elle y était si bien parvenue qu'elle pouvait être là, tant elle savait que le cœur dormait comme dort le corps, et elle aimait tant qu'elle ne me regardait pas, parce qu'elle ne pouvait supporter un regard indifférent. Toutes les personnes qui m'ont aimé ou qui m'aiment disent toutes que mon regard [d'amour est comme une parcelle de métal fondu] (raturé). [...]

Allons, adieu, chère et bien chère Laure, je travaille à en mourir peut-être, et je voudrais bien faire assurer ma vie afin de laisser, dans ce cas, une petite fortune à ma mère, toutes dettes payées. Aujourd'hui, le temps pendant lequel dure l'inspiration est moins long, le café ne m'anime plus aussi longtemps. Il durait deux mois, et cette fois-ci il n'a pas produit son excitation plus de 15 jours. C'est le terme que Rossini lui assignait pour son compte à lui.

Paris, vendredi 18 janvier 1974.

Les Jardies qui appartinrent à notre famille après Balzac. Ma grand-mère se souvenait y être souvent allée petite fille chez sa tante Aimé Fagniez...

Terracine, 9 janvier 1817.

Stendhal :

A Terracine, dans l'auberge superbe bâtie par Pie VI, l'on me propose de souper avec les voyageurs *qui arrivent de Naples. Je distingue, parmi sept à huit personnes, un très bel homme blond, un peu chauve, de trente à trente-deux ans. Je lui demande des nouvelles de Naples et surtout de la musique; il me répond par des idées nettes et brillantes. Je lui demande si j'ai l'espoir de voir encore à Naples l'*Otello *de Rossini, il répond en souriant. Je lui dis qu'à mes yeux Rossini est l'espoir de l'école d'Italie; c'est le seul homme qui soit né avec du génie, et il fonde ses succès, non sur la richesse des accompagnements, mais sur la beauté des chants. Je vois chez mon homme une nuance d'embarras; les compagnons de voyage sourient; enfin, c'est Rossini lui-même. Heureusement, et par un grand hasard, je n'ai pas parlé de la paresse de ce beau génie.*

Goupillières, lundi 2 novembre 1970.

Dans le ciel clair de Goupillières, le même appel bref de corbeau que dans celui de Vémars, hier au-dessus du cimetière. « Corbeaux. Beaux caveaux villageois. O campagnes ! » écrivais-je dans l'un des seuls passages lyriques de « mon œuvre », — Roxane Debuisson me rappelait l'autre jour ces mots de *La Conversation 2,* à propos du cimetière de Vémars où elle voulait aller sur la tombe de François Mauriac. Et c'est en pensant au cimetière de Vémars que je les avais écrits.

Grand-mère elle-même, dans son caveau — petite chapelle où je l'ai si souvent vue agenouillée — n'avait point, par sa présence au milieu de ces morts, changé pour moi la nature à la fois désagréable et indifférente de ces lieux, que le corps de mon père a sanctifiés, les rendant à la fois plus personnels (moins étrangers) et moins effrayants (moins étranges).

Cela pour le cimetière. Mais ceci pour François

Mauriac, si vivant, non pas dans mon souvenir : en moi, autour de moi ; dans le temps immobile — où tout le passé rassemblé pèse plus lourd que ce présent douteux où il n'est plus.

L'église de Vémars, immobile dans le temps. (Le mien, et celui de générations et générations de villageois.) Maman, à la place de grand-mère. La petite armoire aux livres de messe dont elle n'a pas apporté la clef et qui recèle ces trésors datés : des inscriptions si anciennes, dont certaines sont du temps de Bertrand... La famille déborde les deux bancs, petite barque fermée dans le vaisseau de l'église. Mes enfants...

Et, lorsque nous arrivâmes du cimetière où nous nous étions rendus une première fois directement, ces cloches des morts, les cloches de mon enfance, dans le clocher de mon enfance. Elles nous paraissaient si redoutables, entendues du salon, le soir de la Toussaint (ou le jour des Morts ?). Nous nous sentions à l'abri dans ce grand salon à peine éclairé. Autour de nous, dehors, c'était la nuit, c'était la mort.

Ce rêve, cette nuit. Soudain retrouvé dans son intensité et son étrangeté, cet amour. L'être que j'ai le plus aimé, retrouvé après une longue absence, où, face à face, devant un témoin que nous ignorons (je ne connais pas son identité dans le rêve lui-même), nous nous laissons envahir par un amour si violent, si impérieux, si profond, qu'il efface celui que nous avions éprouvé autrefois et que nous ne pouvions imaginer plus puissant. Nous sommes là, nous regardant d'abord, nous étreignant du regard, l'un près de l'autre, dans les bras l'un de l'autre, moi disant :

— Mais comment avons-nous pu accepter d'être séparés si longtemps...

Et lui :

— Je ne sais pas...
Et moi disant (ou ne disant pas ; mais pensant) :
— C'était une femme ! Bertrand *est* une femme, je l'avais oublié si je l'avais jamais su...
Que dirait Hélène Cixous, qui me demande de lui raconter mes rêves ? Elle a une explication psychanalytique pour le plus anodin fragment du moins intéressant d'entre eux. Alors, celui-là...

Paris, samedi 4 août 1973.

Le Temps immobile, si minutieusement composé soit-il, éclate. Impossible de rassembler les morceaux. Temps (et livre) pulvérisé(s). [...]

Paris, mercredi 24 octobre 1973.

J'en étais à peu près là de cette ultime lecture, avant la remise de mon manuscrit à Bernard Privat. Luce (à qui j'en ai confié le double) me téléphone. (Je n'ai eu, à ce jour, que trois lectrices — mes trois *seuls* lecteurs : Marie-Claude Mauriac, Françoise Verny, Luce Le Ray.)
Luce me dit :
— Je comprends maintenant combien ce dut être pénible pour toi de composer ce livre. Travail en quelque sorte contre nature. Toutes ces pelletées et ces pelletées dont nous recouvrons notre passé...
Elle est gagnée par cette angoisse, au point de trouver difficilement le sommeil après m'avoir lu. Et moi, je songe que l'oubli est, en effet, indispensable à la vie. La satisfaction d'avoir achevé ce livre ne contrebalance pas une certaine anxiété. Déséquilibre dont je suis atteint en profondeur. Et je me dis qu'il faudrait déplacer ce fragment. Le nuancer.

Réduire à ses proportions réelles ce léger trouble. Redire qu'il n'y a pas de commune mesure entre ce malaise et le vertige de la « décomposition des concepts ». Mais à quoi bon ? Et pourquoi ? Ce livre est là, il est terminé. J'avais encore écrit ici, le 4 août dernier : « Rompons ce rythme fou. Et enchaînons... »

Valmante (Marseille), mercredi 24 juillet 1957.

Il y eut une étonnante soirée au château, où mon père et la marquise de Puységur, recourant au même fonds inépuisable de vers amoureusement sus par cœur, récitèrent tout à tour et parfois à deux voix du Mme de Noailles et de l'Edmond Rostand. Vraie fête de famille, digne de cette maison vénérable où vinrent Rostand et Mme de Noailles, dont des portraits et des photos dédicacées disent encore qu'ils sont là chez eux.

L'ombre de la pauvre Mout était présente, lors de cette soirée d'hommage simple et spontané qui lui aurait tant fait plaisir, Mout, Juliette Mante, sœur d'Edmond Rostand ; son piano, que personne n'a plus ouvert depuis les derniers accords de Bach (oui, ce devait être du Bach) qu'elle y avait joués, ne sachant pas qu'elle n'ouvrirait plus jamais son Steinway...

Hier, nous avons été, mon père et moi, à Aix-en-Provence entendre une fois de plus *Carmen* — qui fut décevante, malgré les beautés de la nuit crissante, des étoiles et de cette musique merveilleuse.

Papa semble toujours content. Nos attentions que nous multiplions dans la joie de l'avoir près de nous et de le rendre aussi heureux que possible, lui font plaisir. Il en faut si peu pour qu'il soit heureux. Ou du moins pour qu'il soit aussi heureux que cela lui est possible, à son âge, hanté qu'il est par le temps qui passe, la vie qui fuit, la mort qui vient. Je connais le sens de ces soupirs qui lui échappent plusieurs fois par jour. Parfois une brève plainte, un « ce n'est pas gai » résume son angoisse et l'exhale. Je suis désespéré de ne rien pouvoir pour lui. Il n'est pas de consolations possibles.

La vie chrétienne est le seul recours. Je lui dis que je l'envie d'avoir la foi, que ce doit être une aide irremplaçable. Il répond :

— Non pas tant la foi que la vie sacramentelle... Tu ne peux imaginer ce que mes communions matinales ont de pacifiant. Ma journée entière en reste touchée...

Il va parfois à la messe du matin, au proche couvent des filles repenties, dont il aime, malgré la laideur, l'atmosphère de recueillement.

Tandis que j'écris, j'entends le fracas des arbres abattus. Suite du gel de l'autre hiver : cent trente pins environ sont condamnés. La propriété qui en est déjà changée, n'en reste pas moins belle. Des horizons insoupçonnés se découvrent.

Valmante, mercredi 7 août 1957.

Beaucoup travaillé à la mise au net de mon Journal de la Libération. Ennuyé de le trouver si sec. Ces pages n'ont aucun brillant ; elles présentent le minimum de vie : porté, transporté par l'événement, je ne me donnais aucun mal pour en rapporter les détails. Ou plutôt, j'étais trop exalté, trop fatigué pour me donner d'autre mal que celui, déjà considérable, de l'écrire. J'ai achevé en gros l'orchestration, non de ces pages, laissées telles quelles, mais des commentaires et des documents dont je les ai entourées. Je ne sais si ce texte, *les*

Barricades de Paris, a quelque valeur, s'il est souhaitable ou non de le publier.

Mon père est toujours là, plus pour longtemps malheureusement. J'ai tapé sous sa dictée trois *Bloc-Notes* et un article pour *le Figaro littéraire*. Il a trouvé dans ma bibliothèque le *Contre Sainte-Beuve* qui fut à l'origine de ce dernier papier. Je lui ai donné les Jünger et les Borges (mes dernières découvertes) : de Jünger il ne connaissait que le premier tome du *Journal* (je lui ai confié le second) ; de Borges, il ignorait tout (comme moi il y a si peu de temps encore).

Mon père se plaît toujours ici. La qualité et la fraîcheur de l'air, ce qu'il a de roboratif en même temps que de reposant, lui font passer sur le bruit de la route nationale, « tentacule » déjà jeté par Marseille ainsi qu'il le dit dans son premier *Bloc-Notes* de Valmante :

20 juillet 1957.

Aux portes mêmes de Marseille, ce beau domaine, tout vivant qu'il est, je le sens frappé à mort. Ce que le château recelait de précieux a été dispersé. Les armoires ouvertes ne défendent plus leurs secrets qui, dans une noble demeure comme celle-ci, sont les mêmes que dans les logis modestes où j'ai vécu : albums, photos dédicacées... Quel parti pris d'être heureux, dans cette puissante bourgeoisie d'autrefois ! Mais les jardins d'Armide n'ont défendu aucun de ceux qui y vécurent contre sa part de malheur.

L'admirable décor a beau subsister, presque intact, Marseille a déjà jeté le tentacule enveloppant d'une route vers Cassis. Marseille n'est pas pressée : la proie merveilleuse ne lui échappera plus.

Un peu plus loin, à la date du 21 juillet : « Je

regarde Marseille dans la brume de ce dimanche... » Et dans le *Bloc-Notes* suivant :

25 juillet 1957.

Ce pays plus beau que n'est le mien — et qui oserait les comparer ? — cette montagne de Marseille que ma fenêtre encadre et qui, dans le soleil du réveil, devient chaque matin la « Sainte-Victoire » de Cézanne, et la mer est au loin mêlée au ciel, je ne trouverais que de pauvres mots pour les peindre. Il n'est rien dont je sois moins capable que de décrire un pays où je n'ai pas vécu enfant : d'un voyage autour du monde, je ne rapporterais pas dix lignes.

L'emploi du temps est le suivant :
Entre huit et neuf heures, après mon petit déjeuner chez les enfants, je vais dire bonjour à mon père que je trouve en général au lit, en train de raconter à Gérard les images du *Capitaine Grant* ou du *Robinson suisse*.

Matinée de travail. Papa lit ou écrit, soit sur la terrasse, soit dans son bureau (l'ancien boudoir de Mout, où les livres et les papiers paternels ont marqué une présence que j'ai du mal à admettre si récente et si éphémère), moi dans le mien.

On se retrouve un peu avant le déjeuner qui a lieu, depuis que Camille et Jean Dutourd sont venus, dans le grand hall du premier. Café et conversation (dans le petit salon). Puis sieste paternelle.

L'après-midi, il lit. (Il y eut une grande promenade en Camargue, un jour, mais ce fut exceptionnel.) Conversations en fin de journée sur la pelouse — ou sur la terrasse qui est son coin favori. Parfois, pique-nique au château avec les François de Puységur et Suzy. (Hier, dîner à Marseille, à *l'Epuisette*.)

Après dîner, longue soirée de conversations et de musique avec Marie-Claude et moi.

J'ai pris quelques photos. François Mauriac sous les mêmes pins, devant la même statue, que la comtesse de Noailles, dans telle vieille photo à peine plus vieille : l'une et l'autre appartiendront bientôt au révolu. Cette terrasse elle-même et Valmante seront comme nous effacés du monde.

La mort, toujours. Il en parle souvent. Y pense et nous y fait penser plus souvent encore. Si jeune, si alerte, semblable au père que j'ai toujours connu, plus brillant, plus drôle que jamais, avec cette gravité d'un regard qui donne un sens à tout ce qu'il considère. La présence de mon père met chaque chose à *sa* place, l'introduisant dans une hiérarchie secrète. Tout est situé, l'insignifiant lui-même. Et ce n'est pas ce qui paraissait important qui est toujours à la première place. D'où l'enrichissement non seulement de sa conversation mais de ses silences. Sa seule présence ordonne le monde visible et invisible.

Je regrette de n'avoir pas noté chaque jour ce qu'il a dit et ce que, de façon non moins expressive, il n'a pas dit. J'étais « dans mon travail ». Si je m'occupais de lui, c'était du François Mauriac d'août 1944. Sa voix monte du jardin d'alors. Elle est lointaine, mais, comme j'en ai recueilli les propos, étonnemment présente. Et un vertige me saisit lorsque je pense que cet homme, vieilli, certes, mais il n'en paraît rien, est là, le même qu'autrefois, à quelques dizaines de mètres de moi...

Au lieu de vainement revenir sur un passé englouti, ne ferais-je pas mieux de me consacrer à ce présent pour peu de temps possédé, dont nous pouvons jouir encore tous les deux, le père et le fils, qui nous aimons tant et nous comprenons si bien ? Mais il ne faut pas regarder avec trop d'attention et de persévérance ce que l'on veut vraiment voir. Ni chercher à éteindre ce que l'on désire posséder. Sans doute ai-je choisi la solution la plus sage en m'éloignant afin de prêter de nouveau l'oreille à cette voix brisée qui, après treize ans, monte une fois encore de ce jardin d'Ile-de-France pour arriver inchangée à mes oreilles, cette voix anxieuse, mais si tendre...

Je n'en ai pas moins posé la plume pour aller rendre une brève visite à mon père dans son proche cabinet de travail. Je le trouvai un livre sur les genoux, l'air triste, si triste. C'était le *Journal* d'Ernst Jünger. Mon père avait appris en même temps et que l'auteur des *Falaises de marbre* avait un fils et que celui-ci combattait sur le front d'Italie :

— C'est affreux. J'attendais des nouvelles de page en page, m'inquiétais de ce silence. Et je viens d'apprendre, à quatorze ans d'intervalle, que le petit Jünger a été tué. J'en ai pleuré.

Et c'est vrai qu'il avait les yeux rougis.

Oui, j'aurais tout de même dû tenir ici un journal quotidien. On y aurait lu de précieuses histoires de famille. Beaucoup m'étaient inconnues. S'adressant à sa belle-fille (qu'il semble beaucoup aimer) plus qu'à moi, il s'exprime plus librement à ce sujet. [...] On y aurait lu des détails sur l'opération de 1932, qui « partagea sa vie en deux » et sur sa stupeur, à la pensée du temps passé depuis lors, le temps pour Marie-Claude d'être la jeune femme qu'elle est aujourd'hui :

— Mais c'était hier ! Ah ! mes enfants, comme c'est court, comme c'est court...

Et de si belles histoires personnelles. Un jour à Marseille, oui à Marseille, justement où, voulant faire ses Pâques (« je vous parle d'il y a plus de trente ans ! ») et rechignant (« Vous savez ce que c'est ! »), il s'était fait violence, était entré dans n'importe quelle église (il ne sait plus laquelle) pour se confesser et était tombé sur un jeune prêtre qui lui avait dit exactement les mots qu'il attendait obscurément :

— J'avais vraiment l'impression que le Christ lui-même était là et qu'il me parlait.

Il divertit beaucoup Dominique (fascinée par lui, comme François) en lui racontant que pour confesser certaines fautes, à peine vénielles, mais qu'il faut tout de même dire (distractions, émotions dues aux visages et aux corps) il est accoutumé d'user de cette formule :

— Je m'accuse de n'avoir pas mortifié mon regard.

J'aurais aussi noté tout ce qu'il dit sur Gérard, son attention, sa trop grande douceur (qui lui fait un peu peur), sa vulnérabilité, son regard :

— Un regard chargé d'expérience, au point que je me sens plus jeune que lui.

— Oui, dit Marie-Claude, j'ai remarqué : un regard d'au-delà le regard.

J'aurais dit cela — qu'au fond je viens de dire, mais trop vite et mal.

Tout ce dont, sans doute de façon imprudente, dangereuse, j'essayais de préserver mon fils (un contact trop direct avec les duretés de la vie, révélations dont je frémissais en pensant qu'il n'y échapperait pas), mon père le lui découvre innocemment en lui montrant les images de Jules Verne où l'on voit des naufrages, des morts, et même des crocodiles dévorant des enfants. (Gérard, racontant le livre à sa maman, passe pour elle ce chapitre, la ménageant, disant : « Je ne te raconte pas cela, c'est trop terrible. ») Peut-être est-ce à cause de ces récits que mon fils montra pour la première fois quelque peur, le soir, à la pensée de rester seul dans sa chambre ? Mais quoi, il ne faut pas renouveler l'histoire du père du Bouddha, éloignant de son fils toute connaissance de la maladie, de la misère, de la mort.

— Pauvre petit, murmure mon père...

Et je comprends ce qu'il veut dire, partageant cette compassion. La grande différence entre ce que j'étais encore en 1944 et ce que je suis aujourd'hui, c'est que je ne pense pas d'abord à moi lorsque je songe au tragique de la condition humaine, mais à ma femme, mais à mes enfants. Et à mes parents, ce que je faisais peut-être déjà avant mon mariage, oui, sans doute, mais point de façon si intense, si désintéressée, si totale.

Valmante, jeudi 8 août 1957.

Été hier à Notre-Dame-de-la-Garde avec mon père qui avait souhaité y retourner : il n'y était pas revenu depuis son départ pour Salonique, il y a une quarantaine d'années. Il reconnaît mal les lieux mais me raconte avoir acheté ce jour-là au pèlerinage de « la Bonne Mère » un *Manuel du chrétien* dont il se sert toujours.

Ce matin, je me suis levé tôt pour aller surprendre mon père à sa messe matinale. Ou plutôt pour surprendre on ne sait quel secret, plus filial, familial, que religieux. Lorsque j'arrive, vers sept heures, la messe commence. On ne voit pas les cloîtrés derrière leur grillage, et les « repenties », de l'autre côté, sont exceptionnellement absentes, derrière l'autre grille relevée dont mon père disait qu'à la fin de la messe « crac, on la rabaissait comme sur de pauvres petits oiseaux ». Deux religieuses, deux infirmières et mon père : seule assistance. Je me mets derrière lui, un peu gêné de l'entendre réciter le Confiteor à haute voix. (De même qu'en sens contraire j'étais gêné, hier soir, de son visage alors qu'il écoutait *Tristan et Isolde* retransmis de Bayreuth.) Au moment de la communion je vais, par pudeur, me cacher au fond de la chapelle pour qu'il ne me voie pas en revenant de la Sainte-Table. Je l'attends dehors, où il me retrouve sans étonnement et nous revenons à pied jusqu'à la grille (où j'avais laissé la voiture).

— Je croyais, après *Tristan*, faire des rêves troublants... Mais non : du reste ce déluge passionnel ne me concerne plus, ce n'est pas sans stupeur que j'y assiste (encore que Wagner ait vraiment écrit là le plus beau chant d'amour qui fut jamais composé). Je ne comprends plus, ou plutôt je comprends mieux : tout grand amour est mystique, c'est la même exigence qui s'ignore.

J'étais attendri et déçu. Sa nuque d'enfant sage, pendant la messe, son recueillement si dépouillé. Mais aucune manifestation sensible du divin, malgré cette proche intercession. Nul doute, en effet, que je n'aie été dans ses prières.

Le soir, dîner dehors, avec Luce et ses filles venues d'Aix. J'assiste à une sorte de répétition hâtive mais précise de la façon émerveillée dont mon père racontera son séjour à maman. Tout lui a plu et l'a séduit. Je ne l'avais jamais vu si détendu pendant un si grand nombre de jours, et tout à la fois si tendre, si simple, si attentionné.

Il nous a raconté quelques histoires du Cocteau de sa jeunesse. Ses mots d'alors qui faisaient mouches, moins préparés, moins répétés, plus spontanés qu'aujourd'hui.

Entrée des A. — physiquement affreux l'un et l'autre : « Voilà la fée Urine et le Prince Vomi. » (Elle, née H. Mon père, invité parfois dans sa loge de l'Opéra y assista — c'était la fin — aux belles soirées que Proust raconte.)

Entrée des P. (lui tout voûté, exténué, poussé par elle, implacable, vers l'Académie) : « Le bûcheron et la Mort. »

Entrée d'un jeune poète américain, dont Madeleine Le Chevrel lui avait fait attendre merveille : « On m'avait annoncé Walt Whitman et c'est Ouate Hydrophile ! »

D'une certaine baronne de B., coiffée d'une curieuse façon, les cheveux « mousses » : « Elle a mis son éponge à tub sur la tête. »

Nous avons souvent entendu de la musique, le soir, à la radio. Parmi les œuvres inconnues de nous, ce que nous avons le plus aimé : le *Concerto en sol pour piano et orchestre* de Ravel.

Valmante, vendredi 9 août 1957.

Dernier matin où je le trouve dans son lit racontant un Jules Verne à Gérard ; où je le vois étendu sur le divan de son cabinet (mais tout est emballé, il n'est déjà plus entouré de livres et de journaux comme dans un nid de papier) ; où il préside le déjeuner dans son fauteuil à haut dossier...

Nous le mettons dans le Mistral à 3 heures. En traversant la Canebière, au retour, premier pincement au cœur. Et à Valmante chagrin absurde (ce n'est qu'une brève séparation), mais total. Comme il n'a relativement passé dans ces lieux que peu de jours, les images qu'il y a laissées ne sont pas si abondantes qu'elles s'effacent les unes les autres, comme à Malagar ou à Vémars, où il ne subsiste que des vues « génériques ». Ici, *il est partout* : sur ce fauteuil de la terrasse qui est là où il l'a placé, sur ce transatlantique où il était encore assis tout à l'heure et le mien est dans la même position, à côté.

Je lève la tête vers la vitre de son cabinet de travail et mon cœur fond d'une inexplicable détresse.

Avant goût, intolérable, de la séparation définitive. Ce séjour a eu quelque chose de miraculeux dans sa perfection, je le découvre mieux encore maintenant qu'il est trop tard. Jamais je n'avais « profité » comme cela de mon père, n'ayant jamais vécu en sa compagnie hors de chez lui (il y eut bien des séjours à l'hôtel, autrefois, mais c'est si loin!). Je regarde, les larmes aux yeux : *et il est partout.* Notre amour dépaysé se révéla dans son ampleur insoupçonnée : toutes habitudes effacées, toute distraction rendue plus difficile, il s'étendit et s'épandit dans sa force calme et son éclat.

Valmante, samedi 10 août 1957.

Sa chère voix au téléphone à Vémars, ce matin, et celle de maman heureuse et détendue. Rien n'est fini. Rien n'est encore fini.

Marseille, jeudi 11 mars 1971.

L'hôtel où le représentant local d'Hachette nous a installés est situé avenue de Mazargues...

Mazargues, où nous allions faire nos courses de Valmante.

Valmante que nous savons si proche, où nous avons décidé tacitement que nous n'irions pas.

Et nous partions en taxi vers le centre, ce matin, lorsque sur la proposition, timide et à peine formulée, de Marie-Claude, aussitôt acceptée d'un commun accord, malgré nos appréhensions, nous fîmes rebrousser chemin au chauffeur.

Nous attendant au pire. Que nous crûmes d'abord évité : le château, le pavillon étaient là. Certes la colline était éventrée, de hauts immeubles s'élevaient à la place des pins d'autrefois. Mais le château, le pavillon, étaient là.

Le taxi s'arrête le long d'une route — d'une rue — creusée dans l'ancienne propriété, au bord d'un trottoir et d'une immense construction, en un endroit que nous ne pouvions repérer. Il nous fallut escalader les bords rocheux et abrupts du chemin. Le tilleul où, un soir, un héron s'était posé était là. Plus trace de la mare où chantaient une dernière fois les grenouilles, le dernier soir de juin, avec le dernier rossignol (un certain soir, inoubliable, lors de notre arrivée à Valmante, dans le bonheur, pour deux mois de bonheur). Les platanes, mais couverts de lierre ; les cèdres (dont j'avais perdu le souvenir) ; plus trace des petits canaux, à un endroit près ; un sol tassé, avili, bossué, de terrain vague ; un immeuble à quelque cent mètres du pavillon, barrant la vue, et la mer n'apparaît plus que fragmentairement. Le pin parasol est là, devant le pavillon ; et les pins devant le château où l'escalier *Edmond-Rostand* à demi écroulé et couvert de graffiti gravé dans la pierre, a perdu son nom. Une petite fille rêve, assise sur la balustrade du perron. De l'autre côté, celui par lequel nous étions, comme autrefois, arrivés devant l'autre perron, quelques retraités jouent aux boules ; des enfants se poursuivent, comme en songe. Des vieux, pas tout à fait vrais, des enfants presque imaginaires...

Tout cela noté en désordre. Il s'agit bien de faire des phrases ! Mais il y a cette phrase que j'aurais dû écrire avant toute autre — qu'il me faut bien inscrire maintenant dans sa désolation, château, pavillon (que m'importe le pavillon, c'est au château que nous avons été heureux) sont intacts, à ceci près : toutes les portes, toutes les fenêtres ont été murées...

Château aveugle. Vide. Ténébreux. Abandonné aux rats. Les pianos de Juliette Mante se sont tus à jamais ; les ombres d'Edmond Rostand, de la comtesse de Noailles, de Francis Poulenc, de François Mauriac ne sont plus connues, reconnues par personne.

François Mauriac. Ici, au bas de ce perron, puis à ce tournant, sous ces pins, je l'ai perdu une première fois, le jour où il s'éloignait à jamais de ces lieux que nous allions nous-mêmes quitter pour toujours. Ici, j'ai connu un chagrin que sa mort ne m'a peut-être pas fait éprouver si violent.

Marie-Claude, dont l'enfance s'est passée en cet endroit — sacré plus encore que pour moi — et qui y a connu avec Gérard, le bébé Natalie et moi, des étés de bonheur (c'était, c'est cela, le bonheur) regarde sans rien dire ce paradis saccagé. Nous nous sommes éloignés, par pudeur, discrétion, égoïsme. Seuls avec notre chagrin, dont nous restons marqués.

Ainsi, d'âge en âge, la Provence est-elle enlaidie — et la France — et le monde. Pourquoi s'étonner ? De quel droit crier au scandale ? Pourquoi eussions-nous été privilégiés ? Les Marseillais ont dû pareillement souffrir lorsque sautait le Vieux-Port. Et j'ai peut-être physiquement presque autant changé que Valmante depuis le jour où je l'ai quitté.

Ici, entre ce chêne vert et ce cèdre, était attaché notre hamac brésilien ; là, nous dînions dehors avec les Puységur par des nuits divines. Là, Gérard et Ladislas faisaient du tricycle, à toute vitesse. Et c'est là-bas, en un lieu effacé, quelque part dans cet indistinct terrain vague, en contrebas (mais le relief lui aussi a été changé) que, près d'une serre disparue, Gérard levait vers François son visage. La photo demeure, que je retrouverais si je le voulais dans mon Journal d'alors, dactylographié sans doute sur des feuilles semblables à celle-là.

Immobile, le temps ? En nous, oui, peut-être. Mais il abîme nos paysages comme nos visages. Un raz de marée a détruit, avili, souillé Valmante. Il demeure quelques arbres et ces deux maisons aveugles dans un décor dont il subsiste, sous le ciel et dans cette lumière inchangés, quelques traces — les boules de buis, sur le sol durci et caillouteux (plus d'allées, ni de massifs) ; la « thèse » revenue à l'état sauvage. De chapelle, plus, semble-t-il (nous n'avons pas été jusqu'à l'endroit où elle se trouvait). De ce côté, là où il n'y avait que des pins, des buildings, partout. Et un pin, un seul, ici ou là, sauvé.

Marie-Claude dit :

— Nous n'aurions pas dû revenir... Je regrette de t'avoir emmené ici...

Mais non : il est préférable de voir, de savoir. Nous n'osions penser à ce qu'était devenu Valmante. Valmante était en nous comme une blessure infectée. La plaie est débridée... Je m'attendais au pire. Le pire est inimaginable. Imaginé un décor, même saccagé, garde une certaine pureté de lignes ; une certaine propreté. On n'imagine pas les détails. Or ce sont eux, accumulés, qui donnent, jusqu'à l'horreur, le sentiment de l'irréversible.

En nous, Valmante demeure, intact. Les deux images ne se superposent pas. Nous passons de l'une à l'autre. Comme je passe du souvenir de mon père dans ses derniers jours, ses derniers mois, à ceux de sa verte vieillesse, de sa jeunesse.

Ne pas s'attendrir. Accepter ce qui est.

... Enfin, je traversai une troisième fois Combourg, en allant m'embarquer à Saint-Malo pour l'Amérique. Le château était abandonné, je fus obligé de descen-

dre chez le régisseur. Lorsque, en entrant dans le Grand Mail, j'aperçus du fond d'une allée obscure le perron désert, la porte et les fenêtres fermées, je me trouvai mal. Je regagnai avec peine le village; j'envoyai chercher mes chevaux et je partis au milieu de la nuit. [...] Si mes ouvrages me survivent, si je dois laisser un nom, peut-être un jour, guidé par ces Mémoires, *quelque voyageur viendra visiter les lieux que j'ai peints. Il pourra reconnaître le château; mais il cherchera vainement le grand bois : le berceau de mes songes a disparu comme ces songes. Demeuré seul debout sur son rocher, l'antique donjon pleure les chênes, vieux compagnons qui l'environnaient et le protégeaient contre la tempête. Isolé comme lui, j'ai vu comme lui tomber autour de moi la famille qui embellissait mes jours et me prêtait son abri : heureusement ma vie n'est pas bâtie sur terre aussi solidement que les tours où j'ai passé ma jeunesse, et l'homme résiste moins aux orages que les monuments élevés par ses mains...*

Paris, mardi 10 novembre 1953.

... Nous déjeunâmes à Pontorson, puis gagnâmes Combourg. Allâmes d'abord nous installer au bord de l'étang. Assis au pied d'un peuplier, je lus à Marie-Claude le passage des *Mémoires d'Outre-Tombe* où était évoqué le paysage que nous avions sous les yeux : au pied de l'imposant et sinistre château féodal, les maisons de Combourg, l'étang, sa chaussée, le grand chemin de Rennes, la prairie où nous nous trouvions, un hameau... Nous pénétrâmes ensuite dans le parc, qu'à défaut du château on pouvait visiter. La description de Chateaubriand restait d'une exactitude émouvante. Nous vérifions, à mesure de ma lecture, chaque détail donné : « les tours inégales en âge et en matériaux », les créneaux, les toits pointus, les « quelques fenêtres grillées apparaissant çà et là sur la nudité des murs », les armes des seigneurs de Combourg, « et les taillades à travers lesquelles sortaient jadis les bras et les chaînes du pont-levis ». Seul « le large perron, raide et droit » ne répondait pas à la description : nous comptâmes beaucoup plus des vingt-deux marches annoncées et le « sans rampes, sans garde-fou » n'était plus exact.

Marie-Claude cueillit dans les jointures des vieilles pierres des scolopendres que nous glissâmes entre les pages du livre. Le ciel bas écrasait un paysage plus triste encore que dans la description qu'en avait donnée Chateaubriand. J'étais intéressé sans être ému. Seule m'avait vraiment touché la vue majestueuse et grave du château, depuis les bords de l'étang. Et précédemment la route qui menait à Combourg, encore inconnu, rêvé, tandis que Marie-Claude me lisait l'ouverture inoubliée :

Durant quatre mortelles lieues, nous n'aperçûmes que des bruyères guirlandées de bois, des friches à peine écrêtées, des semailles de blé noir, court et pauvre, et d'indigentes avenières...

Quelques minutes après, c'était La Chênaie. Ce nom effacé écrit sur une planche vermoulue à l'entrée d'une allée de hêtres. Un étang encore, dont les eaux portaient d'autres souvenirs. La maison, jolie et discrète, vue malheureusement d'un peu loin, si romantique, de même que ces bois de sapins, ces fougères (dont nous emportâmes quelques plants vivants), cette eau dormante où une barque enlisée était peut-être la même que celle dont parlait Maurice de Guérin dans *le Cahier vert*. Aussi ému qu'à Illiers, l'autre jour. Sur ce rocher, où un médaillon le représentant est scellé (portant ce seul nom : Féli), La Mennais aimait sans doute s'asseoir. L'actuel propriétaire a planté de nombreux arbres dont les jeunes pousses alternent avec les fûts, si hauts aujourd'hui, de ceux que planta peut-être M. Féli. J'ai lu, au retour : « Il aimait *sa terre*, et mettait son bonheur à y planter des arbres. La Chênaie, dans un demi-siècle, disait-il, sera un fort joli lieu, si l'on ne gâte point mes préparatifs... »

[...] Je trouve, sur une plage de Dinard, une pierre lourde, douce, mystérieuse, pailletée de mica, que je rapporte comme souvenir de ce beau voyage.

Retour par Fougères. Salué, au passage, le nom balzacien de La Palférine, alors que je songeais précisément au premier épisode des *Chouans*, situé en cet endroit, sur la route de Fougères à Mayenne.

C'est, comme à l'aller, sous le même ciel gris, par la même température douce, de somptueux paysages. Les arbres ont conservé, loin du rivage, une partie de leurs feuillages roux. Marie-Claude et moi avons le même amour des forêts, des collines, des champs et de ces vieilles et jolies maisons aperçues au fond de parcs tous semblables et pourtant uniques, aimés d'un irremplaçable amour par ceux qui y ont vécu leurs vacances d'enfant, qui y ont appris à découvrir le monde. Et moi, c'est mon enfance aussi et ma jeunesse perdues qui me rendent présents ces paysages et ces images, si bien que je me sens à demi étranger à mes impressions présentes, exclu de ce qui m'est le plus personnel, dégagé de ce qui reste pourtant un point de fondamentale insertion dans la vie. Plus tard, beaucoup plus tard, si je vis encore, je me retrouverai tout entier dans le souvenir de ce voyage. Et j'y retrouverai les restes d'une jeunesse que je crois aujourd'hui à jamais achevée. Et j'y retrouverai notre jeune amour.

Goupillières, mardi 14 août 1973.

Le bêlement des moutons de Goupillières a remplacé le mugissement des vaches de Quelvezin. Je travaille au *Temps immobile* dont le manuscrit est posé devant moi sur le petit pupitre d'acajou, recouvert de cuir, qui se trouvait, m'a dit Suzy en me l'offrant autrefois, chez Marcel Proust, dans l'entrée de son appartement.

Marie-Claude vient de lire les pages qui précèdent. Elle en est attristée :

— C'est notre Valmante, ce n'est pas le mien. C'est ton Valmante. Toute une famille a disparu, a été engloutie, qui y a été heureuse. On l'avait acheté, dans son enfance, pour mon père malade. C'est une partie de moi-même dont j'ai été à jamais amputée et je ne m'en guérirai jamais. Le seul endroit où j'ai eu, petite fille, avec papa, quelques contacts profonds. Lorsqu'il alla, dans la nuit de Valmante, me montrer les vers luisants... Parce qu'il m'avait choisie, prise par la main...

Elle me dit aussi que si on n'y voit pas son père, Gérard Mante, que je n'ai pas connu, on y croise à peine davantage la mère de celui-ci.

— Tu te souviens pourtant, lorsque nous rentrions et que nous entendions Mout jouer du piano dans son salon...

— Je me souviens, je l'entends encore. Et de sa place sous les platanes, près de l'escalier *Edmond-Rostand*... Chaque génération emporte avec elle ses maisons, ses jardins (nos générations bourgeoises, à jardins, à maisons) qui meurent avec chacune. Je sais ce que tu souffres, puisque j'ai perdu à jamais la rue de la Pompe...

— Comme moi le boulevard Haussmann. Aucun rapport. Tu as gardé Vémars, Malagar, Saint-Symphorien...

... que je ne reconnais plus, où je ne me reconnais plus, mais qui sont *à moi*, c'est vrai, comme à d'autres survivants. Seule copropriété où personne ne gêne personne.

Goupillières, 13 novembre 66.

Certes, j'ai beaucoup travaillé, cette année, *l'Oubli, les Parisiens du dimanche*, une accaparante préface par mois et mes articles habituels... Mais ma désaffection à l'égard de ce Journal a sans doute une cause plus profonde.

Regret de ne pas tenir la chronique des progrès de Gilles, qui commence à parler et nous émerveille. Je ne goûte plus ce bonheur avec l'innocence d'autrefois. Je sais qu'aucun souvenir un peu précis et vivant ne reste de ces enfances successives d'un même enfant. C'est à peine si je me souviens de Gérard au même âge — et pas du tout de Natalie.

Si je n'ai plus le goût d'écrire mon Journal, au point que je me demande si je ne vais pas l'abandonner, cette très mince année (par le volume de ces pages) étant suivie d'une plus modeste ; puis, si je vis encore, par le silence... Si je n'éprouve plus le besoin de noter l'essentiel de ma vie et de celle des miens, ce n'est pas faute de matière — jamais je n'ai travaillé avec plus de bonheur — ni connu, en famille, de plus grand bonheur. Ce n'est même point par superstition. C'est, comment dire — je sais comment le dire, mais j'en recule l'aveu — et, cette fois, par superstition, oui, peut-être —, c'est parce que je me sais de plus en plus proche de la fin et qu'étant privé d'avenir je me sens dans la même mesure coupé de mon passé. Comme s'il fallait pouvoir regarder loin devant soi pour éprouver le besoin, même attristé et nostalgique, de tourner la tête...

Appels étouffés d'un corbeau en croisière dans le ciel de Goupillières, dans le ciel de l'enfance. Odeur des pommes dans ce qui est devenu le fruitier. L'enfance de nouveau ressuscitée. Joie de me dire que mes enfants apprennent enfin à connaître la campagne hivernale. Et qu'ici Gilles vit et vivra les enchantements de la toute petite enfance. Bonheur de Marie-Claude, dans sa maison, chez elle. Bonheur d'être ensemble. Et la détresse de vieillir.

Refuge, bouée de la, de ma littérature.

Genève, 13 novembre 66.

Dernière page du 81ᵉ cahier du *Journal* 1866 de Henri-Frédéric Amiel :

... Mais de tout ce que j'ai vu, c'est toujours dame Köckert qui me revient le plus et me convient le mieux. Une femme comme cela eût fait mon bonheur. Un caractère charmant, une haute intelligence, un goût exquis, une grâce naturelle et une distinction de la personne qui charme à première vue ; pas trace de coquetterie ni de mièvrerie ; la raison enthousiaste ; un front pur, un regard séduisant, un cœur noble et bon. Bref, cette femme me paraît accomplie et je ne lui sais que deux défauts : le premier, c'est d'être trop grande de deux pouces ; le second, c'est de n'être pas libre. — C'est exactement ce qu'il m'eût fallu, car cette femme est à la hauteur de toutes les grandes choses, et représente une greffe parfaite de la gentillesse française sur la solidité allemande. — Je ne pourrais la voir souvent sans qu'elle me devînt nécessaire et qu'elle me donnât des regrets. Il me semble qu'après Béatrix c'est la personne qui aurait eu sur moi le plus d'influence spirituelle, si la destinée en eût fait la

compagne de ma vie. Et encore, je crois la seconde plus apte à la vérité vraie que la première ; c'est la femme philosophe avec tous les attraits de son sexe, comme l'autre est la sibylle poétique. Le charme de celle-ci est plus intense mais plus intermittent ; le charme de celle-là est sans doute plus égal et plus inépuisable. — Ma, chi lo sa ? — « Ah ! si... mais autre part j'ai porté mes présents. » (Minuit.)

Malagar, mardi 18 octobre 1960.

Je songeais, hier, non sans satisfaction (après tant d'années où j'avais souffert de mon inutilité), que dans un monde où il n'y avait d'indispensable que les spécialistes, j'étais devenu moi aussi, à force de lectures et d'écritures, un technicien : non pas tant dans la critique que dans la pratique du roman, comprenant, appréciant mieux que la plupart des usagers de la littérature, comment un livre était fait (et s'il était bien fait), sachant, à mon tour, construire, monter, mettre au point, faire fonctionner des romans, minutieusement agencés, dont chaque rouage avait été mis à dessein à sa place puis essayé afin que la machine tout entière fonctionnât selon ce que j'en attendais. Métier entre tous inessentiel, luxe d'une société, mais qu'au moins j'avais appris, dont j'avais autant qu'il était en mon pouvoir maîtrisé les difficultés et que j'exerçais enfin pas plus mal, aussi bien, parfois mieux que d'autres professionnels. Et si je me rendais ainsi justice, c'était sans mauvaise conscience, puisque je ne m'en étais reconnu le droit qu'après plus de vingt ans d'apprentissage.

Saint-Symphorien, hier après-midi, assis devant le chalet avec mes parents et tante Antoinette, toute en voiles noirs, correcte, impressionnante et ressemblant, ainsi que maman le fit drôlement remarquer, à « un personnage en quête d'auteur » — un auteur qui était justement là et à qui elle ne fournit pourtant, cette fois-là, aucune pâture.

Le chalet plus désenchanté que je ne le vis jamais et pourtant il n'y a pas une de mes visites à Saint-Symphorien au cours de laquelle je n'éprouve ce sentiment. Nous en avons parlé, ce matin, à table. Mon père a évoqué ces minutes d'hier :

— Je regardais ce chalet, je regardais la petite ouverture des volets en forme de lys et je songeais à ces matins d'été où l'épée de feu qui entrait par ce trou me réveillait, si joyeusement. Et j'étais et je suis rempli de tristesse à cette pensée...

— Moi aussi, j'évoquais au même moment, près de vous de semblables étés, mon enfance...

— Oui, mais tes souvenirs et même ceux de ta mère sont tellement plus récents que les miens...

Et tandis que je pense que la chronologie ne fait rien à l'affaire, que pour les petits Mauriac des générations actuelles que je ne connais pas, le chalet est toujours enchanté, que cette pièce féerique qui est finie pour nous, rideau tombé à jamais, est pour eux en cours de représentation sur le même théâtre, et que la lande, telle que l'aima mon père, devait paraître elle-même différente à son oncle Louis, pour lequel ce n'était plus une vraie lande pouvant donner de vrais souvenirs, j'entendais la chère voix brisée faire une fois de plus une des citations sans lesquelles ses pensées n'auraient pas à ses yeux l'ampleur et l'orchestration voulues :

— ... *Un immense fleuve d'oubli nous entraîne vers l'abîme sans nom... O abîme, c'est toi le Dieu...*

— Et c'est de...

— De Renan, je cite de mémoire, bien sûr, tu sais à la fin de la *Prière sur l'Acropole*, ce passage où il y a : *dans le linceul de pourpre où dorment les dieux morts...*

Saint-Luc. Le jour du grand passage. Les chasseurs disaient, du temps de l'enfance de mon père : « A la saint Luc, le grand truc. » Venant du nord, un petit vol de douze palombes qui déjà descend à l'approche des forêts. Brume lumineuse d'octobre, odeurs mouillées. Et mon père, le nez au vent, heureux :

— *La douce chose que le soleil d'automne*, chantait-on dans ma jeunesse. Mais si, tu connais...

Il siffle l'air, que je reconnais en effet, comme j'avais reconnu, un peu plus tôt, les belles phrases de Renan.

....

Un immense fleuve d'oubli nous entraîne dans un gouffre sans nom. O abîme, tu es le Dieu unique. Les larmes de tous les peuples sont de vraies larmes ; les rêves de tous les sages renferment une part de vérité. Tout n'est ici-bas que symbole et que songe. Les dieux passent comme les hommes, et il ne serait pas bon qu'ils fussent éternels. La foi qu'on a eue ne doit jamais être une chaîne. On est quitte envers elle quand on l'a soigneusement roulée dans le linceul de pourpre où dorment les dieux morts.

....

Londres, 19 octobre 1660.

Samuel Pepys :

Au bureau. Ce matin, on a terminé l'installation de ma salle à manger : tentures de serge verte et cuir doré. Ce matin, Hacker et Axtell ont été pendus et écartelés, comme tous les autres. Ce soir j'ai veillé tard pour préparer les comptes de Mylord. Je m'aper-

çois qu'il me doit plus de quatre-vingts livres. Cela fait plaisir à voir et j'en remercie Dieu.

Au Grandval, le 18 octobre 1760.
Denis Diderot :
... Et puis la vie s'échappe, la sagacité des hommes a donné au temps une voix qui les avertit de sa fuite sourde et légère. Mais à quoi bon l'heure sonne-t-elle, si ce n'est jamais l'heure du plaisir ? Venez, mon amie ; venez que je vous embrasse, venez et que tous vos instants et tous les miens soient marqués par notre tendresse ; que votre pendule et la mienne battent toujours la minute où je vous aime et que la longue nuit qui nous attend soit au moins précédée de quelques beaux jours. [..]
Si le spectacle de l'injustice me transporte quelquefois d'une telle indignation que j'en perds le jugement, et que, dans ce délire, je tuerois, j'anéantirois ; aussi celui de l'équité me remplit d'une douceur, m'enflamme d'une chaleur et d'un enthousiasme où la vie, s'il falloit la perdre, ne me tiendroit à rien. (...)
O ma Sophie, combien de beaux moments je vous dois ! combien je vous en devrai encore ! O Angélique, ma chère enfant, je te parle ici et tu ne m'entends pas ; mais si tu lis jamais ces mots quand je ne serai plus, car tu me survivras, tu verras que je m'occupois de toi, et que je disois, dans un temps où j'ignorois quel sort tu me préparois, qu'il dépendoit de toi de me faire mourir de plaisir ou de peine. (...)
Heureux ou malheureux, je vous suis attaché jusqu'au tombeau...

Paris, 18 octobre 1860.
Edmond et Jules de Goncourt :
Rue de La-Tour-d'Auvergne, un rez-de-chaussée humide dans une maison appartenant aux hospices,

espèce de tanière de journaliste, un trou à hommes de lettres ou à fille de passe, où a passé Alphonse Karr et où il y a une odeur malsaine de copie et de vinaigre de Bully. Je trouve Scholl, toujours le même : il n'y a que Doche en moins dans sa vie et une princesse valaque en plus. Toujours entouré de portraits de femmes : à côté des portraits de Doche, une dizaine de petites photographies de la princesse dans tous les costumes...

Goupillières, mardi 14 août 1973.

Avec Marie-Claude, seuls pour trois jours. Sans les enfants, « un trou à homme de lettres » où elle est un peu seule. Elle lit *le Temps immobile*. Me rassure.
Ce cri, cette nuit :
— Ah ! non, pas de littérature, à cette heure !
Littérature, oui, seul salut. Seule façon de nous arracher à l'engloutissement, et nos jardins, et nos maisons. (Tous ces chalets, toutes ces villas loués, d'été en été, et dont j'ai pris *ici* possession...)
Rien de plus littéraire que *le Temps immobile*, où tout est choix, construction, mise en place, en forme, en scène. Mais les matériaux ne sont pas littéraires. L'alittérature du Journal à l'origine de la littérature du *Temps immobile*.
Marie-Claude, de mon père :
— En somme ce fut ton grand amour.

Megève, samedi 17 août 1963.

Nous avons passé hier la journée à Genève.

O France aimée qu'on pleure toujours...

Mon père salue par ce vers de Hugo le passage

de la frontière. Et il murmure l'adieu de Marie Stuart :

Adieu, mon doux pays de France...

Ironiquement, bien sûr, mais sans pouvoir celer une xénophobie enfantine et charmante, disant, par exemple, des perches que nous mangions qu'elles s'étaient fait prendre exprès tant elles s'ennuyaient... (sous-entendu : en Suisse...).

Nous visitons Coppet, qu'aucun de nous ne connaissait. Mon père captivé, peut-être ému. Les enfants, qui ne savaient rien de Mme de Staël ni de Benjamin Constant (mais Gérard n'ignorait pas qui était Necker), intéressés par la visite des appartements, et papa admire leur attention.

Souvenirs d'enfance paternels, au nombre desquels je m'étonne d'en découvrir que je ne connaissais pas (ou les avais-je oubliés ?). Grand-Lebrun, installation toute neuve lorsqu'il y fut élève et qu'il en inaugura les locaux (un grand parc, un hôtel de Louis, très beau, et que des constructions adjacentes déshonorèrent) ; avec le premier chauffage central de Bordeaux, la première installation électrique, une piscine, oui une piscine, dont il est vrai on se servait rarement. Et puis la loi des Congrégations fut votée et les travaux furent interrompus. L'année dernière où il y revint, il fut frappé par l'état de délabrement de ce qui était dans son souvenir (et qui avait été réellement) si neuf.

Souvenirs du départ en « parcours », une demi-heure de voyage, très tôt le matin. Il se levait à six heures moins le quart, et attendait dehors avec ses frères — ou alors, s'il faisait très froid ou s'il pleuvait, sous la porte cochère — et le cocher faisait claquer son fouet pour les appeler. Guimbarde où on avait chaud, où on était si bien, serrés les uns contre les autres, petits pèlerines rapprochées. Et l'étude où les pensionnaires les attendaient, sa chaleur, son odeur, qu'il aimait.

Voyage aux Pyrénées, alors qu'il avait dix, onze ans, avec sa mère, ses frères et l'abbé précepteur.

— Nous avions été jusqu'à Saint-Sébastien. C'est au cours de ce voyage qu'à Biarritz, mon frère Jean, l'impertinence et l'esprit mêmes, déclama en regardant notre abbé (qui était très laid) se baigner :

Et le flot qui l'apporte recule épouvanté...

Il ajoute :
— Ma mère nous dit, au retour, que ce voyage avait coûté très cher : 1 500 F...

Paris, lundi 19 octobre 1970.

Hier soir, *la Grande Parade*, revue pour la première fois depuis ma onzième ou douzième année, où ce film nous avait fait une telle impression à Bertrand et à moi, qu'il ne cessa, après, de nous hanter. J'attends et je reconnais dès les premières images ce plan que je croyais monté à la fin : cet homme en haut de la charpente d'un building en construction, à New York. Flash qui devint pour moi, dans mon souvenir, tout le film. Quant à ce personnage de titi new-yorkais dont me frappent aujourd'hui les mimiques exagérées, il nous enchantait Bertrand et moi, avec son chewing-gum ; nous lui avions donné un nom, que je ne suis pas sûr de retrouver ; il avait pris l'une des premières places dans notre mythologie et nos jeux. Le film de King Vidor est de 1925. Je le vis au cinéma *Madeleine*.

Acheté, il y a quelques jours, aux Halles où se déroulait une foire d'antiquaires, deux albums *Bus-*

ter Brown, jamais revus depuis l'enfance et dont aucune des images n'est oubliée.

Paris, lundi 19 novembre 1973.

Rêvé de Bertrand. Nous étions dans l'église de Vémars. Je lui disais :
— Nous ne nous sommes pas rencontrés ici depuis 1929.

Je ne disais pas : 1928, mais 1929. Il me regardait sans me répondre et son silence me surprenait. J'avais devant moi, sans m'en étonner, le petit garçon qu'il était et qu'il demeure pour moi. [...]

Hier, chez les Gilles Jacob, j'ai revu le début de *la Grande Parade*, un film de King Vidor de 1925, vu à cette époque — et que Bertrand aussi avait vu, film qui devint un élément important de notre mythologie. Comme lors de ma vision précédente, j'attends la même image que je m'étonne de trouver pauvre et fugitive, alors qu'elle avait pris dans ma mémoire une place considérable : celle de ces hommes, sur cet échafaudage en haut de ce gratte-ciel, mâchant du chewing-gum — les trois amis du film, me semblait-il, mais non, je vérifie de nouveau qu'y apparaît seul celui des trois camarades qui nous fascinait, dont les grimaces, la désinvolture, l'insolence et la laideur même coïncidaient avec l'idée que nous nous faisions de l'homme dans sa jeune force proche encore de l'enfance — notre enfance — avec laquelle elles demeuraient accordées. Les implications sexuelles de cette fascination sont obscures mais certaines. C'est en vain que j'essayai d'expliquer à Marie-Claude comme à Jeannette et à Gilles Jacob ce que représentait ce film pour moi. Claire m'avait téléphoné :
— Enfin, *la Grande Parade,* dont vous ne cessiez,

Bertrand et toi, de nous parler. Nous ne l'avions pas vu et nous nous en désolions...

Que Bertrand ait regardé ces images me trouble.

Paris, lundi 19 octobre 1970.

Samedi soir, avec Laurent Terzieff et Pascale de Boysson, découverte de Ménilmontant où je n'étais peut-être jamais allé. Et où je n'allais pas dans la mesure où justement ce quartier de Paris avait pour moi une importance quasi mythologique. Un mystère l'éloignait de moi que je n'osais dissiper. Un interdit que je me gardais d'enfreindre. A Malagar, au début de l'Occupation, une chanson de Charles Trénet qui portait ce titre, *Ménilmontant*, avait soudain rendu plus douloureuse encore notre nostalgie de Paris. Et puis il y avait les souvenirs d'enfance de Maurice Chevalier...

Découverte d'un Ménilmontant pour quelques mois encore subsistant et déjà cerné de hauts immeubles. Laurent me montre la place béante de la petite gare qui se trouvait là encore en juillet. Rues presque vides, d'une pauvreté sans équivalent aujourd'hui à Paris (du moins dans le Paris que nous habitons), telle que je la connus, avant la guerre, à Charonne. Cafés arabes où Laurent entre et où nous faisons la conversation avec des amis qu'il s'est fait lors de ses précédents pèlerinages. Police partout présente. Casbah de rêve. Escaliers. Ruelles. Voyage dans le temps. Et Laurent, dégingandé et charmant, qui marche devant nous, très vite, tête baissée, serrant contre lui deux sacs de papier où se trouvent des raisins et un pain qu'il grignote en marchant. (L'avant-veille, dans les rues de Montmartre, où nous retournons ce soir, ce sont des papiers, des journaux, des livres, un sac extravagant qu'il traînait, tel un personnage de Beckett se déplaçant avec « ses possessions ».)

Paris, lundi 15 février 1971.

Pensé à cette découverte nocturne de Ménilmontant, il y a quelques mois, en compagnie, ou plutôt à la suite d'un Laurent inspiré et quasi somnambule, en trouvant dans le numéro d'hommage des *Feuilles libres* à Léon-Paul Fargue (juin 1927), cette page de Colette sur ce « guide nyctalope » que ses amis et elle suivaient « la nuit, à travers Paris — du moins il nous disait que c'était Paris » :

Nous gravîmes à tâtons, derrière lui, de longs chemins, car Satan chérit les lieux hauts et s'y délasse de l'abîme. Un homme venu de loin, et qui disait se nommer Jacques Porel, murmura : « Il fait soif. » Aussitôt, Léon-Paul Fargue parla de ruisseaux frais, de bière mousseuse, et promit une halte, en foi de quoi nous le suivîmes sans repos jusqu'à un faîte un peu brumeux, où le brouillard traînait une odeur d'étable. Là il dit : « C'est Ménilmontant. » Nous répétions : « C'est Ménilmontant. » Mais aucun de nous ne le croyait car nous cherchions un faubourg où nous ne trouvions que village, senteurs de ferme et petites venelles à houppes de lilas. Je me heurtai à deux brancards de charrette dételée, et le choc fit choir des poules juchées pour la nuit, qui caquetèrent... Je répétai tout haut, avec ravissement : « C'est Ménilmontant ! » et tout bas, je pensais : « C'est Saint-Sauveur-en-Puisaye. »

Hier matin, dernier dimanche de travail au *Figaro* pour ma dernière page du lundi (le nouveau *Littéraire* encarté paraît prochainement), je dus compléter le dernier *les Écrivains du lundi* trop court, consacré à Valery Larbaud et à Léon-Paul

Fargue. J'écrivis donc un paragraphe qui s'achevait ainsi :

Cependant, un jour de 1943, Léon-Paul Fargue, qui se trouvait à côté de Picasso, dans un restaurant, eut un malaise. Picasso remarqua : « Soudain, son visage n'était plus dans le cadre... » De cette lésion vasculaire cérébrale, Léon-Paul Fargue ne se remit pas, jusqu'à sa mort survenue en 1947. On le voyait encore, dans les cafés de Saint-Germain-des-Prés, se déplaçant difficilement, parlant peu, avec, dans son regard, une détresse qu'il essayait de nous cacher en faisant, comme autrefois, mais avec lenteur et difficulté, des jeux de mots, drôles encore, et qui donnaient envie de pleurer.

Je ne sais si mon Journal a enregistré ces rencontres avec Léon-Paul Fargue, assez nombreuses, sous l'Occupation. Je ne parviens pas à me souvenir si je l'ai ou non connu avant sa maladie, si j'ai ou non entendu ses improvisations brillantes — j'ai l'impression que si, mais il s'agit peut-être des récits que j'en ai entendu faire, notamment, après la Libération, si je ne me trompe, par Louis Vallon.

Paris, mardi 26 octobre 1937.

Au théâtre des Champs-Élysées, à 5 heures. J'attends Claude Guy à qui j'ai demandé de venir assister à la conférence de Francis Jammes. Le vieux poète est arrivé à Paris hier. Nombreux sont ceux qui entendent lui rendre hommage. Le voici, avec sa barbe, son air campagnard et bougon. Il entre, coiffé de son béret basque, comme s'il était encore dans son village. Puis c'est Jean Zay, ministre de l'Éducation nationale. Au bar du sous-sol, Jammes le remercie d'être venu. On ne saisit pas très bien, dans ce flot confus de paroles ce qu'il lui dit, mais on frémit, s'attendant à la gaffe. Zay lui-même ne semble pas rassuré.

Paul Claudel est là, et aussi mon père qui me présente à Francis Jammes. Si je ne l'avais jamais rencontré, il m'avait déjà vu, lorsque j'étais tout petit. « Lui aussi il a changé », dit-il, en me considérant. Et soudain Jammes m'attire contre lui. Il m'embrasse sur les deux joues. Mon visage se noie dans une barbe épaisse qui sent bon le grand-père.

Nous voici dans la salle. Henri Bordeaux, Wladimir d'Ormesson, Madeleine Le Chevrel, Henri Sauguet, Pierre Bertin, Darius Milhaud sont près de nous. Jean Zay se trouve dans la loge voisine.

Sur la scène Claudel, Jammes et Mauriac. Réunion émouvante : entre ses deux grands aînés, mon père qui préside, se lève. Il parle. Le micro amplifie sans la trahir sa voix brisée mais chaude. Il parle. Poésie et charme des souvenirs évoqués. Ce que Jammes représentait pour le jeune Bordelais qu'il était, pour André Lafon, Jean de la Ville de Mirmont... Allusion à l'Académie qui soulève la salle de joie : mon père évoque cette compagnie qui lorsqu'un poète sonne à sa porte « le prie parfois de repasser ». Henri Bordeaux a un sourire gentil...

Jammes se lève. D'une voix étrangement timbrée, méridionale, bien sûr, et pastorale, il remercie « son cher François ». Le tutoyant, interrompant à maintes reprises le fil de son discours, pour s'adresser directement à lui, négligeant Paul Claudel assis à sa gauche, il fait de sa conférence ce que Madeleine Le Chevrel appelait à la sortie « l'annonce faite à Mauriac ».

Naïveté de cet homme. Il triomphe et ne cherche pas à cacher son orgueil. Chacune de ses paroles, le moindre de ses gestes signifie : « On devait bien cela à mon génie. » Ce qu'il dit est assez joli mais puéril. Il lit longuement certains de ses poèmes, les plus mauvais, alors qu'il en est de si beaux et sur un ton de déclamation ridicule. Tout cela est touchant. On est heureux pour lui. Son manque de mesure et de tact fait partie de son personnage. On lui pardonne les plus impardonnables erreurs.

Grand-mère est venue à Paris en cette occasion. Elle dîne à la maison. Plus vaillante que jamais, avec un visage détendu et rond, d'une extrême jeunesse. Claude Guy qui était là me dit :

— Parce que j'ai vu ta grand-mère, je me sens tout illuminé...

Parole qui semblerait stupéfiante à papa et dont je serais tenté moi-même de m'étonner. Gramcht passe en effet dans la famille pour atteindre le comble du prosaïsme. Et pourtant je sais que Claude Guy a raison : il émane de sa façon d'être, de son attitude en présence du monde, une mystérieuse poésie. Aussi bien, est-ce la partie la plus superficielle de moi-même, la moins personnelle qui s'étonne. Dans le secret je fus reconnaissant à mon ami d'être sensible au mystère essentiel de grand-mère, à sa beauté.

Dîner familial joyeux. Nous parlons de Francis Jammes, ce patriarche au cœur d'enfant. Claude Guy a l'air heureux dans cette atmosphère vivante et douce.

Paris, mardi 2 novembre 1937.

A Paris pour déjeuner. Cinéma avec oncle Jean, Claire, Luce, Madeleine : *l'Habit vert*. L'abbé retrouve l'esprit de sa jeunesse avec une joie expansive. Les films américains nous ont déshabitués de cette forme du rire.

Francis Jammes dîne avec ses enfants : Bernadette et Paul, Robert Vallery-Radot et les Gay-

Lussac. Après le repas viennent les Lacoste, une poétesse que Jammes admire beaucoup, Mlle Audra (de lys et de rose sous ses cheveux blancs), Georges Poupet, Jacques Vallery-Radot et son oncle Georges.

Jammes raconte merveilleusement des anecdotes dont le seul intérêt est d'être narrées par lui. Il dit de Claire qu'elle ressemble à une chouette, et comme notre père assure que ce n'est pas un compliment, répond :

— Tu n'y comprends rien !

A propos des quelques mots de bienvenue que mon père lui a adressés l'autre jour au théâtre des Champs-Élysées, il dit :

— Jamais homme ne m'a ému comme tu m'as ému l'autre soir. Car je regrette de te l'apprendre : tu as du cœur.

Agréable soirée d'une fraîcheur, d'une jeunesse adorables. Chacun de nous y apportait sa part d'enthousiasme. Francis Jammes qui ne cache pas la joie stupéfaite que lui fit l'accueil triomphal de Paris connaît dans cette soirée familiale un bonheur nouveau.

— Je suis fatigué de tant d'hommages. Je vais regagner ma province. Mais il n'y a vraiment qu'à Paris qu'on est compris. Je ne crois pas à la décentralisation en ce domaine...

Il aurait aussi dit devant mes parents (mais je n'étais pas là à ce moment) :

— Je n'imaginais connaître ce succès qu'après ma mort...

Paris, mercredi 3 novembre 1937.

J'arrive à 9 heures chez les Paul-Louis Weiller et m'aperçois que je suis en retard. J'entre en effet dans un salon silencieux et bondé où Mme Darius

Milhaud récite des vers de Jammes. Le poète préside à une petite table. Claire et Luce sont accroupies par terre, devant les chaises du premier rang. Paul Claudel semble dormir : visage carré, brutal, incompréhensif, parce que visage assoupi. Sans doute s'illuminerait-il, s'il daignait accorder au monde la moindre attention.

Souper amusant. Je suis à une petite table avec les Marc Chadourne, les Serge André, les Gérard Bauër et Madeleine Le Chevrel. Je vais aussi, un instant, à la table où se trouvent mon père, Mme André de Fels et le cher Jean-Louis Vaudoyer. Je parle un long moment avec Léon-Paul Fargue qui me dit ne pas aimer son nouveau métier, le journalisme, mais lui devoir le pain quotidien.

— Vous ne lui faites aucune concession. L'honneur est sauf. Mais tout le monde n'est pas Léon-Paul Fargue. Quelles abdications lorsque l'on est le premier venu...

Il approuve. Nous parlons de *Banalité*, ce charmant livre. Il a l'air heureux d'être ainsi admiré, compris.

Avec Gérard Bauër j'évoque la soirée gidienne des Champs-Élysées. Il me parle de ses « Guermantes », de ce qu'il entend glisser de sérieux, d'essentiel dans ces lignes frivoles. Il découvre avec plaisir que je suis de la même race que lui, que je hais les dictatures, d'où qu'elles viennent. Le cou engoncé dans le col haut — si haut ! — les yeux à fleur de tête, ce visage tanné de tortue intelligente. Il me parle de son père, de sa déportation :

— Mon libéralisme vient d'un équilibre. Il y a en moi du sang versaillais, et de l'autre...

Cependant le jeune maître de maison a l'air d'un invité — du dernier invité — tant il est effacé, timide. Il s'occupe de ses hôtes pourtant et avec bonne grâce. Sa ravissante femme me paraît pour la première fois légèrement touchée par l'âge. Elle n'est pas la seule. Si Marc Chadourne n'a pas changé, Paul Morand me paraît vieilli.

Francis Jammes, lui, a rajeuni. Il semble avoir déjà appris à s'habiller. Encore une fête, demain, et il regagne son pays Basque. « Pour toujours », dit-il. Il sent qu'il a été merveilleusement reçu, qu'il ne faut pas risquer une déception. Il n'est pas de ces vedettes qui renouvellent d'année en année leurs adieux. Il promenait ce soir parmi ces salons luxueux, au milieu de ces gens élégants (« Dire que tout ce monde est venu pour moi », avait-il dit devant ma sœur Claire), un air à la fois ébloui et affolé. Visiblement fatigué il ne savait comment se comporter au milieu de tant d'amis qu'il ne connaissait pas. Aussi disait-il bonjour à ses véritables amis eux-mêmes d'un air lointain, distrait, presque indifférent. Excédé et tout à la fois ravi, il aspirait sans doute au calme de sa pauvre maison.

Il se dépensa ce soir tant d'argent qui lui eût été précieux !

Paris, dimanche 26 août 1973.

Maurice Bouvier Ajam écrit dans *Alexandre Dumas ou cent ans après* :

Réceptions et réceptions. Le Théâtre Historique, lui aussi, coûte cher. Les belles amies encore plus. Les belles amies... Toute une théorie ! La jeune actrice Béatrix Person, dix-neuf ans quand Dumas en a quarante-cinq, la Catherine de Médicis de la Reine Margot. La jeune actrice Céleste Scrivaneck, dont il fait — aussi — sa secrétaire, et qui cède assez vite ses fonctions à Isabelle Constant. Puis Anna Bauër, femme mariée — mais Dumas lui-même n'est qu'amiablement séparé d'Ida Ferrier, laquelle ne mourra qu'en 1859. D'Anna, Alexandre a un fils, enfant par conséquent doublement adultérin, qui sera déclaré sous le nom d'Henry Bauër. Henry Bauër (1851-1915) sera journaliste, condamné à la déportation après la Commune de 1871, déporté à la Nouvelle-Calédonie de 1871 à 1880, père de l'écrivain Gérard Bauër (1888-1967) qui sera membre de l'Académie Goncourt en 1948.

Ainsi avons-nous connu le petit-fils d'Alexandre Dumas... Ainsi, en suivant Francis Jammes, ai-je enfin retrouvé une trace ancienne de Léon-Paul Fargue...

Malagar, mardi 13 septembre 1938.

A la fin de la journée, au cours d'une partie de volley-ball, arrivée d'oncle Jean qui a été chercher les journaux à Langon. Nouvelle chute en pleine angoisse : des incidents ont fait trois morts allemands et trois morts tchèques dans la région des Sudètes. Gaston Duthuron murmure : « Nous sommes si peu faits pour être des héros... »

Cependant, les brumes d'un soir doré couvrent la vallée. Une autre douceur, et pourtant la même que ce matin, lorsque surgirent du brouillard des vallonnements translucides qu'atténuait encore un reste de brume. Oncle Jean apporte *le Figaro*, où se trouve la lettre de papa à Francis Jammes malade :

Cher Jammes, j'ai suivi, entre les charmilles noires, une coulée de clair de lune jusqu'à cette terrasse d'où je vous vois. Car nous ne sommes séparés que par les vignes, chargées de grappes et par ce que trente lieues accumulent entre nous de prairies, de pignadas, de pauvres églises où Dieu veille et de métairies endor-

mies. Cet « océan de bonté », dont vous parlez dans une de vos élégies, c'est déjà vous-même, c'est votre cœur, c'est votre amour qui déferle à mes pieds dans l'ombre.

Voilà le monde que vous nous avez donné : cette nuit murmurante autour du lit où le poète est étendu et souffre. Le poète, seul bienfaiteur de l'homme, seul ami ! Tout à l'heure, avant de vous rejoindre sur la terrasse, cette voix du destin, le Radio-Journal de France, *retentissait dans la maison où les rires des enfants s'étaient tus. Les garçons baissaient la tête. Je regardais le front penché de mes fils, et cette tristesse d'ange sur le visage de leur ami. La voix invisible prononça tout à coup les mots terribles, annonciateurs de l'hécatombe : liberté, droit, justice... Quand elle s'interrompit, l'un de ceux qui étaient là murmura à mon oreille : « Tout de même... ce serait dommage... » De quels travaux rêvait-il ? de quelles amours interrompues ?*

L'ami : Bruno Gay-Lussac. Et c'est moi, me dit papa, qui aurait prononcé cette phrase, le 1er septembre, dans l'allée des jeunes cyprès.

D'une lettre de Jean Davray, datée d'hier : « Chère âme, la situation est grave. Je souhaite que cette lettre ne soit pas la dernière de notre correspondance. Je le souhaite, mais je ne l'espère plus. Je n'ose plus regarder ma mère en face. »

Paris, jeudi 1er avril 1971.

Après-midi avec Laurent qui me conduit dans des quartiers inconnus où nous marchons longuement, malgré sa fièvre (il a la grippe et ne se soigne pas).

Rue Vignoles, d'abord (non loin du Père-Lachaise), dans des ruelles, où, comme au Moyen

Age, le ruisseau des égouts coule au milieu de l'étroite chaussée. Gêné d'être là, en touriste, mais avec lui (malgré sa célébrité) on passe inaperçu. Il est partout chez lui, même dans l'incroyable quartier chinois du passage Brunoy, derrière la gare de Lyon, où il me conduit, après que nous avons vainement essayé d'entrer au cimetière de Picpus fermé. Au fond de cafés comme il n'en existe plus nulle part au monde (du moins je le croyais) des visages tels que je n'en vis pas à New York ni à San Francisco, plus éloignés encore dans le temps que dans l'espace. Nous entrons dans un de ces cafés, où nous sommes d'abord fraîchement accueillis. Puis, comme nous allons au fond de la salle, d'où nous ne pouvons voir les Chinois qui jouent au mah-jong ou aux dominos en discutant entre eux dans leur langue, on nous adopte, nul ne fait plus attention à nous. Nous parlons d'*Ici, maintenant* que Laurent espère pouvoir monter en juin dans la petite salle du *Lucernaire*.

Et, tout à coup, d'une manière hallucinante, il ressemble à Rimbaud dessiné par Forain.

Nous parlons avec une confiance, une amitié, une affection nouvelles.

Paris, lundi 19 octobre 1970.

A Montmartre (pas le Montmartre des touristes) une chanteuse s'identifie à Piaf et ravit Laurent. Dans le café voisin, un travesti lamentable et sublime. « Toute la misère du monde », dit Laurent.

Dans ce café du boulevard Rochechouart pensé à mon père de façon, durant quelques secondes, intolérable. Marie-Claude dit : « C'est la chanson qu'il aimait tant... » Le *Je ne regrette rien !* de Piaf. Et Laurent : « C'était le chant des paras. »

Je venais de lire dans les *Mémoires d'espoir* du

général de Gaulle : « Au milieu des derniers légionnaires qui quittaient la ville en chantant le refrain d'Édith Piaf, *Je ne regrette rien!* Salan et Jouhaud dans un camion fuient vers le camp de Zeralda... » Et ces paras que j'ai tant haïs me sont soudain fraternels et proches. (Ce qui ne signifie pas que j'approuve leur équipée. Nous ne sommes plus dans le domaine politique. C'est leur foi, leur déception que, soudain, j'imagine.) (Toujours cette faculté de me mettre à la place des autres, si bien qu'il m'est difficile de condamner qui que ce soit.)

Mon père, dans ce café, présent ; je l'imagine là (et je l'imagine là où il est). Je suscite sa présence sur la chaise laissée vide par Laurent qui a changé de table pour mieux voir, mieux entendre sa chanteuse. Je le vois presque à l'âge qu'il avait lors de la soirée de *Bobino*. Mince et jeune. Plus jeune et plus vivant que moi.

Paris, mardi 14 novembre 1972.

J'ai mis au point pour la composition du *Temps immobile* une méthode de lecture rapide, qui me permet de survoler chaque année pour y déceler ce qui entre dans mon plan actuel. Je laisse sans doute échapper des pages qui me seraient précieuses, mais c'est la seule façon de ne pas piétiner dans mon travail et d'en prévoir une fin non pas prochaine mais possible, aucun achèvement n'étant concevable ni même souhaitable. Ainsi pourrais-je peut-être, dans un an ou deux, envisager une publication partielle de ce livre.

Parcourant donc les années 1961 et 1962, je pris conscience que mon père n'apparaissait presque pas, à ce jour, dans *le Temps immobile,* que l'on ne l'y entrevoyait qu'au passage, de profil, de loin. M'en demandant la raison, je me suis pris en flagrant délit de lecture particulièrement rapide, ou même remise à un avenir imprécis, chaque fois que François Mauriac était le personnage principal de la scène enregistrée, c'est-à-dire très souvent. Il me devint évident que je le fuyais, n'ayant pas le courage de le regarder en face, de le réentendre. Et pourtant, la raison d'être de ces nombreux et longs Journaux était cette idée, dont je demeurais hanté : conserver des traces les plus nombreuses et précises et vivantes possibles de François Mauriac, pour le temps où il ne serait plus là et où j'y serais peut-être encore.

Je le fuyais donc, à demi consciemment. Par peur de souffrir, oui, sans doute. Mais surtout : par peur de ne le retrouver que de façon fugitive, décevante, mort déjà alors qu'il était vivant.

Le contact dru de sa moustache retrouvé dans un journal de Malagar du 29 octobre 1962, ainsi que des photos de lui et de Gérard, de lui et de moi, classées dans ces cahiers de 1961 et 1962, me le rendirent présent, de façon telle encore que j'en refoulai l'évidence, me dérobant une fois de plus. Le soir, tard, dans mon lit, je le vis tel que je l'avais revu dans ces pages, et je souffris, mais surtout de ne plus souffrir, de ne pas souffrir vraiment de sa mort, bien que j'y pense chaque jour. Cette mort, sa mort, je l'ai admise, j'en ai pris mon parti, elle est une des données de mon existence, il me faut bien en convenir, c'est comme ça. Que l'ayant tant et tant aimé, si désespérément, si douloureusement, de son vivant, je n'éprouve plus ni douleur ni désespoir lui mort depuis deux ans seulement... Ainsi va la vie, la vie n'irait pas sans cela, c'est la nature des choses, la cruelle victoire de la vie.

Non pas la douleur mais l'horreur. Abstraite, le

plus souvent. Parfois physiquement sensible. Ce scandale de la mort dont il me parlait si souvent.

Vendredi 31 décembre 1965.

— Tu as peur de la mort, toi ?
Qu'ai-je balbutié en réponse à cette question de mon père, tout à l'heure, au lieu d'en profiter pour essayer de lui dire... d'attendre de lui... Mais quoi ? Que dire ? Qu'espérer ? Nous parlons de sujets littéraires ou politiques, sans rien approfondir jamais, nous comprenant à demi-mot, restant à la surface des idées et des mots...
Il m'a dit aujourd'hui — il avait l'édition de la Pléiade à son chevet avec le *Gide* de Du Bos — combien il admirait Benjamin Constant d'avoir aimé, à son âge et avec tant de violence, Mme Récamier :
— Il avait cinquante ans pourtant, ou presque...
Que nous sommes différents ! Lui si passionné, moi si raisonnable. Lui si jeune, moi si vieux.
— Tu as peur de la mort, toi ?
Et j'ai songé, depuis, que j'aurais dû, si j'avais pu, le consoler, le rassurer comme le petit garçon qu'il n'a cessé d'être, et qui est seul et qui a peur. Le même petit garçon, oui, avec le même cœur, la même âme, mais qui le sait, qui voit dans les vieillards autre chose que leurs visages trompeurs ? Le petit François a peur de mourir et personne, personne n'est là pour le secourir...

Le Mas, Camp-Long, lundi 25 juillet 1960.

Départ de mon père par le Train Bleu, après dîner.

Mardi 26 juillet 1960.

Sa chambre, vue de la terrasse — et je crois encore l'entr'apercevoir étendu sur le lit ou, un peu à droite, dans son fauteuil. Il me semble qu'il va me héler et que nous allons descendre à notre place habituelle de l'après-midi, en contrebas de la terrasse, face à la pointe forestière du Dramont, avec la mer à droite, à gauche, et devant nous ces pins dont il parlait dans le *Bloc-Notes* qu'il m'a dicté. Et je retrouve par terre, dans sa chambre abandonnée, ce fragment manuscrit barré :

Les pins de l'Esterel ne ressemblent à leurs frères des landes que par l'odeur. Ils ne me deviennent proches que la nuit...

Je ne souffre pas, comme le jour de son départ, à Valmante, où je pleurais autant sur notre vie éphémère que sur son absence, sachant alors que de toute façon je ne le reverrais plus jamais en cet endroit bien-aimé que nous allions bientôt quitter pour toujours. Et même, dans ma tristesse de ne plus le voir là, si paisible et heureux près de nous, (après les premiers jours d'accoutumance, où il demeurait face à face avec la mort qu'il venait d'affronter, aux obsèques de son frère Raymond), dans ma tristesse, j'éprouvais comme un soulagement de n'avoir plus à me faire du souci pour lui, de pouvoir me consacrer sans arrière-pensée à mon seul roman...

C'était oublier ce Journal qu'il faut bien que je reprenne. Dans le *Bloc-Notes* que j'ai dactylographié sous sa dictée, il faisait justement allusion, à propos de son unique rencontre avec Rilke, à mon Journal : que ne faisait-il comme Claude qui notait, etc., je ne me souviens plus de la phrase exacte.

Ce matin, je lui ai écrit ceci dont j'ai pris note (car l'inexprimable s'y trouve indiqué) :

Sans vous, tout ici est désenchanté. Je n'ai pas besoin de vous parler, du reste je ne le sais ni ne le puis. Votre présence me suffit, et même de vous savoir là, dans la maison, dans le jardin. Hélas !...

Nous sommes l'un près de l'autre. Il surprend mon regard, il me sourit, parfois il me met la main sur la tête, il me caresse les cheveux, il murmure : « Pauvre petit Claude », je ne dis rien. C'est tout. C'est beaucoup. Ce n'est rien. Les secondes, les jours, les années s'usent sans que je puisse non seulement enregistrer mais même prendre vraiment conscience de notre bonheur d'être ensemble. Parfois, un infime instant, j'ai une impression fulgurante de présence et, au même moment d'immédiate absence, de combustion du temps, d'anéantissement. Ainsi l'autre jour, alors que Natalie était venue nous faire, à son habitude, une petite visite à notre place du jardin. Je les ai vus tous les deux dans la lumière vive de mon amour, je me suis vu avec eux comme jamais encore. Ce fut doux et douloureux.

Un soir, il resta longtemps les paupières closes, ne regardant plus la télévision, nous oubliant, impressionnant à force d'immobilité. Lorsqu'il ouvrit enfin les yeux (il m'avait fait presque peur), je lui demandais s'il s'était assoupi, il me répondit que non :

— Je suis là, tu vois. Je suis là...

Sous-entendu : je me contente d'être là, présent parmi les choses, mais vivant, me faisant le plus lourd possible sur cette terre pour ne pas en être arraché... Ce fut ce soir-là qu'il dit tout à coup :

— J'en ai assez de la vieillesse...

Or, hier, dehors, en fin d'après-midi, notre der-

nière journée, la scène se reproduisit. Ses yeux se fermèrent. Je regardais son profil se détacher sur le vert sombre des pins. A je ne sais plus quelle question il me répondit de nouveau :
— Je suis là...
Puis il se mit à réciter :

*On avance, on recule, on lutte avec effort.
Puis, le vaste et profond silence de la mort...*

Et comme je l'interrogeais :
— C'est un Victor Hugo banal et sublime. Des *Contemplations*, peut-être... C'est là qu'il y a aussi ce vers si simple :

On déjeune en lisant son journal...

La mort l'obsède, il ne pense qu'à elle, lorsque ne l'agace pas tel déni, tel oubli des jeunes générations littéraires, préférant à tout Francis Ponge, dont il reconnaît que le travail de nettoyage du langage s'imposait. Il y a dans son prochain *Bloc-Notes* quelques lignes à ce sujet. J'en ai retrouvé dans sa chambre un premier jet manuscrit, en même temps qu'un amusant dessin anonyme, reçu à la suite d'une de ses critiques de télévision où, à propos des émissions médicales — avec opérations en direct — il se comparait à un vieux cheval sentant l'abattoir : on l'y voit en vieille rosse fourbue auprès d'un bel étalon piaffant, Jean Cocteau.

Ayant besoin pour *La marquise sortit à cinq heures* de notations juvéniles, que je ne puis réinventer, j'ai apporté ici mon agenda de 1930 et celui de 1931. Je parcourais le premier à son côté, y cherchant de quoi rendre vivant un de mes personnages de *La Marquise*. Alors que j'allais lui chercher son verre rituel d'orgeat, il le prit et en lut des passages, pour vite me le rendre en souriant. Ici, dix pages seraient nécessaires, non plus sur nous deux, sur moi seul, mais toujours sur la catastrophe du temps. [...]

Un soir, il évoque mon premier amour pour Camille, et, comme autrefois, sourit. On en vient à parler de la passion. Je dis que, lorsque l'on n'est plus très jeune, on n'aime que si l'on a accepté de se laisser aller, qu'il y a toujours un moment où l'on peut interrompre, avant même qu'il jaillisse, un amour naissant. Il me regarde, alors, avec une sorte de stupeur.

Paris, mardi 4 juillet 1961.

Pourquoi, après une si longue interruption, où tant d'heures importantes ont été abandonnées à l'oubli, pourquoi reprendre aujourd'hui ce Journal ? Alors qu'à trois jours de notre départ pour Moscou, j'ai tant de travail. Que je n'ai rien noté ici des jours dramatiques d'avril, et de cette nuit auprès de mes parents, elle, inoubliable, lorsque, à la suite du discours affolé de Debré, nous guettions, par-dessus la tour Eiffel insolemment illuminée, l'arrivée des avions amenant les paras du putsch. Que je n'ai rien dit de nos angoisses. Rien non plus de nos joies — si vives grâce à l'émerveillement continu, et douloureux à force d'intensité — dues à mes enfants. Et, vendredi dernier, lorsque s'éloigna le train qui les emportait à Camp-Long — où Marie-Claude est encore avec eux — l'impression d'arrachement fut comme la répétition de notre inévitable et définitive séparation, un jour — mais l'idée de ma mort me tourmente moins que celle... J'ai peur des mots. En vieillissant, je deviens superstitieux, ce que, certes, je n'étais pas. [...]

Je n'ai rien dit de tout cela (que je viens pourtant hâtivement de dire). De ces événements, il n'en était qu'un seul dont je regrettais qu'aucune trace ne subsistât ici : une promenade avec mon père dans les jardins du Luxembourg, après un déjeuner à *la Méditerranée*, avec l'équipe du futur film *Thérèse Desqueyroux*. C'était le 8 juin. Papa était à mon côté, « papa », et je ne me rassasiais pas de sa présence. Il retrouvait les allées familières de sa jeunesse, m'annonçait les statues avant que nous pussions les identifier, savait le nom des poètes ou des romanciers oubliés qu'elles célébraient. Nous regardions nos palombes dépaysées et pourtant installées comme chez elles, sur ces pelouses. Et paisibles.

Et il avait cité ces vers des *Contemplations*, évoquant de nouveau « la merveilleuse, la sublime banalité » de Victor Hugo !

On déjeune en lisant son journal...
On avance, on recule, on lutte avec effort
Puis le vaste et profond silence de la mort...

Je songeais vaguement à noter aussitôt ce texte, tel que le récitait mon père ; et puis je pensais au retard où j'en étais dans mon Journal, vraiment irrécupérable. Et je rêvais cette page que je n'écrirais pas sur ce beau jour d'été, dans ce beau jardin, auprès de mon père bien-aimé, avec la mort déjà entre nous.

Et puis, hier soir (et c'est pourquoi j'ai vraiment ressenti l'obligation d'écrire cette fois, coûte que coûte, mon Journal), chez *Ledoyen* où nous dînions tous les deux, dehors, face aux arbres des Champs-Elysées, il se mit à réciter les mêmes vers — que cette fois-ci je notai —, mais il n'était plus certain du dernier, le plus important... Car, bien sûr, c'est de la mort que nous parlions.

Il murmurait :

— J'ai beau me dire, à mon âge... J'ai beau savoir

601

que dans très peu de temps maintenant, je serai mort... Je n'y crois pas... Ce n'est pas croyable...

Puis le vaste et profond silence de la mort...

Et il répéta, encore une fois :
— La sublime banalité de Victor Hugo...
Un silence. Puis :
— Le fait est que lorsque l'on y pense...
A mon âge, me dit-il, ce n'est pas comme au sien. Je le crois en me découvrant plus profondément épouvanté par la mort, aujourd'hui où me voici plus âgé, qu'au temps pas si lointain où je croyais déjà vivre dans l'épouvante, mais où, moins menacé...
— Pauvre petit Claude, tu n'es plus un petit pruneau...
C'était une allusion à la lettre de lui que je lui avais dit avoir achetée chez Charavay, lettre non datée, avec un *89, rue de la Pompe* gravé en vert (papier à lettre que je n'ai jamais connu) et qui s'achève ainsi : « Nous fêterons à votre retour le jeune Claude qui est un gros petit pruneau... »
La veille, le soir de son arrivée de Roscoff, je venais de dîner chez mes parents, dans l'appartement en désordre (car Claire va s'installer dans le second appartement, celui de la rue François-Gérard, — et si je voyais encore intacte sa chambre, la bibliothèque déjà était détruite, jamais plus, jamais je ne la reverrais, c'était si douloureux de penser cela), il avait murmuré — oui, vraiment murmuré — tandis que nous regardions la tour Eiffel éclairée dans la nuit d'été (mais il n'y avait plus, du moins dans l'immédiat, l'angoisse et la honte des éventuels parachutistes), il avait murmuré, en réponse à ma mère qui avait dit que j'avais bonne mine :
— Et puis il est si jeune...

Tout étant, bien sûr, relatif. Car je venais d'avoir une fois de plus la conscience vertigineuse de mon âge en présence d'Emmanuèle, la fille de Luce, la petite Manou, plus une petite fille, une adolescente, comme ça, du jour au lendemain, « une vraie jeune fille » et dont la paisible et totale indifférence à notre égard nous avait tous jetés — mon père, maman, moi — dans la masse des vieux proches de la mort et aussi peu intéressants que si, morts, déjà, nous l'étions...

Ai-je tout noté de ce que je voulais provisoirement arracher au néant ? Je ne retrouve que ces mots de mon père, hier soir, alors que nous nous promenions après notre dîner, et que nous passions entre le Grand et le Petit Palais :

— Je me souviens qu'ici même Jean Giraudoux me dit un jour que chaque fois qu'il se trouvait en cet endroit il se disait que la Rome antique devait assez ressembler à cela...

Ce qu'il faut enregistrer aussi, c'est la satisfaction de m'être délivré grâce à ma *Marquise* d'une hantise : celle d'exprimer la simultanéité du révolu et du présent, l'inanité de nos petites vies, la seule réalité un peu moins éphémère des générations qui passent et qui trépassent.

Malagar, samedi 31 octobre 1959.

Passé un moment à la chasse du cousin : visite rituelle que nous n'avions pas faite encore cette année. Puis maman me conduit à Pieuchon, propriété des mêmes cousins Naudon qui appartint à nos ancêtres communs. Mon père est resté travailler à Malagar. X., en lui écrivant que sa défense de Mitterrand a considérablement *étonné* (sous-entendu : scandalisé), lui a donné le sujet qu'il cherchait, de son *Bloc-Notes*. « Bien sûr, il est dans le poulailler, au milieu des poules qui à coups de bec... » Et de m'expliquer ce qu'il va écrire dans *l'Express* : que c'est par ce qu'il y a de meilleur en lui que Mitterrand s'est mis dans un mauvais cas.

Donc me voici avec maman dans ce Pieuchon dont j'ai si souvent entendu parler et où je ne suis jamais venu. Il est déjà tard. Le soleil qui donnait tant de beauté à la forêt des Jacques Naudon et à ces allées ouvertes au faîte des taillis de chênes, longues perspectives aux feuillages roux orientées vers le nord afin d'y guetter les palombes depuis un banc surélevé de la cabane, le soleil n'est plus là. La tristesse du soir donne un aspect fatidique à cette garenne, la plus belle que j'aie vue de ma vie et que j'ai la vague impression de reconnaître, comme si les souvenirs de mes arrière-grands-parents se perpétuaient en moi sous la forme de traces mystérieuses (mais, bien sûr, je cède à la tentation d'orchestrer mes impressions, j'en rajoute, je fais de la littérature...) : des chênes énormes, plusieurs fois centenaires, trop souvent mutilés, parfois morts, et un gigantesque châtaignier aux flancs ouverts, caverneux, pourris. Arbres qui étaient là le jour où naquit Napoléon, qui vivaient sous Louis XV et sans doute bien avant. La maison est banale. La métairie entourée de cabanes à poules qui font injure à tant de noblesse. Un petit ruisseau, dont mon père me dira tout à l'heure qu'il était dans son enfance rempli d'écrevisses, le champ où le cousin chasse les ortolans. Peu de pins à cet endroit précis, mais ils sont tout près.

(Retenir le chemin : en venant de Villandraut, sur la route de Bazas, un kilomètre et demi environ après Uzeste, sur la droite deux piliers de bois blancs et un assez long chemin dans les pins...)

Lorsque nous sommes rentrés, je vais voir papa qui travaille au salon, sur le divan, entouré de pages manuscrites. Je lui raconte notre visite au cousin malade, très inquiet car ses jambes lui ont soudain refusé presque tout usage (mais il n'en fait pas moins le guet avec sa passion de toujours). Je lui raconte Pieuchon. Et il me dit :

— C'est là que mon père passait ses vacances. Il jouait sous ces chênes qui devaient être déjà aussi gros qu'aujourd'hui. C'est à Pieuchon qu'il retrouvait une cousine qu'il aimait beaucoup. Lucie. Lucie Calmar. Celle qui épousa Louis Larrue...

Sur mon agenda de poche, je prends aussitôt des notes. Si souvent mon père a essayé de m'expliquer cette modeste généalogie familiale. Et, bien sûr, j'oubliais à mesure.

— Pieuchon venait du côté Lapeyre. Nous aurions pu l'avoir. Mais nous ne pouvions tout avoir. Les partages qui firent aller cette propriété du côté Naudon étaient déjà à notre avantage. Il y avait l'oncle Lapeyre (dont je me souviens). Il était très réactionnaire, alors que les Mauriac étaient très républicains, d'où, paraît-il, de grandes discussions lorsqu'il venait à Langon. Et ses deux sœurs : la tante Calmar, qui eut Pieuchon, et Mathilde Lapeyre, ma grand-mère, qui épousa Jacques Mauriac (mort en 1891). Sa mère à elle était une Martin, celle qui habitait cette maison perdue, Pujo à Jouanhaut...

(Jouanhaut où il y avait de si beaux chênes, je m'en souviens soudain, moins gros que ceux de Pieuchon, mais c'est peut-être à cause d'eux que j'éprouvai cette impression d'être chez moi, ou du moins d'avoir vécu dans ces lieux où je n'étais jamais allé.)

— ... Il y avait eu un oncle Martin qui, lui aussi, était resté vieux garçon, comme l'oncle Lapeyre, comme oncle Louis : d'où cette réunion de propriétés venues aux Mauriac. Je crois que ce fut lui qui installa la maison de Saint-Symphorien (celle d'avant le chalet). L'oncle Lapeyre légua tout ce qu'il avait à ses neveux et c'est pourquoi nous fûmes avantagés, puisqu'il avait deux neveux : mon père et oncle Louis (les deux tiers donc aux Mauriac) et la tante Calmar à laquelle alla le dernier tiers. C'était la mère de Lucie, celle qui épousa Louis Larrue (le M. Jérôme du *Baiser au Lépreux)* et dont le fils, Pierre, fut le héros de ce roman, ou tout au moins me servit beaucoup pour ce personnage. Il mourut à la guerre de 14 après s'être couvert de gloire. Sa sœur, Marie Larrue, épousa le seul garçon qu'elle voyait passer sous ses fenêtres à Villandraut. D'où deux fils : Jacques Naudon, celui que tu connais, et Henri, tué à la guerre...

Je songe non sans nostalgie à Pieuchon. Que je l'aie ou non confondu avec Jouanhaut, je m'y sentais en terrain de connaissance, c'est un fait, ce n'est pas de la littérature, non. Je regrettais, en m'y promenant avec maman, l'absence de Marie-Claude qui aurait aimé ce bel endroit austère. Je nous y voyais tous les deux. Il faudra que je l'y mène l'année prochaine.

Malagar, mardi 19 avril 1960.

Je peux enfin montrer Pieuchon à Marie-Claude. C'est la seconde fois de ma vie que je m'y rends, la première avec mon père. Il y a aussi Jacques Laval et Gérard, « dernier Mauriac à voir ces lieux où ses pères... » (« Le dernier des Mauriac... », murmure souvent papa en le regardant avec amour).

— Je ne venais que rarement ici. C'était très loin, tout un voyage, depuis Saint-Symphorien. Et en somme, seul un côté sur quatre de ma famille était ici chez lui. Mais, là, je sens bien tout de même qu'il y a une racine...

Ainsi parle mon père. Moi aussi je m'étais senti ici chez moi, lorsque j'y vins avec maman à l'automne dernier.

Les arbres géants, chênes et châtaigniers, sont pour la plupart près de leur fin, s'ils ne sont pas déjà de gigantesques et impressionnants cadavres. Le petit ruisseau où mon père se souvient avoir pêché des écrevisses. Et la forêt enchantée que maman ne m'avait pas montrée, celle dont mon père parle dans les *Mémoires intérieurs* et où « le cousin » défend que l'on touche à un seul arbre. « C'est sa poésie à lui », murmure mon père, tandis que nous pénétrons dans ce bois épais, pins immenses, chênes, troncs à demi tombés, enchevêtrements de branches. « On dirait un Gustave Doré... » Et soudain c'est dans une glauque lumière sous-marine un Courbet admirable.

— On sait peu de chose du grand-père de mon père qui était ici le maître, sinon qu'il n'était pas commode. C'était lui qui, ne pouvant supporter de voir une servante assise, lui disait : « Lève-té feignante ! »

Malagar, dimanche de Pâques, 22 avril 1962.

Comme l'année dernière, papa renonça hier soir à la télévision en disant, et redisant qu'il allait dans son bureau lire l'office du Samedi saint et cet *Exultet* dont il se promettait tant de joie (et le disait et le redisait en se moquant gentiment de lui-même, mais on sentait le sérieux, et même la gravité sous l'ironie).

Au retour de Pieuchon, où nous avions été sans lui et avec les enfants voir tourner *Thérèse Desqueyroux* — dans cette maison où son père passait ses vacances —, son père dans le lit duquel, son lit d'enfant, dort depuis cette année Natalie lorsqu'elle est ici (j'aurais tant à dire que j'accumule en hâte les incidents), à notre retour donc (et tandis que nous plantons les primevères en fleur que nous avons déracinées à Pieuchon) il me dit avec une joie discrète mais profonde (qui fuse des profondeurs) combien il a aimé mon article sur *Viridiana*, que j'avais écrit en pensant à lui. Il précise que je sais parler « de ces choses », chrétiennes (sous-entendu : moi qui dis ne pas croire, j'avais écrit dans mon papier : « ... qui croit ne pas croire... »).

Et aujourd'hui, à plusieurs reprises, il murmura, à son inimitable manière, ces vers de Francis Jammes :

C'est aujourd'hui le plus beau jour des jours de
[Pâques...

Mais j'aurais trop et trop de parenthèses à imbriquer les unes dans les autres si je voulais essayer de rendre ces journées à la fois heureuses et poignantes...

Malagar, vendredi 2 novembre 1973.

A Pieuchon, dont nous avions oublié les chemins, où nous ne sommes pas allés depuis des années, et que nous ne retrouvons pas sans mal. Nous y avions renoncé, lors de notre dernier séjour. Comme ces lieux enchantés, dans les contes de fées inaccessibles.

C'était hier, par un temps sublime. Mais à Pieuchon, sous ces chênes, ces châtaigniers, ces ormeaux plusieurs fois séculaires, aux troncs colossaux, aux admirables branches, parfois frappés de mort, c'est la pénombre.

Lieux fatidiques où mystérieusement, pourtant, je

me sens chez moi. Impression d'une seconde, mais aiguë : comme si j'avais des souvenirs du temps où vivaient ici des ancêtres oubliés.

Je le dis à Catherine et à Guy Cazenave, quelques minutes après, à Saint-Symphorien. Et ils ne s'en étonnent pas.

Les cousins étaient là, réunis comme chaque année dans le souvenir de leur père, Pierre Mauriac : Jacques et Martine manquaient, mais il y avait, avec leurs femmes, Jean-Paul, Guy, Daniel, Alain...

Tous, rieurs et gais, ce qui était la meilleure façon de célébrer leurs morts, qui sont les miens, oncle Pierre et tante Suzanne, mais aussi ceux qui furent heureux ici, Raymond, Jean, François. Tous ils ressemblaient moins aux enfants qu'ils demeurent à jamais pour moi qu'à leur père précisément, aux temps lointains où il nous semblait si vieux.

Bordeaux, mardi 3 novembre 1874.

Dimanche dernier, nous sommes allés à Uzeste. Nous avons revu Pieuchon ; le petit ruisseau court toujours avec le petit bruit qu'il faisait quand nous y construisions de fragiles moulins au temps où nous étions d'heureux enfants en vacances. C'est le même murmure, dans les mêmes endroits... Mais où sont nos moulins ? Où sont nos joies d'enfants, ces joies si franches du matin de la vie ?

Malagar, vendredi 2 novembre 1973.

Uzeste, où nous étions hier, le petit ruisseau de Pieuchon que j'ai aperçu en arrivant. Cette page de Jean-Paul Mauriac, découverte à l'instant : je lis son Journal au jour le jour, jour pour jour, en nos années 73. Dans l'espérance, étant à Malagar, d'y retrouver Malagar, j'ai devancé le temps, et j'ai trouvé cela que je viens de citer.

Hier, à Saint-Symphorien, Catherine Cazenave, sur le banc, l'un des deux bancs blancs, en face du chalet, parlait du hasard de cette remise du Journal de Jean-Paul Mauriac, cent ans *jour pour jour* après que ses premières pages furent écrites. Je lui dis combien j'en fus frappé, moi aussi. Et comme je lui avais parlé, et à Guy Cazenave, du *Temps immobile* :

— Mais il faut le raconter dans ton livre, il faut le dire...

Je réponds :
— C'est déjà dit, déjà raconté...
... déjà cité.

Catherine explique le fait que ce précieux Journal soit demeuré inconnu de son père et du mien par le fait qu'oncle Raymond et tante Antoinette, lorsqu'ils avaient fait des malles, ne les ouvraient plus jamais.

Je feuillette ce Journal, y retrouvant les noms lus, avant-hier, sur le tombeau de Langon, dont celui de Jean-Paul Mauriac, 22 mai 1850-11 juin 1887. De Jean-Paul Mauriac, hanté de page en page, par la fuite du temps...

Bordeaux, lundi 4 janvier 1875.

C'était vendredi le premier jour de l'an. Encore une année engloutie dans l'océan du passé. 1874, bonsoir ! Nous ne nous reverrons plus, ma bonne !

Ainsi les années, comme un chapelet qui s'égrène, tombent sans bruit dans le temps. J'en aurai bientôt compté vingt-cinq. Combien en compterai-je encore ? Une... deux... trois... Plus ? Moins ? En tout cas, ce ne sera plus long... Et puis... la toile tombera, comédie ou drame, amusante ou ennuyeuse, la pièce sera finie, et... la nuit, le froid, les ténèbres.

Malagar, vendredi 2 novembre 1973.

Plus, oui, pas beaucoup plus : moins de quinze années...

Malagar, vendredi 30 octobre 1959.

Mon dépaysement des premiers jours, non pas tant géographique que sentimental s'est atténué. Journées douces et sans histoire auprès de mes parents. Nous parlons, mais de choses insignifiantes. Et si par hasard le sujet s'élève, contrairement à ce qui se passe en général lorsque je suis auprès de mon père, je n'éprouve, je ne sais pourquoi, aucune envie d'enregistrer ses paroles et de tenir mon Journal.

J'étais surtout déçu, au début de ce séjour, de le décevoir. Étais-je venu pour lui ? M'avait-il fait venir pour moi ? L'un et l'autre sans doute. Les dernières lignes de ma lettre, celles où je parlais de nos radars d'une façon qui m'avait semblé banale, le touchèrent au point qu'il en refusa la lecture à maman, les jugeant trop intimes. Un soir, au coin du feu, il murmura :

— Je me demande si tu n'es pas venu ici, en bon fils. Je veux dire : uniquement pour me faire plaisir.

Je répondis que je me demandais, moi, si ce n'était pas en bon père qu'il m'avait invité. A ce moment-là encore, j'avais mauvaise conscience d'avoir quitté Marie-Claude. Ma place n'était pas auprès de la famille qui m'avait faite mais auprès de celle que j'avais créée.

Je lisais alors en épreuves, quelques jours avant leur parution qui eut lieu hier, les *Mémoires* du Général, tome III, que mon père avait en sa possession pour l'article qu'il avait à leur consacrer. Lecture passionnante à laquelle, si j'avais le courage, j'aurais bien des pages à consacrer ici. Je ne noterai que ceci : que le génie de de Gaulle qu'il me fallait expliquer à des gens sceptiques, je veux dire son génie politique, en cette époque 1944-1946, éclatera maintenant, grâce à ces *Mémoires*, au regard des plus réticents. [...]

Si j'en avais le temps, ce serait le moment de recopier mon Journal de l'époque. Les documents rassemblés en dernière partie par de Gaulle et ses commentaires éclaireront bien des passages à moi-même obscurs au moment où je les notais. Car le Général, dans son habitude de penser à voix haute, parlait souvent devant moi (je ne dis pas : à moi, bien que nous fussions seuls) comme si j'étais au courant des secrets de la guerre, de la diplomatie et de la politique.

Mais voici qu'aujourd'hui — ou hier, je ne sais déjà plus —, une idée m'est venue, l'idée peut-être que je cherchais avec tant de persévérance, le thème du roman que j'ai à écrire. Mon séjour tardif à Malagar aura au moins servi à cela (si cette toute petite idée germe et fructifie). Car c'est à ma présence dans cette maison familiale, auprès de mon père, entouré des ombres des Mauriac d'autrefois, que je la dois. A peut-être aussi contribué à la faire naître le premier chapitre du second tome de *Une somme de poésie*, lue ici, ce *Second Jeu* de Patrice de La Tour du Pin où l'on voit André Vincentenaire, père et fils. Dès les premières pages, je compris de quoi il s'agissait, et je notai : « André

Vincentenaire est père de lui-même. Le Patrice d'aujourd'hui en a au Patrice d'hier. Il y a échange entre deux aspects de son *moi*. » Et voici que je lisais mot pour mot : « Bonne nuit, fils de moi-même. » Personnellement, ce n'était pas cette filiation de soi à soi qui m'intéressait, mais la mienne, au sens traditionnel, telle que j'ai depuis si longtemps rêvé de la chanter dans un livre. Or l'idée que je viens d'avoir, hier, ce matin, je ne sais plus, a entre autres avantages celui de contenir ce thème primordial, mais en l'élargissant.

En gros, il s'agirait dans une pièce précise d'une maison familiale, ou en un endroit précis du jardin, de faire coexister les générations qui y ont vécu depuis que la demeure a été achetée. A cette localisation rigoureuse devrait correspondre non seulement une date qui serait la même, d'âge en âge, mais sans doute même une heure commune. Il y aurait ce qui passe, l'inessentiel, et cet essentiel qui demeure : cela qui ne périt pas et qui fait que l'arrière-grand-père de mon père, né en 1800, était déjà un peu moi-même. Non seulement du fait de l'hérédité. Mais cela ne suffit pas et du reste tant d'autres sources se mêlent qu'il y aurait de l'artifice à fonder sur ce seul point la pérennité dans la continuité. Aussi importants seraient l'influence du *nom*, celle des lieux (cette maison et pas une autre, dans ce pays-là). Sans oublier ma vieille idée fondamentale : que tout le monde ressemble à tout le monde, que nous sommes tous pareils. A la place des habituelles et banales fresques familiales, on aurait un instantané (ou quasi-instantané), ce tableau, ou cette photo, dont l'utilisation romanesque me hante, non plus limité à un moment du temps, répété au contraire mais de la façon la plus ramassée qui soit possible. Et, certes, même si l'on réduisait un tel livre à une seule longue phrase, celle-ci occuperait de la place et du temps. Les impératifs de l'écriture s'opposent à l'instantanéité. Mais il faudrait en donner l'impression et, de toute façon, mêler les personnages et les époques.

Ici, à Malagar, rebaptisé, ou dans mon Valromé, les différentes générations de Carnéjoux (laissons-leur provisoirement ce nom, faute d'un autre et d'autant plus que j'éprouve grande envie de ne pas rompre mais au contraire de continuer et de parfaire l'unité de mes deux premiers romans) coexisteront, par leurs pensées, par leurs visions ; il y aura toujours un père et toujours au moins un enfant ; un chien aussi peut-être ; une femme, bien sûr, et cela entre les mêmes murs (ou les mêmes arbres) avec, de génération en génération, des petits changements devenus peu à peu plus sensibles, tel tilleul minuscule devenu un gros arbre, puis disparu ; telle altération de la tenture, et les mêmes objets changeant de place, les vases ravissants de 1860 jugés affreux en 1910 et revenant au salon en 1950. Comme dans *le Dîner en ville*, on devinera quel Carnéjoux voit et pense, et l'on changera de Carnéjoux plusieurs fois en une page, une brève généalogie remplaçant au début, et en encarté, le plan de table...

Au travail ?

Il semble me souvenir que Bertrand Carnéjoux n'a pas connu son père (à vérifier dans *Toutes les femmes sont fatales*). Peu importe : ce sera entre son père et le père de son père que je placerai cette connivence, cette communion dans les deux sens, et aussi cette gêne que nous connaissons papa et moi. Encore ce matin, à table, il me disait :

— C'est un fait, du reste naturel, qu'il n'y a personne avec qui l'on éprouve autant de gêne qu'avec son fils. On se comprend certes et l'on communique : mais *autrement*...

Phrase qui devra être transcrite mot pour mot dans mon livre. Inutile de rappeler que de fils à père le malaise est le même, ce sentiment d'inconfort, cette panique. On désire tellement s'exprimer que l'on est sans voix. Alors interviennent ce que j'appelais improprement radars dans ma lettre.

Mais il me disait aussi :

— Avec une femme, fût-ce avec sa femme et autant que l'on s'aime, on n'est jamais tout à fait sur le même plan, *on n'est pas dans la même histoire.* D'où ces inévitables heurts. Ta mère et Jean sont dans la même histoire : ils ont les mêmes préoccupations, les mêmes sujets de conversation. Toi et moi, nous sommes aussi dans la même histoire.

Malagar, dimanche 1er novembre 1959.

Comme dimanche dernier, messe à 8 h 30 avec mes parents, à Langon. Puis nous allons au cimetière. C'est la première fois de ma vie, si je me souviens bien, que je suis avec mon père sur la tombe des nôtres. Alors que je ne m'y attendais pas, quelques secondes après que nous sommes arrivés, papa se met à réciter le *De profundis*, d'une voix pour lui extraordinairement timbrée, sur un ton dont l'extrême sérénité me frappe. Cependant maman répond à voix presque basse et je déchiffre les inscriptions qu'il faudra que je recopie un jour :

JEAN MAURIAC
âgé de 70 ans
1869

Et les autres... Lorsque nous revenons, sous la pluie fine, parmi les tombes fleuries autour desquelles tout un peuple s'affaire, mon père me répète, ce que je lui ai si souvent entendu dire, que s'il prie beaucoup pour les morts, si les morts occupent une grande place dans ses pensées, il n'a pas le culte des tombeaux. Les fleurs commandées n'étaient pas encore sur la tombe. Cela l'avait agacé. Pour la forme, car :

— ... bien sûr cela n'a pas la moindre, cela n'a aucune importance.

Puis :

— Lorsque j'étais enfant, l'allée n'était pas gravée. On marchait difficultueusement dans la boue. Ma mère récitait elle aussi le *De profundis*, mais en français et cela me terrifiait.

Et comme je dis que cette tombe est belle, adossée au mur, avec, au-dessus, les piles de bois d'une scierie.

— Oui, telle que je l'ai décrite dans *Destins*. Ma mère la jugeait trop païenne...

Beaucoup pensé, hier et aujourd'hui, à mon idée de roman, dont les difficultés m'apparaissent : le piège à éviter est de retomber dans les formes balzaciennes, je veux dire quant aux biographies des héros. Il faudra les situer socialement, temporellement, mais ces détails sont secondaires : l'essentiel c'est cette pâte commune de la condition humaine, ces retours des mêmes joies et des mêmes douleurs, des mêmes peurs plus ou moins subtilement éprouvées selon les caractères, les intelligences, l'éducation.

Le vrai sujet : l'unité de temps et de lieu, une date et un endroit précis. Mais si « la maison » reste inchangée, si le jour est le même (par exemple celui d'une fête fixe du calendrier) l'année, elle, n'est jamais la même. Unité de lieu fixe. Unité de temps éclaté.

Dès le milieu de la matinée, le ciel s'était éclairci. La journée fut d'une douceur et d'une sérénité, d'une beauté aussi qui s'accordaient à ma paix intérieure. Je restai au soleil dans la cour, je marchai seul puis avec mes parents autour et dans la propriété, étonné d'une Toussaint si belle. A l'exception des ormeaux déjà dépouillés lors de mon dernier séjour, tous les arbres ont encore leurs feuilles. Il y a des papillons, j'ai vu une libellule, des abeilles, deux lézards. Ce ne serait pas une mauvaise date pour situer mon livre : selon les années, coexisteraient dans mon texte des Toussaint hivernales ou, comme celle-ci, glorieuses. A tout hasard, je prends des notes, fixant à mesure qu'ils se présentent ou que je m'en souviens le plus de petits détails possible, car ce papillon jaune (assez petit), ces paons de jour je ne les aurais pas imaginés à une telle date. Il a un peu gelé un des matins précédents, mais les fleurs (intactes il y a trois jours) sont à peine touchées : roses tardives sans odeur mais émouvantes (j'en ai photographié l'autre matin), dahlias, petits chrysanthèmes nains blancs à cœur jaune, d'autres lie-de-vin (et les blancs qui ressemblent à de la camomille, en plus gros, ont une odeur de marguerite, les autres ayant l'amer parfum de tous les chrysanthèmes). Comme la sécheresse a été grande, cette année, la vigne est comme brûlée. Pourtant, ici et là, des feuilles rouges. Ou bien vertes encore, tavelées de sulfate dont le bleu est à la fois mat et léger, opaque, tandis qu'à côté, sur les bords, de translucides taches rouges s'éclairent en transparence à la lumière du soleil. Sur les murs de la maison (côté nord) la vigne vierge a beau être à l'ombre, son rouge est si lumineux qu'elle semble éclairée du dedans. De rares grives dans les vignes où elles ne trouvent plus rien à manger et où s'envolent aussi des merles (que l'on retrouvera, un pour dix grives, aux devantures des épiciers de Langon — je les y ai vus). Des grues, très haut, onze ou douze, mais pas en V, éparpillées, allant curieusement vers l'est, à la rigueur le sud-est. (Mais est-ce des grues ? Leur appel qui m'a fait lever la tête, nostalgique, rauque, n'est pas tout à fait celui de mon souvenir.) Cinquante palombes furent vues avant-hier au-dessus de Malagar. Un chat se chauffe au soleil dans un creux du tas de sarments. Quelques rares coups de feu avec un peu de fumée aussitôt évanouie. Des coqs. Les deux vaches au pré.

D'où me vient cette paix ? Hier, je découvrais que mes cheveux viraient lentement au blanc. C'est en pensant à cela que j'écrivis à Marie-Claude : « Je suis triste de vieillir parce que tu es si jeune. » Aujourd'hui, mon père dit à maman sur un ton qui me touche :

— Il faut assumer son âge...

Mais j'étais, moi, et je demeurai tout au long de cette journée, hors du temps. Heureux. Pacifié. Et si je pensai à la, à ma littérature, c'était sans vanité, comme justification, raison d'être de ma vie.

L'autre jour, chez Gaston Gallimard, Jean Paulhan me disait, alors que je le croisais, en entrant, lui s'en allant, il me disait de mon *Dîner en ville,* le visage et le corps un peu détourné, avec cette attitude et cette voix qu'imite si bien Jean Dutourd : « C'est bon ! C'est très bon. Mais si, c'est très bon ! » L'air impertinent de n'en pas revenir.

Puisse un troisième roman, et où je mettrai autant de moi-même, naître de cette belle journée dont le récit s'achève sur un ton décevant, car de la littérature en train de se faire (mêlée à la vie, donc digne de respect), je suis passé à celle que j'ai faite. L'homme de lettres est toujours là, je ne vaux ni plus ni moins que les autres, nous sommes tous pareils...

Malagar, lundi 2 novembre 1959.

Je n'ose relire mon journal d'hier. Après l'euphorie et l'effervesçence de cette journée, j'ai passé une mauvaise nuit : mais c'est ce bouillonnement même qui est intéressant, ce courant chariait le pire — des notations d'homme de lettres — et le meilleur. Si je conduis mon projet à son terme, même les passages un peu ridicules des pages précédentes me paraîtront précieux. Ce seront les premiers filets, encore boueux, de la source d'où sera né le fleuve.

Et à propos de source : Gaston Duthuron, qui fait un travail sur François Mauriac, nous disait hier avoir été frappé, en relisant son œuvre, par la fréquence des comparaisons nées de cette image, la source. Il en tirait diverses conclusions, plus ou moins probables. Mais mon père s'expliqua ainsi :

— Je crois que tout vient de la Hure, des sources mythiques de la Hure, à la recherche desquelles, enfants, mes frères et moi sommes partis si fréquemment, en vain du reste car nous aboutissions à une sorte de marais d'où naissait, on ne voyait pas comment, le ruisseau. Ces sources invisibles, inaccessibles de la Hure firent une grande impression sur moi. C'était et c'est demeuré une référence mystérieuse et chargée pourtant de signification...

Départ de maman qui va prendre le Sud-Express à Bordeaux. Nous restons seuls. Dans mon bain, j'ai une idée. Je la lui propose dix minutes après, toute chaude, au salon :

— Vous vous souvenez de ce que vous m'avez dit un jour à propos du *Dîner en ville*, que c'était un sujet qui aurait permis une collaboration...

— Oui.

— Eh bien, je crois avoir trouvé un autre sujet

qui permettrait ce genre de travail en commun, mieux : qui ne pourrait être vraiment bien traité que si vous m'aidiez. Ce serait aussi une occasion de nous voir plus souvent à Paris. Et d'une façon captivante, passe-temps à tout prendre, autrement plus intéressant que vos éternels mots croisés...

— Les mots croisés, ce n'est pas du travail, c'est une distraction. Tu te dis que je deviens gâteux ? Je sais bien que ça t'agace, hein, mes mots croisés, que tu me juges sévèrement (nous rions). Mais de quoi s'agit-il ?

Je lui résume mon sujet. Il fait tout de suite cette objection : celui qui invente une histoire la sent ; lui il ne sent pas celle-là, elle lui paraît bien compliquée. Pourquoi ne pas désigner clairement les protagonistes ? On n'y comprendra rien, etc. Puis :

— Avec toi, j'aurais préféré faire un film.

— L'un n'empêche pas l'autre. Il y a des choses en train pour des films. Mais comme cela n'aboutit jamais, je ne veux pas vous en parler prématurément. Et puis, un livre, c'est du solide. Dans ce métier nous sommes maîtres de nos moyens...

— Mais cette histoire serait celle de notre famille, sans rien d'inventé ?

— Au contraire. C'est pour fixer vos idées que j'ai parlé des Mauriac et de Malagar. Nous puiserions dans ce que nous savons du passé des nôtres les détails et les précisions que l'on ne peut inventer. Ce serait une documentation toute trouvée et de première main !

— Tu sais, on parlait surtout patois...

— Voilà un de ces détails irremplaçables... Mais certaines conventions sont admises : il suffirait d'indiquer ce patois.

— Une collaboration romanesque, ça n'a jamais réussi.

— Parce que le principe en était mal entendu. Sur un tel thème, ce serait la meilleure méthode. Nous aurions chacun nos personnages, nous tiendrions chacun notre partie, l'harmonisation finale étant faite par moi en plein accord avec vous, selon notre plan. Pour les personnages croyants, vous seul pourriez de l'intérieur et sans que cela sonne faux...

— Oui, la religion rigoureuse de ma mère, son jansénisme, je vois ce qu'on peut dire...

— Et moi je prendrais les agnostiques. Il pourrait y en avoir un en 1850 et un en 1950...

— Mon père, justement... A vrai dire, il était même hostile à la religion ! Après tout ce ne serait pas mal...

Comme je vois qu'il commence à s'intéresser à ce projet insensé et magnifique (auquel je crois en ce moment de tout mon cœur), je dis, avec chaleur, essayant de le persuader quant à l'excellence de mon sujet :

— Vous comprenez, ce que je voudrais que nous rendions sensible, c'est la continuité. Chacun des... disons des Mauriac, faute de les avoir encore nommés, serait différent de ses pères et de ses fils, du fait de son hérédité, de son caractère, de son intelligence, de sa culture, de ce que l'époque aurait fait de lui, mais pour l'essentiel il continuerait, avant d'être lui-même continué, sans qu'il y ait de l'un à l'autre changement fondamental. Ainsi donnerait-on l'idée d'une victoire sur la mort...

Ça y est. Il joue le jeu, il est pris, il s'excite à son tour :

— On appellerait ça *La mort n'existe pas* ou *Il n'y a pas de mort*, enfin quelque chose d'approchant, « par *Claude et François Mauriac* ». Ça ne serait pas mal !

— Dites que ce serait merveilleux. Et sans précédent.

— Il faut que j'aie une amorce entre les mains. Présente-moi le début de ton travail. Je te dirai alors si je conçois une collaboration possible, je ne demande pas mieux, moi. On verra.

Il est déjà sur la pente descendante. Nous n'avons pas encore fini. Mais lorsque cette conversation sera achevée, il n'en parlera plus de la journée. Et je ne ferai rien pour le remettre sur ce sujet. Dès ce moment je suis moi-même moins enthousiaste. Laissons faire le temps. Voyons si j'arrive à mettre le roman en train. Si je ne suis pas le premier à regretter ma proposition. Cela doit être dur de renoncer à des idées auxquelles on tient, d'en accepter d'autres qui ne vous plaisent pas, de faire des concessions... Mais en ai-je du toupet ! Proposer à François Mauriac un sujet qui n'est pas de lui ! Lui offrir de collaborer avec moi ! Lui ! Et faire, en plus, le difficile !

La mort n'existe pas... C'est cela l'idée. Et comme il me le disait lui-même.

— L'idée est de toi. Mais elle n'est pas si éloignée de celle que j'ai eue moi-même dans les *Mémoires intérieurs*, lorsque ma mère fait irruption dans ce salon...

— Bien sûr. Nous travaillerons dans le même esprit pour cette simple raison que nous sommes comme nos héros : père et fils, que nous nous ressemblons beaucoup. Et ce sera pour nous une façon d'exprimer ce que nous n'arrivons pas à nous dire...

La mort, le jour des morts. Un peu plus tôt dans la matinée je l'avais trouvé au salon. Il lisait son missel. Il me dit :

— Il y a dans *le Figaro* un article de Jean Guitton très réconfortant, oui, très rassurant sur la mort.

Lis-le. C'est assez convaincant. Je crois, en effet, que ceux qui ont le plus eu peur de la mort dans leur vie meurent paisiblement...

Il pense à lui. Je pense à lui. Je pense à moi et il pense à moi. La mort nous hante.

— ...On ne se révolte pas, on est paisible : le monde s'éloigne sans qu'on en souffre, on accueille la mort sans rien regretter. Oui, ce doit être cela. Lis cet article...

Je le lus. *Le secret qui ne peut être dit*. Un beau texte. Convaincant, oui, à ceci près que ce détachement de la vie terrestre n'implique nullement l'existence d'une autre vie à laquelle on aborderait.

Jour gris. La brume dissipée, il reste des nuages que le soleil proche n'arrive à percer que fugitivement. Air stagnant qui sent l'humidité, les feuilles mortes, la fumée. De rares feuilles à l'extrémité des branches des figuiers. Les bœufs paissent, une corde reliant leur corne gauche à leur patte gauche. Les deux bœufs. Un vol d'étourneaux. Personne dans les vignes. Mon père dit sur le ton de la plaisanterie :

— Ils ne s'en font pas, les paysans, à cette époque. Ils entrent dans leurs trous comme les grillons...

Daniel travaille pourtant le long d'une allée. Il dit que les étourneaux, c'est signe de froid mais que le temps est si doux qu'il croit plutôt à la pluie.

Dans la maison, des guêpes entrent l'une après l'autre par la fenêtre ouverte, se cognent aux murs, bourdonnent, trouvent enfin l'issue — mais un autre insecte les relaie aussitôt, guêpe ou abeille. Je note tout cela sans ordre, pour enregistrer le plus de détails exacts sur le temps à la campagne, dans ce pays, un 2 novembre. [...]

J'essaie de lui éviter la visite de toute une famille venue, alors qu'il travaille, sans le prévenir, mais il la reçoit et s'en félicite : c'est un couple très sympathique d'instituteurs de Talence, les Desbat. Lui était autrefois à Saint-Maixant. Il se rappelle avoir vu Gide ici. Il semble me souvenir que je parle dans mon Journal d'un instituteur qui s'occupait des réfugiés espagnols ? Bref, mon père interrompt la rédaction de sa conférence sur *Le mystère*, ou peut-être seulement ses mots croisés, pour les recevoir longuement et avec plaisir. Il y a deux jeunes gens, un garçon et une fille qui le dévorent des yeux. Moins sociable, je me suis esbigné.

Mon livre désenchanté depuis que j'ai fait cette proposition insensée à mon père. « Le contraire de Proust », me disait-il à Camp-Long de mes projets, encore vagues. C'est exactement cela : contraction du temps, instantanéité dans la durée.

Malagar, mardi 3 novembre 1959.

J'écris 1959. Ce goût d'immobiliser l'éphémère ou de le retrouver : pour sauver si provisoirement, si insuffisamment le temps perdu des miens, le mien. A ma demande, papa vient d'inscrire dans le livre de raison de Malagar, commencé par l'arrière-grand-père, en 1843 (année de l'achat), une généalogie qui n'ajoute pas grand-chose à ce que j'ai noté ici l'autre jour, sauf que Lucie était *aimée* de ses cousins Mauriac, le père de mon père et oncle Louis. Tandis qu'il écrivait, je lisais en haut de la page cette note récente qui me serra le cœur :

Anniversaire de mes 74 ans. Paix intérieure en dépit de ce qui approche

Quelques instants plus tôt, au cours du déjeuner, il m'avait dit qu'il rêvait beaucoup et que, dans ses rêves, il était toujours jeune, ou du moins il n'était pas vieux, si bien que, chaque fois qu'il se réveillait, il devait reprendre avec stupeur conscience de son âge.

Il feuilleta devant moi ce livre de famille vénérable. Dans la dernière partie, je voyais ici et là, avec émotion et gêne, mon nom (« 1er août 1949. Claude est venu passer dix jours avec moi. Il arrivait de Biarritz. Sa présence m'a remis en selle ») ou celui de mon fils. (« 19 août 1953. Gérard Mauriac, fils de Claude, est venu à l'âge de quinze mois. Premier Mauriac (et unique) de cette génération. Grande joie de l'avoir ici. 68 ans. ») Mais ce livre qu'il m'a confié pour que j'y prenne des repères pour mon livre (« Écris-le seul, tu sais, ce sera beaucoup mieux »), je n'aurai pas le courage d'y lire ce que, lui, il y a inscrit.

Il me montre cette note de 1887 « 44e année », année de la mort de son père. Et le père de son père notait (« c'était sa façon à lui d'exprimer son chagrin ») :

Le déficit continue. Il serait sage de donner la propriété à quelqu'un qui vaudrait de la cultiver au lieu de la laisser en friche. Je vais essayer de réduire mes frais d'abord, puis de renouveler peu à peu mes vignes phylloxérées, et si je n'arrive pas à couvrir mes frais, je l'abandonnerai à un métayer qui me donnera ce qu'il voudra.

Au réveil, on aurait dit qu'il pleuvait, c'était le brouillard qui s'égouttait dans le feuillage encore épais des platanes. Brume épaisse toute la matinée. Un peu avant déjeuner, lumière luisante au ras des vignes. Mais après le repas, une heure glorieuse durant laquelle mon père et moi faisons le tour de la propriété tandis que je prends des photos. Soleil très chaud, ciel très bleu. Le bonheur en nous et autour de nous. Il me dit : « Tu prends tout le temps des notes ! » Je réponds que c'est pour mon livre. Et c'est là qu'il me dit de l'écrire seul, que ce sera beaucoup mieux.

Le temps s'est couvert. J'ai moins de regret de me mettre au travail. J'en ai pour tout l'après-midi : il s'agit de renseignements qui peuvent éventuellement me servir, tant dans le registre vert au dos et aux coins de parchemin : *Domaine de Malagare*, que dans divers vieux papiers que j'ai recueillis, tandis que mon père, me voyant faire, disait : « Je te nomme archiviste de la famille. »

Malagar, mercredi 4 novembre 1959.

Dernières notes avant de partir. (Nous quittons Malagar vers dix heures trente pour prendre le Sud-Express à Bordeaux.) La journée d'hier fut très douce : nous avons laissé le néant des vies mortes nous entourer. Vieilles lettres, papiers d'autrefois. Félicitations pour des fiançailles d'il y a quatre-vingts ans. Condoléances adressées par des morts à des morts. Récits d'agonies. Mon père, qui, comme il est naturel, déteste relire ses propres lettres, fut mis en confiance par ma présence paisible (peut-être). Je dépouillais près de lui, au salon, ces archives. Et lui, il lisait les lettres qu'il adressait à sa mère : fiançailles, naissance d'un enfant (c'était moi, cet enfant), guerre. Il ne mettait jamais les dates, les lettres étaient en désordre qu'il jugeait sans aucun intérêt : « A sa mère on ne dit rien. » Il m'en lisait des passages : c'était le camp d'où il entendait l'orage continu des canons sur la Meuse, puis, des années auparavant, l'appartement du 89, rue de la Pompe où, jeune marié, il s'installait. Puis encore la guerre, de longues permissions, vers la fin, la naissance de Claire, et de nouveau ces jours où maman m'attendait.

Tandis qu'il lit, ici et là, quelques lignes, je note

hâtivement (ne sachant pas encore qu'il me confiera cette correspondance « puisque je t'ai nommé archiviste de la famille », me permettant de surcroît d'emporter tous les papiers que je veux) :

Qu'est-ce que j'ai fait pour mériter ce petit garçon-là ?

Blanche me promène en auto. Il fera cet hiver le portrait de Claude...

... L'hiver prochain, depuis si longtemps passé : je lève les yeux et ce portrait est là, devant moi...

Et ceci, si émouvant, sur maman, à l'époque du mariage :

... Ce cœur si parfaitement doux et fidèle qui est le sien, un des plus beaux que je connaisse et qu'André Lafon avait deviné...

Et je prends au vol ses gestes si familiers qu'on ne les remarque plus : « Ici je dis que je place 14 000 F. Je ne perdais pas le nord ! » Et hop un preste mouvement désinvolte des doigts de la main droite. Ou bien c'est du poing droit lancé sur sa poitrine qu'il ponctue très vite une remarque sur « les X. qui étaient mal vus à Bordeaux, très mal vus, injustement du reste pour ceci seulement qu'ils furent les premiers à faire du commerce avec de grands moyens » (et c'est à la fin de la phrase que le poing intervient, marquant la brutalité de ces nouvelles conceptions commerciales)...

(Papa en robe de chambre vient d'entrer, me portant « un nouveau document » : son diplôme, un papier léger, de la première partie du baccalauréat, 30 juillet 1902. Il a l'air tout heureux que je classe ces papiers, que j'y attache de l'importance.)

Autre document découvert hier : deux pages manuscrites de mon père, « fait à Malagar le

13 juin 1918 » : *Plan pour une organisation nouvelle de Malagar*, où parmi quelques idées utopiques, on trouve déjà les grands projets qu'il réalisa bien plus tard : notamment et surtout la « haie de cyprès du côté de l'ouest, le long des chasselas et du nouveau petit potager ». Et un plan précis de réaménagement de la salle à manger dont il m'avait entretenu le matin même (« Tu le réaliseras ») s'y trouvait déjà indiqué.

Voilà. C'est fini. Il est fini ce séjour qui comptera dans mes souvenirs. Il est temps de ranger ma machine, de boucler ma valise. Pas de brouillard ce matin. Un ciel léger. Ce soir, je prendrai Marie-Claude et les enfants dans mes bras.

Malagar, samedi 3 novembre 1973.

Je croyais naïvement, le 31 juillet, avoir serré les derniers écrous du *Temps immobile*. Or, je n'ai cessé depuis d'y travailler. Livre en expansion qu'il me faudra arbitrairement achever, ce que je ferai dès mon retour à Paris.

Un paon de jour, au soleil, sur un mur, des dahlias toujours, et des roses. Il n'a pas encore gelé. Le même temps admirable.

Nous sommes de nouveau allés sur la tombe de Langon. Ce jeune homme qui est mon grand-père. Et tout cela si proche. Cette journée à Malagar du 15 août 74, recopiée et commentée hier, directement, dans *le Temps immobile*, avec cette eau de noix, ce sirop d'orgeat, déjà et toujours. La nuit des temps, semble-t-il d'abord. Quatre-vingt-dix-neuf ans. Mais lorsque je songe à mon âge. Lorsque je me rends à cette évidence, que lorsque je suis né, il y avait seulement quarante ans d'écoulés depuis ce jour de 1874... Et qu'il y a quarante ans, nous étions en 1933, où j'écrivais déjà, depuis des années mon Journal... 1933, oui, la nuit des temps...

Malagar, dimanche 4 novembre 1973.

A quelques raccords près, *le Temps immobile*, dont je viens de survoler les quatre chapitres, est achevé. Il me plaît de l'avoir terminé à Malagar, où il se peut que je sois obscurément venu, à cette date inusitée, dans cette seule intention.

Pour la première fois (et je romps ce silence) je n'ai pas parlé ici de mon père (sauf, directement dans le manuscrit, à propos du sirop d'orgeat et de l'eau de noix). Ce n'est pas que je n'aie pas pensé à lui. Je regardais ce salon qu'il avait tant aimé, où il avait choisi la place de chaque objet, de chaque tableau ; je me disais : « Jamais plus je ne le reverrai ici, ni ailleurs, jamais plus... » Et cela, dont la pensée me déchirait lorsqu'il était vivant, me paraissait naturel. Aussi bien, suis-je avec lui, mort, comme s'il était vivant. Parfois même, (j'ose à peine le dire, de peur d'effacer le miracle) de façon plus assurée, moins périlleuse, puisque le péril a disparu, que l'inéluctable est arrivé et qu'il ne me fuit plus maintenant que je l'ai piégé vivant dans ces pages. Et, bien sûr, cela n'aurait pas fait son affaire, c'est une façon bien égoïste de m'accommoder de sa mort, dont il était, comme nous tous, effrayé. Il suffit de surcroît d'avoir tenté d'exprimer ce mystère pour qu'il n'en demeure plus que le paradoxe et l'illusion. Ils se sont pourtant retrouvés en moi. Jean-Paul et François, Jean-Paul qui a connu François bébé, François qui n'avait gardé de Jean-Paul aucun souvenir. Je les ai vus, aimés en moi, François que j'ai si désespérément, si vraiment essayé de *voir*, alors que, durant tant et tant d'années il fut vivant devant moi ; Jean-Paul, auquel je n'avais jamais pensé que de façon abstraite avant de lire son Journal, et sur la tombe de qui, à deux reprises durant ce bref séjour, j'ai éprouvé de la tristesse, de la révolte, comme si je l'avais connu et que je le *revoyais*. Mais je l'ai approché dans ses pages de Journal dont j'ai reproduit, en mémoire de lui et de ses fils, quelques pages. Des pages où je l'ai trouvé bien plus ressemblant à ce que je fus toujours (ou presque toujours) qu'à ce qu'était son fils, mon père : agnostique et obsédé par le néant. Hanté, comme moi, par le temps.

Soleil doré sur Malagar embrumé. Le même temps toujours pour lequel on n'ose aucun qualificatif, tant ils sont usé, alors qu'est inusable cette lumière des ultimes beaux jours.

Malagar, lundi 5 novembre 1973.

Malagar aux lisières de l'hiver. Temps gris. Du vent toute la nuit. La pluie, bientôt. Dans ma chambre du haut, rangée, vidée, hier soir, car je ne devais pas y revenir avant Pâques prochaines...

Un appel de Pascale de Boysson que nous n'attendions plus nous a fait changer nos plans. Au lieu de partir ce matin pour Paris, nous irons cet après-midi les rejoindre, Laurent et elle, à Cahors où ils tournent un film. Voyage prévu depuis longtemps, mais nous y avions renoncé à la suite de divers malentendus.

Promenade avec Pierre en auto autour de Saint-Symphorien, hier. Tour du parc. Le chêne, dont je n'ose approcher. Puis, alors que nous rentrions, par un détour, ce petit mot *Lassus,* sur une planche de bois. « Le vieux de Lassus », dont mon père parlait si souvent... Enfant, il les impressionnait, sa sœur, ses frères et lui, toujours assis devant sa maison, lorsqu'ils venaient en promenade jusqu'à ces lointaines métairies.

Un hameau, ce que l'on appelle ici un quartier, d'admirables chênes, aussi gigantesques, plus beaux encore que ceux de Pieuchon. Nous marchons dans « la lande de Lassus » (l'itinéraire mauriacien de Françoise Trigeaud, composé avec tant d'amour et de compétence, et qui nous aura mis sur le chemin perdu de Pieuchon, me fut, au retour de la promenade d'hier, un nouveau guide sentimental et précis).

Lorsque nous allons remonter en voiture, un vieux quitte difficultueusement Lassus sur son vélo, « le vieux de Lassus », qui après plus de quatre-vingts ans d'attente immobile, sur le pas de sa porte, a enfin réussi à s'évader pour rejoindre « le vieux de Maltaverne ». Littérature facile pour une difficile émotion. Difficile à exprimer. *Maltaverne* se serait achevé sur l'image du narrateur, devenue « le vieux de Maltaverne », à la ressemblance du « vieux de Lassus » de son enfance.

Paris, jeudi 8 novembre 1973.

Deux nuits et un jour à Cahors. Laurent *retrouvé*. Ce *charme* qui, autour de lui, recompose le monde autrement et rend chaque seconde précieuse.

Marie-Claude me rapporte ma montre, dont j'ai été privé depuis juin, c'est-à-dire le temps qu'a duré la composition finale du *Temps immobile*.

Paris, dimanche 11 novembre 1973.

Le Temps immobile. Moins un livre qu'une expérience. Impression d'avoir, d'une certaine manière, non point vaincu, mais tourné, dépassé le Temps. Je me découvre, en un sens, hors du temps. Plus proche de mon père que de son vivant. L'ayant rejoint, *hic et nunc*. Non pas retrouvé : trouvé. Le possédant enfin alors qu'il m'a échappé. Mais Bertrand, Bertrand, c'est la même absence intolérable, avec les mêmes élancements *physiques* de douleur.

Paris, vendredi 9 novembre 1973.

Achevé *le Temps immobile.*

Malagar, Jeudi saint 11 avril 1963.

Mon père m'a dicté hier un *Bloc-Notes* désenchanté sur ce Malagar qu'un aigre printemps et l'absence de maman, retenue à Paris par une grippe, réduit à ce qu'il est lorsque ses souvenirs et son talent ne l'embellissent plus. J'eus moi-même une impression semblable dans l'après-midi, devant le chalet de Saint-Symphorien : c'était le décor mort d'une existence révolue et qui n'avait plus qu'en moi d'existence. Mon père humait les odeurs retrouvées de l'enfance, et je pensais à mon enfance qui n'était pas la sienne. Un rayon de soleil transfigurait le parc ravagé, où il ne reste plus qu'un sur dix des pins presque bicentenaires. Mon père me répète une fois de plus :

— Hardouin, le vieil Hardouin les avait toujours vus aussi grands...

Il semble rasséréné. Il a retrouvé le contact, lui, avec une réalité qui à Malagar le fuit et qui n'existe pas ailleurs qu'en lui-même. A ce tournant du parc, les enfants se taisent et guettent avec nous le geste sacré attendu. Mon père se dirige vers le gros chêne, s'arrête, se retourne en riant. Nous nous comprenons non pas d'un mais de quatre regards : « A une certaine qualité de silence j'ai bien senti ce que vous attendiez... » Et qu'il fait, se penchant sur l'écorce, la caressant légèrement, y posant enfin rituellement ses lèvres. Natalie, dont c'était, me semble-t-il, la première visite à Saint-Symphorien et que nous avions prévenue, rougit, en même temps que Gérard, puis éclate d'un rire ravi. J'appris un peu plus tard qu'elle refit derrière nous ce que mon père avait accompli. Geste, pour moi, sacrilège, mais qu'elle avait le droit en toute innocence d'oser.

La Hure, « le parfum de l'eau » comme dans *Asmodée*. Le chalet, de nouveau. Tout est là, changé, mais pas en profondeur. Des centaines et des centaines d'ombres qui ressemblent à l'enfant, puis au jeune homme, puis à l'homme que je fus, occupent chaque parcelle du terrain sacré. Tandis que mon père cherche et retrouve « un endroit connu de lui seul », l'espace délimité entre un pin et trois chênes, (« C'était ma maison ; j'y étais chez moi ; elle était à moi »), je suis mes propres traces. Et ce qui me trouble le plus, c'est que des *moi* depuis trente, vingt, dix, cinq ans abolis, surgissent confusément, ceux qui se remémoraient ici les mêmes souvenirs : souvenirs toujours présents alors que chacun de ces *moi* est à jamais détruit. Si bien que le temps est par le temps nié. Que je reconnais plus de réalité à l'enfant d'autrefois qu'à l'homme d'aujourd'hui.

J'entrerai d'ici quelques jours dans ma cinquantième année...

En quittant Saint-Symphorien, nous fîmes un détour par l'étang de La Ferrière, que papa voulait revoir. Nous l'avions découvert, la veille, sur des indications de Gérard et y avions fait du canot, à la grande joie des enfants. Je n'en avais jamais entendu parler ; tout au moins je n'avais pas le souvenir d'en avoir jamais entendu parler. Papa reconnut tout et souhaita presque aussitôt s'en aller, retombant dans son silence, dans son absence...

Papa. J'ai la possibilité encore de dire, d'écrire ce mot merveilleux. Avant-hier soir, Natalie me voyant m'occuper d'elle, la border et faire la couverture du lit de Gérard, me demanda : « Tu aimes être père ? » J'aime oui, mais j'aime plus encore (ou tout autant ?) être fils.

Paris, lundi 23 septembre 1963.

Il y a quelques jours, nous sommes allés de Malagar à Saint-Symphorien. Mon père ne nous ayant pas accompagnés, cette visite devait être en principe pour moi comme si elle n'était pas. Il est en effet le catalyseur sans lequel... Et pourtant j'ai mes souvenirs, en cet endroit, qui ne sont pas les siens.

Comme il n'y avait qu'une auto (nous avions laissé la nôtre à Paris), tout le monde ne pouvait venir. Il fut un moment question de laisser Gérard à Malagar. Il pleura. Sa maman s'étonna. Je lui expliquai combien cette tristesse de notre petit garçon était naturelle : la visite à Saint-Symphorien, même pour lui, était un rite, c'était une célébration.

En l'absence de mon père cette cérémonie ne pouvait qu'être discrète, secrète, une messe basse. Je m'attendais à ne rien ressentir et je fus pris en traître. Évoquant avec Catherine Cazenave (la petite Catherine Mauriac d'autrefois) nos souvenirs communs, je m'aperçus que, en cet endroit, pour moi le plus sacré de tous (même Vémars apparaissait désenchanté en comparaison ; seul l'appartement du 89, rue de la Pompe, si je pouvais jamais le revoir, l'emporterait en puissance émotive), le temps s'était arrêté il y avait plus de trente ans. Je veux dire que tout ce qui avait été supprimé ou modifié, ici, depuis mon enfance me semblait scandaleusement disparu ou surajouté et demeurait à tout jamais extérieur à ce que, pour moi, Saint-Symphorien était. Je ne m'étais jamais habitué, par exemple, à la disparition du kiosque de brandes où le trapèze, les anneaux et la balançoire étaient installés. (J'en retrouvais la place exacte et j'imaginais, dans ce sable, tous les couteaux que nous avions perdus, les pièces de monnaie, les objets divers que nous y retrouvions d'une année sur l'autre et dont certains devaient demeurer là, enfouis, depuis tant d'années.) Je ne m'étais pas accoutumé davantage aux agrandissements du chalet, tels qu'oncle Pierre les avait fait construire bien avant la guerre et qui m'apparaissaient aujourd'hui aussi neufs et non moins extravagants qu'à l'époque de leur achèvement.

Temps vraiment immobile, où je retrouvais, à près de cinquante ans, l'enfant qu'à jamais je demeurais ici. Que les chênes pourtant avaient grandi... Combien de pins avaient disparu... Arbres immenses datant des premiers jours de la lande arrachée à ses marécages et dont un sur dix ou sur vingt demeurait, témoin de ces temps lointains.

J'étais là et je regardais avidement, souffrant de ne plus tout à fait reconnaître ce que je connaissais si bien, enregistrant le moindre décalage entre la seule réalité qui comptât pour moi et qui n'avait plus d'existence parfaite que dans mon souvenir et ce qui en demeurait de pareil et pourtant d'insidieusement autre. Cela, bien sûr, est indicible et c'est pour tenter malgré tout de le dire que je vais composer *le Temps immobile*.

TABLE

I. La Croix du Sud 5
II. Les paliers de décompression 143
III. Les trous du filet 295
IV. La rumeur des distances traversées 441

DU MÊME AUTEUR

LE TEMPS IMMOBILE

Le Temps immobile 1 (Grasset, 1974).
Le Temps immobile 2 *(Les espaces imaginaires)* (Grasset, 1975).
Le Temps immobile 3 *(Et comme l'espérance est violente)* (Grasset, 1976).
Le Temps immobile 4 *(La Terrasse de Malagar)* (Grasset, 1977).
Le Temps immobile 5 *(Aimer de Gaulle)* (Grasset, 1978).
Le Temps immobile 6 *(Le rire des pères dans les yeux des enfants)* (Grasset, 1981).
Le Temps immobile 7 *(Signes, rencontres et rendez-vous)* (Grasset, 1983).
Conversations avec André Gide (Albin Michel, 1951).
Une Amitié contrariée (Grasset, 1970).
Une certaine rage (Robert Laffont, 1977).
L'Éternité parfois (Pierre Belfond, 1978).
Laurent Terzieff (Stock, 1980).

ROMANS

Le Dialogue intérieur

I. Toutes les Femmes sont fatales (Albin Michel, 1957.
— Hachette, Le Livre de Poche, 1971).
II. Le Dîner en ville (Albin Michel, 1959.
— Hachette, Le Livre de Poche, 1973).
III. La Marquise sortit à cinq heures (Albin Michel, 1961).
IV. L'Agrandissement (Albin Michel, 1963).

Les Infiltrations de l'Invisible

L'Oubli (Grasset, 1966).
Le Bouddha s'est mis à trembler (Grasset, 1979).
Un Cœur tout neuf (Grasset, 1980).
Radio Nuit (Grasset, 1982).

THÉÂTRE

La Conversation (Grasset, 1964).
Théâtre (Grasset, 1968).

ESSAIS

Introduction à une Mystique de l'Enfer (Grasset, 1938).
Jean Cocteau ou la Vérité du Mensonge (Odette Lieutier, 1945).
Aimer Balzac (La Table Ronde, 1945).
Malraux ou le Mal du héros (Grasset, 1946).
André Breton (Éditions de Flore, 1949, et Grasset, 1970).
Marcel Proust par lui-même (Le Seuil, 1953).
Hommes et Idées d'aujourd'hui (Albin Michel, 1953).
L'Amour du cinéma (Albin Michel, 1954).
Petite littérature du cinéma (Le Cerf, 1957).
L'Alittérature contemporaine (Albin Michel, 1958 et 1969).
De la Littérature à l'Alittérature (Grasset, 1969).

Composition réalisée par C.M.L., Montrouge

IMPRIMÉ EN FRANCE PAR BRODARD ET TAUPIN
7, bd Romain-Rolland - Montrouge - Usine de La Flèche.
LIBRAIRIE GÉNÉRALE FRANÇAISE - 14, rue de l'Ancienne-Comédie - Paris.

ISBN : 2 - 253 - 03125 - 9   30/5726/6